石油石化职业技能培训教程

催化裂化装置操作工

(下册)

中国石油天然气集团有限公司人事部 编

石油工业出版社

内容提要

本书是由中国石油天然气集团有限公司人事部统一组织编写的《石油石化职业技能培训教程》中的一本。本书包括催化裂化装置操作工高级工、技师、高级技师应掌握的开车操作、正常操作、停车操作、设备使用与维护、事故判断与处理的相关知识和操作技能，以及绘图、计算、安全生产相关知识，并配套了相应等级的理论知识练习题。

本书既可用于职业技能鉴定培训，也可用于员工岗位技术培训和自学提高。

图书在版编目（CIP）数据

催化裂化装置操作工. 下册/中国石油天然气集团有限公司人事部编. —北京：石油工业出版社，2019.6

石油石化职业技能培训教程

ISBN 978-7-5183-3345-5

Ⅰ.①催… Ⅱ.①中… Ⅲ.①催化裂化-裂化装置-技术培训-教材 Ⅳ.①TE966

中国版本图书馆 CIP 数据核字（2019）第 080214 号

出版发行：石油工业出版社

（北京市朝阳区安华里 2 区 1 号楼　100011）

网　　址：www.petropub.com

编辑部：(010)64243803

图书营销中心：(010)64523633

经　　销：全国新华书店

印　　刷：北京晨旭印刷厂

2019 年 6 月第 1 版　2022 年 5 月第 3 次印刷

787×1092 毫米　开本：1/16　印张：25.75

字数：630 千字

定价：80.00 元

（如发现印装质量问题，我社图书营销中心负责调换）

版权所有，翻印必究

《石油石化职业技能培训教程》
编 委 会

主　任：黄　革

副主任：王子云

委　员（以姓氏笔画排序）：

丁哲帅	马光田	丰学军	王正才	王勇军
王　莉	王　焯	王　谦	王德功	邓春林
史兰桥	吕德柱	朱立明	朱耀旭	刘子才
刘文泉	刘　伟	刘　军	刘孝祖	刘纯珂
刘明国	刘学忱	李忠勤	李振兴	李　丰
李　超	李　想	杨力玲	杨明亮	杨海青
吴　芒	吴　鸣	何　波	何　峰	何军民
何耀伟	邹吉武	宋学昆	张　伟	张海川
陈　宁	林　彬	罗昱恒	季　明	周宝银
周　清	郑玉江	赵宝红	胡兰天	段毅龙
贾荣刚	夏申勇	徐周平	徐春江	唐高嵩
常发杰	蒋国亮	蒋革新	傅红村	褚金德
窦国银	熊欢斌			

《催化裂化装置操作工》编审组

主　　编：高　民　马　述
副 主 编：崔雪涵　李庆文
参编人员：单　兵　魏博宇　丁志强　史　强　赵建军
　　　　　何嘉宾　逯　璐　赵　峰　包忠臣　马云飞
　　　　　刘春贵　高　飞
参审人员：王文清　张　兵　朗　冬　隋建国　于　波
　　　　　付银于　冯明信　王纪荣　吕延曾　贾战勇
　　　　　蒋　强　廖宇光　赵　磊　盖保权　张卫红
　　　　　程喜光　黄才龙　宋廷鹏　徐品德　王广野
　　　　　张　彪　孟繁盛　张兆涛　李金宝　张志亮
　　　　　刘　强　孙晓飞　冯成亮　林怡名　张　成
　　　　　姜长双　王雪峰

PREFACE 前言

随着企业产业升级、装备技术更新改造步伐不断加快,对从业人员的素质和技能提出了新的更高要求。为适应经济发展方式转变和"四新"技术变化要求,提高石油石化企业员工队伍素质,满足职工鉴定、培训、学习需要,中国石油天然气集团有限公司人事部根据《中华人民共和国职业分类大典(2015年版)》对工种目录的调整情况,修订了石油石化职业技能等级标准。在新标准的指导下,组织对"十五""十一五""十二五"期间编写的职业技能鉴定试题库和职业技能培训教程进行了全面修订,并新开发了炼油、化工专业部分工种的试题库和教程。

教程的开发修订坚持以职业活动为导向,以职业技能提升为核心,以统一规范、充实完善为原则,注重内容的先进性与通用性。教程编写紧扣职业技能等级标准和鉴定要素细目表,采取理实一体化编写模式,基础知识统一编写,操作技能及相关知识按等级编写,内容范围与鉴定试题库基本保持一致。特别需要说明的是,本套教程在相应内容处标注了理论知识鉴定点的代码和名称,同时配套了相应等级的理论知识练习题,以便于员工对知识点的理解和掌握,加强了学习的针对性。**此外,为了提高学习效率,检验学习成果,本套教程为员工免费提供学习增值服务,员工通过手机登录注册后即可进行移动练习。**本套教程既可用于职业技能鉴定前培训,也可用于员工岗位技术培训和自学提高。

催化裂化装置操作工教程分上、下两册,上册为基础知识,初级工操作技能及相关知识,中级工操作技能及相关知识;下册为高级工操作技能及相关知识,技师、高级技师操作技能及相关知识。

本工种教程由抚顺石化分公司任主编单位,参与编写的单位有大庆石化分公司,参与审核的单位有青海油田分公司、塔里木油田分公司、玉门油田分公司、庆阳石化分公司、大连石化分公司、锦西石化分公司、锦州石化分公司、宁夏石化分公司、独山子石化分公司、吉林石化分公司、大港石化分公司、哈尔滨石化分公司、长庆石化分公司、兰州石化分公司等。在此表示衷心感谢。

由于编者水平有限,书中不妥之处在所难免,请广大读者提出宝贵意见。

编者
2018 年 10 月

目录

第一部分 高级工操作技能及相关知识

模块一 开车准备 ········· 3
- 项目一 管线吹扫打靶操作 ········· 3
- 项目二 背压式汽轮机启动前准备操作 ········· 4
- 项目三 背压式汽轮机静态试验 ········· 7

模块二 开车操作 ········· 11
- 项目一 反应系统切换汽封操作 ········· 11
- 项目二 热拆大盲板操作 ········· 12
- 项目三 提升管喷油操作 ········· 13
- 项目四 余热锅炉启用 ········· 14
- 项目五 余热锅炉蒸汽并管网操作 ········· 16
- 项目六 气压机组启动油运操作 ········· 17
- 项目七 背压式汽轮机暖机操作 ········· 21
- 项目八 背压式汽轮机的启动 ········· 23
- 项目九 离心式气压机组启动操作 ········· 25

模块三 正常操作 ········· 28
- 项目一 反应温度的控制 ········· 28
- 项目二 反应压力控制 ········· 29
- 项目三 反应器藏量的控制 ········· 32
- 项目四 再生温度控制 ········· 33
- 项目五 再生器压力控制 ········· 34
- 项目六 再生烟气氧含量的控制 ········· 36
- 项目七 凑试法整定 PID 调节操作 ········· 37

项目八	汽轮机带负荷清洗操作	38

模块四　停车操作

项目一	切断进料后处理操作	41
项目二	装置停工分馏塔水洗操作	42
项目三	停工后分馏塔的检查	44
项目四	气压机组正常停机操作	45
项目五	硫化亚铁钝化操作	47

模块五　设备使用与维护

项目一	再生器分布器的检查	49
项目二	换热设备维修后验收确认	50
项目三	气压机正常维护	51

模块六　事故判断与处理

项目一	DCS 模块故障处理操作	54
项目二	反应温度大幅波动的原因及处理	55
项目三	反应压力大幅波动的判断及处理	56
项目四	原料中断的判断及处理	58
项目五	催化剂带油的判断与处理	60
项目六	炭堆积处理操作	61
项目七	油浆循环中断反应岗位处理操作	62
项目八	油浆固体含量高的原因分析及处理	63
项目九	气压机飞动处理操作	64
项目十	气压机抽负压的原因及处理	66
项目十一	气压机组故障停机事故处理	67

模块七　计算

项目一	精馏的计算	70
项目二	离心泵安装高度的计算	70
项目三	换热器的计算	72

第二部分　技师操作技能及相关知识

模块一　开车准备

项目一	反再系统开工前准备	77
项目二	开工前反再主要设备检查	80
项目三	开工前旋风分离器的检查	81
项目四	开工前三级旋风分离器的检查	83

  项目五 轴流式主风机开车前检查确认操作 ……………………………… 84

模块二 开车操作

  项目一 轴流式主风机的启动 ………………………………………… 87
  项目二 开启烟气轮机操作 ………………………………………………… 89

模块三 正常操作

  项目一 反再系统物料平衡的控制 …………………………………… 95
  项目二 烧焦罐的操作 …………………………………………………… 97
  项目三 再生烟气中 SO_x 的控制 ……………………………………… 100
  项目四 再生烟气中 NO_x 的控制 ……………………………………… 101
  项目五 提高吸收效果的措施 …………………………………………… 103
  项目六 先进控制系统的应用 …………………………………………… 105
  项目七 串级控制系统中控制器作用方向的选择 ……………………… 107

模块四 停车操作

  项目一 烟气轮机停用操作 ……………………………………………… 110
  项目二 主风机停用操作 ………………………………………………… 111
  项目三 紧急切断进料后分馏岗位处理操作 ………………………… 113
  项目四 停工的安全防护 ………………………………………………… 114
  项目五 盲板的设置 ……………………………………………………… 115

模块五 设备使用与维护

  项目一 主风机组的正常维护 …………………………………………… 118
  项目二 轴流式主风机组运行状态的监测 ………………………… 121
  项目三 运行时烟气轮机检查 ………………………………………… 123
  项目四 烟气轮机轮盘冷却蒸汽的调节 ………………………………… 125

模块六 事故判断与处理

  项目一 催化剂倒流事故判断及处理 ………………………………… 127
  项目二 催化剂"架桥"的处理 …………………………………………… 129
  项目三 主风中断事故处理操作 …………………………………………… 131
  项目四 烟气轮机振值过高的处理 ………………………………………… 133
  项目五 装置停循环水处理操作 …………………………………………… 134
  项目六 装置停低压电处理操作 …………………………………………… 136
  项目七 装置停高压电处理操作 …………………………………………… 138
  项目八 装置停 1.0MPa 蒸汽处理操作 ……………………………… 139
  项目九 装置停净化风处理操作 …………………………………………… 140

模块七 计算

  项目一 提升管油气停留时间的计算 ……………………………………… 142

项目二　装置两器压力平衡的计算……………………………………………………… 143
　　项目三　精馏塔理论塔板数的计算……………………………………………………… 146
　　项目四　焦炭氢碳比的计算……………………………………………………………… 149

第三部分　高级技师操作技能及相关知识

模块一　开车准备……………………………………………………………………………… 155
　　项目一　催化裂化工艺方案的选择……………………………………………………… 155
　　项目二　催化剂重金属污染的预防与控制……………………………………………… 159
　　项目三　减少氮化物对装置影响的优化操作…………………………………………… 161
　　项目四　减少硫化物对装置影响的优化操作…………………………………………… 163
　　项目五　吸收稳定系统塔板数的选择…………………………………………………… 166
　　项目六　"三查四定"工作的组织………………………………………………………… 169

模块二　开车操作……………………………………………………………………………… 172
　　项目一　反再系统开工操作……………………………………………………………… 172
　　项目二　开工过程中防结焦的措施……………………………………………………… 175

模块三　正常操作……………………………………………………………………………… 177
　　项目一　减少热裂化反应的操作………………………………………………………… 177
　　项目二　降低装置动力能耗的操作……………………………………………………… 180
　　项目三　提高产品收率的优化操作……………………………………………………… 182
　　项目四　降低催化汽油烯烃含量的操作………………………………………………… 184
　　项目五　降低生焦量措施………………………………………………………………… 187
　　项目六　提升管结焦的预防措施………………………………………………………… 189
　　项目七　减少油浆系统结焦的操作……………………………………………………… 191
　　项目八　减少含硫污水的措施…………………………………………………………… 194

模块四　停车操作……………………………………………………………………………… 196
　　项目一　反再系统停工操作……………………………………………………………… 196
　　项目二　主风机组紧急停机操作………………………………………………………… 198
　　项目三　停工检修期间减少噪声的措施………………………………………………… 199

模块五　设备使用与维护……………………………………………………………………… 202
　　项目一　再生设备腐蚀开裂预防操作…………………………………………………… 202
　　项目二　主风机组主备机切换操作……………………………………………………… 203
　　项目三　分馏塔结盐水洗操作…………………………………………………………… 204

模块六　事故判断与处理……………………………………………………………………… 206
　　项目一　催化剂跑损的分析及处理……………………………………………………… 206

项目二　提升管喧塞的现象及处理 …………………………………… 209
项目三　提升管终止流化的处理 ………………………………………… 211
项目四　预防分馏塔塔板吹翻的措施 …………………………………… 213
项目五　分馏塔压降升高的分析及处理 ………………………………… 214
项目六　油膜振荡引起的压缩机振动的预防与控制 …………………… 216
企业管理知识链接 ………………………………………………………… 217

理论知识练习题

高级工理论知识练习题及答案 ……………………………………………… 223
技师理论知识练习题及答案 ………………………………………………… 272
高级技师理论知识练习题及答案 …………………………………………… 318

附　录

附录1　职业技能等级标准 ………………………………………………… 359
附录2　初级工理论知识鉴定要素细目表 ………………………………… 368
附录3　初级工操作技能鉴定要素细目表 ………………………………… 374
附录4　中级工理论知识鉴定要素细目表 ………………………………… 375
附录5　中级工操作技能鉴定要素细目表 ………………………………… 381
附录6　高级工理论知识鉴定要素细目表 ………………………………… 382
附录7　高级工操作技能鉴定要素细目表 ………………………………… 387
附录8　技师理论知识鉴定要素细目表 …………………………………… 388
附录9　技师操作技能鉴定要素细目表 …………………………………… 392
附录10　高级技师理论知识鉴定要素细目表 …………………………… 393
附录11　高级技师操作技能鉴定要素细目表 …………………………… 397
附录12　操作技能考核内容层次结构表 ………………………………… 398
参考文献 ……………………………………………………………………… 399

第一部分

高级工操作技能及相关知识

模块一　开车准备

项目一　管线吹扫打靶操作

一、相关知识

（一）蒸汽吹扫打靶的目的

为清除中压蒸汽管线、设备内的各种机械杂质，保护汽轮机等用汽设备的安全运行，在中压蒸汽管线投运前，需对装置及系统的中压过热蒸汽管线、中压饱和蒸汽管线进行吹扫与打靶验收。

（二）吹扫介质的选择

在选择吹扫介质时，应根据被吹扫介质的性质来确定吹扫介质的种类。当吹扫介质与被吹扫介质接触时，不应产生急剧的汽化、燃烧、化学反应。

对于液态烃、汽油、煤油、干气、芳香烃等应使用惰性气体吹扫管道。当停工需要进行切割、焊接时，在用惰性气体吹扫后，还应采用蒸汽吹扫。

（三）吹扫打靶的验收标准

用装在排气管口的靶板做检查，在保证冲刷力的前提下，连续两次换靶板检查，靶板上冲击斑痕直径不大于1mm，痕迹不大于3个/cm²为合格。吹扫结果应分类记录，各靶板保存好以备查验。

GBA001吹扫打靶的验收标准

二、技能要求

（一）准备工作

（1）工具准备：防爆阀门扳手、防爆手电、防爆对讲机。

（2）人员穿戴劳保着装：工作服、工作鞋、安全帽、手套。

（3）准备好所需的铝制靶板、放空消音器，预制好打靶用临时放空管线。

（4）打靶前需先拆除吹扫管道上的流量孔板、调节阀、止回阀等附件并安装相应短节，并对存在安全隐患的塔、容器、管道加盲板。

（5）根据打靶进程，联系施工单位分别在各打靶蒸汽放空点安装好临时放空管线及放空消音器，临时放空管线必须固定可靠。

（6）布置好靶板安装孔（或在消音器临时管线上设置靶板安装孔）。

（二）操作规程

（1）吹扫打靶对象为装置内中压过热蒸汽、中压饱和蒸汽系统的相关管线，其中汽轮机入口主蒸汽线打靶协同系统中压蒸汽管线打靶进行。

（2）以公用工程提供的中压过热蒸汽为吹扫打靶介质，引中压过热蒸汽进装置前必须先进行暖管、贯通后,再引汽进行吹扫与打靶。

(3)装置及系统管线的打靶,需结合系统蒸汽供应、系统管线打靶进程进行统筹安排,期间需公用工程、施工单位进行配合。在打靶过程中与主管部门和公用工程及时联系沟通,加强协调。

(4)打靶顺序按"进出装置过热蒸汽管线、装置内过热蒸汽管线、装置内中压与饱和蒸汽管线、余热锅炉出入口、各汽包饱和蒸汽出口线"的顺序进行。

(5)吹扫打靶蒸汽的压力应保证吹扫时对管壁的冲刷力大于额定工况下蒸汽对管壁的冲刷力。

(6)吹扫打靶过程采取吹扫、冷却的间断方式,先吹扫约6h,再停汽冷却6~7h。需进行打靶处理的管线暂不实施保温,经过2~3次吹扫并目测合格后,安装靶板,打靶过程应不小于15min。

(7)加强蒸汽管线的检查,做好膨胀情况记录,发现异常情况及时汇报。

(三)注意事项

<!-- GBA002 吹扫打靶的注意事项 -->

(1)引蒸汽时必须缓慢,以防止发生水击。升压速度控制在0.1~0.15MPa/min,升温速率控制在2~3℃/min。

(2)沿蒸汽流程走向将导淋阀逐步打开疏水,疏水见汽后关导淋阀,直到打靶处放空。

(3)首次引汽吹扫前,需先进行疏水暖管,疏水暖管要充分,严防发生水击。

(4)吹扫打靶时,排汽口汽流应避开建筑物及设备,应设警戒区,并有专人看守。

(5)吹扫打靶期间,应发布安民告示、调整施工作业范围,不宜进行高空作业,尽量避开夜间吹扫。

(6)加强蒸汽系统的平稳运行工作,避免压力大幅度波动。

(7)更换靶板时应做好防坠落、防烫伤的措施。

(8)各放空点均需增设临时放空管线并安装消音器材。

(9)打靶时蒸汽通过设备时走副线,严禁通过调节阀、设备,防止损坏。

(10)打靶时所用的开关阀门尽量离开靶板,吹扫打靶过程中要切实做好安全工作,避免发生人身伤害事故。

项目二 背压式汽轮机启动前准备操作

一、相关知识

汽轮机是将蒸汽的热能转换成机械能的旋转式动力机械。汽轮机的种类较多,一般工厂用的汽轮机称为工业汽轮机。也就是说,工业汽轮机是指工业企业中作驱动用的汽轮机与自备电站中作发电用的汽轮机的总称,即指除公用电站汽轮机和船舶推进汽轮机以外的各种类型的汽轮机。

(一)背压式汽轮机本体的主要结构

<!-- GBA003 背压式汽轮机本体的主要结构 -->

(1)支座:前支架、前轴承架、径向轴承、推力轴承。

(2)后支座:后座架、后轴承座、径向轴承。

(3)危急保安装置。

(4)手动盘车装置。

(5)气缸:外缸、导叶持环。

(6)转子:整锻轴、危急保安器、荆轮、动叶环、联轴器、齿式联轴器。

(7)调节汽阀。

(8)速关阀。

(9)驱动组合。

(10)齿轮减速箱。

(二)汽轮机的工作原理

汽轮机是一种利用蒸汽带动的原动机。其主要工作原理是利用蒸汽的膨胀,使其一部分热能转变为具有高速的气流,推动叶轮旋转而转变为动能。首先,蒸汽通过喷嘴室,喷嘴室主要作用是使通过喷嘴的蒸汽流降压、升速、转向,将热能转换成动能,使高速汽流按一定方向喷向动叶片。

在汽轮机的静叶栅内,其流道截面是渐缩形的,即流道的进口截面大,出口截面小。当汽流通过这样的渐缩流道后,汽流就被加速、膨胀,即汽体压力下降,温度下降,而汽流速度则增加。这样,汽流在静叶流道内自进口到出口完成了热能向动能转换。

当汽流从静叶栅进入动叶栅后,因动叶流道截面也是做成逐渐收缩的,所以汽流在动叶栅中进一步降压、膨胀和加速。具有一定动能的汽流对叶片产生一个冲击力(又称冲动力),汽流速度下降,但另一方面汽流在动叶流道内的继续膨胀、加速对动叶片产生一个反作用力(又称反动力),汽流压力下降。这样在冲动力和反动力的作用下,动叶片推动汽轮机主轴转动,产生机械功。

多级汽轮机就是由若干个级串联组成,蒸汽的热能在各个级内连续地转变成机械功,而汽轮机通常又分为冲动式和反动式,蒸汽在其中的作用过程略有不同。对冲动式汽轮机,蒸汽只在汽轮机的静叶栅中降压膨胀加速,在动叶栅内不降压不膨胀,动叶只是把蒸汽动能转换成机械功,同时改变汽流方向。对反动式汽轮机,蒸汽在汽轮机的静叶栅中被降压、膨胀和加速,在动叶栅中也被进一步降压、膨胀、加速。动叶不但将蒸汽的动能,同时也将蒸汽的部分内能转换成机械功。

(三)汽轮机的主要特点

(1)使用领域宽广,具有较大的变速范围,通常为额定转速的-10%~15%,特殊情况可达额定转速的-40%~30%,增加了调节手段和操作的灵活性。

(2)石化行业常用的汽轮机的转速范围可达3000~16000r/min,范围大,可用来直接驱动。

(3)适用于各种工作环境,满足防尘、防爆和防腐等的特殊要求。

(4)品种多,规格齐全。有不同的进、抽和排汽参数,不同的转速、功率,适合于不同的布置要求。

(5)适用于有较高自动化要求的工业流程。

(6)蒸汽来源比较稳定。

（四）汽轮机的几种功率

GBA006汽轮机几种功率的含义

（1）理想功率：在不计任何损失的情况下，蒸汽在汽轮机内做等熵膨胀时单位时间内所做的功。

（2）额定功率：汽轮机长期运行可以发出的最大连续出力。

（3）内功率：在理想功率中，扣除内部所有能量损失所消耗的功率。

（4）轴功率：从内功率中扣除外部能量损失后所消耗的功率。

（5）相对内功率：内功率与理想功率之比。

（6）相对有效效率：有效功率与理想功率之比。

（7）机械效率：轴功率与内功率之比。

（8）实际有效汽耗率：输出单位轴功率所需要消耗的蒸汽量。

（9）经济功率：进行汽轮机设计时，作为计算根据的功率。

（五）推力轴承

GBA007推力轴承的定义

汽轮机的推力轴承是与其中一个支撑轴承连在一起，称为综合式推力支撑轴承。在这种轴承上，安装在主轴的推力盘两侧各有一排瓦片，也有一种是主推力瓦块和副推力瓦块分别位于支撑轴承的两边，这时推力盘也是分在支撑轴承的两边。

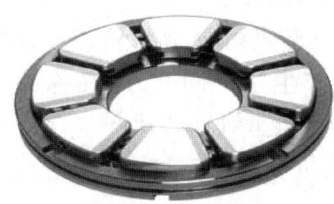

图 1-1-1　可倾瓦块推力轴承

推力轴承主要由推力瓦块和安装圈组成，推力瓦块呈扇形，由 8~12 片组成一圈，支撑于安装圈上（图 1-1-1）。瓦块与安装圈之间有一个支点。当推力盘转动时，瓦块自动摆动形成油楔，因而能保证很好的润滑条件。

离心式气压机与汽轮机正常工作时，轴向力总是指向压力低的一端，承受这个方向轴向力的推力瓦块称主推力块。而当气压机启动或汽轮机甩负荷时，轴向推力就改变方向，为此就在主推力块的对面安装了推力块，以承受这一方向的轴向力，这种推力块称为副推力块。

推力轴承的作用是保证转子和定子之间轴向位置固定，以保证叶片与隔板轴封等之间的间隙，使气压机、汽轮机能够安全运转。

（六）径向轴承

GBA008径向轴承的作用

机组转子通过径向轴承支持在轴承座上，故径向轴承也称支撑轴承。径向轴承的作用是承受着转子在启动增速、稳定运行及停运降速时所产生的全部静负荷和动负荷，对齿轮轴承受着齿轮啮合所产生的附加负荷；同时还要保持转子中心与汽轮机气缸、汽封、导叶持环等设计的间隙。

径向轴承由上下两半轴瓦组成，轴瓦由锥形销钉来固定，并通过螺栓把上下两半连接起来。轴承的承截面浇有巴氏合金。下半轴瓦与下半轴承箱中分面用圆柱形销钉定位，以阻止轴瓦径向或轴向移动。

二、技能要求

（一）准备工作

（1）工具准备：防爆阀门扳手、防爆手电、防爆对讲机。

(2)人员穿戴劳保着装：工作服、工作鞋、安全帽、手套。

（二）操作步骤

(1)现场操作人员顺时针旋转启动器手轮，并旋转到极点位置，再逆时针缓慢旋转手轮，速关阀开始打开，在速关阀打开过程中停止转动手轮，直至速关阀全开和启动油压力表指针降到零后，手轮继续向开启方向旋转直至旋到底，锁紧。

(2)主控室人员在操作画面上确认进行电磁阀送电并按步骤模拟启机。联系仪表工、电工、钳工，进行机组联锁试验。联锁试验内容包括：

① 按下危急保安器，检查速关阀/调节汽门是否能快速关闭。

② 调节正常后，再按下危急保安器，检查速关阀/调节汽门是否快速关闭。

③ 调节正常后，按紧急停机按钮，电磁阀跳动，检查速关阀/调节汽门是否快速关闭。

④ 调节正常后，备泵开关处于"自动位"，停主油泵做润滑油压低、辅泵自启动联锁试验。

⑤ 调节正常后，备泵开关处于"手动位"或"关断位"，停主油泵做润滑油压过低、停机联锁试验。

⑥ 调节正常后，仪表现场给信号做汽轮机轴位移过大停机联锁试验。

⑦ 调节正常后，仪表现场给信号做气压机轴位移过大停机联锁试验。

（三）注意事项

就保护装置而言，凝汽式汽轮机有低真空保护装置；背压式汽轮机有背压安全阀保护装置。

项目三　背压式汽轮机静态试验

一、相关知识

> GBA010汽轮机速关阀的原理

（一）汽轮机的保护装置

(1)速关阀。速关阀是蒸汽管道和汽轮机进口之间的主要关闭阀，所以也称为"主汽门"，可以保证汽轮机运行中出现故障时，能在很短的时间内切断进汽。与危急保安装置联动，对转子发生超速和过量的轴向位移自动做出最快的停机反应。在速关阀自动关闭后不能立即复位，而是必须将速关阀手轮全关后，再按正常操作规程打开速关阀。速关阀结构上可分为蒸汽通道部分和油通道部分。为了保证安全，要求速关阀动作迅速、关闭严密。汽轮机在正常的进、排汽参数情况下，速关阀关闭后（调节阀全开），汽轮机的转速应能迅速降到暖机转速以下，自汽轮机保护装置动作至速关阀全关的时间，通常要求不大于 $0.5\sim0.8s$。

> GBA009汽轮机的保护装置

(2)超速保护装置。汽轮机是一种高速转动的机械，其转动部件的应力和转速有着密切的关系，如果转速过高，将会导致汽轮机设备的损坏。为了防止这种情况的发生，每台汽轮机都装有超速保护装置。超速保护装置由感应机构、放大机构组成，感应机构通常称为危急保安器，一般当汽轮机的转速升高到额定转速的 $1.10\sim1.12$ 倍时就会脱扣，迅速关闭主汽门，防止飞车事故发生。

① 危急保安器。它是超速保护装置的转速感应机构,实际上是一个静态不稳定的调速器,按其结构可分为飞锤式和飞环式两类,但它们的工作原理完全相同。

② 危急断路滑阀。在近代汽轮机中,危急保安器动作后,飞锤飞出作为超速信号,再通过以危急断路滑阀作为传动放大机构去动作速关阀。

危急保安器和危急断路滑阀两者共同组成超速保护装置。

(3)轴向位移保护。在汽轮机运行中,由于某种原因造成汽轮机轴向推力过大时,将导致推力瓦的乌金熔化,转子就会产生不允许的轴向位移,致使汽轮机的动、静部分发生摩擦,造成严重的设备损坏事故。一般当汽轮机轴向位移超过 800~1000mm 时,轴向位移保护装置能实现自动停机。

(4)低油压保护装置。润滑油压过低将使汽轮机轴承不能维持正常工作,情况严重时,还会造成轴瓦损坏以及动、静部分摩擦等恶性事故。因此润滑系统中都设有低油压保护装置。

(5)凝汽式汽轮机有低真空保护装置。当凝汽器真空急剧下降时,真空安全阀及时动作,以保证气缸不变形以及保护凝汽器铜管不损坏。

(6)背压式汽轮机有背压安全阀,当排气背压高于允许值时安全阀起跳,以保护气缸。

(二)汽轮机调速系统的作用和要求

汽轮机调速系统的作用就是使汽轮机输出功率与负荷保持平衡。当负荷增加时,调速系统就要开大汽门,增加进汽量(负荷减小时相反)。在负荷变化时必须保持汽轮机的正常运转速度。另外当负荷突然减小时,调速系统也要防止转速急速升高。汽轮机的调速系统就是起着适应负荷需要,调节转速的作用。对于带动气压机的汽轮机调速系统,还起着根据工艺对气体流量及压力的要求改变转速的作用。

调速系统应满足以下要求:

(1)当主汽门完全开启时,调速系统应能维持汽轮机空负荷运行。

(2)当汽轮机由全负荷突然降到空负荷时,调速系统应能维持汽轮机和转速在危急保安器的动作转速以下。

(3)主汽门和调速汽门门杆、错油门、油动机以及调速系统应能维持连杆上的各活动连接装置没有卡涩和松动现象。当负荷改变时,调速汽门应均匀平稳地移动。当系统负荷稳定时,负荷不应摆动。

(4)当危急保安器动作后,应保证主汽门关闭严密。

(5)主机的一个或几个参数(如主风机出口压力或流量,气压机进口压力等)可以对汽轮机的转速进行调节。

(三)调速系统在空负荷下不能维持额定转速的原因

汽轮机启动后,在主汽门全开、真空正常、负荷为零的条件下,调速系统不能保持额定转速,甚至超过危急保安器的动作转速,这种现象称为汽轮机不能维持空负荷运行。

其原因一般是由于调速汽门关不严或调速系统的不正常而引起的,大致有以下几个方面原因:

(1)调速汽阀座接触不严密,阀门与阀座间的间隙太大。

(2)调速系统连杆尺寸安装不正确,或者增大了调速弹簧的原有紧力。

(3)调速器连杆、油动机、错油门等卡住。

(4)传动连杆或错油门链接松弛。

(5)除调速汽门外,尚有其他漏汽的场所,如没有正确安装管道等。

(6)传动杆与蒸汽室温度相差过大,热膨胀不一致,而使错油门阀门不在空负荷位置上。

(四)汽轮机负荷小时调速汽门跳动、转速变化大的原因

(1)由于门杆与门杆套发生卡涩,使调速汽门动作不灵活。卡涩的原因可能是由于门杆套发生蠕胀、蒸汽质量不好,使门杆上结有盐垢、门杆套偏斜或门杆弯曲,或是门杆与门杆套之间所留间隙过小等。

GBA014汽轮机负荷小时调速汽门跳动、转速变化大的原因

(2)油动机、错油门及传动连杆卡涩。

(3)油动机的内部壁局部磨损。

(4)调速系统的静态特性曲线在某一区域内过于平坦。

(5)调速汽门重叠度调整不当,迟缓率过大或油压不稳。

二、技能要求

(一)准备工作

(1)工具准备:防爆阀门扳手、防爆手电、防爆对讲机。

(2)人员穿戴劳保着装:工作服、工作鞋、安全帽、手套。

(二)操作规程

GBA015汽轮机的静态试验项目

(1)手压危急保安装置手柄,速关阀、调节汽阀及抽汽速关阀(抽汽速关阀试验前,应手动开启抽汽速关阀约三分之一的行程)应迅速关闭。然后重新挂上危急保安装置手柄,开启速关阀、调节汽阀及抽汽速关阀。

(2)手按紧急停机阀手柄,迅速泄掉高压油,速关阀、调节汽阀及抽汽速关阀应迅速关闭,试验之后在开启各关闭的阀门。

(3)电磁阀遥控切换试验。做此试验时应注意电磁阀是常开还是常闭。两位三通电磁阀接入保安系统的压力油管路上,它可切断进入危急保安系统的压力油,也可以切断进入危急保安装置的压力油,同时引起危急保安装置动作而将速关油泄掉,最终使速关阀关闭。电磁阀可以由主控室或某一保护装置,如润滑油压、相对膨胀量、轴向位移、振动、抽汽压力等超过规定值时来控制,视需要将要求保护的物理量通过合适的传感器转换成电信号与电磁阀连接。

(4)轴向位移试验。由仪表管理维修人员分别接通或操作转子轴向位移保护。速关阀、调节汽阀及抽汽速关阀应迅速关闭。试验合格后,应用启动手轮开启速关阀和调节汽阀。

(5)润滑油油压过低保护试验。投入油泵联动开关,投入总保护开关。开启油压断电器进油总阀,缓慢开启放油阀,降低油压。

① 当轴承入口油压降至设计值时直流油泵投入运行。

② 当轴承进口油压降至要求值下限时磁力断路油门动作。

③ 试验合格后,断开总保护开关(投入试验位置)。

④ 将调节器启动手轮退至下限位置,速关阀、调节汽阀及抽汽速关阀就关闭。

(6)速关阀试验装置试验。一般速关阀都具有试验装置,在油缸内装置有试验活塞,可在不影响汽轮机正常工作的情况下,检查速关阀杆动作是否灵活。若运行时间较长,阀杆部分结盐或油缸部分的积垢,则必须拆开检查。

(三)注意事项

汽轮机保安系统试验工作分静态特性试验及动态特性试验两种。对于背压式汽轮机来说,动态试验一般仅由制造厂家进行,以实测其动态性能。

模块二　开车操作

项目一　反应系统切换汽封操作

一、相关知识

"汽封"是装置开工时两器升温过程中为防止分馏塔油气窜到反应器发生事故而采取的一种操作方法。切换汽封实际是反应系统和分馏系统的一个贯通过程，就是使反应器的蒸汽按正常路线进入分馏塔，再经塔顶空冷、水冷，冷凝冷却后流入塔顶油气分离器进行排放。

GBB001反应系统切换汽封操作

二、技能要求

(一)准备工作

(1)工具准备：防爆阀门扳手、防爆手电、防爆对讲机。
(2)人员穿戴劳保着装：工作服、工作鞋、安全帽、手套。
(3)反应蒸汽用量可灵活调节。
(4)分馏塔顶油气分离器前冷换设备可正常投用。

(二)操作规程

(1)沉降器蒸汽吹扫，同时关闭待生滑阀、再生滑阀将沉降器与再生器切断，开大双动滑阀。
(2)现场操作人员开大沉降器顶放空、油气管线放空撤压。
(3)联系主风机岗位适当降低主风量。联系分馏岗位适当关小分馏塔和柴油汽提塔给汽，分馏塔保持微正压。
(4)联系有关单位拆大油气管线盲板，安排专人监护拆盲板工作。
(5)拆大油气管线盲板前沉降器赶空气降温，大油气管线盲板拆除、连通后，要保证分馏塔压力高于沉降器压力，并保证沉降器顶油气管线放空见汽、分馏塔保持微正压，沉降器大量给汽赶空气，分馏岗位开大分馏塔底搅拌蒸汽。
(6)辅助燃烧室点火升温后，适当降低再生器压力。开大沉降器顶放空，投用沉降器、提升管各部位给汽(预提升蒸汽、松动蒸汽、喷嘴雾化蒸汽、汽提蒸汽、防焦蒸汽)，大量给汽赶空气 2h 以上。
(7)分馏塔赶空气结束，分馏塔顶油气线放空关闭，分馏塔顶蝶阀打开。
(8)反应赶空气结束后关闭沉降器顶放空、油气线放空，将沉降器蒸汽引入分馏塔，经塔油气冷却器、空冷、油气冷凝器，最后由塔顶油气分离器排出。
(9)切汽封结束，控制沉降器压力高于再生器压力。

(三)注意事项

> GBB002 切换汽封时分馏的注意事项

(1)切换"汽封"过程中蒸汽用量不宜过大,以减少后部冷却负荷。
(2)操作过程中要控制好反应压力。
(3)要加强沉降器底、提升管底、待生滑阀前和待生提升管底的低点导淋脱水。
(4)注意做好分馏塔及油气分离器的脱水工作。
(5)操作过程中应防止分馏塔顶换热器发生水击。
(6)沉降器顶见蒸汽1h后,打开分馏塔顶冷却器进口电动阀。
(7)分馏岗位应密切协助反应岗位,减少分馏系统蒸汽用量时要缓慢。
(8)注意分馏塔顶硫化亚铁可能产生自燃。

项目二　热拆大盲板操作

> GBB003 装大盲板操作

一、相关知识

(一)装大盲板操作

催化裂化装置的"大盲板"通常是指分馏塔大油气管线入口处的盲板。停工后,分馏塔、沉降器用蒸汽吹扫。沉降器会很快吹扫干净,分馏塔则很慢,这时可以先停止分馏系统各回流吹扫线,将分馏塔底油外送干净,分馏塔大量给汽吹扫3~4h,开塔顶放空,达到条件就可以装大盲板。装大盲板时,关键是要保证分馏塔和沉降器内微正压,大盲板处有少量蒸汽外出不影响施工。分馏塔顶、沉降器顶放空见蒸汽。装完盲板后,分馏系统再吹扫。如果两器系统不着急开工,也可以等分馏系统吹扫干净后再装盲板。

(二)"冷拆"大盲板

早期装置开工两器升温阶段分馏塔中有油,分馏塔需通入少量蒸汽保持微正压避免空气进入。若两器升温以后拆盲板,拆盲板处会有蒸汽冒出,工作条件较差影响开工进度,故早期装置采用两器升温前事先拆大盲板(称为"先拆"盲板法或"冷拆"盲板法)。

(三)"热拆"大盲板

现代装置对开工过程进行了改进,更简便、更安全。现代装置中分馏塔都设有塔外循环系统。在两器升温期间,反应器与分馏塔有盲板隔离操作简便安全,开工循环油不进入分馏塔,而是通过分馏塔外循环系统进行三路循环。两器升温结束后再拆大盲板(称为"后拆"或"热拆"盲板法),可将分馏塔进汽停掉,因塔内无油,即使有空气进入也没有危险,拆盲板处仅微量蒸汽冒出。拆除大盲板后反应器和分馏塔重新给汽,一同赶空气。

二、技能要求

(一)准备工作

(1)工具准备:防爆阀门扳手、防爆手电、防爆对讲机。
(2)人员穿戴劳保着装:工作服、工作鞋、安全帽、手套。
(3)沉降器给汽吹扫,同时关闭再生滑阀、待生滑阀将沉降器与再生器切断,开大双动滑阀,再生器压力控制微正压。

(4) 开大沉降器顶放空、大油气管线放空撤压。
(5) 联系主风机岗位适当降低主风量。
(6) 联系分馏岗位适当关小分馏塔、汽提塔给汽,分馏塔保持微正压,做好拆大油气管线盲板的准备。

(二) 操作规程
(1) 要保证分馏塔和沉降器内微正压大盲板处有少量蒸汽外出,不影响施工,分馏塔顶、沉降器顶放空见蒸汽。
(2) 拆大盲板前,分馏、反应大量给汽吹扫,放空"大量"见汽 30min 后,停大部分给汽,保证微正压。
(3) 联系有关单位拆大盲板,安排专人监护。
(4) 大盲板拆完后,再给汽吹扫。
(5) 大量见汽后,先关沉降器顶放空,再关分馏塔顶放空,赶净分馏塔顶线路中空气。

(三) 注意事项

> GBB004大盲板拆卸的注意事项

(1) 拆大盲板时,沉降器压力应维持在 2kPa 左右。
(2) 拆大盲板时,沉降器至大盲板处油气管线内的介质是空气。分馏塔要有足够的吹扫时间,以保证空气赶净。
(3) 拆装盲板时分馏塔底搅拌蒸汽量可以减小,但必须维持有量,以防止塔内窜入空气,引起硫化亚铁自燃。

项目三 提升管喷油操作

> GBB005喉管式进料喷嘴的工作原理

> GBB006原料雾化蒸汽的作用

一、相关知识

(一) 喉管式进料喷嘴的工作原理
喉管式喷嘴的雾化原理:利用高速喷射的蒸汽把液体进料冲击破碎,并使进料在进入提升管时形成强烈的紊流脉动的喷射流,与周围介质发生撞打击而破碎。

(二) 原料雾化蒸汽的作用
催化裂化是气相反应,使进入提升管的原料迅速汽化很重要。通入雾化蒸汽,可使原料油、雾化蒸汽和催化剂混合均匀。同时雾化蒸汽可以降低油气分压,避免催化剂迅速结焦。一旦原料油中断,雾化蒸汽还可防止喷嘴堵塞。

二、技能要求

(一) 准备工作
(1) 工具准备:防爆阀门扳手、防爆手电、防爆对讲机。
(2) 人员穿戴劳保着装:工作服、工作鞋、安全帽、手套。
(3) 检查流程无误;确认进料喷嘴盲板拆除。
(4) 再生器床层温度升到规定值,可适量加入助燃剂。
(5) 控制反应温度高于正常操作温度 10~20℃。

(6）反再系统各指标达到进料前的要求。

(7）联系仪表,检查两器温度、压力、密度、藏量、压降等指示是否准确。

(8）两器流化正常,无催化剂跑损现象。

(9）各滑阀调节灵活。

(10）气压机低速运行,具备升速条件。

(11）各进料喷嘴前第一道手阀关闭,进料喷嘴前压力正常。

(12）将提升管急冷介质引至喷嘴前。

(13）主风流量正常,两器系统压力平稳、各处藏量稳定、流化正常。

(二)操作规程

(1）以对称方式缓慢打开原料油喷嘴手阀,逐渐关闭事故旁通线,将原料油量提到预定值;控制提升管出口温度正常。

(2）用分馏塔顶蝶阀和气压机入口放火炬控制沉降器压力。

(3）调节燃烧油量控制再生器床层温度。

(4）根据再生器床层温度,逐渐关闭再生器燃烧油,可根据情况调节外取热器来控制再生器温度。控制烟气氧含量,注意防止发生炭堆积和二次燃烧。

(5）每隔30min取样分析再生催化剂定炭。

(6）随富气量的增加,气压机升速。气压机升速至规定转速后可根据气压机的运转情况,将沉降器压力逐渐改为由气压机转速和反飞动来控制。

> GBB007提升管喷油操作的注意事项

(三)注意事项

(1）两器流化正常。

(2）反应进料集合管压力正常、原料预热温度正常。

(3）反应温度、再生温度不低于规定值。

(4）开喷嘴时要缓慢,与主控室联系,待各参数稳定后,再开大喷嘴。

(5）随着进料量提高,逐步关小事故蒸汽。

(6）放火炬系统正常,反再系统压力正常,自保系统好用。

项目四　余热锅炉启用

> GBB008余热锅炉的作用

一、相关知识

(一)余热锅炉的作用

余热锅炉是指利用各种工业过程中的废气、废料或废液中的余热及其可燃物质燃烧后产生的热量把水加热到一定工况的锅炉,具有烟箱、烟道等余热回收利用结构的燃油锅炉、燃气锅炉、燃煤锅炉也称为余热锅炉。余热锅炉通过余热回收可以生产热水或蒸汽来供给装置或企业的其他工段使用。

> GBB009余热锅炉的结构

(二)余热锅炉的结构

(1）省煤器——主要作用是给除氧水预热,提高汽包上水的温度;

(2）蒸发段——利用余热产生蒸汽;

(3)过热段——给蒸汽进行过热,保证蒸汽品质,供给汽轮机使用。

(三)余热锅炉煮炉

1. 煮炉的目的

新建锅炉,包括再生器取热器和余热锅炉系统,在制造、运输、保管及安装过程中会产生铁锈、油污,必须进行煮炉。新锅炉煮炉是在水冲洗、水压试验结束后,锅炉改装临时玻璃板液位计,保持锅炉低液位,利用专门设置(或临时)的加药系统,按要求分别配制一定浓度和一定量的氢氧化钠和工业级的磷酸三钠溶液,加入锅炉中。然后根据煮炉的升压程序和时间安排,按要求引蒸汽升温升压,并按规定进行锅炉排污和炉水采样分析。

在煮炉期间,要根据炉水碱度和磷酸根离子浓度的变化分别补充氢氧化钠或磷酸三钠溶液,注意两种药品应分别配置,药品完全溶解后才能加入锅炉中,加药后要将加药线冲洗干净。配置药品时,现场人员要按规定着装,防止发生烧碱灼伤事故。

锅炉煮炉结束后排净系统存水,锅炉收水至液位约50%,换上新的玻璃板液位计,做好系统投用准备。

2. 煮炉的步骤 <small>GBB010煮炉的步骤</small>

(1)控制锅炉水位达到要求。

(2)通过加药系统向锅炉加药,药量为锅炉水容积每 $1m^3$ 加入 $3\sim5kg$ 磷酸三钠或氢氧化钠。

(3)药液加入后,补水至正常液位上 50mm 处,通过调节进入系统的热源缓慢升温升压。

(4)控制温升速度不超过 50℃/h。

(5)待系统压力升至 $0.4\sim0.5MPa$ 时,对系统上的螺栓进行一次热紧。

(6)锅炉产汽应维持 $3\sim5t/h$,并从过热器出口放空。

(7)升压至 $2.0\sim2.5MPa$ 压力下煮炉 24h。煮炉时应绘制好煮炉压力曲线,按照压力曲线控制煮炉压力。

(8)通过排污和上水进行系统炉水置换,直到系统中水质达到炉水水质标准。

(9)关闭锅炉出口蝶阀;入口水封罐上水封闭锅炉入口,待锅炉缓慢降温降压。

(10)当压力降至 0.05MPa 后可放水,清理,并对锅炉内部进行检查。锅炉内表面应清洁,无残留的氧化铁皮和焊渣、无二次浮锈,并形成保护膜。如达不到此标准,应采取补救措施或再次煮炉。

(11)在煮炉过程中,锅炉应保持最高液位,煮炉用水必须用锅炉给水。

二、技能要求

(一)准备工作

(1)工具准备:防爆阀门扳手、防爆手电、防爆对讲机。

(2)人员穿戴劳保着装:工作服、工作鞋、安全帽、手套。

(3)与有关单位做好联系工作。

(4)现场操作人员改好锅炉上水流程,开启蒸汽管道导淋。检查相关仪表正常投用,联系分析给水及炉水品质。

(5)主控室操作人员观察运行参数正常。

(6)现场操作人员应缓慢进行锅炉上水,在给水管和省煤器气排气阀冒水时,将排气阀关闭。上水时检查有无泄漏处,以便及时处理。

(7)锅炉液位升至50%时停止上水保持液位,若液位有明显变化查找原因及时处理。

(二)操作规程

1. 锅炉的启动

(1)现场操作人员检查余热锅炉前水封罐将存水放净,逐渐开启烟气入口蝶阀,关闭旁路烟道蝶阀,使烟气正常进入余热锅炉。

(2)保持均匀升温,使承压部件受热均匀、膨胀正常。保证锅炉升温速度不高于50℃/h。

(3)在升压过程中,应打开过热段出口集箱的导淋。

(4)在升压过程中,监视液位的变化,维持液位正常。

(5)锅炉压力升至0.1~0.2MPa时校对液位表,冲洗仪表导管,联系锅炉检修人员热紧。

2. 锅炉液位的调整

(1)锅炉应平稳给水,须维持锅炉液位在正常液位处,允许±50mm的变化范围。正常运行不准中断锅炉给水。

(2)主控室内液位仪表指示应与现场液位计指示一致。

(3)锅炉给水应根据锅炉的液位计进行调节,保证调节灵敏、可靠。

(4)当液位平稳后可将给水投入自动调节。此时应密切监视液位的变化,保持给水量变化平稳,当自动控制失灵时,改手动调节,并联系仪表工处理。

(5)要保持两台液位计的指示正确,清晰易见。

3. 汽压、汽温的调整

(1)经常监视给水的温度、压力变化,保证温度、压力的稳定。

(2)认真检查各操作参数情况,压力表、温度表经常对照,发现问题及时联系处理。

(3)正常汽压由出装置压控阀自动控制调节,压力控制在给定压力±0.1MPa。

(三)注意事项

(1)水封罐必须放净水。

(2)引除氧水时一定要认真检查相关流程及附属设施。

(3)如因投余热炉引起操作波动时应立即查找原因,排除后再投余热锅炉。

项目五 余热锅炉蒸汽并管网操作

一、相关知识

当余热锅炉系统运行正常、蒸汽压力低于系统蒸汽压力0.05~0.1MPa时可以缓慢进行蒸汽并入管网操作。因为在余热锅炉的蒸汽压力高于系统蒸汽压力时,主汽阀开启后大量蒸汽迅速输出,既影响了系统压力,又使余热锅炉压力骤降、产汽骤增,从而易发生汽水共腾现象❶；如果余热锅炉的蒸汽压力远低于系统蒸汽压力时，当主汽阀开启后，系统的蒸汽会大量倒流入余热锅炉内，将严重影响蒸汽系统的正常运行。

二、技能要求

> GBB011余热锅炉并汽操作

(一)准备工作

(1)工具准备：防爆阀门扳手、防爆手电、防爆对讲机。
(2)人员穿戴劳保着装：工作服、工作鞋、安全帽、手套。
(3)余热锅炉运行正常。
(4)余热锅炉设备无泄漏。
(5)余热锅炉蒸汽参数化验合格。
(6)汽包水位正常，调节灵活。
(7)余热锅炉蒸汽压力略低于系统蒸汽压力。

(二)操作规程

(1)开启系统主蒸汽管道上的导淋，排出凝结水。
(2)控制余热锅炉蒸汽压力低于系统蒸汽压力 0.05~0.1MPa。
(3)缓慢开启主汽阀的旁路阀进行暖管，暖管结束后逐渐开大主汽阀，然后关闭旁路阀以及系统主汽管上的导淋。
(4)缓慢打开并汽大阀进行余热锅炉蒸汽并管网系统操作。
(5)并汽过程中应保持汽压和水位正常。
(6)并汽过程中若管道中有水击现象，应停止并汽进行疏水，水击消除后再并汽。

(三)注意事项

(1)蒸汽并入管网前要与调度和相关单位做好联系。
(2)并蒸汽前应加强管线暖管、脱水。
(3)平稳操作，控制好余热锅炉汽包温度、压力、液位。保证供给的蒸汽温度、压力、流量在规定指标内。
(4)应加强检查，如有问题应及时报告并处理。

项目六　气压机组启动油运操作

一、相关知识

> GBB012透平油的作用和质量要求

(一)透平油的作用和质量要求

透平是汽轮机(turbine)的音译，透平油就是汽轮机油。在机组运行中，透平油有以下作用：

(1)润滑机组各轴承、联轴节及其他传动部分，使之形成油膜减小摩擦阻力。
(2)带走因摩擦而产生的热量和高温蒸汽及压缩后升温的气体通过主轴传到轴颈上的

---

❶ 汽水共腾是指锅炉蒸发面汽、水共同升起，产生大量泡沫并上下波动翻腾的现象。

热量,以保证轴及轴颈处温度不超过一定值(一般不超过60℃)。

(3)通过透平油进行液压和作为各液压调节阀的传动动力。

(4)如果机组封油也采用透平油,还起密封作用。

机组对透平油的质量有着严格的要求,以 L-TSA32 汽轮机油(N32 透平油)为例,主要有以下几项指标。

(1)黏度:黏度是判断透平油流动性的标准,以动力黏度作为测定单位,常用透平油黏度为 $22.8 \sim 35.2 mm^2/s(40℃)$。黏度过大轴承易发热,过小使油膜破坏。油质恶化时,黏度增大。

(2)酸价:酸价表示油中含有酸分的多少,以每 1g 油中用多少毫克氢氧化钾才能中和来计算。新油酸价不大于 0.3mgKOH/g。油质劣化,酸价上升。

(3)酸碱性反应:这是指透平油呈酸性或碱性。良好的透平油呈中性。

(4)抗乳化度:这是油能迅速和水分离的能力,良好的透平油应不大于 15min。油中含有机酸时,抗乳化度就下降。

(5)闪点:因汽轮机温度高,故闪点应不低于 180℃。

此外,透平油的透明度、凝点和机械杂质都是判断油质的指标。

(二)劣质透平油对机组运行的危害

GBB013劣质透平油对机组运行的危害

(1)透平油和空气混合会出现泡沫使油泵效率下降。油压降低,使调速系统动作缓慢。

(2)透平油的氧化使其酸价增高,呈现酸性,易使同油接触的各个部件发生腐蚀,生成大量铁锈,使轴承发热、调速系统卡涩,危急保安器因锈住而不动作。

(3)透平油中带有水和机械杂质,使透平油变为乳状液色泽不透明,黏度增大,失去润滑作用。

(4)透平油中混入低沸点的液态烃和汽油等,使透平油的黏度下降造成油的润滑及密封的性能下降,甚至会引起机组振动增大。

(三)轴承上的润滑油膜的形成过程及影响因素

油膜的形成主要由于油有一种黏附性。轴转动时将油粘在轴与轴承上,间隙大到小处产生油楔,使油在间隙小处产生油压,由于转速的逐渐升高,油压也随之增大,并将轴向上托起。

影响油膜的因素很多,如润滑油的黏度、轴瓦的间隙、油膜单位面积上承受的压力等,但对一台轴承结构已定的机组来说,最主要的因素就是油的黏度。因油质劣化,造成油的黏度上升或下降,都可能使油膜被破坏。

透平油的黏度受温度影响很大,当油温过低时,油的黏度很大,会使油分布不均匀,增加摩擦损失,甚至造成轴承摩擦。故启动时油温规定一般不得低于25℃。升速时摩擦损失随转速增加而增加,故对润滑要求更高,因此油温要求更高一些,一般不能低于30℃。

(四)调速与润滑油系统的组成

气压机组的调速与润滑油系统组成部分及作用如下:

(1)主油泵、辅助油泵:正常转动时由主油泵产生高压油,一般大于0.8MPa(表)。当主油泵发生故障或开、停机时,由辅助油泵提供高压油。

(2)蓄能器或减压阀、等压器等:将高压油变为压力稳定的高压油,供调速器、脉冲油泵及轴位移指示器用。

(3) 调速器、错油门、油动机：汽轮机调速装置。

(4) 磁力断路油门、危急断路油门、主汽门操纵座、汽轮机自保停机装置。

(5) 低压油减压阀：将主油泵出口高压油减压至 0.2~0.3MPa，供各轴承和联轴节润滑用。

(6) 高位油箱：当润滑油突然中断时，高位油箱内的油靠自压对轴承进行润滑。

(7) 油箱：保证油系统存储一定的油量和对油进行加热。

(8) 油过滤器与冷油器：过滤油中机械杂质及冷却润滑油。

(9) 管路及管件：包括阀门、单向阀、看窗等。

(五) 润滑油温度的控制

大型机组控制润滑油温度的方法有两种：

(1) 由人工控制冷油器的冷却水量来调节润滑油的温度。

(2) 自动控制润滑油的温度。其方案有两种：

一种方案是通过开关润滑油箱内的电加热器来自动调节润滑油温度。当油温过低时，油温开关动作，接通加热器的电源，将润滑油加温；当油温升到规定值时切断电加热器电源，停止加热。当油箱液位低于 50mm 时，电加热器不能启动。

另一种方案是用温度调节阀调节进入冷油器的润滑油量来控制润滑油温度。冬季气温较低，经冷却后油温会更低，这样油黏度增加，流动性降低，影响润滑效果。温度调节阀使全部或部分润滑油旁通，不经过冷油器，减少热量散失，提高润滑油温度，改善流动性能。

> GBB014 机组润滑油温度的控制方法

(六) 油箱的容量及循环倍率的选取依据

油箱的储油量决定于油系统的大小，它应满足机件所需的润滑及调速系统的用油量。油的循环倍率是指主油泵每小时的出油量与油箱总油量之比，一般应小于 10，以 8~8.5 为好。如果油的循环倍率过大，使油在油箱内停留的时间减少，来不及排除油中的水和空气，促使油质迅速恶化，促使油的使用寿命缩短。

> GBB015 油箱的容量及循环倍率的选取依据

(七) 润滑油箱上透气管的作用

油箱透气管能排出润滑油回油中的气体和水蒸气，使水蒸气不在油箱凝结，防止油质劣化。此外，油箱透气管还可保持油箱中压力接近于零，使轴承回油顺利流入油箱。

> GBB016 润滑油箱透气管的作用

(八) 高位油箱的作用

高位油箱的作用是当油系统及机组同时停车时，高位油箱里的润滑油靠自压流进机组各润滑点，保证机组在惰走期间有油润滑。高位油箱由钢板卷制焊接而成。在油管上装有节流孔板以控制上油量，在油箱顶部装有排气管，在顶侧面还装有返回(溢流)管，返至油箱，在返回立管上装有看窗，以便检查用。一般的原则是控制供油的时间要大于机组的惰走时间。

> GBB017 高位油箱的作用

(九) 机组油路蓄能器的作用

机组油路蓄能器的作用：保持系统压力、吸收系统冲击压力、吸收油泵的压力脉冲。蓄能器在正常状态下，充气压力应低于蓄能器下部压力。当油泵输出压力波动时，蓄能器可吸收压力能，使油泵输出压力稳定。

> GBB018 机组油路蓄能器的作用

二、技能要求

(一)准备工作

(1)全面吹扫、清洗、检查润滑油管路和油箱。

(2)全面检查润滑油,调节油系统的各部件、仪器和仪表等符合使用要求。

(3)向油箱装入46#透平油,进行油运,直至润滑油各项分析指标合格后,排净油箱内存油,再向油箱内加入合格的46#透平油,液面不得低于90%。

(4)在启动油泵进行油循环时,油温不得低于10℃,若低于10℃时可投入加热器升温。

(5)启动油泵前,泵出口的调节阀副线阀要全开,对主油泵盘车检查无异常后,启动油泵。在泵出口压力升高过程中要全面检查油路系统有无渗漏,以便及时处理。

(6)使用润滑油压力调节阀调节润滑油集合总管最远点压力为0.25MPa后,投用调节油压力调节阀,并控制调节油过滤器后的上油压力为0.85MPa。

(7)开高位油箱充油阀,待高位油箱回油管见油时立即关闭充油阀,改用节流孔板控制高位油箱上油量。

(8)调节各润滑点供油压力使之符合规定值。

(9)进行润滑油低油压备用泵自启动试验,低油压停机试验,备用泵连续运转时间不得低于2h。

(10)过滤器和冷却器改单组运行,在运的设备放空回油阀关闭,设备的连通阀和备用设备的放空回油阀打开。

(11)检查循环冷却水是否正常。

(12)把冷却器冷后油温调节到35~45℃。

(13)打开油箱上部氮气注入阀门。

(二)操作规程

1. 调节油系统的建立

(1)把启动器手轮顺时针旋至极点,抬起危急保安器的操纵杆,建立启动油压力;

(2)逆时针旋转启动器手轮建立二次油压,输入信号,逐渐开启调节汽门,二次油压调节到0.45MPa时调节汽门全开,并按照要求做好记录;

(3)投用调节油蓄能器。

2. 机组控制系统的检查

(1)全面检查和检测机组的检测、控制仪器、仪表是否处于正常工作状态,其中包括流量、温度、液位、振动、压力以及声光报警系统等;

(2)润滑油备用泵自启动开关放在"自动"的位置。

(三)注意事项

(1)在机组新安装或检修以后,为将油管路中残留的少量棉纱头、金属屑及泥沙等物清洗干净,一般采用油循环冲洗的方法。

(2)为了防止上述杂物进入轴承,都在各轴承进口法兰中临时加入了过滤网,并在每个过滤网前安装了压力表,根据压力上升情况,清洗各进油滤网,直到油压不再上升、滤网上没有杂物为止。

(3) 在机组启动前,必须将上述各轴承进口的滤油网拆除,不可忘记。否则,在长期运转后,滤网上会积存杂物造成阻力增加,使轴承前油压下降致轴承因缺油而烧毁,或者被迫停机。

项目七　背压式汽轮机暖机操作

一、相关知识

(一) 汽轮机低速暖机的原因

汽轮机在启动时,要求进行一定时间的低速暖机。低速暖机的目的是使机组各部件受热均匀膨胀,以避免气缸、隔板、喷嘴、轴、叶轮、汽封和轴封等各种部件发生变形和松动,造成汽轮机动、静部位的摩擦。

暖机的转速不能太低。因为转速太低,轴承油膜不易建立,易造成轴承磨损。同时,转速太低控制困难,在蒸汽温度压力波动时,容易发生停机现象。暖机转速也不应太高,否则会造成暖机升温速度太快、各部件受热不均。

> GBB019汽轮机启动前暖机的原因

(二) 汽轮机启动前疏水的原因

汽轮机启动前暖管、暖机时,蒸汽遇冷会凝结成水。凝结水如不及时排出,高速的汽流就会把水夹带到气缸内把叶片打坏。因此开机前必须先将管道内的水排净。在管道疏水完毕后,汽轮机启动前气缸内仍会有蒸汽凝结成水,如不排走也会造成叶片冲蚀。

> GBB020汽轮机启动前疏水的原因

(三) 汽轮机水冲击的危害

当进汽温度急剧下降到某一温度时,此时汽轮机进汽将大量带水,就会发生剧烈水冲击。由于水滴的密度大,流动速度比蒸汽小,水撞击叶背弧,对汽轮机产生制动作用,使出力显著降低,甚至导致叶片折断。实际上,当蒸汽内含水量达到20%～30%时,叶片所受的应力就已经超过了叶片材料所允许强度极限。而当发生水冲击时,将会产生更危险的轴向推力,甚至使推力轴承的巴氏合金熔化,造成通流部分严重碰擦。

> GBB021汽轮机水冲击的危害

(四) 汽轮机发生严重水冲击的应急处理方法

当汽轮机进水时,必须紧急停机,并把蒸汽管道和汽轮本体的全部疏水阀打开,同时应进行:

(1) 检查推力轴承温度和回油温度。
(2) 正确记录惰走时间。
(3) 惰走时仔细倾听汽轮机内部声响。
(4) 测量轴向位移值。

> GBB022汽轮机水冲击的应急处理方法

如果在惰走过程中,没有异常现象发生,待蒸汽温度正常后,则可重新启动汽轮机。但启动前必须开大蒸汽管道的疏水阀。在重新提升转速时,应仔细观察内部声音,并密切监视轴向位移和推力瓦温度。如果启动时汽轮机内部有摩擦声和碰撞声,则必须立即停机检修。

二、技能要求

(一)准备工作

(1)工具准备:防爆阀门扳手、防爆手电、防爆对讲机。

(2)人员穿戴劳保着装:工作服、工作鞋、安全帽、手套。

(3)将蒸汽入口缓冲罐的疏水器投用。

(4)引入3.5MPa和1.0MPa蒸汽进行暖管、脱水,3.5MPa蒸汽引至速关阀前,1.0MPa蒸汽引至出口单向阀后的闸阀前,暖管的升温速度不大于200℃/h,升温速度依靠开副线阀、进汽阀、导淋阀和放空阀控制。

(5)汽封冷却器投用,汽轮机的背压放空阀打开。

(二)操作规程

(1)将中压蒸汽第一道阀打开,打开中压蒸汽入口放空阀,暖管0.5h。

(2)汽轮机所有机体导淋阀稍开,打开中压蒸汽入口闸阀,将蒸汽引至机前进行暖管。暖管同时逐渐打开机前放空阀并进行脱水。逐渐打开蒸汽入口放空阀,暖管的升温速度不大于200℃/h。逐渐打开1.0MPa背压蒸汽导淋阀。

(3)稍开出口闸阀,使蒸汽从管网倒引至汽轮机出口单向阀后的闸阀前。逐渐打开背压放空阀。稍开背压预热线阀。

(4)暖管过程中每隔5min汽轮机组盘车180°,进行热点、热膨胀及漏点检查。

(5)当入口蒸汽温度达到规定指标后暖管结束,锁住盘车机构。

(6)汽轮机升速时在DCS和调速操作画面上选择手动操作方式。

(7)按汽轮机暖机要求点击运行按键进行暖机,同时关闭排气管上的排凝阀。

(8)机组低速运转时全面检查机组各点振动、温度、润滑情况,无异常后方可将排汽并入1.0MPa的系统管网中。

(9)排汽并网前要开启背压的连通阀和导淋阀,逐渐关闭背压放空阀,关闭背压放空的过程是汽轮机升温的过程,所以要特别注意控制升温速度不大于200℃/h,并控制转速符合暖机转速的要求。

(10)在3.5MPa蒸汽温度稳定在330℃以上时,关闭放空阀;在1.0MPa蒸汽温度稳定在180℃以上时,关闭机体导淋和出口导淋。

(三)注意事项

(1)启动汽轮机前,应按规程操作,充分疏水、暖管和暖机。

(2)严格控制暖机转速,不能过高或过低。

(3)严格控制进气温度和压力。

项目八　背压式汽轮机的启动

一、相关知识

(一)机组盘车的目的

机组启动前盘车是为检查机组内部有无摩擦、碰撞、卡涩等现象,以保证启动后安全运转。可以通过对比每次盘车用力的大小,来判断安装与检修的质量,如联轴节对中心的好坏、轴瓦间隙大小及有无异物留在机内等。

停机后进行盘车是为了防止上下气缸的温差引起轴弯曲。有盘车装置的汽轮机,可不受停机时间限制,随时可以启动,否则在停机后4~12h轴弯曲最大时不允许启动。

无论是汽轮机—气压机组,还是主风机—烟机机组,盘车的目的都是一致的。

(二)进汽温度对汽轮机运行的影响

进汽温度高过设计值,虽然从经济上来看是有利的,但应主要从安全方面来看是否允许。因为在高温下,金属机械性能下降很快,会引起汽轮机各部件使用寿命缩短,如调速汽门、速度级及压力级前几级喷嘴、叶片、轴封及螺栓等,还可能使前几级叶轮套装松弛。因此,进汽温度过高是不允许的。

进汽温度低于设计值会使叶片反动度❶增加,使轴向推力增大。在汽温过低下运行,会增加汽耗,影响经济效益。此外汽温降低,将使凝汽式汽轮机后面几级叶片发生水蚀,缩短使用寿命。

(三)进汽压力对汽轮机运行的影响

汽轮机在设计时是根据额定主蒸汽压力来考虑各部件的强度的,因此在主蒸汽压力高于额定值时,会使主蒸汽管及管道上的阀门、调速汽门的蒸汽室和叶片等部件过负荷,甚至会引起各部件的损坏。另外,进汽压力超过额定值,还会使汽轮机末几级蒸汽工作温度增加,造成末几级叶片工作条件恶化。

进汽压力低于设计值时,会使汽轮机的效率降低,在同一负荷下所需的蒸汽量增加并引起轴向推力增加。同时,使后面几级叶片所承受的应力增加,严重时会使叶片变形。另外,进汽压力过低将使喷嘴达到阻塞状态,使汽轮机功率达不到额定数值。

(四)凝汽式汽轮机组开机条件

凝汽式汽轮机组开机前应满足:抽汽器真空度应大于要求值、复水器流程符合要求,复水泵投用,主汽门、危急保安器、电磁三通阀灵活好用,蒸汽引至汽水分离器,升压至要求压力。

(五)凝汽式汽轮机组开机注意事项

(1)按暖机要求在各转速范围内暖机,其中临界转速需快速越过。

---

❶ 反动度一般是对反动式汽轮机(见本部分模块一项目二)而言。蒸汽进入反动式汽轮机时,不论在静叶片上或动叶片上都发生膨胀,此时压力降低,热能转换成蒸汽的动能。在汽轮机中一组喷嘴和一圈动叶片组成一个压力级,级的反动度是指动叶片中焓降与这一级中静叶片和动叶片的总焓降之比。

(2)气压机开机时,需全开机出口至反飞动阀。

(3)对于使用干气密封系统的气压机组,开机条件必须满足主密封气与前置缓冲气压差大于等于要求值。

(4)气压机开机时,当中间冷却器见油后,可以不开泵,而直接通过自压将凝缩油压出。

(六)凝汽式汽轮机组运行中主要监视项目

> GBB028 凝汽式汽轮机正常运行中主要监视的项目

凝汽式汽轮机组运行中除必须监视蒸汽温度、压力和真空外,还应监视段应力、轴向位移、热膨胀和胀差、振动和声音以及供油系统等。

二、技能要求

(一)准备工作

(1)工具准备:防爆阀门扳手、防爆手电、防爆对讲机。

(2)人员穿戴劳保着装:工作服、工作鞋、安全帽、手套。

(3)暖管结束后逐渐开启速关阀及排气管的导淋阀,投用汽封冷却器。

(4)开大汽轮机的背压放空阀,同时关闭出口预热线阀。

(5)逆时针旋转启动器手轮逐渐开启调节汽阀,严格控制机体的升温速度不大于200℃/h。开大调节汽门进行低速暖机,暖机时间应满足要求。

(二)操作规程

(1)当中压蒸汽进气温度、压力达到规定值后,进行机组的升速操作。

(2)将调速器的旋钮旋至逆时针极点位置,将汽轮机转速控制器(计算机内)输出信号调至零,逆时针旋转启动器手轮,以规定的速度均匀升速至低速运行转速。

(3)进行机组的检查工作,如振动、位移、温度等情况。

(4)升速过程中,当气压机出口压力低时,应开大反飞动量。

(5)当中间罐液位在1/2以上时,开中间罐到分馏塔顶油气分离器的控制阀,进行自压凝缩油工作。

(6)在低速运行转速下运行一段时间后,使用启动器把机组转速升到规定转速,之后继续旋手轮直至旋到底并锁紧。

(7)通知反应岗位,根据反应压力和富气量来调节气压机转速。

(三)注意事项

> GBB029 汽轮机速暖升速时的注意事项

(1)暖机过程中,应注意压力变化,防止因压力变化使转子升速过快,并应注意膨胀情况。

(3)经常检查轴承温度、振动及转动部分声音,随暖机升速阶段记录振动情况。

(4)当转速接近临界转速时,应迅速平稳通过,当转速在临界转速时振动加剧时禁止强行通过,应降低转速延长暖机时间。

(5)升速过程中如遇振动明显增大时,则应降低转速延长暖机时间,再提升转速,但提升转速不允许超过三次,经延长暖机时间后,振动仍未消除的,应停机处理。

项目九　离心式气压机组启动操作

一、相关知识

（一）离心式气压机各主要部件的作用

> GBB030离心式气压机各部件的作用

离心式气压机通过旋转的叶轮对流经的气体做功，使气体在离心力作用下获得静压能。与此同时，气体的动能也获得较大的提高，并在随后的扩压器中，将部分动能又转变为静压能，使气体的压力进一步提高。气体在机内的流动过程是：当驱动机通过主轴带动叶轮高速旋转时，在叶轮的入口处产生低压，将气体从吸入室不断吸入叶轮，使气体的压力、速度、和温度提高；然后流入扩压器，使气体的速度降低，压力进一步升高。离心气压机通常由多级组成，为了将扩压器后的气流引入下一级叶轮继续压缩，在扩压器后设置了弯道，使气体由离心方向改为向心方向。弯道下为起导向作用的回流器，其中安装有导流叶片，它使气流以一定方向均匀进入下一级叶轮入口。由于气体在压缩过程中温度要升高，为了节省压缩功耗和防止气体温度过高，气体经三级压缩后，由蜗室经排气管引出机壳至中间冷却器冷却，降温后再引入第四级吸入室，经四级压缩后再由蜗室和排气管引出机外管路系统。

级是组成离心式气压机的基本单元，它由一个叶轮和与之相配合的固定元件组成。若离心式气压机的几级都装在一个机壳中，就构成一个缸，而中间冷却器把缸中全部级分成段。

离心气压机的扩压器的作用是将动压转变为静压，使速度降低，压力提高。扩压器分为有叶扩压器和无叶扩压器两大类，其工作原理就是利用通流截面积的不同，将速度能转化为压力能。叶片扩压器无非就是通过叶片的形状限制了气流的流动方向，从而缩短了扩压器通道的总体结构尺寸。

（二）离心式气压机的保护装置及其作用

> GBB031离心式气压机的保护装置

(1)低油压保护装置：润滑油压过低将使气压机轴承不能维持正常工作，情况严重时，还会造成轴瓦损坏以及动、静部分摩擦等恶性事故。因此润滑系统中都设有低油压保护装置。

(2)轴向位移保护装置：在气压机运行中，如果由于某种原因造成机组轴向推力过大时，转子就会产生不允许的轴向位移，致使气压机的动、静部分发生摩擦，造成严重的设备损坏事故。当气压机轴向位移超过规定值时，轴向位移保护装置能实现自动停机。

(3)反飞动控制装置：当气压机入口流量低时，可将反飞动调节阀打开使部分气压机出口压缩富气补入气压机入口，以增大气压机入口流量，使机组飞动尽快消除。

(4)油气压差控制装置：主要是针对有浮环密封的气压机组的保护装置。保证密封油压比气体压力高，使气体不泄漏到机外，同时也使密封油不能进入气压机内，以保证气压机安全运转。

二、技能要求

(一)准备工作

(1)工具准备:防爆阀门扳手、防爆手电、防爆对讲机。

(2)人员穿戴劳保着装:工作服、工作鞋、安全帽、手套。

(3)全面检查富气系统相关流程,全面检查润滑油系统部件、设备和仪表等应符合使用标准。

(4)按照要求建立启动油压和二次油压,进行低油压辅助油泵自启动试验后投用调节油蓄能器,完成调节油系统的建立。

(5)全面检查蒸汽密封系统,完成蒸汽脱水;按要求完成中压蒸汽系统的投用及汽轮机的低速暖机。

(6)全面检查机组控制系统,保证润滑油备用泵自启动开关处于自动状态。

(二)操作规程

1. 气压机升速

(1)在气压机启动及调速画面上点击启动按键,转速控制为自动控制,均匀升速。升速过程要检查机组的轴振动和轴瓦温度情况,若有超高达到报警值时要退回转速,查清原因,处理妥善后再进行升速。

(2)升速过程中若发生转速大幅波动的情况应退回转速,查清原因处理妥当后再升速。

(3)当气压机出口压力达到要求值时,开反飞动阀(此时反飞动一般由反应岗位控制);当气压机出口压力高于吸收塔顶压力时,开气压机出口阀。

(4)当气压机出口压力达到级间汽液分离器工作要求值时,可打通级间气液分离器到分馏油气分离器流程,进行自压排凝缩油工作。

(5)投用汽封。

(6)机组的转速升到规定转速后试验调速系统正常,点击确认按键,转到中控室控制。

(7)投用中间冷却器,控制气压机二段出口的温度不超温。

(8)投用水洗水,注意控制中间分液罐的液面,投用排水液位调节阀。

(9)气压机的反喘振控制此时由反应岗位操作,反应岗位必须保证气压机工作点不超过防喘振线。

(10)要注意调节润滑油上油温度在允许的范围内。

2. 蒸汽阻塞密封系统的调节

(1)缓慢打开蒸汽线上的阀门,将蒸汽引到孔板前手阀,并用手阀将阀后蒸汽压力调节到 0.4MPa,缓慢打开孔板后手阀,并用后手阀将进机的蒸汽压力调节到比一、二段入口富气压力高 0.01~0.02MPa。

(2)蒸汽阻塞密封系统投用后,要及时检查各管线是否有泄漏,仪表是否好用,排汽口是否有蒸汽冒出。

3. 凝缩油系统的调节

(1)机组正常运转时,级间汽液分离器中的凝缩液靠级间汽液分离器的自压排往油气分离器,凝缩油输送泵的出入口阀关闭作备用。

(2)当级间汽液分离器中的液位上升较多而难以平衡时,启用凝缩油输送泵向油气分离器或气压机出口凝缩油富气分离罐泵送凝缩液。

(3)当级间汽液分离器中凝结水较多时,通过级间汽液分离器的液位调节阀将凝结水自压送往含硫污水罐。

(三)注意事项

机组升速过程中若发生异常情况时应退回转速,查清原因并处理妥当后再进行升速。

模块三　正常操作

项目一　反应温度的控制

一、相关知识

(一)反应温度对催化裂化反应的影响

> GBC001反应温度对催化裂化反应的影响

提高反应温度,则反应速度增大。催化裂化反应的活化能约 $41.8\sim125.4kJ/mol$,温度每升高 $10\%\sim20\%$,反应速度增加 $10\%\sim20\%$。当反应温度提高时,热裂化反应的速度提高得比较快。当反应温度提至很高时,热裂化反应渐趋重要,于是产品中表现出热裂化产品的特征,例如气体中的 C_1、C_2 增多,产品的不饱和度增大等。应当指出,即使在这样的高温下,主要的反应仍是催化裂化反应而不是热裂化反应。

当反应温度提高时,汽油→气体的反应速度加快最多,原料→汽油反应次之,而原料→焦炭的反应速度加快得最少。因此,当反应温度提高时,如果转化率不变,则汽油产率降低,气体产率增加,而焦炭产率略有下降。

(二)反应温度对汽油辛烷值的影响

> GBC002反应温度对汽油辛烷值的影响

反应温度一定时,转化率越大,汽油辛烷值越高。转化率一定时,汽油辛烷值随反应温度的升高而增加。因为随着反应温度升高,氢转移反应速度下降,烯烃含量随温度的升高而增加。实验证明,反应温度每增加 $10℃$,RON(研究法辛烷值)增加 $0.7\sim0.9$。

(三)反应温度对汽油烯烃含量的影响

> GBC003反应温度对汽油烯烃含量的影响

实验数据表明:随反应温度的提高,汽油烯烃含量增加。

催化裂化装置反应过程中主要发生催化裂化反应和热裂化反应,催化裂化反应主要有裂化、氢转移、异构化、芳构化反应等。裂化和芳构化反应是吸热反应,裂化反应生成烯烃,芳构化反应消耗烯烃。氢转移和异构化反应是放热反应,消耗烯烃。提高反应温度,有利于裂化反应和芳构化反应,不利于氢转移反应和异构化反应。此外,随反应温度的提高,热裂化反应速度提高的幅度大于催化裂化反应速度提高的幅度,不利于汽油烯烃含量的降低。

降低汽油烯烃含量主要有两个方向:

(1)促进催化反应中的氢转移反应,使烯烃变成烷烃。

(2)提高操作苛刻度,使转化率达到或超过裂化区,充分裂化反应性能较强的烯烃,特别是直链族烃,从而减少汽油中直链烃的含量,增加异构烃/正构烃之比,并且浓缩芳香烃。因此,反应温度提高到一定程度后,如超过 $540℃$ 后继续提高反应温度,汽油烯烃含量增加较小,甚至有可能下降。

二、技能要求

(一)操作规程

(1)催化剂循环量控制。同轴式催化裂化通过调节再生塞阀(或再生滑阀)来控制催化剂循环量;高、低并列式催化裂化通过调节再生滑阀来控制催化剂循环量;前置烧焦罐式催化裂化也通过调节再生滑阀来控制催化剂循环量;后置烧焦罐式催化裂化通过调节再生滑阀和主风量来控制催化剂循环量。催化剂循环量增大,反应温度上升。

(2)反应进料温度控制。有加热炉的催化裂化一般控制加热炉出口温度;无加热炉的催化裂化一般控制油浆换热系统中原料油侧的三通阀来调节反应进料温度。反应进料温度上升,反应温度上升。

(3)反应进料量的控制。提高进料量,反应温度降低。

(4)再生温度的控制。提高再生温度,反应温度上升。

(5)通过终止剂(急冷油、急冷水)量也可以控制反应温度,提高终止剂量,反应温度降低。

> GBC004反应温度控制的途径

(二)注意事项

(1)进料性质也对反应温度也有影响,所以生产中应保证进料性质稳定。

(2)雾化蒸汽量也会影响反应温度,但通常不作为调节手段。

(3)异常情况下,如进料带水造成反应温度大幅波动,可通过降低进料量来维持反应温度不过低。

(4)当反应温度过低时应立即启动反应温度低自保(或进料自保),防止发生催化剂带油等恶性事故。

项目二 反应压力控制

一、相关知识

反应压力是指沉降器顶压力,对于采用直连式分离系统的装置是指沉降器集气室内的压力。反应压力是催化裂化生产中的主要控制参数,对装置产品分布、平稳操作、安全运行有直接影响。降低反应压力,可降低生焦率、增加汽油产率,汽油和气体中烯烃含量增加,汽油辛烷值提高。反应压力直接影响反再系统压力平衡,大幅度波动会引起装置操作紊乱,并可能会引起催化剂倒流等事故。同时反应压力的变化也会影响分馏、吸收稳定系统的操作。所以应根据装置实际情况选择适宜的反应压力进行固定控制,一般不作为频繁调节变量。

(一)反应压力的影响因素

(1)进料量增加,反应压力上升。

(2)进料性质的变化。

(3)原料油带水,反应压力升高。

(4)反应转化率增加,反应压力升高。

(5)反应用蒸汽量、注终止剂量及预提升介质量增大,反应压力升高。

> GBC005反应压力的影响因素

(6)反应大油气管线结焦受阻,反应压力升高。

(7)分馏塔底液面或粗汽油罐液面过高,反应压力上升。

(8)塔顶回流泵抽空,回流带水或塔顶冷回流增大,反应压力上升。

(9)分馏塔顶蝶阀或冷凝冷却系统阀开度小,反应压力升高。

(10)分馏塔冲塔,反应压力升高。

(11)再吸收塔压空,干气窜入分馏塔,反应压力升高。

(12)富气冷后温度升高,反应压力升高。

(13)富气质量流量不变时,相对分子质量变小,反应压力升高。

(14)气压机转速升高,反应压力下降。

(15)气压机因故停机,放火炬系统及后路不通,反应压力升高。

(16)气压机出口压力升高,反应压力升高。

GBC006装置不同的生产阶段反应压力的控制方法

(二)反应压力在装置生产不同阶段的控制方法

开工拆油气管道大盲板前,两器烘干、升温期间,用沉降器顶放空阀控制反应器压力。拆除大盲板、沉降器和分馏塔连通之后,提升管进油之前,用分馏塔顶油气管道蝶阀控制反应压力。提升管进油后,开气压机前,用气压机入口放火炬阀控制反应器压力。正常操作时分馏塔顶油气管道蝶阀全开,放火炬阀全关。对于变速运行的离心式富气气压机用反应压力(或吸入压力)控制气压机转速,当富气量减小到气压机喘振线以下时,自动打开反喘振阀。当富气量增加到气压机最大能力,气压机转速达到最高允许转速时,自动打开放火炬阀。对于恒速运行的离心式富气气压机,用调节压缩富气循环量或吸入节流来控制反应压力。富气量增加,循环量减少,当循环阀全关闭时,自动打开放火炬阀排放一部分富气,使气压机正常运行,并具有一定的调节能力。对于使用往复活塞式气压机的小型催化裂化装置,反应系统压力控制采用气压机的循环量和入口放火炬相结合的分程控制方案。

(三)催化裂化装置常见的类型

(1)前置烧焦罐是指待生剂先进入烧焦罐,后进入再生器的催化裂化形式。

(2)后置烧焦罐是指待生剂先进入再生器,后进入烧焦罐的催化裂化形式。

(3)两器同高并列式催化裂化装置。

(4)高低并列式提升管催化裂化装置。

(5)同轴式提升管催化裂化装置。

(6)单段逆流再生催化裂化装置。

(7)两段再生催化裂化装置。

(8)三器连体逆流两段再生催化裂化装置。

GBC007同高并列式催化裂化装置的特点

(四)两器同高并列式催化裂化装置的特点

(1)两器框架标高相同,再生器和反应器的总高度相近,操作压力相近。装置的总高度较低,一般为32~36m。

(2)用较长的内溢流管保证再生器内催化剂的料面,用增压风的流量调节催化剂循环量,待生和再生单动滑阀只在事故状态时作切断用,正常操作时滑阀全开,滑阀使用寿命长,不易磨损。

(3)由于采用床层反应器,有返混现象,对收率和产品质量有一定的影响。

(4)催化剂采用U形管密相输送。U形管同时还起到防止空气或反应油气倒窜的料封作用。U形管内由于受到床层和主管中催化剂的静压,为保持流化状态,需要蒸汽或空气松动。

(五)高低并列式提升管催化裂化装置特点

为了提高再生压力并满足提升管反应的要求,新建催化裂化装置多为高低并列式,反应器比再生器高。这样布置,允许再生压力比反应压力高20~40kPa,提升管多为直提升管,即提升管从沉降器汽提段底部伸进沉降器,并与之同轴。两器间催化剂循环采用斜管输送,催化剂循环量由再生单动滑阀控制。此外,待生催化剂从沉降器进入再生器的方式为上进式,再生催化剂从再生器底部的淹流管引出。这样再生催化剂脱气效果好,由再生催化剂夹带进反应系统的烟气减少;再生线路蓄压高,催化剂不易倒流。

(六)同轴式提升管催化裂化装置特点

反应器和再生器布置在同一轴线上,反应沉降器在上部,再生器在下部。提升管反应器采用折叠式外提升管。沉降器汽提段从再生器顶部进入再生器内,待生催化剂线路为立管输送,沉降器料位由待生塞阀控制,待生催化剂经过待生立管进入再生器内的一个套筒中,用少量的主风,使催化剂在流化状态下进入再生器密相床底部。待生立管较长,蓄压高,其静压一般比待生斜管大20~30kPa。再生催化剂经再生塞阀以流化状态进入再生斜管。再生斜管有两种形式:一种是下流式斜管,与高低并列式装置相同,依靠催化剂重力向下流动。另一种为上流式斜管,与再生斜管呈45°向上倾斜,又称J形斜管;J形斜管内催化剂呈密相流化状态,与U形管上升段相似。

二、技能要求

(一)操作规程

(1)开工拆大油气管道盲板前,用沉降器顶放空阀控制反应器压力。

(2)在开工喷油之前由分馏塔顶蝶阀进行调节。从反应喷油到开气压机之前用气压机入口放火炬调节。

(3)正常时根据反应压力自动调节气压机转速,维持气压机吸入口压力恒定控制,提高或降低反应压力,可以通过降低或提高气压机转速来达到。

(4)当压力过高或过低而气压机转速无调节余地时,可用放火炬或反飞动量来控制。

(5)气压机停机应迅速将气压机入口放火炬蝶阀打开,控制反应压力。

(6)原料带水时要立即降低原料量,如压力超高应适当开气压机入口放火炬。

(7)提升管喷急冷油、注干气时一定要缓慢不能忽大忽小。

(8)与分馏岗位联系,保证分馏塔顶油气分离器液面在正常范围内,投用冷回流时不要过大过急。

(9)沉降器压力上升难以缓解时,可降处理量和降低反应深度。

(10)调节蒸汽压力平稳。

(11)仪表故障,联系有关单位处理。

(二)注意事项

(1)分馏塔顶空冷入口阀开度要均匀。

(2)严禁出现分馏系统液位超高的现象。

(3)提升管反应器调节急冷油时,一定要注意压力的变化,要先与分馏岗位做好联系。

(4)分馏岗位使用冷回流时,必须与反应岗位做好联系。

(5)气压机往分馏系统压油时,必须与反应岗位做好联系。

(6)反应压力过高控制不住时,可用气压机入口放火炬调节,但一定要防止气压机飞动。

(7)如两器差压超限,应立即启用两器自保,切断两器。

项目三　反应器藏量的控制

一、相关知识

(一)两器藏量简介

催化裂化装置中催化剂的藏量是指两器中催化剂的总量,主要是在反应器和再生器内。反再系统藏量一般为定值,不做调节。随主风量、系统压力的变化,料位的显示发生变化,只是密度发生变化,但总藏量基本不变。当系统藏量过低时,可通过小型加料补充,必要时可用大型加料补充藏量。当系统藏量过高时,可从再生器卸剂。卸剂应注意卸出量不能过多,速度不能太快。

(二)反应器藏量对操作的影响

提升管催化裂化装置反应器藏量主要是指沉降器和汽提段藏量。一般藏量主要在汽提段中。对于MIP装置,除控制汽提段催化剂藏量外,为控制汽油烯烃含量,还要控制第二反应区的催化剂藏量。汽提段藏量影响催化剂汽提效果、两器压力平衡,同时催化剂的料封还可防止催化剂倒流。

(三)再生器藏量对操作的影响

再生器藏量决定了催化剂在再生器中的停留时间。提高藏量可增加烧焦时间和烧焦能力,降低再生催化剂含炭量。因此在其他参数恒定的情况下,再生器藏量也是烧焦能力的一种体现。但再生器藏量过高,不仅会增加主风的消耗,还会使催化剂在高温下停留时间过长,导致催化剂失活。因此对每一种形式的再生器都有一个合适的再生器藏量值。再生器还是反应再生系统操作的催化剂缓冲容器,操作过程中反应器、汽提段、外取热器的藏量调节变化,都由再生器藏量的变化来吸收。

(四)反应器汽提段藏量大幅度变化的原因

> GBC011汽提段藏量大幅度变化的原因

(1)汽提蒸汽量突然变化。

(2)两器压力变化,引起料位变化。

(3)循环量突然变化。

(4)待生管松动蒸汽(风)压力、流量突然变化。

(5)待生滑阀(塞阀)失灵。

(五)反应器汽提段藏量大幅度变化的处理

(1)调整汽提蒸汽量,如仪表失灵,改手动,联系仪表处理。
(2)控制两器差压在正常范围内。
(3)调整滑阀开度,如滑阀失灵,改手动控制。
(4)平稳各部压力、流量。

> GBC012汽提段藏量大幅度变化的处理

二、技能要求

> GBC013反应藏量的控制方法

(一)操作规程

正常操作时通过改变待生滑阀(或待生塞阀)开度,调节待生催化剂的循环量来控制反应器藏量。如滑阀故障等异常状态时也可用两器差压来调节。高低并列式装置为防止催化剂倒流建立必要的催化剂料封,当待生滑阀压降低到0.015MPa时发出报警,当低到0.01MPa时将自动切断待生滑阀。同轴式装置汽提段及待生立管的蓄压较大,发生倒流的可能性较小,一般只设待生塞阀差压低限报警(有的装置从安全角度考虑也设置了自保)。

(二)注意事项

在实际生产中,要严格控制反应器藏量在安全操作范围之内,保证沉降器有料封,避免两器压空发生油气互窜。

项目四 再生温度控制

一、相关知识

(一)再生温度调节

再生温度对催化剂再生烧焦速度影响很大。提高再生温度可提高烧焦速度。对于常规催化裂化,再生温度控制在650℃左右,每提高10℃在其他相同条件下,烧炭强度约提高20%。对于重油催化裂化装置,采用单段完全再生的装置再生温度约650℃;对于采用两个再生器串联再生的装置,在一再内焦炭中氢已基本烧掉,二再可适当提温操作,但受催化剂水热稳定性和再生器设备材质的限制,再生温度一般不大于720℃。

实际生产中,反应温度是独立操作变量,再生器设有取热器且其取热量能够调节,可根据再生温度的变化来判断两器热量是否平衡。若再生温度偏低,说明两器供热不足;再生温度偏高,则表明两器热量过剩。正常情况下,再生器设有取热器且取热量可调节的装置,可适当调整取热器的取热量。再生器无取热设施或取热器取热量不能调节的装置,可采取其他手段,如调节反应进料量、催化剂循环量、回炼油量和进料预热温度等,控制适宜的再生温度。两器供热不足时,可使用再生器喷燃烧油来维持两器热平衡。

(二)再生温度的影响因素

> GBC014再生温度的影响因素

(1)原料油性质的变化,原料油变重,再生温度上升。
(2)汽提蒸汽量的变化,蒸汽量减少,再生温度上升。
(3)反应深度的变化,提高反应深度,再生温度上升。
(4)小型加料速度快,再生温度上升。

(5)回炼比增大,再生温度升高。
(6)喷燃烧油,再生温度升高。
(7)使用CO助燃剂,再生温度升高。
(8)外取热器滑阀开度大,再生温度下降。

GBC015 再生温度大幅度变化原因

(三)再生温度大幅度变化原因

(1)待生催化剂汽提效果不好或带油。
(2)外取热器取热负荷变化过快。
(3)再生器床层料位波动大。
(4)喷燃烧油量变化大。
(5)外取热器或内取热器泄漏。
(6)进料量或进料组成大幅度变化。

GBC016 再生温度大幅度变化的处理

(四)再生温度大幅度变化的处理

(1)适当降量,改善汽提效果。
(2)缓慢调节外取热器取热负荷。
(3)调节主风量、藏量时应缓慢。
(4)喷燃烧油时调节幅度应尽量小。
(5)若外取或内取泄漏,及时停止上水,并判明是哪一组管束泄漏,及时切除。
(6)平稳进料量或进料组成。

GBC017 再生温度的控制方法

二、技能要求

(一)操作规程

(1)开工初期,除装剂速度外,再生温度主要由辅助燃烧室出口温度来控制。
(2)在燃烧油喷着后,用喷燃烧油量来控制。
(3)正常生产时,热平衡装置的再生温度通过调节生焦率来控制;热量过剩的装置,则由取热器的取热量来控制。
(4)再生温度超高时,应设法降低生焦率,不得已临时可用主风事故蒸汽压一下再生温度。
(5)再生温度过低,调整生焦率已来不及时,应及时喷入燃烧油提高再生温度。

(二)注意事项

出现异常情况时,如待生催化剂带油、待生或再生单动滑阀控制失灵全开或全关、炭堆积等事故,处理要准确果断及时,否则将酿成严重的生产事故。

项目五　再生器压力控制

一、相关知识

(一)氧分压对再生效果的影响

再生烧焦速度与氧分压成正比。提高再生压力和提高烧焦空气中的氧含量,在其他相同条件下,可提高烧焦速度。

提高再生压力,就要提高主风机的出口压力。再生压力取决于两器压力平衡和主风机允许的最高出口风压,只有在生产负荷变化较大时才作调整。

富氧再生是在再生器烧焦主风中引入适量的纯氧,在其他相同条件下,由于再生烧焦主风中氧分压提高,可明显提高再生器的烧焦能力及催化剂的烧焦速度和再生效果。采用富氧再生的优点是在氧气供应有保障时,可大幅度提高重油(如减压渣油)的处理能力。对于老装置的原料重质化和扩能改造,可减少设备投资,缩短改造周期。富氧再生,催化剂烧焦强度提高,可提高装置的操作弹性和催化剂再生效果。

> GBC018再生器压力的影响因素

(二)再生器压力的影响因素

再生器压力影响着反再系统的压力平衡,它受主风机出口压力和反应压力等条件的限制,一般不作为经常调节的参数。正常情况下,再生压力由设在三级旋风分离器(三旋)后的双动滑阀和烟气轮机入口蝶阀进行调节,主要受以下因素影响:

(1)双动滑阀开度的大小;
(2)主风量的大小;
(3)烟机入口蝶阀开度的大小;
(4)生焦量及喷燃烧油量的变化;
(5)仪表故障。

(三)再生器压力大幅度波动的原因

> GBC019再生器压力大幅度波动的原因

(1)再生器主风量、增压风量波动;
(2)双动滑阀、烟机入口蝶阀或旁路阀失灵;
(3)再生器启用燃烧油过猛或燃烧油、雾化蒸汽带水;
(4)取热器取热管突然破裂;
(5)余热炉入口蝶阀控制失灵;
(6)烟道喷水、喷汽调节阀失灵;
(7)待生催化剂大量带油;
(8)仪表失灵。

(四)再生器压力大幅度波动的处理方法

> GBC020再生器压力大幅度波动的处理方法

(1)迅速查明原因,采取相应措施及时处理,防止两器差压超限;
(2)调整各路主风、增压风分配,控制各路主风量稳定在正常值;
(3)双动滑阀及烟道蝶阀故障改手动控制,余热炉入口蝶阀关闭时,应先打开旁路蝶阀,再手动打开余热炉入口蝶阀;
(4)启用燃烧油要缓慢,启用前燃烧油雾化蒸汽要脱净存水;
(5)取热器管束破裂时,及时处理;
(6)催化剂带油时要保证汽提蒸汽流量、压力,确保汽提效果;
(7)当采取以上措施无效,无法维持汽提段或再生器藏量,应启用进料自保,调整好两器流化,平稳后恢复进料;
(8)仪表失灵时,及时联系处理。

二、技能要求

> GBC021再生器压力控制的方法

（一）操作规程
（1）再生压力可采用再生压力单参数控制或反再两器差压控制。

（2）对于单器再生的催化裂化装置，有烟气轮机的装置，可用烟机入口蝶阀和双动滑阀分程控制再生压力；无烟机的装置一般用双动滑阀控制再生压力。

（3）对于两个再生器串联再生的装置，一般用一再出口双动滑阀控制一再和二再差压。采用一再和二再出口烟气合流的装置，二再压力控制与单器再生装置相同。采用一再和二再出口烟气分流的装置，如一再烟气先进烟机，然后经CO焚烧炉烧掉烟气中的CO后再与二再烟气合流，再生压力控制与单器再生装置不同。

（二）注意事项
操作中要防止两器差压超限和因再生器压力过高而影响主风机组的正常运行。

项目六　再生烟气氧含量的控制

一、相关知识

> GBC022再生烟气氧含量的意义

（一）再生烟气氧含量简介
再生烟气氧含量是主风烧焦后剩余氧气的体积分数，主要受生焦量、总主风量、再生器流化状态的影响。正常时通过控制主风机静叶角度来调节主风量，控制再生烟气氧含量。再生烟气氧含量是衡量生焦能力和烧焦能力能否进行到平衡的标准，是观察再生器烧焦效果好坏的眼睛。操作中再生烟气氧含量过低，易造成二次燃烧及炭堆积事故的发生；如过剩氧含量过高，会使装置的能耗增加。所以，操作中应严格掌握好再生烟气氧含量。

> GBC023再生烟气氧含量突然回零原因

（二）再生烟气氧含量突然回零原因
（1）二次燃烧或炭堆积；
（2）反应进料突然增大；
（3）主风中断；
（4）氧表失灵；
（5）汽提蒸汽量太小，待生剂带油；
（6）两器压力大幅度波动。

> GBC024再生烟气氧含量的影响因素

（三）再生烟气氧含量的影响因素
（1）主风量的变化，主风量增大，再生烟气氧含量上升；
（2）反应深度及总进料量变化，反应深度大，总进料增大，再生烟气氧含量下降；
（3）原料预热温度上升，再生烟气氧含量上升；
（4）汽提蒸汽量变化，汽量低，再生烟气氧含量低，但通常不作为调节手段；
（5）原料性质变化、再生温度变化、回炼比变化及助燃剂的使用，也会影响再生烟气的氧含量；
（6）仪表失灵。

二、技能要求

（一）操作规程

(1) 根据进料量及反应深度调节主风量；

(2) 在主风量调节无余地时，可调节回炼比、烧焦罐温度、再生压力、催化剂活性等，保证烧焦正常供氧量；

(3) 加助燃剂使氧气在密相层中完全燃烧；

(4) 与油品联系，保证原料性质的相对稳定；

(5) 控制好原料预热温度；

(6) 如仪表失灵，立即联系仪表工进行处理。

（二）注意事项

操作中如再生烟气氧含量过低甚至归零，要立即调整操作，防止二次燃烧及炭堆积事故的发生。

> GBC025再生烟气氧含量的控制方法

项目七　凑试法整定PID调节操作

一、相关知识

PID（比例、积分、微分）控制器作为最早实用化的控制器已有几十年的历史，现在仍然是应用最广泛的工业控制器。PID控制器简单易懂、使用中不需精确的系统模型等先决条件，因而成为应用最为广泛的控制器。PID控制器由比例单元（P）积分单元（I）和微分单元（D）组成。实际应用中常用凑试法整定PID参数。

二、技能要求

（一）操作规程

> GBC026凑试法整定PID参数的步骤

(1) 在PID参数进行整定时，如果能够有理论的方法确定PID参数当然是最理想的方法，但是在实际的应用中，更多的是通过凑试法来确定PID的参数。增大比例系数P一般将加快系统的响应，在有静差的情况下有利于减小静差，但是过大的比例系数会使系统有比较大的超调，并产生振荡，使稳定性变坏。增大积分时间I有利于减小超调，减小振荡，使系统的稳定性增加，但是系统静差消除时间变长。增大微分时间D有利于加快系统的响应速度，使系统超调量减小，稳定性增加，但系统对扰动的抑制能力减弱。在凑试时，可参考以上参数对系统控制过程的影响趋势，对参数调整实行先比例后积分、再微分的整定步骤。

(2) 首先整定比例部分。将比例参数由小变大，并观察相应的系统响应，直至得到反应快、超调小的响应曲线。如果系统没有静差或静差已经小到允许范围内，并且对响应曲线已经满意，则只需要比例调节器即可。

(3) 如果在比例调节的基础上系统的静差不能满足设计要求，则必须加入积分环节。在整定时先将积分时间设定到一个比较大的值，然后将已经调节好的比例系数略为缩小

(一般缩小为原值的0.8),然后减小积分时间,使得系统在保持良好动态性能的情况下,静差得到消除。在此过程中,可根据系统的响应曲线的好坏反复改变比例系数和积分时间,以得到满意的控制过程和整定参数。

如果在上述调整过程中对系统的动态过程反复调整还不能得到满意的结果,则可以加入微分环节。首先把微分时间 D 设置为0,在上述基础上逐渐增加微分时间,同时相应的改变比例系数和积分时间,逐步凑试,直至得到满意的调节效果。

(二)注意事项

(1) DCS 操作系统不同时,往往 PID 参数影响不同,应注意区分。

(2) 调整期间应避免大幅度调整,造成操作混乱。

项目八　汽轮机带负荷清洗操作

一、相关知识

(一)汽轮机的带负荷清洗的原理

如果在汽轮机低负荷运行时,使锅炉降低蒸汽的参数,或利用汽管道上的减温减压装置降低蒸汽的参数,使进入汽轮机第一个结垢级的蒸汽有2%的湿度。利用湿蒸汽做功的同时,冲刷结垢的通流部分,将盐垢溶解。不需将机组解体,用饱和湿蒸汽在线清洗的方法进行除垢,这就是汽轮机通流部分的带负荷清洗。

(二)汽轮机流通部分结垢的原因

实践证明,在湿蒸汽区工作的汽轮机最后几级基本上不结垢或很少结垢,而在过热蒸汽区工作的汽轮机级结垢较严重。结垢主要是因为汽轮机使用的中压蒸汽质量不好,含有大量的 Na^+、SiO_2 等杂质,流经汽轮机时,由于汽轮机流道的金属表面覆盖着一层氧化膜,其具有较强的吸附能力,使这些盐类和杂质停留下来,析出成垢。

(三)汽轮机通流部分结垢的危害

> GBC027汽轮机流通部分结垢的危害

由于蒸汽质量不好,会使汽轮机通流部分结盐垢,尤其是高压区结垢比较严重。汽轮机通流部分结垢的危害有以下几点:

(1) 降低了汽轮机的效率,增加了汽耗量。

(2) 由于结垢,气流通过隔板及叶片的压降增加,工作叶片反动度也随之增加,严重时会使隔板及推力轴承过负荷。

(3) 盐垢附在汽门杆上,容易使汽门杆产生卡涩。

(四)汽轮机超负荷运行所产生的危害

> GBC028汽轮机超负荷运行产生的危害

(1) 由于进气量增加,叶片上所承受的弯曲应力增加;同时隔板、静叶片所承受的应力与引起的挠度也增加。

(2) 由于进气量增加,轴向推力增加,使推力瓦乌金温度升高,严重时造成推力瓦块烧毁。

(3) 调速器门开度达到接近极限的位置,油动机也到了最大行程附近,造成调速系统性能变坏,速度变动率与迟缓率都会增加,使运行的平稳性变坏。

由于以上几点原因,因此不允许汽轮机长期超负荷运行。

二、技能要求

(一)准备工作

(1)工具准备:防爆阀门扳手、防爆手电、防爆对讲机。

(2)人员穿戴劳保着装:工作服、工作鞋、安全帽、手套。

(3)利用现有的流程稍加改动。将汽轮机出口 1.0MPa 饱和湿蒸汽通过新增管线引进汽轮机入口。

(4)在汽轮机出口排气管低点处接蒸汽冷凝采样器。

(5)班长汇报调度室,同时联系准备放火炬。

(6)主控室操作人员降低处理量,同时进行相关操作调整。

(7)逐渐降低气压机转速,用气压机入口放火炬阀控制反应压力。

(8)气压机组转速降至暖机转速时,关闭气压机出口阀门。

(二)操作规程

1. 清洗过程

(1)现场操作人员逐渐打开汽轮机入口新增管线阀,引汽轮机出口 1.0MPa 饱和湿蒸汽进汽轮机入口。

(2)缓慢关闭汽轮机入口中压蒸汽阀。

(3)开大减温减压器调节阀,降低汽轮机入口蒸汽压力和温度(参考压力 1.0MPa,温度 170~180℃)。

(4)主控室操作人员控制气压机组在低转速(约 2000r/min)下运行,进行汽轮机带负荷清洗。

(5)每隔 20min 对汽轮机出口的蒸汽凝结水采样进行分析。分析蒸汽凝结水中的 Na^+、SiO_2 含量,当 Na^+、SiO_2 含量不再降低时,在线清洗操作结束。

2. 恢复正常生产操作

(1)汽轮机带负荷清洗完毕后逐渐关小减温减压器调节阀至全关,逐渐提高汽轮机入口蒸汽温度。

(2)将汽轮机蒸汽入口流程改回正常流程。引 3.5MPa 蒸汽暖机后机组升速。

(2)打开气压机出口阀门。

(3)气压机组逐渐提转速至正常操作转速,反应岗位逐渐关小气压机入口放火炬阀控制反应压力。

(4)气压机组转速达到正常操作转速时,转入操作室控制。

(5)反应岗位逐渐提处理量、掺渣比,调整操作。

(三)注意事项

> GBC029汽轮机带负荷清洗的注意事项

(1)清洗时汽温和转速的选择,要保证清洗干净,还要兼顾保证气压机干气密封系统的安全运行。

(2)清洗过程中要进行轴系振动监测和推力轴承温度、轴向位移、监视段压力变化的监测,以确保在选定的参数下清洗过程的安全运行,防止事故的发生。

(3)对于背压式机组其排汽分析需要安装临时取样冷却装置。

(4)清洗过程中对于背压式机组,冲洗时汽轮机的内部绝大部分处于湿饱和蒸汽区域,各级叶片的反动度增加,轴向推力增加,有可能使推力轴承过负荷。因此要密切注意机组轴位移,必要时用气压机的反飞动阀控制机组负荷。

(5)在汽温的选择上由于温度的控制由装置中压系统进行调整,使温度的控制难度加大,而且因为装置正在运行,所以温度不能降得太低,在蒸汽降温和降压的过程中要密切注意机组运行的状况、轴系振动情况、轴向位移变化、推力瓦片温度,缓慢平稳进行。

模块四　停车操作

项目一　切断进料后处理操作

一、相关知识

(一)进料自保投用的条件

(1)两器严重超温、超压状态。
(2)主风中断。
(3)全装置水、电、汽、风中断,短时间无法恢复。
(4)DCS 大面积故障,短时无法恢复,操作无法进行。
(5)催化剂循环流化失常,跑损过多,无法维持正常生产,或有油气互窜危险。
(6)严重炭堆积。
(7)反应提升管出口温度低于规定值,采取措施仍无法维持。
(8)重要设备发生故障或严重泄漏,危及安全生产。
(9)发生严重火灾或爆炸事故。
(10)系统发生物料供应故障或产品后路阻塞。
(11)脱硫、脱硝系统故障,环保指标长时间超标无法恢复。
(12)其他不可抗拒情况。

(二)反应切断进料分馏操作的注意事项

(1)改好分馏塔油浆紧急外甩流程,投用油浆紧急外甩冷却器,联系调度向罐区甩油。注意关闭油浆紧急外甩扫线蒸汽,防止蒸汽窜油。

(2)在轻柴油泵没有抽空之前,减少轻柴油出装置量,尽可能保持封油罐高液面,为外引封油提供时间。

(3)视封油罐液位情况,外引柴油。如封油罐液位过低,改好外引封油流程,联系油品车间向装置内送柴油。装置外柴油进来后,如封油罐液面允许,可暂时将装置外柴油送回罐区,将管路内存水脱净再引进封油罐。

(4)分馏塔底液位低时,可暂时停油浆泵,当塔底液面见量后,再启泵小量循环。

(5)当分馏塔底温度低于 250℃时,配合热工岗位对油浆进行加热。

(6)如在油浆紧急外甩过程中,原料罐液面过高,可将部分原料同油浆一起甩到罐区。

(7)外甩油浆结束后,改好原料开路大循环流程,维持原料罐液面,保证开路大循环正常。

(8)反应进料切断后,可根据各回流泵运转情况将各中段回流停掉。

(9)当分馏塔顶油气分离器液位高时,可启动粗汽油泵将分离器内汽油跨过稳定、精制装置直接送出装置。

(10)加强酸性水罐脱水,防止满罐。

二、技能要求

(一)准备工作

(1)工具准备:防爆阀门扳手、防爆手电、防爆对讲机。

(2)人员穿戴劳保着装:工作服、工作鞋、安全帽、手套。

(二)操作规程

> GBD003反应切断进料后的处理

(1)当发生需切断进料的情况时,反再岗位应主动切断进料。班长通知机组岗位,进行气压机降速工作。

(2)反应主控室操作人员手动关闭所有提升管进料调节阀门,开大提升管原料雾化蒸汽、预提升蒸汽等蒸汽,保证提升管的提升能力。同时关闭提升管注干气,调整双动滑阀和分顶蝶阀保证两器压力平衡。

(3)相应关小再生、待生滑阀,保证催化剂两器流化;用急冷介质控制提升管出口温度不超高;在气压进入暖机转速后,关闭反飞动调节阀,防止蒸汽倒窜入气压机体产生积水。

(4)现场操作人员在切断进料后,改油浆紧急外甩控制分馏塔液位。

(5)反应现场操作人员应先关闭地面的原料、油浆、回炼油总阀,再去关闭喷嘴器壁阀。现场操作人员应详细检查自保动作情况,如自保没有按规定动作应就地手动投用。

(6)联系调度,相应关小装置外来渣油量和蜡油量,维持原料罐液位不超高,给分馏改油浆紧急外甩线和建立原料循环提供时间。将燃烧油由循环状态改至备用状态,燃烧油调节阀和器壁阀关闭,投用前再开启。

(7)主控室操作人员在气压机停机后,关闭稳定系统塔顶压控阀,尽量维持稳定系统压力。

(8)相应减小水洗水注入量;控制稳定塔顶压力不超高;贫吸收油中断后,关闭贫吸收油进出再吸塔调节阀,维持再吸塔液位。

(三)注意事项

(1)沉降器有料封时可以控制零差压或负差压,如果无料封必须控制正差压(反应器压力高于再生器压力)。

(2)在操作过程中要随时注意两器压力平衡情况,一旦发现压力控制不住时,催化剂出现单方向流动的危险时,立即启动两器自保,切断两器。

项目二 装置停工分馏塔水洗操作

一、相关知识

> GBD004顶回流系统顶水的注意事项

(一)顶回流系统顶水的注意事项

(1)顶循环进水量不宜过大,水必须下进上出。停工时,顶回流系统顶水,一般将系统内存油顶至不合格汽油线。

(2)顶水时不能留有死角,现场操作人员应反复活动三通阀,切换换热器正副线。

(3)应注意临界阀的开关情况,不能窜油、跑油或流程不通。

(4)应注意,不能超过设备允许的操作压力并注意机泵不能超过规定电流。停工时,顶回流系统顶水,一般采用的介质是新鲜水。

(5)应仔细检查各导淋、放空见水。停工时,顶回流系统顶水时应控制分馏塔顶温在90℃。

(6)塔顶循环系统顶水时,分馏各重油系统不能向塔内扫线。

(二)顶循环系统顶水注意事项

GBD005顶循环系统顶水注意事项

(1)水必须下进上出。顶循环系统顶水时,应关闭分馏塔器壁阀,打开进出口连通阀。

(2)不能留有死角,摇动三通阀,切换换热器正副线。对于空冷器,应分片顶净。换热器分组顶水。

(3)应注意临界阀的开关情况,不能窜油、跑油或流程不通。

(4)应注意,不能超过设备允许的操作压力。

(5)仔细检查各明处放空。

(6)塔顶油气系统顶水时,分馏各重油系统不能向塔中扫线。

(三)稳定空冷器顶水注意事项

GBD006稳定空冷器顶水注意事项

(1)水必须下进上出。

(2)不能留有死角。

(3)应注意临界阀的开关情况,不能窜油、跑油或流程不通。

(4)对于空冷器应分片顶净。

(5)不能超过设备允许的操作压力。

(6)各处放空应仔细检查。

(四)停工分馏系统水洗的方法

GBD007停工时分馏系统水洗的方法

(1)轻油部分。塔顶油气系统中总会有少量未退尽的瓦斯和汽油,由于瓦斯和汽油很容易汽化,汽化后体积急剧膨胀。所以塔顶油气系统应先用冷水洗,然后再用蒸汽扫线。

(2)重油部分。停工时重油分馏系统水洗的原理是利用重油在温度高时黏度低,将重油带出。由于油较重,附在设备中(尤其是塔、容器、换热器壳程、炉管等)不容易被蒸汽扫清,因此需要用热水将其洗净。

(五)停工分馏系统水洗的注意事项

GBD008停工分馏系统水洗的注意事项

1.轻油部分

(1)水必须下进上出。

(2)不能留有死角,摇动三通阀,切换换热器正副线。不扫的壳程或管程应进出口阀保持一定开度。

(3)应注意临界阀的开关情况,不能窜油或流程不通。

(4)对于空冷器,应分片顶净。换热器分组顶水。

(5)应注意不能超过设备允许的操作压力。

(6)轻油系统水洗时,应防止系统互窜、物料进入水系统、空冷器憋压、死角未扫净。仔细检查各明处放空。

(7)塔顶油气系统顶水时,分馏各重油系统不能向塔中扫线。

2. 重油部分

(1)停工扫线时,不准向热油管线通入含水的蒸汽。

(2)各系统应充分循环起来,不能留有死角。三通阀应反复活动,换热器正、副线应切换。

二、技能要求

(一)准备工作

(1)工具准备:防爆阀门扳手、防爆手电、防爆对讲机。

(2)人员穿戴劳保着装:工作服、工作鞋、安全帽、手套。

(3)分馏稳定系统退油完毕,可准备全面进行水洗。

(二)操作规程

(1)打开粗汽油泵入口新鲜水线阀门,引新鲜水至粗汽油泵入口。

(2)启动粗汽油泵,将新鲜水经冷回流线送至分馏塔顶。

(3)分馏塔底见液面后启动油浆泵。

(4)油浆泵打水走正常油浆流程返塔。

(5)打开分馏塔底搅拌蒸汽,给水加热至80~100℃。

(6)分馏塔进行热水洗。

(7)改油浆紧急外甩流程将污水送至罐区污油罐。

(8)罐区见清水后,水洗结束。

(三)注意事项

(1)水洗温度应在80~100℃不可太低,以防凝管线;也不可太高,以防汽化造成水击。

(2)尽量使各系统(包括分馏塔、汽提塔、回炼油罐等)的温度保持在70~90℃之间。

(3)分馏塔充水时,液面不能超过轻柴油抽出板以上,以防将较重的油带入上部较轻的系统。

项目三 停工后分馏塔的检查

一、相关知识

[GBD009油气分离器中破沫网的作用]

(一)油气分离器中破沫网的作用

油气分离器的顶部富气出口设有由不锈钢丝编成的破沫网,以防止富气夹带汽油进入气压机。

[GBD010油气分离器中防涡器的作用]

(二)油气分离器中防涡器的作用

分馏塔顶油气经冷却后,气液混合物从油气分离器的顶端进入。在油气分离器底部的粗汽油抽出口装有防涡器,避免液体抽出时夹带气体,使泵抽空或液面不稳定。

(三) 分馏塔人字挡板的作用

催化裂化分馏塔的进料是温度在450℃以上，同时夹带催化剂粉尘的过热油气，这是和其他分馏塔显著不同的地方。催化分馏塔下部有一个油浆换热段。从塔底抽出循环油浆，经过换热和冷却后返回塔内和上升的油气逆流接触，一方面把油气迅速冷却下来，以避免结焦；另一方面也把油气夹带的催化剂粉尘洗涤下来。

油浆换热段由于温度较高，同时又有催化剂粉尘，因此常用人字挡板，而不用塔板。

二、技能要求

(一) 准备工作

(1) 工具准备：防爆阀门扳手、防爆手电、防爆对讲机。
(2) 人员穿戴劳保着装：工作服、工作鞋、安全帽、手套。
(3) 准备好可燃气报警仪、硫化氢报警仪。

(二) 操作规程

(1) 现场操作人员在检查塔体及零部件时，主要检查以下内容：检查塔的垂直度，确认其垂直偏差处于指标范围内；确认基础、钢结构裙座牢固，无不均匀下沉，各部紧固件齐整牢固，符合要求；对塔壁的所有本体焊缝进行无损检测；确认各部位阀门开关灵活无内漏；确认各仪表正常，灵敏准确；确认消防线、放空线等安全设施齐全畅通，照明设施齐全完好，防雷接地措施可靠；确认梯子、平台、栏杆完整、牢固，静密封无泄漏。

(2) 现场操作人员在检查塔板时，主要检查以下内容：确认浮阀完好，无丢失、损坏、堵塞；确认溢流堰完好；确认降液管完好、畅通。

(三) 注意事项

(1) 装置停工吹扫工作结束，通风置换、分析合格后，由车间负责人组织全面检查，报检修领导小组验收，确认安全无误后，方能交付施工单位。

(2) 进入塔、釜、储罐、容器及下水道、地坑、炉膛、烟道或其他密闭设备内检修作业，必须办理特种作业许可证，现场派专人进行安全监护，做好通风换气工作。

项目四　气压机组正常停机操作

一、相关知识

(一) 机组停机时先切除系统的目的

气压机组在停机时应先切除系统，即关闭出口阀与打开旁路放空阀（气压机打开放火炬阀）。这是因为：(1) 避免因气压机停机对整个装置带来压力波动，以稳定生产；(2) 将机组切除系统后，就可以用减少出口压力的方法来降低机组的负载。停机过程是机组工况发生急速变化的过程，降低负载对保护转子、轴承是有利的。

(二) 停机后润滑油泵尚需运行一段时间的原因

当机轴静止后，轴承和轴颈受气缸及转子高温传导作用，温度上升很快，这时如不采取冷却措施，会使局部油质恶化，轴颈和轴承乌金损坏。为了消除这种现象，停机后油泵必须再继续运行一段时间以进行冷却。油泵运行时间的长短,视气缸与轴承的降温情况而定,要求气缸温度降低到80℃以下,轴承温度降低到35℃以下,方可停润滑油泵。

> GBD012 停机后润滑油泵尚需运行一段时间的原因

(三) 气压机氮气置换的方法

空气和瓦斯混合到一定程度就有发生爆炸的危险,而且瓦斯泄漏还有可能造成人员中毒。所以气压机停工后必须进行机内气体置换。气压机气体置换,一般采用的流程是进口向出口置换,一般采用的介质是氮气。

> GBD013 气压机氮气置换的方法

(四) 机组的惰走时间和惰走曲线的定义及其作用

惰走时间是指汽轮机在额定转速下,速关阀关闭开始至汽轮机转子完全停止所经过的时间。惰走时间内,转速与时间的关系曲线为惰走曲线。

为了判断机组设备运转有无异常,在汽轮机停机时常常测绘出惰走曲线,以便与原先的曲线进行比较。当出现惰走曲线与以前有很大差别时,就表明机组有异常,应在停机后及时查找原因并消除,以免事故扩大。典型的惰走曲线如图1-4-1所示。图线应平滑无突变,同时还给出了真空值降低和破坏的情况。当真空情况一定时,惰走曲线是一定的。因为与之有关的因数——转子的转动惯量、摩擦、鼓风损失都是不变的。

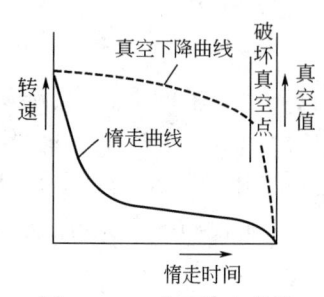

图1-4-1 典型惰走曲线

转子的转动惯量因不同的机组而不同,摩擦、鼓风损失与真空值成反比,与转速的立方成正比。轴承摩擦与转速成正比。不过当转速降到一定程度后,轴承油膜不能建立起来,摩擦力增大,惰走曲线又变陡。

为了简化操作,一般情况下,停机时只要准确测定惰走时间即可。大小修停机时应绘出惰走曲线。大小修后第一次停机也应绘出惰走曲线,以后则把它当基准,与以后停机进行比较。根据经验,对于容量在3000kW以下的凝汽式汽轮机,惰走时间一般在8~10min,背压式机组为3~4min。对所有的大型机组(如主风机—烟机机组等)都有惰走时间和惰走曲线问题,其基本原理是相同的。

> GBD014 气压机组正常停机操作方法

二、技能要求

(一) 准备工作

(1) 工具准备:防爆阀门扳手、防爆手电、防爆对讲机。

(2) 人员穿戴劳保着装:工作服、工作鞋、安全帽、手套。

(二) 操作规程

(1) 停机操作必须由车间负责人或班长指挥进行。

(2) 试验气压机入口放火炬阀,应灵活无卡阻现象。

(3) 联系热工岗位做好蒸汽压力平衡。

(4) 由工作转速降到基本转速的操作由反应岗位进行,降速过程必须防止机组飞动。

(5) 按调速器面板上功能键,翻页后按确认键,将机组转由调速器控制。

(6) 按调速器面板上键,再按确认暖机键,将转速自动降至暖机转速;或手动按升降键降速。

(7)按调速器面板上停机按钮或按紧急停机按钮停机。

(8)润滑油继续循环,待机组停止转动后启动盘车。

(9)在气压机出、入口阀关闭后,可将蒸汽阻塞的蒸汽停掉。

(10)在停机后分别关闭下列阀门:

① 气压机入口阀门和出口阀门。

② 气压机出口反飞动阀。

③ 气压机级间汽液分离器导淋阀。

④ 进入级间汽液分离器水洗水的入口阀。

⑤ 汽轮机入口阀。

⑥ 汽轮机出口与管网的连通阀。

⑦ 气压机中间冷却器的循环水出入口阀。

(11)同时打开汽轮机机体的导淋阀。

(三)注意事项

> GBD015气压机组停机过程中应注意的问题

(1)机组停机后,每间隔3min盘车180°,直至汽轮机壳体最高温度点≤50℃。

(2)盘车停止后,可停止润滑油系统的运行。

(3)危急保安器动作后,须待转速降下后才能复位。因为危急保安器动作后,汽轮机转速由高逐渐降低,危急保安器偏心环或偏心锤飞出后还未复置到原来位置,此时若将脱扣器复置很可能使二者相碰,从而使设备损坏,为了安全起见,一般在转速下降到额定转速的90%时才复置脱扣器。

(4)在速关阀自动关闭后不能立即复位,而必须将速关阀手轮全关后,再按正常操作步骤打开速关阀。

(5)在汽轮机停机后,只有转子停止转动,盘车装置才可投入使用。在汽轮机启动前则必须卸下杠杆,并挂上杠杆保险,防止启动后转子与框架发生碰撞。

项目五 硫化亚铁钝化操作

一、相关知识

> GBD016防止硫化亚铁自燃的方法

(一)防止硫化亚铁自燃的方法

硫化亚铁遇到空气而发生燃烧,即硫化亚铁自燃。

硫化亚铁一般在分馏塔顶部以及顶部油气冷却器位置生成。此外,在顶回流管线、顶回流换热器、轻柴油管线和换热器也存在硫化亚铁。

防止硫化亚铁自燃的方法是阻止空气和硫化亚铁接触。一旦发生硫化亚铁自燃,则应立即切断空气来源,吹入蒸汽并打水迅速降温。

(二)停工过程中防止硫化亚铁自燃的注意事项

> GBD017停工过程中防止硫化亚铁自燃的注意事项

硫化亚铁自燃发生在开人孔自然通风阶段。

(1)在停工过程中,为防止分馏塔和油气分离器发生硫化亚铁自燃,要始终保持反应压力大于再生压力,以防空气倒窜入分馏系统。

(2)装置停工吹扫蒸塔以后,塔的蒸汽盲板不能加,主要是为防止硫化亚铁自燃。

(3)停工检修过程中,为防止硫化亚铁自燃,正确的措施是:使用除臭剂清洗硫化亚铁,清洗时在人孔边准备好水带,并注意DCS内设备温度是否上升。

(4)检修时从容器、塔内清理出污泥和铁锈屑等杂物中含有硫化亚铁,处理时应慎重,一般选择安全的地点埋入地下,以免暴露在空气中引起自燃。

二、技能要求

(一)准备工作

(1)工具准备:防爆阀门扳手、防爆手电、防爆对讲机、照明灯。在清洗现场,设置应急防护用品及安全保护措施。

(2)人员穿戴劳保着装:工作服、工作鞋、安全帽、手套。

(3)清洗钝化方案审批完毕。

(4)清洗所需水、电、汽准备完毕。

(5)将清洗设备运抵现场,做好配、接管的一切准备工作。

(6)现场药剂、清洗剂准备完毕。

(二)操作规程

(1)按钝化方案改好设备或系统流程。

(2)将清洗设备与选好系统流程进行连接(一般按原物料走向借用原流程泵或关键回流调节阀组)。

(3)启动流程泵或清洗设备泵,按方案既定流程建立钝化药剂循环。

(4)药剂全部加入待清洗系统后,按方案循环到规定时间。期间做好清洗钝化记录,确认清洗终点后结束。

(三)注意事项

(1)停工前做好预防硫化亚铁自燃事故预案。

(2)钝化严格执行先吹扫后钝化的顺序。

(3)被清洗系统与其他设备、管线的隔离需提前做好。在清洗过程中,对于清洗液可能进入的设备、管线,必须关闭隔断阀,以减少药剂的浪费。

(4)如有除臭步骤,在蒸汽吹扫前进行,钝化则在蒸汽吹扫合格后进行。

模块五　设备使用与维护

项目一　再生器分布器的检查

一、相关知识

(一)再生器分布器的作用

(1)再生器分布器具有均匀分布气体的作用。

(2)再生器分布器能够筛出 80~110μm 大颗粒催化剂,使流化床具有良好流化状态,颗粒输入床层后能够迅速完全流化,形成良好密相流化状态,并在分布器附近创造一个良好的气固接触烧焦条件,从而有利于待生催化剂上焦炭的烧焦反应。

> GBE001再生分布器的作用

(二)再生器分布器的要求

对再生器分布器的要求:

(1)再生器分布器的设计应尽可能减少颗粒的粉碎。

(2)再生器分布器应在操作条件下有足够的强度,以抗变形,并能承受静床的负荷,能经受热膨胀等作用力,能长期操作不堵塞、不腐蚀和不泄漏,易于启用。

> GBE002再生器分布器的要求和类型

(三)再生器分布器的类型

目前已开发了许多类型的分布器,其中比较重要的有多孔板式、喷嘴式、泡罩式、风帽式和管栅式等,其中多孔板式和管栅式等是流化催化裂化装置再生器和反应器中常用的分布器。

二、技能要求

(一)准备工作

(1)工具准备:防爆阀门扳手、防爆手电、防爆对讲机、防爆照明。

(2)人员穿戴劳保着装:工作服、工作鞋、安全帽、手套。

(3)作业审批:作业审批由现场负责人对安全防护措施等内容把关,符合要求后方可开具受限空间作业票。

(4)作业准备:对作业人员进行安全交底教育,明确作业任务、作业程序、作业分工、作业中可能存在的危险因素及应采取的防护措施等;对防护用具进行检查,并正确佩戴。

(5)危害告知:对作业场所张贴危险告知牌,警示作业者存在危害因素,警告周围无关人员远离危险作业点。

(6)安全隔离:将所从事有毒有害危险空间与作业场所隔离,确保作业安全。

(7)清除置换:在进入有限空间作业前采用有效措施,清除有限空间中的污染物。

(8)检测分析:进入有限空间前进行有毒有害气体分析,检测氧气、可燃气体、有毒气体浓度并如实记录。

(9)通风换气:无论气体监测是否合格都必须全程通风换气。

(10)安全监护:需有监护人员进行现场不间断监护工作。

(二)操作规程

1. 主风分布管主管的检查内容

(1)确认主风分布主管与再生器连接处的焊缝无裂纹,无夹渣;

(2)确认主风分布主管的水平度偏差在允许范围内;

(3)确认主风分布主管表面磨损情况,确认主风分布主管衬里磨损情况。

2. 主风分布管支管的检查内容

(1)确认主风分布支管水平度及标高偏差在允许范围内;

(2)确认主风分布支管表面磨损情况;

(3)确认主风分布支管衬里磨损情况。

3. 主风分布板的检查内容

(1)确认主风分布板与再生器连接处的焊缝无裂纹,无夹渣;

(2)确认主风分布板是否变形;

(3)确认主风分布板磨损情况。

(三)注意事项

(1)每次进入再生器检修时,必须办理受限空间作业票,对容器内部进行气体分析,气体分析合格方可进入容器内作业,且人孔外应有专人监护。

(2)人员不得遗漏杂物于再生器内。

(3)设备内部作业时要配置足够的照明,且电压不得大于24V。

(4)直径5m以上的分布板在长时间的高温下往往因蠕变而变形,因此注意检查大尺寸直径分布板变形情况。

项目二　换热设备维修后验收确认

GBE003换热设备结垢的后果

一、相关知识

(一)换热设备结垢的后果

换热设备结垢,不仅导致能源的浪费,而且使装置运行时易发生问题,主要表现在:

(1)由于阻垢的存在,使换热器传热阻力增加,传热量减少,迫使换热器的传热面积增加或能量的浪费;

(2)减少了流体的流通面积,导致输送动力的增加;

(3)造成传热量的降低,导致达不到工艺参数要求,直至生产非计划停工;

(4)增加大检修的清洗工作量,延长设备检修时间;

(5)换热器腐蚀加快,导致管子垢下腐蚀穿孔,直接威胁生产的正常运行。

(二)换热设备内漏处理方法

由于设备超期工作或检修质量差、设备腐蚀严重、压力超高或压力波动大、设备超温或

温度剧变等原因,会导致冷换设备内漏。其处理方法为:

(1)根据流程和介质窜流情况判断泄漏的换热设备位号。

(2)采用单体设备停用检查法,确定内漏设备位号。

(3)将确定内漏的冷换设备切除,油气改走副线,排净介质,进行解体处理(或热流、冷流改走副线,降温吹扫后进行处理)。

(4)如换热设备无法切除,应停工检修处理。

> GBE004换热设备内漏的处理方法

二、技能要求

(一)准备工作

(1)工具准备:防爆阀门扳手、防爆手电、防爆对讲机。

(2)人员穿戴劳保着装:工作服、工作鞋、安全帽、手套。

(二)操作规程

1.换热设备外部检查

(1)检查换热设备型号、编号、安装情况。

(2)检查接管的规格、方位及数量。

(3)核对设备备件、附件的规格尺寸、型号及数量。

(4)检查法兰密封面及表面损伤、变形、锈蚀情况。

2.换热设备压力试验

确定试验压力,正确选用试压介质对换热设备进行压力试验,达到试验压力后开始对换热设备进行检查。

(三)注意事项

检修完成后,应做好相应检查记录并留存。

项目三　气压机正常维护

一、相关知识

> GBE005气压机密封的类型

(一)气压机密封的类型

气压机密封的作用是防止气体在级与级之间的倒流及向机器的外部泄漏。密封可分为内密封及外密封。

内密封是防止流通部分中间级的泄漏,如隔板和轮盖之间,回流器、隔板和套筒(或轴)之间的泄漏都属于内泄漏。内密封一般采用齿梳形密封。密封片和密封齿有平滑式、迷宫式和阶梯式。迷宫式与阶梯式密封效果好。而平滑式漏气量比迷宫式要大80%。

外密封的作用是减少或杜绝机器内部的有压力气体向外泄漏,还能防止外部空气进入机器内部。外密封的形式有迷宫式气封、浮动环式油封。

(1)迷宫式气封仍有少量泄漏,因此多用在出口压力不高、气体没有什么危害(如空气)的压缩机上。如果气压较高且气体是易燃易爆(如裂解气)或有毒气体,就必须严加控制气体外漏,可以在多级迷宫封中间通入压力高于气体压力0.05MPa的惰性气体(如氮气)或在多级迷宫封的中间用抽气器将泄漏出的气体抽出,送到入口或放空。

(2)浮动环式油封是借助于高压油在轴与浮环的间隙中形成压力油膜来隔绝气体。浮环靠油的浮力与轴颈自动对中,因而可采用较小的间隙,且不会磨损。这种密封的优点是可以实现无泄漏,缺点是结构复杂,需要专用的密封油系统。

(二)干气密封的工作原理

干气密封是外密封的一种常见形式。典型的干气密封结构如图1-5-1所示,由旋转环、静环、弹簧、密封圈、弹簧座以及轴套组成。

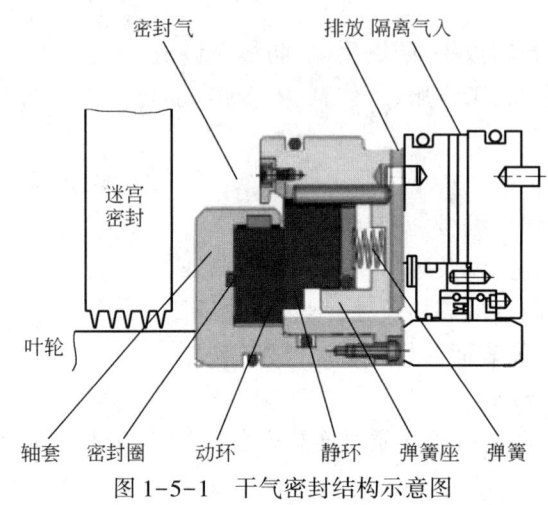

图1-5-1 干气密封结构示意图

图1-5-2所示为干气密封旋转环端面示意图,旋转环密封面经过研磨、抛光处理,并在其上面加工出有特殊作用的流体动压槽。干气密封旋转环旋转时,密封气体被吸入动压槽内,由外径朝向中心,径向分量朝着密封坝流动。由于密封坝的节流作用,进入密封面的气体被压缩,气体压力升高。在该压力作用下,密封面被推开,流动的气体在两个密封面间形成一层很薄的气膜,此气膜厚度一般在3μm左右。当气体静压力、弹簧力形成的闭合力与气膜反力相等时,气膜厚度十分稳定。由中性高压隔离气体(通常为氮气)所形成的气膜完全阻塞了相对低压的密封介质泄漏通道,实现了密封介质的零泄漏或零逸出。可见,干气密封属于泵入式非接触密封结构。

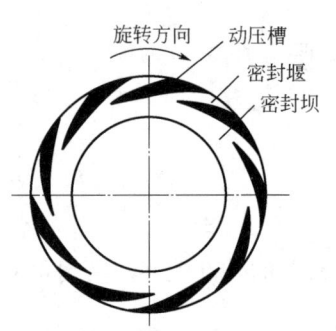

图1-5-2 干气密封旋转环端面

二、技能要求

(一)准备工作

(1)工具准备:防爆阀门扳手、防爆手电、防爆对讲机。
(2)人员穿戴劳保着装齐全:工作服、工作鞋、安全帽、手套。

(二)操作步骤

(1)机组在正常运行中,现场操作人员应严格巡检,并用听、摸、察、比、看等方法检查机组运行的工艺参数和机械运行情况,如发现异常声音或振动加剧时,立即采取措施排除故障或停机检查。

(2)主控室操作人员严格控制机组的各项操作指标,严防机组在飞动区运行及电机在过流区域工作。

(3)主控室操作人员检查机组轴位移、各部振动情况,分析并判断机组是否在规定指标范围内运行,如发现有异常位移和振动变化,及时向班长汇报并联系检查处理。

(4)现场操作人员检查机组油站液位不得低于50%。定期排出油箱底部杂质和水,每月对机组润滑油进行质量指标分析,确保润滑油各项指标在规定范围内,保证机组安全运行。

(5)现场操作人员经常检查冷却水温度、压力、流量变化情况,水压保持不低于0.27MPa,水温保持不大于30℃,油冷却器的水压要低于油压。冬天要注意油冷却器的防冻。

(6)现场操作人员检查机组出入口各阀门,润滑油系统各出入口阀门的开关位置。

(7)按时认真填写机组运行记录、交接班日记,做到齐、全、准、洁。

(8)每班打扫厂房和机组的卫生,做到窗明、机净、轴见光,工具用具摆放整齐、规格。

(9)现场操作人员对备用泵定期按规定执行盘车、试运等维护操作。

(三)注意事项

(1)干气密封系统主密封气与前置缓冲气压差的停机条件是≤0.05MPa。

(2)干气密封系统中进入低压端前置密封腔的是氮气,主要是防止机内介质污染密封端面。干气密封系统中进入后置密封腔内的是净化风,目的是防止润滑油污染密封表面。

模块六　事故判断与处理

项目一　DCS 模块故障处理操作

> GBF001DCS的工作原理

一、相关知识

DCS 的工作原理

DCS(集散控制系统)是利用 4C 技术组成的控制系统,将工业生产等进行集中控制,分散处理。它是一个由过程控制级和过程监控级组成的以通信网络为纽带的多级计算机系统,综合了计算机(Computer)、通信(Communication)、显示(CRT)和控制(Control)等 4C 技术,其基本思想是分散控制、集中操作、分级管理、配置灵活、组态方便。DCS 的控制程序:DCS 的控制决策是由过程控制站完成,所以控制程序是由过程控制站执行。过程控制站的组成:DCS 的过程控制站是一个完整的计算机系统,主要由电源、CPU(中央处理器)、网络接口和 I/O 组成。DCS 的优点是:增加数据的可靠性和安全性,便于资源共享,并行处理,扩展性好,系统可靠性高。DCS 是在计算机技术,控制技术,通信技术,CRT 图形显示技术的基础上产生的。1975 年,第一套集散控制系统由 Honeywell 公司推出。

二、技能要求

(一)准备工作

(1)工具准备:防爆阀门扳手、防爆手电、防爆对讲机。

(2)人员穿戴劳保着装:工作服、工作鞋、安全帽、手套。

> GBF003DCS模块故障的现象

(二)操作规程

1. DCS 模块故障的现象

(1)单台操作站黑屏、死机或不能调节。

(2)部分仪表失灵,指示值不正常或不能调节。

(3)所有操作站黑屏或不能正常显示、调节。

(4)操作站所有仪表显示异常,如无测量值及调节阀不能调节。

(5)操作站和控制站均停电。

(6)备用电源开始工作。

> GBF004DCS模块故障的处理方法

2. DCS 模块故障的处理方法

(1)DCS 出现故障后,立即联系仪表微机班处理。

(2)立即联系汇报车间值班、车间领导、厂生产调度、总值班。

(3)某一区域的工艺参数不刷新(伴随有系统报警),若故障点多数为指示参数(不带控制回路),正确的处理方法是参照其他正常参数进行操作。

（4）遇到某一区域的工艺参数不刷新，对于带控制回路的输出点，正确的处理方法是将调节阀改副线操作。

（5）部分仪表指示或控制失灵，则可根据现场一次表读数或其他操作参数维持生产。

（6）DCS操作站显示大面积或全部失灵，如瞬间恢复，恢复后及时调整操作参数，恢复正常生产。

（7）遇到某一点或多点输出回路数据突变，可能影响到装置安全故障，正确的处理方法是按紧急停工处理。

（8）DCS系统长时间故障，不能显示和控制，短时间不能排除，而一次表也无指示，则立即向厂调度及车间汇报，启动主风自保，切断两器及进料，组织各岗位进行紧急停工操作。

（9）DCS故障期间，若产品质量不能保证，联系厂调度及油品车间改入不合格罐。

（10）DCS故障期间，首先要确保安全生产，当不能保证安全生产时要果断采取局部或全部停工措施。

3. DCS黑屏的处理方法

DCS显示黑屏，比如因雷击使得UPS（不间断电源）掉电，现场各调节阀开度处于断电前状态，无法通过DCS屏幕对装置现场各参数进行监控和调节。故出现该状态非常危险，如果无法在短时间内恢复，在请示车间、调度后装置需紧急停工，并在停工过程中，密切注意各主要就地压力表、液位计，流量可参考就地一次表读数，严防设备超温超压，确保装置安全。对于单个显示器黑屏，主要是显示器故障，对生产没影响。某一区域的工艺参数不刷新（伴随有系统报警），甚至所有工作站全部黑屏，这可能是控制器故障，这类故障的影响面较大。

GBF002DCS黑屏的处理方法

（三）注意事项

仪表故障处理必须严格执行审批，制定详细处置方案并在其中对故障的影响面及后果作出正确评估和识别。

项目二　反应温度大幅波动的原因及处理

一、相关知识

反应温度是催化裂化装置最主要的控制参数，当反应温度达高限或低限时，应迅速检查再生滑阀开度、原料油预热温度、沉降器压力及藏量等参数，以判断反应温度是否真实超限。经处理后如反应温度继续低限，应及时启动反应温度自保并带动进料自保启动。自保启动后，迅速检查各自保阀动作情况，并按紧急事故规程进行处理。

二、技能要求

（一）准备工作

（1）工具准备：防爆阀门扳手、防爆手电、防爆对讲机。

(2)人员穿戴劳保着装：工作服、工作鞋、安全帽、手套。

（二）操作规程

> GBF005反应温度大幅度波动的原因

1. 反应温度大幅度波动的事故原因

(1)提升管总进料量大幅度变化，原料油泵或回炼油泵抽空。

(2)再生单动滑阀控制失灵。

(3)进料压力大幅度波动。

(4)原料预热温度大幅度变化。

(5)再生温度大幅度波动。

(6)催化剂循环量大幅度变化（主风、增压风量变化，送风变化使流化不畅，两器压力突变，系统藏量突变等）。

(7)原料油带水，造成反应温度急剧下降。

(8)仪表热偶失灵。

> GBF006提升管温度大幅波动处理方法

2. 反应温度大幅度波动的处理

(1)迅速查清反应温度波动的原因，采取调整措施。

(2)仪表控制失灵时改手动或副线手阀控制，若机泵故障，迅速换泵。滑阀故障时迅速改手摇控制，联系仪表、钳工紧急处理。

(3)平稳控制两器差压。

(4)平稳油浆循环流量，调整原料油和油浆换热器三通阀的开度，控制换热温度。

(5)通过调整再生器烧焦效果、外取热器取热量等方法控制好再生器床层温度。

(6)如再生斜管流化不好，应相应调节再生斜管松动点流化风，保证催化剂的循环量稳定。

(7)控制平稳沉降器及再生器压力，调整各路主风、增压风量，稳定催化剂循环量。

(8)原料油带水按原料油带水的事故处理（包括降低进料量、联系罐区切水或换罐、提高原料预热温度等）。

(9)若反应温度过高，可增大反应终止剂用量。

(10)提升管温度过低可开大再生滑阀和降低处理量，如果温度持续下降，应立即切断进料。

（三）注意事项

若提升管出口温度过低（重油催化低于480℃，蜡油催化低于450℃），无法提起时，应紧急切断进料，启用反应温度低限自保。

项目三　反应压力大幅波动的判断及处理

> GBF007催化裂化反应事故处理的原则

一、相关知识

催化裂化反应事故处理的原则

(1)不允许反再两器内催化剂藏量压空。特殊情况，如反应系统供汽中断，为避免提升管喷塞和沉降器汽提段催化剂死床，要及时将反应部分的催化剂转到再生器，在保持单器流化的同时,控制反应压力高于再生压力,严禁热风窜入反应器。

(2)反再两器只要有催化剂,就要通入流化介质,并保持反吹风和松动蒸汽不中断。

(3)一旦主风中断,应立即切断反应所有进料,再生器不可喷入燃烧油。若再生温度降到400℃主风仍未恢复,应卸催化剂。

(4)在反应有进料情况下,蜡油催化裂化反应温度不低于450℃,重油催化裂化反应温度不低于480℃。

(5)反再系统发生严重的超温、火灾事故或高温催化剂大量泄漏时,应切断反应进料,迅速降压降温操作。

(6)只要反再系统维持催化循环,就要保持油浆循环。若油浆循环中断,应采取再生器单器流化。

(7)无论发生任何事故,都必须以保证现场人员生命安全和保全主要关键设备为原则。

二、技能要求

(一)准备工作

(1)工具准备:防爆阀门扳手、防爆手电、防爆对讲机。

(2)人员穿戴劳保着装:工作服、工作鞋、安全帽、手套。

(二)操作规程

1. 反应压力大幅度波动的原因

(1)反应温度大幅度变化。

(2)原料带水或进料量大幅度波动。

(3)急冷介质启用过猛,沉降器压力突然升高。

(4)蒸汽带水或汽提蒸汽量、压力大幅度波动。

(5)装置内低压蒸汽压力及流量变化大。

(6)气压机入口压力变化大(反飞动调节阀失灵、气压机故障等)。

(7)气压机故障停车。

(8)分馏塔底液面或粗汽油罐液面过高,引起反应压力上升。

(9)分馏塔回炼污油量过大或冷回流量过大,反应压力升高。

(10)分馏塔冷凝冷却系统效果差,冷后温度高,反应压力上升。

(11)分馏塔各段回流取热分配不均,造成局部负荷过大或液泛现象,分馏塔压降增大造成反应压力升高。

(12)仪表失灵。

2. 反应压力大幅度波动的处理方法

(1)迅速查明原因,采用相应处理措施。

(2)对于原料带水反应温度、进料量波动,及时调整操作,加强系统间的联系。

(3)调节急冷介质动作要缓慢,启用时,密切监视并控制好沉降器压力。

(4)做好蒸汽的设备前脱水,控制平稳汽提蒸汽、雾化蒸汽、预提升蒸汽流量。

(5)平稳装置内低压蒸汽压力及流量。

(6)反飞动调节阀失灵时,改手动或副线手阀控制。放火炬系统应定期试验,确保畅通。

(7)气压机因故障停车时,打开气压机入口放火炬维持反应压力,同时反应岗位降量操作维持循环或停工处理。

(8)分馏塔底液位过高造成反应系统憋压时,应紧急排油浆。粗汽油罐液面过高应迅速查找原因并及时处理,必要时可启两台泵送粗汽油。

(9)分馏打冷回流或回炼污油时要做好岗位间的联系。

(10)调整分馏塔顶冷凝冷却器负荷。检查冷凝冷却系统,发现故障及时处理保证冷后温度不超标。

(11)优化分馏塔各段回流取热分配,保证全塔热平衡。

(12)仪表失灵,及时联系仪表处理。

(三)注意事项

处理过程中,密切注意两器差压变化情况。注意汽提段和再生器的藏量,当任何一方有压空危险时可启用气压机入口放火炬等手段。仍无法维持时,投两器自保并关闭待生、再生滑阀切断催化剂循环,防止油气互窜。

项目四　原料中断的判断及处理

一、相关知识

原料泵故障停运时的处理操作

(1)如原料泵故障停运而回炼油泵没停时,可提高回炼油量,开大原料雾化蒸汽、预提升蒸汽、预提升干气,关小再生滑阀、待生滑阀,尽可量保证提升管不喷塞。开大反飞动阀保证提升管温度和沉降器压力,维持操作,关小原料油进料调节阀。同时立即重新启动备用泵,恢复提升管正常进料量。

(2)用终止剂控制提升管出口温度不超高。

(3)如气压机反飞动阀全开,气压机入口压力仍过低可停气压机,同时调整双动滑阀和分顶蝶阀,保证沉降器和再生器压力平衡。

(4)如原料长时间不能恢复或提升管喷塞、无法流化,按紧急停工处理。

二、技能要求

(一)准备工作

(1)工具准备:防爆阀门扳手、防爆手电、防爆对讲机。

(2)人员穿戴劳保着装:工作服、工作鞋、安全帽、手套。

(二)操作规程

1.原料中断现象

(1)原料表指示回零,进料量低报警响。

(2)反应压力下降,反应温度上升。

2. 原料中断原因

(1) 原料严重带水气阻。

(2) 原料罐抽空。

(3) 原料泵故障。

(4) 仪表故障,或进料自保动作。

3. 原料中断处理操作

(1) 原料中断,进料自保启动。

(2) 通知机组岗位,进行气压机降速工作。

(3) 主控室操作人员手动关闭所有提升管进料调节阀门。

(4) 开大提升管原料雾化蒸汽、预提升蒸汽等,保证提升管的提升能力,同时关闭提升管注干气手阀。

(5) 调整双动滑阀和分馏塔顶蝶阀,保证两器压力平衡。

(6) 相应关小再生、待生滑阀,尽可能保证催化剂的两器流化,用急冷介质控制提升管出口温度不超高。

(7) 在气压进入暖机转速后,关闭反飞动调节阀,防止蒸汽倒窜入气压机体产生积水。

(8) 改油浆紧急外甩。

(9) 现场操作人员应详细检查自保动作情况,如自保没有按规定动作应就地手动投用,并关闭所有提升管进料器壁阀门。

(10) 一般情况下,调节阀会有漏量,现场操作人员应先关闭低处的原料、油浆、回炼油总阀,再去关闭提升管喷嘴器壁阀。

(11) 联系调度,相应关小装置外来原料油量,维持原料罐液位不超高,给分馏改油浆紧急外甩线和建立原料开路循环提供时间。

(12) 将燃烧油由循环状态改至备用状态。

(三) 注意事项

(1) 反应温度过高,可提回炼油、回炼油浆降低反应温度,必要时关小再生滑阀。

(2) 两器差压大,易造成催化剂倒流。立即打开双动滑阀,控制好两器差压。一旦发现压力控制不住时,催化剂出现单方向流动的危险时,立即启动两器差压低限自保,关闭待生、再生滑阀。

(3) 自保动作后,操作人员应立即就地检查各自保阀动作是否正确,发现错误立即纠正。

(4) 自保启用后,应立即改为就地控制,再将自保开关复位。

(5) 恢复生产时,应逐步关小或开大有关阀门。恢复正常后,再全面检查一下,确认各自保是否恢复到自动位置。

> GBF010原料中断处理操作

项目五　催化剂带油的判断与处理

一、相关知识

（一）催化剂汽提的作用

用水蒸气将催化剂颗粒之间和颗粒的孔隙内充满的油气置换出来,以减少焦炭产率,提高油品产率。

（二）汽提效率的影响因素

催化裂化汽提器是一个典型的汽固逆流接触过程。在此过程中实现油气与水蒸气的质量传递,油气从催化剂表面脱附。汽提效率主要与汽提蒸汽用量、汽提温度、催化剂性质及汽提器的结构形式等因素有关。其中汽提蒸汽与催化剂之间的接触状况直接影响汽提器的效率,而汽提蒸汽与催化剂之间的接触主要取决于汽提器的结构形式。

二、技能要求

(一)准备工作

(1)工具准备:防爆阀门扳手、防爆手电、防爆对讲机。

(2)人员穿戴劳保着装:工作服、工作鞋、安全帽、手套。

(二)操作规程

1. 催化剂带油的现象

(1)再生温度迅速上升。

(2)再生压力上升。

(3)氧含量下降、归零。

2. 催化剂带油的原因

(1)汽提蒸汽量过低或中断,汽提效果变差。

(2)反应压力高、温度低。

(3)提升管进料带水。

(4)待生滑阀故障全开使待生剂进入再生器量突增。

3. 催化剂带油的处理

(1)采用降低处理量、开再生滑阀、提高预热温度等方法尽快提高反应温度。

(2)控制好汽提蒸汽流量、压力,特别是汽提段下部分布环的流量、压力,保证良好的汽提效果,若自控失灵,改手动或副线控制。

(3)控制沉降器压力平稳,尽快恢复汽提段料位正常。

(4)因沉降器藏量过低导致待生剂带油时,应提高汽提段藏量,降低催化剂循环量。

(5)待生滑阀失灵时,改现场手动控制,同时联系仪表工处理。

(6)待生剂带油严重时,切断进料处理。

(三)注意事项

烟囱冒黄烟时及时处理,严重时启动主风自保,防止发生爆炸等恶性事故。催化剂带油时,可提高外取热器取热量,防止再生温度大幅升高。原因未查明时,为防止催化剂长时间带油,应切断进料处理。

项目六　炭堆积处理操作

一、相关知识

炭堆积是由于反应生焦与再生烧焦的平衡被打破形成的。当生焦能力超过烧焦能力时,催化剂上的焦炭量的增加成为主要矛盾,严重时就会形成炭堆积。此时催化剂上的焦炭量像滚雪球一样越积越多,使催化剂活性不断下降。

二、技能要求

(一)准备工作

(1)工具准备:防爆阀门扳手、防爆手电、防爆对讲机。

(2)人员穿戴劳保着装:工作服、工作鞋、安全帽、手套。

(二)操作规程

1. 催化剂炭堆积的现象

(1)再生烟气氧含量下降、归零。

(2)烟气中的CO含量上升。

(3)稀密相温差下降。

(4)再生器稀相密度、旋分器压降上升。

(5)斜管滑阀压降上升。

(6)再生温度上升,反应深度下降,富气量降低,回炼油液面上升。

(7)再生剂变黑、变亮,颗粒变粗。

> GBF016催化剂炭堆积的现象

2. 催化剂炭堆积的原因

(1)原料量突然增大或原料性质变化。

(2)回炼油量或回炼油浆量突然增大。

(3)反应深度过大,造成反应生焦量增大。

(4)汽提蒸汽量过低或中断。

(5)主风量偏小,烧焦能力不足,造成再生催化剂含炭量逐渐升高。

> GBF017催化剂炭堆积的原因

3. 催化剂炭堆积的处理方法

(1)轻微炭堆积时,应降原料量、油浆回炼量、增大汽提蒸汽,停止小型加料。

(2)视外取热能力,提主风量,增加烧焦强度。

(3)降原料量,提高原料预热温度,降催化剂循环量,增加催化剂烧焦时间。

(4)当催化剂由黑转为灰白且有光泽时,为严重炭堆积,此时应逐渐降量并切断进料,启用事故蒸汽。

(5)当稀密相温差增大至正常值,氧含量回升,催化剂颜色好转时,缓慢提量恢复生产。注意降低主风量时,要防止发生二次燃烧。

> GBF018催化剂炭堆积的处理

(三)注意事项

(1)提高外取热器取热量时要防止再生温度大幅度波动。
(2)严重炭堆积时必须切断进料,以防恢复生产再生器超温以至设备损坏。
(3)烟囱冒黄烟时,及时处理,严重时启用主风自保,防止发生爆炸等恶性事故。

项目七　油浆循环中断反应岗位处理操作

一、相关知识

_{GBF019分馏油浆回流的作用}

(一)分馏油浆回流的作用

油浆回流即塔底循环回流,是将塔底油浆分出一部分进行冷却后,再返回塔中。对于催化分馏塔,进料是反应器来的高温过热油气,带来了巨大的热量,还带有不少催化剂粉末。因此塔底循环回流既可以在塔底部取出大量高温位热量供回收利用,又可以使塔中、上部的负荷大为降低;而且大量的循环油浆可以把油气中的固体颗粒冲洗下来,以免堵塞上部塔板。

_{GBF020油浆上返塔的作用}

(二)油浆上返塔的作用

为了保证反应油气脱过热和冲洗催化剂粉末,油浆从人字挡板上方进塔,用油浆回流使反应油气脱过热和冲洗催化剂粉末,同时还使少量最重的馏分——油浆,冷凝成液体,和催化剂粉末一起流至塔底,油浆连续抽出进行回炼或产品送出装置。

_{GBF021油浆下返塔的作用}

(三)油浆下返塔的作用

分馏塔底油浆经抽出换热降温后返回分馏塔。将少量返塔油浆直接打入塔底液面中,靠温度较低的油浆与塔底油浆混合而降温,控制塔底温度。如果靠加大从上进口进入的循环油浆量降温,则同时会增加油浆冷凝量,使塔底液面上升。

二、技能要求

(一)准备工作

(1)工具准备:防爆阀门扳手、防爆手电、防爆对讲机。
(2)人员穿戴劳保着装:工作服、工作鞋、安全帽、手套。

(二)操作规程

1. 油浆循环中断现象

(1)油浆循环流量指示回零,油浆泵出口压力回零。
(2)分馏塔各部温度上升。
(3)塔底液面迅速下降,分馏塔顶油气分离器液面上升,回炼油罐、轻柴油汽提塔液面上升。
(4)油浆循环中断后,大量高温反应油气会携带催化剂粉末进入分馏塔上层塔板,易造成塔板堵塞。

2. 油浆循环中断原因

(1)油浆泵故障或停运。
(2)分馏塔底液位过低,造成油浆泵抽空。

(3)塔底油浆系统结焦或堵塞。

(4)处理设备问题,油浆泵被迫停运。

(5)发生火灾,油浆泵停运。

(6)停电。

(7)仪表故障。

3. 油浆循环中断反应处理操作

(1)油浆循环短时间中断,分馏岗位可提回炼油返塔量。必要时可打开分馏塔底和回炼油罐的连通阀(有的装置可开启回炼油备用泵短时间代替油浆泵)。

(2)反应岗位要降低处理量,减少油气量。

(3)若短时间内,油浆循环不能恢复,要手动切断进料。

(4)将沉降器内催化剂转入再生器中,改再生器单容器流化。

(5)关闭再生、待生滑阀,切断两器。

(6)开大提升管原料雾化蒸汽、预提升蒸汽、汽提蒸汽等。

(7)维持操作,等待处理。

(三)注意事项

油浆长时间中断应改为再生器单器流化或根据情况卸出催化剂,此时应维持沉降器压力高于再生器压力。

项目八　油浆固体含量高的原因分析及处理

一、相关知识

(一)分析油浆固体含量的目的

分析油浆中固体含量可以判断沉降器旋风分离器的操作是否正常。油浆中固体(催化剂粉末)含量越少越好。固体含量高,会严重磨损油浆泵等设备及油浆系统管线,还会造成严重的结焦堵塞事故。应控制油浆中固体含量不大于 6g/L,最好不大于 2g/L。当前催化裂化装置原料日趋变重,有的装置还掺炼了渣油,分馏塔底易结焦,油浆所含固体除催化剂粉末外常混有焦粉颗粒。为此对现有固体含量分析方法应予以改进,探讨更合适的方法。

(二)油浆固体含量的控制方法

(1)保证一定的油浆循环量,不能时大时小。

(2)保证油浆上返塔流量,使催化剂在脱过热段被洗涤下来。

(3)油浆回炼量要控制在某一数值以上,不能经常处于很小的量,以防止催化剂粉末在分馏塔底积聚。

(4)操作中应保持反应压力平稳。

二、技能要求

(一)准备工作

(1)工具准备:防爆阀门扳手、防爆手电、防爆对讲机。

(2) 人员穿戴劳保着装：工作服、工作鞋、安全帽、手套。

(二) 操作规程

GBF025 油浆固体含量高的原因

1. 造成油浆固体含量高的原因

油浆中固体含量的高低取决于催化剂进出分馏塔数量上的平衡。进入量取决于反应沉降器旋分器的分离效率，即油气携带进入分馏塔的催化剂量。而排出量取决于油浆回炼量与油浆出装置量之和。油浆固体含量高的原因主要有：

(1) 反应器系统操作波动特别是压力波动，沉降器藏量变化大，造成大量催化剂进入分馏塔。

(2) 沉降器内旋风分离器效率差(料腿翼阀密封不好、料腿磨坏等)，使反应油气中大量携带催化剂。

(3) 催化剂细粉多或强度低、质量差，使催化剂跑损量增加。

(4) 油浆回炼量或油浆出装置量过小。

GBF026 油浆固体含量高的处理方法

2. 油浆固体含量高处理的处理方法

(1) 及时分析反应、再生操作参数，查找原因。

(2) 若反应系统发生波动，应首先平稳反应操作压力。

(3) 若催化剂细分含量太高应消除催化剂粉碎，如避免松动、吹扫蒸汽带水、空气分布器喷嘴、原料油喷嘴出口、粗旋分离器入口流速不宜过高等。

(4) 分馏部分提高油浆外甩量，适当提高油浆回炼量。

(5) 增加油浆固体含量分析频率，跟踪固体含量变化。

(6) 适当提高油浆循环量，合理分配上下油浆返塔量，保证脱过热洗涤效果。

(7) 油浆换热器不开副线，保证换热器油浆线速。

(8) 分馏塔底适当加大搅拌蒸汽量，以防止催化剂粉末在分馏塔底积聚。

(9) 若旋风分离器故障、料腿被焦块严重堵塞，使油浆固含量过高装置无法运行，则停工处理。

(三) 注意事项

(1) 密切注意油浆泵电流变化，防止超电流。

(2) 注意外甩油浆量变化，防止管路发生堵塞。

(3) 加强油浆系统检查，防止出现因催化剂磨损带来的设备泄漏。

(4) 处理过程中要随时采样分析，如没有明显好转，且正常生产无法维持时，请示停工处理。

项目九　气压机飞动处理操作

GBF027 气压机飞动的原理

一、相关知识

(一) 气压机飞动现象

气压机的飞动也称为喘振，是气压机运行的危险工况。在气压机与一定容积的管网联合工作时，当气压机在高压缩比、低流量下运行，一旦机出口流量小于某一定值，叶片背弧气流严重脱离,直至通道堵塞。气流强烈脉动,并与出口管网的气容、气阻间形成振荡,此时机、网系统气流的参数出现整体大幅度波动,即气量、压力随时间大幅度周期性变化,气压机的功率以及声响均周期性变化。上述变化非常剧烈,使机身强烈振动,乃至机组无法维持正常运行,这种现象即为飞动。

(二)飞动的影响因素

从上述分析可以看出,飞动是整个机组发生的现象,是整个机、网系统发生的现象,其不仅与压缩机内部流动特性、流量、出口压力有关,而且与管网特性有密切关系,其振幅、频率受管网容积的支配。

(三)飞动的危害

(1)轴流式压缩机的转、定子间隙较小,尤其转动叶片与外壳间隙仅为0.8~1.0mm(半径间隙),因而机体的严重振动会引起动、静部件之间的接触而损坏。

(2)由于气流脉动而引起动、静叶片的剧烈振动,乃至共振,产生交变应力可能折断叶片。

(3)由于机、网系统的气流循环,引起气流温度的急速上升导致叶片与内缸的损坏。

(4)飞动对主风机的轴封损坏较大。由于密封的损坏,将使润滑油穿入流道,影响冷却器和冷凝器的效率。严重的飞动很容易造成转子轴窜动,烧坏止推轴瓦,叶轮有可能被打碎,极严重时可使风机遭到破坏,会损伤齿轮箱、电动机以及链接压缩机的管线和设备。

(5)飞动给生产操作带来很大的混乱,如处理不当,会造成各种严重的恶性事故,如催化剂倒流等。

(6)对于大型轴流式风机来说,飞动的危害性更大,飞动是机组逆流的前奏。

(四)气压机启动时先开反飞动阀的意义

气压机在启动时,机入口阀全开,出口阀处于全关,用气压机入口放火炬调节。由于装置开工过程中,处理量是慢慢增大的,所以气体量开始比较少,为保证气压机入口有一定流量,需开启反飞动阀及时增加气压机入口的流量,以保证气压机远离飞动状态。这样开机平稳,并可避免机组飞动。

二、技能要求

(一)准备工作

(1)工具准备:防爆阀门扳手、防爆手电、防爆对讲机。

(2)人员穿戴劳保着装:工作服、工作鞋、安全帽、手套。

(二)操作规程

1. 气压机飞动现象

机体强烈振动,噪声加剧。

2. 气压机飞动原因

根据离心式压缩机性能曲线,在一定转速下有一个飞动点,即一定压力下的最小流量点。等于或低于这个最小流量点即发生飞动进入飞动区。如果流量恒定,转速升高,压力达

到某一数值后,即达到飞动点,气压机亦会发生飞动。因此,在实际运转中凡是工况达到上述条件,均会发生飞动,例如:

(1)气压机出口压力突升(吸收解吸塔压力突升),此时压缩机转速恒定,流量必然下降,达到飞动点即飞动。转速上升,流量上升达到飞动点亦即飞动。

(2)气压机入口流量突降,转速不变,出口压力变化上升达到飞动点。

最经常遇到的起因是再吸收塔压力失控、反飞动流量控制出现故障,其次是汽轮机转速下降或调速器失灵。

另一问题是富气组成变化,特别是相对分子质量变小,例如油气分离器温度过低或富气中氢气增多,相对分子质量较气压机设计参数低得多时,在气压机级数一定情况下,出口排压受到限制,达不到额定出口压力,这时再吸收塔还维持正常的压力时富气就排不出去,此时压缩机也会出现"飞动现象"。

3. 气压机飞动处理操作

> GBF031气压机飞动处理

(1)因富气组分变轻,引起气压机飞动,应采取提高冷后温度,使富气相对分子质量增大。从原料组成及反应器操作条件入手,减少相对分子质量小的组分。

(2)降低再吸收塔压力,使气压机正常排量。

(3)反飞动调节阀改副线操作并联系仪表工处理。

(4)将调速器改手动控制,并检查调速系统是否有故障。

(5)调整汽轮机气门开度,调整汽轮机转速,若无效可考虑分析汽轮机叶片是否结垢,按汽轮机带负荷清洗操作处理。

(三)注意事项

如果机组发生飞动,立即开反飞动调节阀,稳定机组轴位移在正常范围内,防止因飞动造成轴位移大而引起联锁停机。

项目十 气压机抽负压的原因及处理

> GBF032反应压力高而气压机入口压力低的原因

一、相关知识

反应压力高而气压机入口压力低的原因

(1)分馏塔顶油气分离器液面超高造成液封。

(2)分馏塔顶油气空冷或冷却器堵。

(3)分馏塔底液面超高,浸没大油气管线,造成液封。

(4)反应器出口大油气管线结焦严重。

二、技能要求

(一)准备工作

(1)工具准备:防爆阀门扳手、防爆手电、防爆对讲机。

(2)人员穿戴劳保着装:工作服、工作鞋、安全帽、手套。

(二)操作规程

1. 气压机抽负压的原因

(1) 反应深度小,入口富气量小。
(2) 汽轮机转速相对较高。
(3) 分馏塔顶油气冷后温度过低,富气量减少。
(4) 分馏塔顶油气分离器液面过高,造成液封。
(5) 分馏塔顶油气空冷或冷却器堵。
(6) 分馏塔顶大油气管线及反飞动管线堵。
(7) 分馏塔底液面超高,浸没大油气管线,造成液封。

2. 气压机抽负压的处理

(1) 气压机抽负压时,应降低汽轮机转速。
(2) 如果不是带油,则应加大反飞动量。
(3) 立即和其他岗位联系,找出原因。
(4) 按对应原因进行相应处置。
(5) 如遇管线堵塞等问题不能通过调整解决的,按停气压机或停工处理。

(三)注意事项

注意汽轮机转速,防止超限。

项目十一　气压机组故障停机事故处理

一、相关知识

(一)气压机紧急停机的条件

(1) 机组剧烈振动,并有金属撞击声音。
(2) 轴承温度大于75℃或冒烟时。
(3) 轴承及汽封冒火花时。
(4) 汽轮机发生水击。
(5) 主油泵故障,轴承油压下降到低油压自保值以下。
(6) 油箱液面下降,无法补油时。
(7) 严重火灾及重大事故发生。
(8) 工艺操作条件突变引起机组飞动、短时内无法查清原因消除飞动时,应紧急停机。

(二)汽轮机停机的条件

(1) 润滑油上油集合管压力下降到自保动作值。
(2) 调节油压力下降到低限时,速关阀机械切断。
(3) 汽轮机转速超限。
(4) 汽轮机的轴位移超限。

(三)气压机组超速的原因及危害

当气压机组转速超过额定转速的110%时即为超速。造成机组超速的主要原因有:

(1)气压机因富气量太少而抽空。

(2)汽轮机调速系统失灵或危急保安器卡涩。

(3)虽然危急保安器动作,而主汽门及调速汽门由于结垢卡涩、填料过紧、门杆弯曲等原因而卡住,就会造成机组超速或飞车。

超速时的现象是转速表指示大大超过危急保安器动作转速,机组发出超速的怪声,振动剧增甚至有冲击声、金属响声。超速的危害性极大,使机组转子、叶片、叶轮变形、严重时使叶片、叶轮破裂,打破气缸飞出,损坏设备或造成人身伤亡事故。

二、技能要求

(一)准备工作

(1)工具准备:防爆阀门扳手、防爆手电、防爆对讲机。

(2)人员穿戴劳保着装:工作服、工作鞋、安全帽、手套。

(二)操作规程

1.气压机停机的现象

(1)气压机入口和反应压力都突然升高。

(2)两器负差压增加。

(3)提升管出口温度大幅度下降。

(4)沉降器藏量下降。

2.气压机故障停机的原因

(1)气压机故障突然停机,主要包括:

① 气压机轴位移超自保值。

② 汽轮机轴位移超自保值。

③ 润滑油压力降低到联锁值。

④ 手动停机。

(2)气压机入口富气量低,引起停机。

(3)反飞动失灵或操作员失误引起超转速停机。

3.气压机故障停机的处理

(1)通知反应岗位。关闭反飞动阀,打开气压机入口放火炬。

(2)手击危急保安器,同时关闭主汽阀。

(3)立即启动辅助润滑油泵(不要等自启动)。

(4)关闭气压机去吸收稳定出口阀门。气压机停机自保后,稳定塔顶气态烃排放要改瓦斯管网。

(5)关闭中间分液罐的凝缩油压送阀门。

(6)气压机自保后,注意防止反应压力超高,可以通过入口放火炬来控制。其他均按正常停机处理。

(三) 注意事项

(1) 加强与前部岗位的联系,处理过程中防止系统憋压。

(2) 气压机组停机后,每间隔 3min 盘车 180°直至汽轮机壳体最高温度点≤50℃,停盘车后,可停止润滑油系统的运行。

模块七 计算

项目一 精馏的计算

一、相关知识

GBG001精馏计算相关公式

双组分连续精馏的物料衡算

$$\begin{cases} F = D + W \\ x_F F = x_D D + x_W W \end{cases}$$

式中 F——进料量；

D,W——塔顶、塔底出料量；

x_F, x_D, x_W——轻组分在原料液、馏出液和釜液中的摩尔分数。

二、技能要求

(一)计算步骤

(1)根据已知情况，确认精馏类别(双组分、多组分)；

(2)选择正确公式；

(3)代入数据；

(4)得出计算结果；

(5)分析结果，并做出解答。

【例1-7-1】 在常压下连续操作的精馏塔中分离乙醇水溶液，进料流量为100kmol/h，进料中乙醇的摩尔分数为0.3。馏出液中乙醇的摩尔分数为0.8，釜液中乙醇的摩尔分数为0.005，试求塔顶馏出液的流量。

解：由 $F \cdot x_F = D \cdot x_D + (F-D) \cdot x_W$ 得：

馏出液流量 $D = F(x_F - x_W)/(x_D - x_W) = 100 \times (0.3 - 0.005)/(0.8 - 0.005)$
$= 37.1 \text{(kmol/h)}$

答：塔顶馏出液的流量为37.1kmol/h。

(二)注意事项

确认精馏类别是计算的关键。

项目二 离心泵安装高度的计算

GBG002机泵安装高度的计算

一、相关知识

离心泵的安装高度是指离心泵吸入口与液源液面间的垂直距离。在实际安装时，要求泵的安装高度必须低于允许安装高度 z,以免发生汽蚀现象。我国的离心泵样本中采用允许汽蚀余量 Δh 和允许吸上真空高度 H_s 两种性能指标来表示泵的吸上性能,由此可计算泵的允许安装高度 z。

二、技能要求

(一)计算步骤

(1)确定已知条件。

(2)选取所需的公式。

① 由允许吸上真空高度 H_s 求允许安装高度 z:

$$z = H_s - \frac{u_1^2}{2g} - \sum h_{f_{0-1}}$$

式中 $\sum h_{f_{0-1}}$——吸入管路的阻力,m;

u_1——泵入口流速,m/s。

② 由样本上查出的允许汽蚀余量 Δh 求允许安装高度 z:

$$z = \frac{p_0 - p_s}{\rho g} - \sum h_{f_{0-1}} - \Delta h$$

式中 p_0, p_s——液面上方压力和饱和蒸气压,Pa;

ρ——输送液体密度,kg/m³。

(3)计算出泵允许安装高度值。

(4)将泵允许安装高度值和实际值进行比较。

(5)得出结论并作出解答。

【例 1-7-2】 用泵从密闭容器中送出 30℃ 的液态烃,容器内液态烃液面上的绝压为 $p_0 = 343\text{kPa}$,输送到最后,液面将降到泵入口以下 2.8m,液态烃在 30℃ 时的密度 $\rho = 580\text{kg/m}^3$,饱和蒸气压 $p_s = 304\text{kPa}$,吸入管路的压头损失估计为 1.5m,所选用的油泵的汽蚀余量为 3m。问这个泵能否正常操作?

解:$z = (p_0 - p_s)/(\rho g) - \Delta h - \sum h_{f_{0-1}} = (343000 - 304000)/(580 \times 9.81) - 1.5 - 3$
    $= 2.4(\text{m}) < 2.8(\text{m})$

所以泵的安装位置太高,不能保证整个输送过程中不出现汽蚀现象,而应将泵的安装高度降低至少 0.4m。

答:该泵不能正常操作。

(二)注意事项

(1)根据已知条件首先要确定计算的方法和公式。

(2)计算过程中注意单位的换算。

(3)由允许吸上真空高度 H_s 求允许安装高度 z 时要注意以下几个问题:

① 允许吸上真空高度 H_s 的校正。如输送的流体及操作条件与测试时不同(测试一般条件为常压,20℃ 清水),则应对 H_s 进行换算:

$$H_s' = H_s + \frac{p_0' - p_s'}{\rho' g} - \frac{p_0 - p_s}{\rho g}$$

式中　ρ',ρ——实际工作条件和测试条件下流体的密度；

　　　p'_s,p_s——实际工作条件和测试条件下饱和蒸气压；

　　　p'_0,p_0——实际工作条件和测试条件下液体上方压力。

② H_s 值与流量有关，流量 Q 增大，H_s 减小。在计算 z 时应以使用过程中可能达到的最大流量进行计算。

③ 吸入管路阻力 $\sum h_{f_{0-1}}$ 越大，泵的 H_s 越小。所以，在确定 z 时，应尽量使 $\sum h_{f_{0-1}}$ 值减小。可采取的措施：一是吸入管应短而直；二是吸入管路应省去不必要的管件，调节阀应装在排出管路上；三是吸入管径可大于排出管径。

(4) 由样本上查出的允许汽蚀余量 Δh 求允许安装高度 z 时要注意以下几个问题：

① 允许汽蚀余量 Δh 的校正。泵样本上列出的 Δh 也是按输送 20℃ 的清水测出的，当输送其他流体时，也应加以校正。

② Δh 也与流量有关，流量 Q 增大，Δh 也增大，z 值减小。计算 z 时应以使用过程可能达到的最大流量进行计算。

③ 在确定安装高度时，也应采取前述的各种措施使 $\sum h_{f_{0-1}}$ 尽可能小。

项目三　换热器的计算

一、相关知识

(一) 装置生产中的传热过程

对传热过程的要求经常有以下两种情况：一种是强化传热过程，如各种换热设备中的传热；另一种是削弱传热过程，如设备和管道的保温，以减少热损失。根据传热机理的不同，传热有三种基本方式：热传导、对流传热和热辐射。传热可依靠其中的一种方式或几种方式同时进行。

(二) 装置传热的计算类型

装置传热的计算主要有两类：一类是设计计算，即根据生产要求的热负荷 Q，确定换热设备的传热面积；另一类是校核计算，即计算给定换热设备的传热量、流体的流量或温度等，其中又涉及以下方面：

(1) 能量衡算——能量衡算的基础是物料衡算，也就是要计算进入的能量和离开的能量，它包含很多种形式，热量衡算是其中的一种。

(2) 热量衡算——热量衡算是以物料衡算为出发点，把在设备中所发生的化学反应中的热效应(放热或吸热)、物理变化(蒸发或冷凝)中的热效应、从外界输入热量或从系统中移去热量及随反应产物和经过设备器壁而散失的热量——考虑在内进行计算。

(三) 传热计算相关公式

GBG003装置传热的计算

1. 简单化学反应过程的热量衡算

$$Q_2 = Q_1 + Q_r + Q_t - Q_{损}$$
$$Q_r = n(-\Delta H)$$

式中　Q_2——离开反应器物料的热量，kJ；

Q_1——进入反应器物料的热量,kJ;

Q_r——化学反应热,kJ;

ΔH——化学反应焓变,kJ/mol;

n——产物物质的量,mol;

Q_t——供给或移去的热量,由外界向系统供热为正,由系统向外界移去热量为负,kJ;

$Q_损$——热量损失,kJ。

2. 平均沸点

在求石油馏分的各种物性参数时,常用平均沸点来表征其汽化性能。常见的平均沸点有五种:t_v、t_w、t_m、T_{cu}、t_{Me}。

> GBG004平均沸点的计算

体积平均沸点
$$t_v = \frac{t_{10}+t_{30}+t_{50}+t_{70}+t_{90}}{5}$$

式中 t_{10},t_{30},t_{50},t_{70},t_{90}——10%、30%、50%、70%、90%馏出温度。

质量平均沸点
$$t_w = \sum_{i=1}^{n} w_i t_i$$

实分子平均沸点
$$t_m = \sum_{i=1}^{n} x_i t_i$$

立方平均沸点
$$T_{cu} = \left(\sum_{i=1}^{n} \varphi_i T_i^{\frac{1}{3}}\right)^3$$

中平均沸点
$$t_{Me} = \frac{t_m + t_{cu}}{2}$$

w_i、x_i、φ_i 分别表示相应 i 组分的质量分数、摩尔分数和体积分数;t_i、T_i 分别表示 i 组分在常压下的摄氏温度沸点(℃)和热力学温度沸点(K)。

3. 传热时的平均温差

1) 逆流和并流

$$\Delta t_m = \frac{\Delta t_h - \Delta t_c}{\ln \frac{\Delta t_h}{\Delta t_c}} = \frac{(T_1-t_2)-(T_2-t_1)}{\ln \frac{T_1-t_2}{T_2-t_1}}$$

式中 Δt_m——平均温差,℃;

Δt_h,Δt_c——热、冷流体进、出口温差,℃;

T_1,T_2——热流体的进、出口温度,℃;

t_1,t_2——冷流体的进、出口温度,℃。

2) 错流和折流

$$\Delta t_m = \varepsilon_{\Delta t} \cdot \Delta t'_m$$

其中,校正系数 $\varepsilon_{\Delta t}$ 与流体实际流动情况有关,可在相应图表中查得,$\Delta t'_m$ 为对应的逆流对数平均温差。

二、技能要求

计算步骤

(1) 根据流动形式正确选择计算公式,逆流和并流用对数平均温差,错流和折流需进行校正；

(2)统一单位后将已知条件带入公式；

(3)得出计算结果；

(4)核对结果准确性,并做出解答。

【例1-7-3】 已知逆流换热器热流入口温度158℃,出口温度90℃,冷流入口温度50℃,出口温度123℃,换热器热负荷为1000000kJ/h,传热系数210kJ/(m²·h·℃),试求换热器换热面积。

解：平均温差 $\Delta t_m = (\Delta t_2 - \Delta t_1)/\ln(\Delta t_2/\Delta t_1) = (40-35)/\ln(40/35) = 37.4(℃)$

又 $Q = KA\Delta t_m$

$A = Q/(K\Delta t_m) = 1000000/(210 \times 37.4) = 127.3(m^2)$

答：换热器换热面积为127.3m²。

第二部分

技师操作技能及相关知识

模块一　开车准备

项目一　反再系统开工前准备

一、相关知识

(一) 装置开工前的整体检查

(1) 设计和施工的有关资料齐全,包括:设备说明书、出厂证明书、材质化验单、施工原始记录、重要阀门的定压记录、设备的安装校验、吹扫、试压、单机试车运行记录及易损配件、非标准件图纸。

(2) 装置的设备、阀门、工艺管线、电气、仪表及辅助系统安装完毕,经有关部门检查验收合格,外围工程应不影响装置的试车。

(3) 生产、消防、维修等各方面保障人员落实。

(4) 岗位人员齐全,并经过技术练兵考核合格。

(5) 水、电、气、风、原料能满足试车要求。

(6) 安全、环保措施落实,各种用具齐全。

(7) 必要的规章制度健全,各种操作记录齐备。

(二) 阀门的检查

(1) 检查所有阀门是否严格地按规格进行安装,并且安装在正确的位置上,材质是否符合设计要求,阀门的安装方向是否正确。

(2) 检查阀门的法兰、垫片、大盖垫、螺栓是否齐全和上紧,密封填料是否上足,压盖是否压紧(压盖应有足够的调节余量,不宜调得太紧或太松),手轮是否灵活好用,阀体是否缺损。

(3) 检查单向阀和截止阀的流向是否按工艺要求安装。

(4) 检查安全阀是否按设计要求进行装配,并安装在正确的位置上,是否定好压力,并做好记录,检查是否有定压挂牌和打铅封、标记。

(5) 利旧阀门试压、调试完毕。

(三) 工艺管线的检查

(1) 按 PID 图和施工图对本装置内所有的工艺管线进行仔细检查,使施工质量满足设计和生产要求。

(2) 检查管线的法兰是否对正,垫片的位置是否安装正确,有否错位、张口、法兰面是否有夹铁现象,垫片材质是否符合设计要求。

(3) 检查法兰的螺栓、螺母材质是否符合设计要求,螺栓安装方向是否一致,螺栓是否上紧,上紧后是否有 2~3 扣的余量。

(4)检查管线、管件的大小、级别和材质等规格是否符合设计要求,管线和管线、管线和设备相连接处是否正确地接好,连接焊缝处有否沙眼、漏焊、欠焊等缺陷存在。

(5)检查所有管线的位置、走向是否正确,是否便于操作使用。

(6)检查所有管线的支吊架是否上好,固定架是否牢固。

(7)检查管线上各种温度计、压力表、热电偶是否按设计要求装好。

(8)检查盲板的位置是否符合工艺要求。

(9)检查管线的保温质量是否合格。

(10)检查管线的防腐是否符合设计要求,质量是否合格。

(11)利旧管线经检测确认符合设计要求。

(四)换热设备的检查

(1)检查冷却器、换热器的头盖、垫片、螺栓是否安装正确,并且上紧,材质是否符合要求。

(2)检查地脚螺栓、接地线是否按要求上好。

(3)检查各换热器的压力表、温度计是否安装好。

(4)检查空冷器电动机电源是否正常,皮带是否齐全,用手盘动风机是否转动灵活。

(5)检查空冷器出、入口法兰、垫片、螺栓是否安装好,并且上紧。

(6)检查空冷器叶片安装是否正确。

(五)仪表检查 [JBA001装置开工前仪表检查项目]

(1)检查各仪表管线是否连接好,并符合要求。

(2)检查各仪表的控制对象是否符合工艺要求。

(3)检查各仪表是否校好参数,并检查各参数。

(4)检查各调节阀是否灵敏好用。

(5)检查各显示仪表是否显示正确(如液面、流量、压力、温度等)。

(6)检查各测量点、就地指示仪表是否符合设计要求。

(7)检查各特殊仪表是否符合工艺要求,并按工艺要求调整好参数,动作灵敏。

(8)检查各仪表是否有漏风、漏电、卡死等现象。

(9)检查测量孔板、调节阀的走向是否与流程一致。

(10)检查各自保联锁阀是否动作准确、及时、到位。

(六)机泵的检查

(1)检查电源线是否连接,泵的电流表是否按照工艺要求装好,电动机转向是否正确,泵与电动机间的同心度是否符合要求。

(2)检查压力表是否安装好。

(3)检查泵的出入口管线是否连接好,法兰、垫片、螺栓是否安装正确,并且上紧。

(4)检查泵的入口过滤网是否装上。

(5)检查润滑油油箱液位在1/2~2/3处。

(6)检查冷却水是否畅通。

(7)检查地脚螺栓是否牢固,泵的接地线是否符合规定。

(8)盘车检查是否轻松灵活。

(七)调节阀的检查

(1)检查阀体是否完好,调节阀安装方向是否正确,调节阀与管线连接的法兰、垫片、螺栓是否符合要求。

(2)检查调节阀的动作情况,是否符合工艺要求,有无卡死现象。

(3)当仪表输出信号在全开或全关位置时,检查调节阀是否在相应的位置上,量程是否符合要求。

(4)检查仪表输出风压、膜头风压是否一致。

(5)检查刻度指示是否准确。

(6)检查调节阀的"气开""气关"阀是否符合工艺要求,是否安装正确,并通过试验。

(7)检查输出信号膜头风压、气源管线接头是否有漏风现象。

> JBA002装置开工前调节阀检查项目

(八)装置外相关系统检查

(1)检查给排水、蒸汽、工业风、仪表风、氮气、原料、产品等各系统管线是否畅通无阻。

(2)检查与装置有关的工程是否具备投用条件。

(3)检查装置设备、管线(特别是埋地管线)的质量是否合格,防腐是否按设计要求,并要有交工资料。

(九)其他部分检查

(1)检查消防器材齐备,并放在规定位置,消防通道畅通。

(2)装置卫生要清扫干净,拆除全部脚手架,地面经过平整并符合要求。

(3)电气部分试车完毕,装置所有照明要好用。

(4)检查记录纸、记录本及各项资料备齐。

(5)检查化验分析是否已做好准备,随时可以投入工作。

(6)检查仪表、电工、维修、消防是否已做好准备。

二、技能要求

> JBA003反再系统开工前准备

(一)准备工作

(1)工具准备:防爆阀门扳手、防爆手电、防爆对讲机。

(2)人员穿戴劳保着装:工作服、工作鞋、安全帽、手套。

(二)操作规程

(1)特殊阀门和自保系统试验完好。

(2)在再生器封人孔前,试通再生器燃烧油喷嘴。

(3)确认辅助燃烧室瓦斯和燃烧油火嘴畅通,瓦斯火嘴通入反吹风。标定主风一次风全关位置,然后打开;打开二次风阀;准备好点火和看火用品,确认就地温度计完好;电打火试验好用。

(4)确认反再系统各测压点、仪表引压点和松动点畅通,通入仪表引压点反吹风和各点松动风。

(5)准备好两器气密试验的用品。

(6)再生器取热器水冲洗、试压、煮炉结束。

(7)关闭两器系统各用汽点器壁阀和总阀。

(8)确认各膨胀节有膨胀余量。
(9)按两器烘干要求,适当打开两器系统各高、低点放空阀和再生系统烟道各阀门。
(10)试通再生器大型和小型催化剂加料线,通入反吹风。
(11)清除区域内易燃物。

(三)注意事项

(1)开工前对设备进行检查时,要严细认真,并做好相应记录。
(2)检查主要阀门及仪器仪表时,要多人确认,严格按规定进行。

项目二 开工前反再主要设备检查

> JBA004反再烘衬里结束后的设备检查内容

一、相关知识

(一)反再烘衬里结束后设备的主要检查内容

(1)检查两器衬里有无脱落、破裂、鼓包。如有超过规范要求,应按要求进行修补。
(2)检查料腿、主风分布器、催化剂分配器、取热设备等内构件有无变形现象。
(3)检查翼阀密合程度,是否灵活好用。
(4)检查取热器管束与器壁焊接处及弯头处有无异常。
(5)检查各种导向支架是否有变形、烧坏、卡住现象。
(6)检查各处膨胀节、油气大管道等热膨胀后的恢复情况。

(二)同轴式催化裂化装置特有的检查内容

(1)检查待生立管垂直度,再生器内导向架安装情况。
(2)检查待生塞阀导向装置与套筒的间隙。
(3)检查待生塞阀、再生塞阀阀头与阀座的接触情况。
(4)检查待生催化剂分配器及与周围设施相互关系。

二、技能要求

(一)准备工作

(1)工具准备:防爆阀门扳手、防爆手电、防爆对讲机。
(2)人员穿戴劳保着装:工作服、工作鞋、安全帽、手套。

> JBA005开工前两器设备检查内容

(二)操作规程

(1)逐个检查两器工艺吹扫、松动等接口位置、数量是否与设计相符;接口的设备外部、内部连接是否正确。逐个检查各测压点、热电偶口安装位置、数量是否正确。
(2)检查外购设备——旋风分离器、翼阀、外取热器、分布器等是否有合格证,主要技术指标是否满足技术要求。
(3)检查旋风分离器安装垂直度、料腿长度、出口位置及与周围设备的相互关系是否满足设计要求;翼阀的安装位置、角度、朝向是否正确,阀板是否灵活,并做翼阀开度试验。
(4)检查分布管、分布板等内部构件的安装情况,外观形状是否达到设计要求,喷嘴或开孔数量是否与设计相符,是否有相互磨损情况。

(5)检查再生器内部构件(如旋风分离器料腿及导向架、分布管、分布板及松动、取压导管等)的焊接质量;设备内部有无妨碍热膨胀的部件存在。

(6)检查两器及管道的衬里情况。

(7)检查各催化剂管道(尤其是滑阀通道),各松动、吹扫、反吹风、流化、测压点,大型加卸料、小型加料等管道,燃烧油喷嘴、降温水喷嘴,各采样口等是否畅通。

(8)检查旋风分离器及料腿、翼阀是否畅通,做试通试验。

(9)检查各滑阀或塞阀安装是否正确,吹扫等设施是否齐全,是否灵活好用。

(10)检查各膨胀节安装是否符合设计要求。

(11)检查各限流孔板、盲板是否按要求安装。

(12)检查再生器底部是否打扫干净。

(13)检查提升管各喷嘴、预提升蒸汽喷头(或管)安装位置、角度是否符合设计要求,是否畅通。

(14)检查反应器各蒸汽环管(防焦蒸汽环管、汽提蒸汽环管等)安装情况,是否畅通。

(15)检查辅助燃烧室一、二次风阀是否灵活好用,看火窗、火嘴安装是否符合要求。

(三)注意事项

(1)对两器内部构件进行检查时,要多人多次确认,并留有影像资料。

(2)仪表校验时,要与仪表工同步确认。

项目三　开工前旋风分离器的检查

> JBA006旋风分离器的工作原理

一、相关知识

旋风分离器作为一种除尘设备,主要功能是用于除去输送气体介质中携带的直径大于10μm的固相杂质和粉尘微粒,达到气、固分离,以保证管道及设备的正常运行。例如,沉降器中旋风分离器用来分离反应油气和催化剂,再生器中旋风分离器用来分离烟气和催化剂。

(一)旋风分离器的结构

再生旋风分离器的结构如图2-1-1所示。

(二)旋风分离器的工作原理

以油气分离器为例,油气以切线方向进入,气流沿筒体呈螺旋形向器底旋转,油气中夹带的催化剂在离心力作用下被甩向分离器器壁,在重力作用下沿器壁下落流出至灰斗中,油气则从顶部出口流出。

> JBA007旋风分离器效率定义

(三)旋风分离器效率

通常旋风分离器的分离效率是指各筛分组分的回收效率。分离效率指标包括总效率、分级效率(或组成效率)。旋风分离器的总效率是指经旋风分离器回收的颗粒的重量与进入旋风分离器的全部颗粒的重量之比。分级效率是指对某一粒径颗粒的分离效果。将旋风分离器入口的颗粒进行筛分分析,然后再将回收的颗粒进行分析,它们之间的比值称为旋风分离器的组成效率。

JBA008旋风分离器效率的计算
(1)总效率或重量效率:经旋风分离器回收的颗粒重量与进入系统的颗粒总重量之比称为总效率或重量效率。

$$总效率 = \frac{回收颗粒重量}{进入系统的颗粒总重量} \times 100\%$$

$$= \left(1 - \frac{旋风分离器出口颗粒重量}{进入系统的颗粒总重量}\right) \times 100\%$$

(2)分级效率或组成效率:颗粒回收系统最好以颗粒尺寸和回收效率的变化关系来表示(称为分级效率曲线),分级效率曲线的横坐标为颗粒尺寸,纵坐标为每一范围筛分的回收效率。将旋风分离器入口的颗粒进行筛分分析,然后再将回收的颗粒进行筛分分析,由此数值即可求得每一范围筛分的效率。

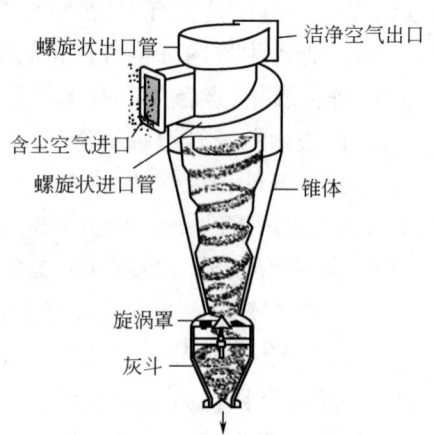

图 2-1-1　再生旋风分离器的结构

$$\eta_i = \frac{回收到的 i 筛分}{进入回收系统的 i 筛分} \times 100\%$$

JBA009影响旋风分离器效率的因素

(四)影响旋风分离器效率的因素

(1)入口线速。在一定范围内提高进气管流速,可以提高除尘效率。但入口流速太高,会把已分离的某些尘粒卷入内旋流重新带走,导致除尘效率下降。一般规定一级入口不大于25m/s,再生器一级旋风分离器入口线速超过30m/s,催化剂单耗将明显增加。

(2)催化剂入口浓度。催化剂入口浓度高,回收效率较高,但高至某一数值后,回收效率下降。

(3)催化剂颗粒密度。颗粒密度大,回收效率高。

(4)催化剂的颗粒分布。催化剂颗粒越大,回收效率越高。

(5)气体黏度。气体黏度增大,回收效率下降。

二、技能要求

(一)准备工作

(1)工具准备:防爆阀门扳手、防爆手电、防爆对讲机。

(2)人员穿戴劳保着装:工作服、工作鞋、安全帽、手套。

(二)操作规程

开工前,现场操作人员应检查旋风分离器以下内容:

(1)检查旋风分离器壳体焊缝有无裂纹、渗漏。

(2)检查旋风分离器表面是否腐蚀。

(3)检查紧固件是否齐全,是否松动。

(4)确认旋风分离器的垂直度、同轴度。

(5)确认旋风分离器内部结焦、结垢、堵塞情况。

(6)确认翼阀、料腿、分离器出入口管、分离器内部龟甲网衬里、集气室的磨损情况。

(7)检查旋风分离器各连接处焊接情况。

(三)注意事项

(1)旋风分离器的检查一定要按规定认真、仔细,并做好记录。

(2)检查发现的问题及时处理,以免影响开工及正常生产时旋风分离器的效率。

项目四　开工前三级旋风分离器的检查

一、相关知识

> JBA010三级旋风分离器的作用

(一)三级旋风分离器的作用

炼油厂催化裂化装置能量回收系统中,第三级旋风分离器(简称三旋)是其关键设备之一。三旋能进一步除去烟气中的催化剂,使烟机入口烟气中含尘浓度不大于 $200mg/m^3$,烟气中粒度为 $10\mu m$ 的催化剂不大于 5%,保证烟机叶片的寿命。三旋的总效率大约为 75%~92%,其与入口浓度分布、入口粒度分布、旋风分离器的结构和操作条件有关。

目前三旋结构形式有四种:多管立式三旋,多管卧式三旋,布埃尔式三旋和旋流式三旋。布埃尔式三旋和旋流式三旋都是 20 世纪 70 年代设计、引进和建设投产的,现已不再建造。立式三旋和卧式三旋相比,对于处理量 $180×10^4 t/a$ 以下的催化裂化装置,从制造施工、应用效果、投资经济性等综合因素考虑,多采用立式三旋;处理量 $180×10^4 t/a$ 以上的催化裂化装置,由于立式三旋直径过大、隔板太厚并容易变形,多采用卧式三旋。由于我国催化裂化装置数量多、单套装置处理量小,因此目前我国应用较多的还是立式三旋。

> JBA011多管式三级旋风分离器可能出现的问题

(二)多管式三旋运行中可能出现的问题

(1)各种类型单管在冷态试验下单根管的分离效率普遍较高,但实际生产中单管组合后的整体效率普遍不高,原因在于单管抗返混差,组合后由于压降分配的不均匀造成部分单管不工作、失效甚至返混。

(2)多管式三旋的单管直径小,在相同的入口速度下,催化剂在三旋单管中的旋转角速度大,导致催化剂的磨损和粉碎,使无法分离回收的细粉大量增加,也提高了烟机叶片结垢的可能。

(3)波纹管膨胀节因选材及制造加工中的应力消除不当等原因,在遇到操作时尾燃超温、喷水冷却等情况时易出现裂纹和穿孔,更换或修补难度较大。

(4)多管立式三旋的隔板由于制造和操作等原因导致过度变形甚至损坏。

(5)因三旋改造条件限制,为减少更换工作量和时间而采取的堵管等减少单管数量的方式,加重了三旋单管的磨损,造成三旋整体效率下降。

(6)目前的多管式三旋检修改造多针对内件,卧式三旋尚可,立式三旋受限于结构位置等原因施工难度及周期都非常大。

二、技能要求

(一)准备工作

(1)工具准备：防爆阀门扳手、防爆手电、防爆对讲机。
(2)人员穿戴劳保着装：工作服、工作鞋、安全帽、手套。

(二)操作步骤

(1)现场操作人员检查三旋壳体焊缝是否有裂纹、渗漏，检查外表面是否腐蚀，检查紧固件是否齐全，是否松动，检查设备基础是否下沉、倾斜、开裂。
(2)现场操作人员检查三旋筒体下部的灰斗和储罐是否堵塞，检查三旋膨胀节是否变形、损坏，检查三旋衬里的损坏程度，检查三旋内单管数量及安装位置是否符合设计要求，检查三旋内单管是否堵塞、失效，检查三旋单管内衬里磨损情况，检查三旋隔板是否变形、损坏，隔板焊接是否变形。

(三)注意事项

(1)检查过程中对分离单管要逐个进行检查，防止堵塞，影响旋风分离器的效率。
(2)对内部衬里的检查要仔细，防止开工后出现衬里脱落现象。

项目五　轴流式主风机开车前检查确认操作

一、相关知识

> JBA015压缩机的分类

(一)压缩机的分类

气体输送设备按出口压力的不同，一般称排出压力 $p \leqslant 0.015\text{MPa}$ 的为通风机，$0.015\text{MPa} < p \leqslant 0.2\text{MPa}$ 的为鼓风机，$p > 0.2\text{MPa}$ 的为压缩机。用于气体压缩及输送的设备称为压缩机。炼油厂常用压缩机按工作原理分为速度式(透平)和容积式两种。

> JBA013主风机的主要类型

(二)催化裂化主风机的主要类型

目前，我国各炼厂的催化裂化装置所用的主风机分为轴流式和离心式两种，其压力在 $200 \sim 400\text{kPa}(2.2 \sim 4.2\text{kgf/cm}^2)$ 之间，它们都是叶片旋转式机械，其作用原理都是速度式压缩机。离心式主风机效率不及轴流式压缩机和往复式压缩机，稳定工况区较窄，易发生喘振现象。因新建装置规模逐早提高，目前，大流量的轴流式主风机在催化裂化装置中逐渐取代了离心式主风机。

> JBA012轴流式主风机组的组成

轴流式主风机是气体在压缩机气缸中沿轴向流动的压缩机，由一个水平剖分的机壳、静叶承缸、静叶调节缸、转子、密封套以及机体外的伺服马达、轴承、联轴器、底座等组成。

> JBA014轴流式风机与离心式风机的比较

(三)轴流式主风机与离心式主风机的区别

轴流式主风机和离心式主风机的特点比较如表2-1-1所示。

表 2-1-1 轴流式主风机和离心式主风机的特点比较

种类	优点	缺点
轴流式主风机	(1)效率高(绝热效率为 0.85~0.87),但在偏离计算工况运行时,不能保持较高效率; (2)流量大时,运行经济性高; (3)压缩比高时,重量比离心式要轻一半以上; (4)流量大时,造价较低	(1)单机叶轮压缩比小; (2)特性曲线较陡,调节范围较小; (3)防喘振问题较复杂; (4)叶片对空气中灰尘较敏感; (5)操作维护复杂; (6)流量小时,造价较离心式高
离心式主风机	(1)单级叶轮压缩比大; (2)特性曲线平缓,调节范围较广; (3)操作维护简单; (4)流量小时,造价低	(1)效率低(绝热效率为 0.70~0.80); (2)运转经济较差; (3)流量大时,体积较大,造价高

综合各方面因素和炼油厂具体条件,对于再生器所需主风量在 1200m^3/min 以上的动力回收机组,选用可靠性高的轴流主风机是可取的;对于 1000m^3/min 以下的装置,选用高效率的离心式主风机为宜。

(四)临界转速

JBA016临界转速的定义

转动系统中转子的垂心不可能严格处于回转轴上,因此,当转子转动时,会出现横向干扰,当转子的强迫振动频率和转子的自由振动频率相重合时,会引起系统强烈振动,出现这种情况时的转速就是临界转速。转子的临界转速在工作转速以上称为硬轴,也称刚性轴。转子的临界转速在工作转速以下的则称为软轴,也称柔性轴。催化裂化用的气压机、主风机等,采用套装的叶轮,转速高,刚性小,均为软轴。在转子运转时,要求使转子的转速高于或低于临界转速 15%~20%。对于软轴,在启动时,要迅速通过第一临界转速。

动设备转子的临界转速是由转子本身的形状决定的。为保证系统正常工作或避免系统因振动而损坏,转动系统的转子工作转速应尽可能避开临界转速,若无法避开,则应采取特殊防振措施。

二、技能要求

(一)准备工作

(1)工具准备:防爆阀门扳手、防爆手电、防爆对讲机。
(2)人员穿戴劳保着装:工作服、工作鞋、安全帽、手套。

(二)操作规程

(1)检查润滑油(动力油)油箱液位是否正常,检查润滑油(动力油)化验分析是否合格,确认润滑油(动力油)油运合格,运行正常,系统无泄漏。确认润滑油及动力油系统压力表和温度表校验合格、安装完毕。

(2)确认电动机、烟机机座冷却水上水阀、回水阀门打开。确认机组各蒸汽的导淋阀排净。

(3)确认润滑油(动力油)冷却器冷却水处于上水全关、回水全开状态。确认净化风和非净化风引至各控制阀并投用。

(4)确认维修、仪表、电气调试完毕,生产车间及机动部门负责人签字确认机组具备开机条件。确认机组控制系统、自保系统、报警和监测系统调试完毕。

(5)确认主机电动机送电。确认盘车器、润滑油泵、动力油泵、各油箱加热器等电气设施送电。

(6)确认烟机入口蝶阀、闸阀全关。确认烟机出口水封罐建立水封。确认轴流风机静叶关至最小22°,主风流量手操器投自动。确认防喘振阀全开,控制器处于自动位置。确认主风机出口电动闸阀全关,出口止回阀全关。确认反应岗位控制的阻尼单向阀全开,自保投用。

(7)确认机组盘车正常。

(三)注意事项

轴流式主风机启动前要做好全面检查工作,严格按照开机规程进行操作。

模块二　开车操作

项目一　轴流式主风机的启动

一、相关知识

(一)主风机组启动的条件

(1)机组的启动条件一般为:①润滑油压力正常;②调节油压力正常;③动力油压力正常;④润滑、调节油温正常;⑤静空阀全开;⑥放空阀全开;⑦主风机出口逆止阀关闭;⑧烟机入口蝶阀关闭;⑨盘车电动机运转。

(2)当所有条件满足后,程序系统发出如下指令:①解除对电动机启动的联锁,为用按钮启动电动机做好准备;②当闭锁解除后,"启动待命"指示灯亮,表明了机组具备了启动条件,可以进行之后的机组启动操作。

> JBB003 主风机组启动的条件

(二)主风机启动时静叶置于最小角度的原因

主风机可调静叶有三个控制角度:(1)启动角度;(2)最小工作角度;(3)最大工作角度。如果主风机是由电动机拖动,则开机前应将可调静叶调至启动角度;若由烟机拖动,则将静叶调至最小工作角度。

可调静叶在开机前设置在最小角度主要是减少启动扭矩,降低原动机的输出功率。机组设有启动联锁机构,当可调静叶设置在最小角度时,则启动联锁自动解除,否则机组无法启动。因此启动前,风机静叶应置于最小角度。

> JBB004 主风机启动时静叶置于最小角度的原因

(三)机组在启动前必须拆卸润滑油临时过滤网的原因

在机组新安装或检修以后,为将油管路中残留的少量棉纱头、金属屑及泥沙等物清洗干净,一般采用润滑油外循环冲洗的方法。为了防止上述杂物进入轴承,都在各轴承进口法兰中临时加入了过滤网,并在每个过滤网前安装了压力表,清洗各进油滤网,直到油压不再上升、滤网上没有杂物为止。在机组启动前,必须将上述各轴承进口的滤油网拆除。否则在长期运转后,滤网上或多或少会积存杂物造成阻力增加,使轴承前油压下降致轴承因缺油而烧毁,或者被迫停机。

> JBB002 机组启动前拆卸润滑油临时过滤网的原因

(四)轴流主风机的调节特性

轴流主风机调节特性指"流量—出口压力"这一特性曲线。对静叶可调型轴流压缩机来讲,静叶栅每一角度的变化,都对应于一条曲线,所以调节静叶角度,可使一根根孤立的、特性较陡的曲线形成流量变化范围宽阔的可调区域,从而满足操作的需要。

> JBB001 轴流主风机的调节特性

就某一静叶角度而言,流量—出口压力特性曲线有以下特点:

(1)随着流量减小,压力起初升高,然后下降。最高点将特性线分成左右两支,右支对应流量减少时压力增加的情况,左支则对应流量减小压力下降的情况。特性线发展情况可见图 2-2-1。由于实际运行时不能在不稳定工况区,所以厂家只提供右支曲线以供使用。

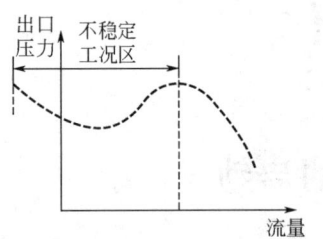

图 2-2-1 流量—出口压力特性曲线

(2)当气体流量减小到一定程度时,压缩机进入失速区(不稳定工况区),叶片发生振动,各静叶角度下的特性线均有失速时的最小流量点,各点的连线称为失速边界线即喘振线,至于此时是否喘振还要取决于机后管网情况。

(3)当气体流量增加到一定程度时,压力急速下降,压缩机进入阻塞区,叶片发生颤振。如同喘振边界线一样,也可作出一条阻塞边界线。

(4)转速升高,特性曲线变陡。

(5)多级轴流压缩机的特性曲线比单级压缩机的特性曲线更陡直。

(6)在同一进气压力与温度条件下,"流量—出口压力"与"流量—效率"曲线都有最大值,但最高效率与最大压力并不在同一工况点上。

(7)仅改变进气压力,压缩机的压比与效率不会变化,但流量与功率将与进口压力成正比变化。

(8)大气温度变化对特性曲线的影响。

① 风机流量与大气温度有关。为此,主风机在运行时应注意按季节特性操作:冬季可提高装置处理量以发挥主风机的供风能力;夏季操作应注意防喘振。

② 当气温下降时,主风机出口压力呈上升趋势;气温上升时,压力呈下降趋势。

二、技能要求

(一)准备工作

(1)工具准备:防爆阀门扳手、防爆手电、防爆对讲机。

(2)人员穿戴劳保着装:工作服、工作鞋、安全帽、手套。

(3)全面检查润滑油系统部件,低油压停机试验完成。

(4)全面检查动力油系统部件,安全阀定压值;调节溢流阀使泵出口压力低于自启动值;进行备用泵自启动试验。

(5)进行控制系统静态试验,确认:①防喘振阀快开时间;②防逆流阀快关时间;③烟机入口蝶阀快关时间;④润滑油低油压紧急停机值;⑤动力油低油压紧急停机值;⑥烟机超速紧急停机值。

(二)操作步骤

1. 开机前检查

(1)开机前检查润滑油压力、润滑油温度、过滤器差压、蓄能器压力;

(2)确认防喘振阀、主风出口单向阀、烟机入口蝶阀完好;

(3)确认烟气系统处于准备状态,烟机冷却蒸汽投用;

(4)确认润滑油及动力油系统辅助油泵应处于自动控制状态。

2. 主风机启动

(1) 联系电工引入 6000V 电源。

(2) 启动盘车机构进行盘车。

(3) 现场操作人员确认在 ESD 里程序走至主电机允许合闸。

(4) 现场操作人员按主电机启动按钮,确认机组转速大于要求值,转速正常指示灯亮,确认"压缩机自动操作可进行"指示灯亮,静叶角度自动在 5s 内从启动角向最小工作角度释放(电机启动后,进入堵转保护程序,当电机转速≤450r/min,启动时间应>22s,否则电机断路器打开;当电机转速<1200r/min 时,启动时间应>55s,否则电机断路器打开;当主风机转速大于 5000r/min 时,若静叶开始释放时间大于 15s,静叶位置故障指示灯亮,停机自保)。

(5) 现场操作人员全面检查机组运行情况,确认烟气轮机入口蝶阀、主风机静叶、防喘振的输出值处于正确位置(零位)。

(6) 现场操作人员确认防喘振阀的自保解除,按自动操作按钮。主风机出口止回阀开启,各电磁阀线圈处于励磁状态(即电磁阀通电状态)。流量调节器置于自动位置。确认"主风机自动操作可进行"灯亮,主风机自动操作。

(7) 现场操作人员打开静叶和烟机入口蝶阀,运行 1h。

(8) 烟机轮盘冷却蒸汽量控制在要求范围内,烟机轮盘温度控制在 300~350℃,投入手动控制。密封蒸汽差压控制在规定值内(调节阀后压力高于轮盘后压力),投入自动控制。

(9) 密封风压力、缓冲风压力调节至规定值。

(10) 控制烟机机座冷却水量。

3. 主风机并风

(1) 接到中心操作室并风指令后,开始向再生器并风;

(2) 打开出口防逆流阀,先关防喘振小阀,小阀关闭投自动后,再逐渐关闭防喘振大阀并投自动,向再生器并风;

(3) 并风后进行全面检查,记录机组运行情况和各参数。

(三) 注意事项

(1) 主风机—烟气轮机能量回收机组启动前应进行盘车检查,盘车完成后将盘车器与机组脱开,确认无误后方可启动机组;

(2) 主风机启动后应打开静叶时,使工作点尽可能远离防喘振线;

(3) 在并风过程中,防喘振阀的调节与静叶的调节要配合进行,防止机组喘振。

项目二 开启烟气轮机操作

一、相关知识

(一) 催化裂化装置烟气能量回收系统的组成及作用

催化裂化装置烟气能量回收系统一般包括:催化裂化烟气轮机系统和催化裂化烟气余热回收锅炉两部分。少数装置再生系统不完全燃烧再生的,再生烟气中含有 CO,则可能还要在烟气余热回收锅炉前设置 CO 焚烧炉。

设置烟气能量回收系统,主要是因为催化裂化装置的再生烧焦要控制一定的氧分压,再生烧焦过程又是放热反应,所以离开再生器的烟气的压力较高,温度较高,为了充分回收烟气的压力能和热能,世界上很多国家都采用了催化裂化装置能量回收系统。我国从20世纪70年代末开始,在较大型的催化裂化装置上也配置烟气能量回收系统。尽管烟气能量回收系统技术较为复杂,但经济效益十分显著。

(二)烟气流程

夹带催化剂的再生烟气上升穿过床层料面进入设在稀相段的两级多组旋风分离器,绝大部分催化剂被分离下来返回催化剂床层。分离后的烟气经集气室排进再生烟道,经蒸汽过热器温度降到不大于700℃,再经第三级旋风分离器(三旋),将烟气含尘量降到不大于250mg/m³,大部分烟气进入烟气轮机发电或带动主风机运行。烟气轮机出口烟气与其旁路烟气汇合,最后经过余热锅炉,温度降到约180℃后排进大气。

(三)烟气轮机结构

烟气轮机实质上是将压力能和热能转化为机械能和电能的机械,以具有一定压力的高温烟气推动烟机旋转,进而带动主风机和发电机做功,实现能量回收。

烟气轮机的级数是根据烟气的焓降来确定的,按此可分为单级烟气轮机、双级烟气轮机和多级烟气轮机。双级烟气轮机由导流锥、一级动叶、二级静叶、二级动叶、轴、机壳、蜂窝密封、出口过渡段、梳齿密封等组成。单级烟气轮机除无二级静叶、二级动叶,其他部位的组成与双级烟气轮机相同。多级烟气轮机除双级烟气轮机的结构组成外,则多更多级的静叶、动叶。

烟气轮机的支撑结构形式有悬臂支撑结构和两端支撑结构两种。悬臂支撑结构的烟气轮机进气、排气方式为轴向进气、径向排气。两端支撑结构的烟气轮机进气、排气方式为径向进气、径向排气。我国催化裂化装置的烟气轮机多采用悬臂支撑结构,下面介绍悬臂支撑结构的单级和双级烟气轮机的结构特点。

国产YL型单级和双级烟气轮机的结构如图2-2-2、图2-2-3所示。其结构特点如下:

(1)采用轴向进气和径向排气结构。轴向进气可使烟气进入烟机时能稳定流动,以确保烟气中催化剂颗粒均匀分布,避免径向进气的离心分离作用,产生颗粒集中的倾向,并减少入口压力损失。

(2)机壳采用垂直部分形式。进气机壳和排气机壳均为整体结构,两者之间为垂直部分。这种环形结构,可以减少变形,使热膨胀均匀一致,且具有拆装方便的特点;在检修时不需拆装出口大管线,减少检修工作量。

(3)转子装卸时,采用从进气端抽芯的形式,不用长套筒联轴节。它可减少引起转子强烈振动的机会。

(4)单级烟气轮机的轮盘与转轴连接,采用特种销钉传递扭矩,而不使用端面齿或径向键。双级烟气轮机转子的一、二级轮盘之间,二级轮盘与轴之间,以止口定位,以套筒传扭,用有足够预紧力的拉杆将轮盘与轴把紧。这两种结构形式成熟、制造简单、安全可靠。

(5)为了冷却轮盘,将冷却蒸汽直接通到轮盘盘面,不是通到进气锥内。YL型烟气轮机在进气锥内加上挡板,这样不但可以避免蒸汽在进气锥内部和外部的烟气进行换热,而且提高了冷却效果,减少了蒸汽耗量。这种冷却方式结构简单,效果好。

(6)转子设计为刚性转子,使一阶临界转速远离工作转速。径向轴承采用多油楔轴承,推力轴承采用米楔尔式和金氏伯里轴承。

(7)叶片叶身部分等离子喷涂耐磨涂层。

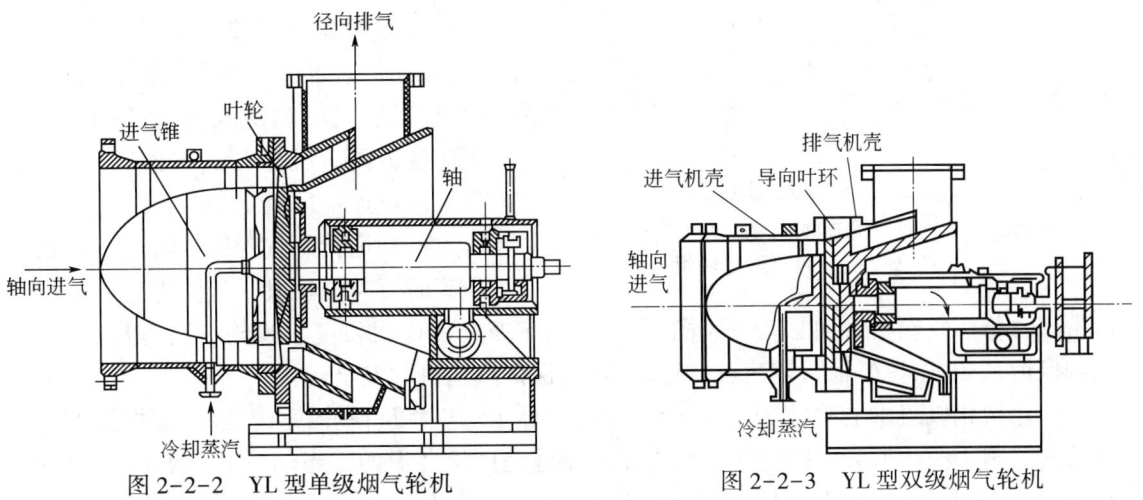

图 2-2-2　YL 型单级烟气轮机　　　　图 2-2-3　YL 型双级烟气轮机

(四)多级烟气轮机和单级、两级烟气轮机比较

多级烟气轮机和单级、两级烟气轮机的主要特点比较如表 2-2-1 所示。

表 2-2-1　多级烟气轮机和单级、两级烟气轮机主要特点比较

形式	单级或两级悬臂转子烟气轮机	双支承多级烟气轮机
特点	单级设计不可能得到全部焓降,而两级烟气轮机有改进,比单级的效率高 6%~8%	效率较高,比单级高 8%~10%
	轴向进气,使烟气均匀加速,烟气中催化剂分布较均匀	径向进气,烟气中催化剂易分离,使局部浓度增大
	相对速度高(冲蚀率与速度平方成正比)	相对速度低
	叶列间距较小,两级烟气轮机易发生叶轮之间催化剂堆积	加大叶列间轴向距离,使催化剂在列间重新分布
	入口烟气中催化剂粒度和浓度的控制要求较严	入口烟气中含催化剂粒度和浓度的控制标准可稍低
	冷却蒸汽耗量较低	冷却蒸汽耗量稍高
	烟气轮机造价较低	烟气轮机制造较复杂,造价较高
	可露天底层布置,不要厂房	机组一般为高层布置,厂房投资高
	有较丰富的运转经验	使用经验相对较少

(五)烟气轮机机组的配置类型

烟气轮机机组的组成方式较多,大致可归纳为两类:同轴机组——烟气轮机与主风机在同一机组内;分轴机组——烟气轮机与主风机不在同一机组内,而直接驱动发电机。举例如下:

(1)四机配置机组(同轴机组)如图 2-2-4 所示。

催化裂化烟气经三级旋风分离器分离净化后,通过高温烟气蝶阀进入烟气轮机膨胀做功,其位能被烟气轮机回收。在烟气通道中设置的烟气双动滑阀和旁通阀是调节再生器压

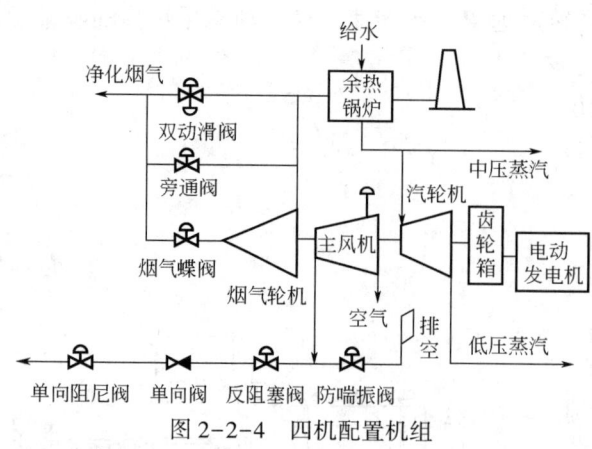

图 2-2-4 四机配置机组

力或控制两器差压及烟气轮机转速的主要手段。

催化裂化机组中配置的主风机绝大部分是静叶可调式轴流风机,通过对可调静叶的控制可使风机风量得到调节,以满足装置生产要求。为了防止主风机喘振、阻塞和逆流,在风路上设置了防喘振阀、反阻塞阀、单向阀和单向阻尼阀以保证风机安全运行。

同轴运行的汽轮机一般为背压式,开工时可与电动机一起作为启动机,正常生产时与烟气轮机共同驱动主风机,富余的功率驱动发电机发电。汽轮机也有自己的调速和保护系统,以调节轴系转速及汽轮机出力,保证汽轮机的安全运行。

催化裂化机组中电动/发电机一般为感应式异步电机,设有励磁系统,除启动控制外,不需任何控制手段。但必要的电气和热工保护设施是应该考虑的。当轴系上(烟气轮机和汽轮机)功率不足时,它以电动机方式运行以补充功率,使轴系保持正常转速。当轴系上功率有富余时,又可按发电工况运行,吸收多余的轴功率向电网供电,使轴系转速不超过正常转速范围。从这种意义上讲,它又具有"调速器"的功能。

(2)三机配置机组(同轴机组)如图 2-2-5 所示。

电多汽少的炼厂可采用三机配置机组。因取消了汽轮机,所以配置的电机/发电机功率较大,开工时电机应能带动主风机。正常生产时烟气轮机投入运行。根据烟气轮机驱动主风机功率有无富余来决定电机以电动或发电工况来运行,作为轴系的功率和转速的"调节"手段。三机配置的机组中烟气轮机和主风机的作用与控制同前所述。

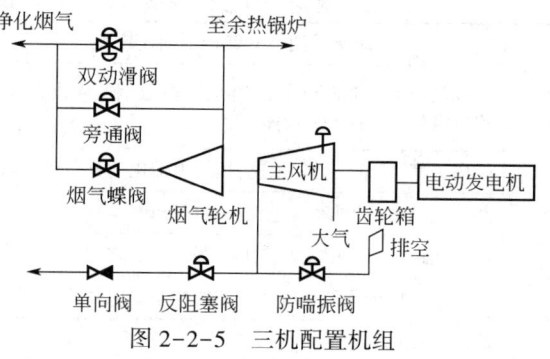

图 2-2-5 三机配置机组

(3)直接发电的烟气轮机发电机组(分轴机组)如图 2-2-6 所示。

燕山石化公司炼油厂、奥地利维也纳炼厂和日本千叶炼厂使用了这种机组。这类机组应用较少,主要原因是控制技术难以解决。如为解决并网时的转速精确同步和调整烟气轮机出力需要有高精度和高灵敏度的大口径高温烟气调节阀。另外,为解决发电机甩负荷超速问题,要有一套烟气快速切断和放空阀,以便发电机一旦灭磁或油开关跳闸时,在 0.6s 内切断烟气轮机进气,并将烟气从旁通阀引至余热锅炉,以保证机组不飞车。

在这方面,美国 ELLIOTI 公司为解决快速灵敏大口径高温烟气阀门的设计、制造的困难,在千叶炼油厂催化裂化机组中采用多个小口径阀并联使用。近年美国和西欧国家研究将磁涡流制动器技术用于催化裂化机组,以实现直接发电机组的并网控制和甩负荷制动。

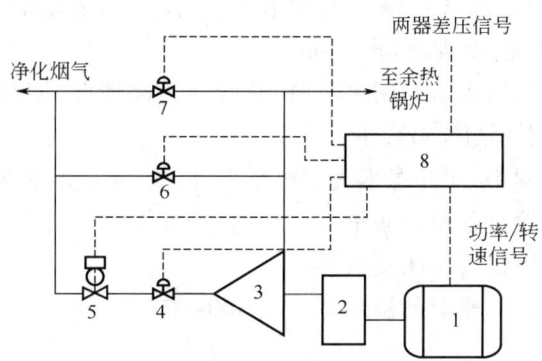

图 2-2-6 直接发电的烟气轮机发电机组
1—同步发电机；2—减速箱；3—烟气轮机；4—烟气调节阀；5—快速切断阀；
6—旁通阀；7—快速放空阀；8—调速器/微信息处理机

二、技能要求

(一) 准备工作

(1) 工具准备：防爆阀门扳手、防爆手电、防爆对讲机。

(2) 人员穿戴劳保着装：工作服、工作鞋、安全帽、手套。

(3) 机组启动前必须满足以下条件：

① 润滑油压力达到要求压力；

② 动力油压力达到要求压力；

③ 润滑油冷却器出口油温大于等于要求值；

④ 静叶角度位于要求值；

⑤ 防喘振阀全开；

⑥ 主风机出口防逆流阀关；

⑦ 烟机入口闸阀、蝶阀关；

⑧ 盘车机械运转正常；

⑨ 各试验开关复位。

(二) 操作规程

(1) 烟气轮机出口畅通(烟气轮机出口水封罐无水)。

(2) 投用轴承密封风并调节至正常值。

(3) 投用阻尼风并调节至正常值。

(4) 投用烟机密封蒸汽并调节至正常值。

(5) 开暖机蒸汽阀门。

(6) 开轮盘冷却蒸汽阀门。

(7) 打开烟气轮机机体导淋阀，放出存水见汽后将阀门关闭。注意：静止暖机不少于30min。

(8) 机组盘车时，全面检查烟气轮机的运行状态并将烟气轮机继续升温至250℃。

(9) 机组启动过程中，全面检查机组运行状态是否正常。严格控制机体升温速度。

(10) 在装置开工正常,烟气中催化剂的浓度、粒度符合要求时,打开烟气轮机入口闸阀,仔细观察壳体升温情况,至少停留 30min。

(11) 缓慢打开烟气轮机入口蝶阀,仔细检查壳体升温情况,控制壳体升温速度。注意:烟气轮机壳体升温速度不超过 100℃/h。

(12) 开启蝶阀的过程中,应注意烟气轮机轴振动、轴位移、轴瓦温度变化情况。

(13) 认真检查烟气轮机各部膨胀情况,监听转子部件的转动声音是否正常。

(14) 烟气轮机投用正常后关闭暖机蒸汽。

(15) 用轮盘冷却蒸汽将轮盘的温度调节至 300~350℃。

(三)注意事项

烟气轮机入口蝶阀的调节必须考虑到再生器压力和烟气轮机运行状态两个方面。

模块三　正常操作

项目一　反再系统物料平衡的控制

一、相关知识

(一)反再系统三大平衡
反再系统的三大平衡是压力平衡、物料平衡和热量平衡。对于催化裂化装置,搞好平稳生产的关键在于控制好三大平衡。

(二)反再系统的压力平衡

> JBC001反再系统的压力平衡

催化裂化装置反再系统之间的压力平衡是维持催化剂正常循环、保证装置安全生产的关键,在实际生产中是通过严格控制反应再生系统两器差压在安全范围内来维持的。

反应压力一般指沉降器顶部的压力。正常生产时,一般用气压机转速和气压机反飞动流量来控制反应压力。再生器的压力可采用再生压力单参数控制或反再两器差压控制。

(三)反再系统的热量平衡

> JBC002反再系统的热量平衡

热量平衡是指反应需热和供热的平衡。反应过程所需要的热量,除反应进料带入的热量外,主要是通过两器催化剂循环由高温的再生催化剂提供。反应需热包括进料的升温汽化热、注入反应系统水蒸气的升温热、裂化反应热和散热损失等。反应生成的焦炭在再生器中燃烧放出的热量,除通过再生催化剂供给反应系统的热量外,主要用于进入再生器的主风(或氧气)的升温热、焦炭升温热和散热损失等。对于重油催化裂化,再生器需设置内、外取热器取走两器过剩热,才能维持两器热量平衡。

实际生产中,反应温度是独立操作变量,再生器设有取热器且其取热量能够调节时再生温度才是独立操作变量,可根据再生温度的变化来判断两器热量是否平衡。若再生温度偏低,说明两器供热不足;再生温度偏高,则表明两器热量过剩。正常情况下,再生器设有取热器且取热量可调节的装置,可适当调整取热器的取热量;再生器无取热设施或取热器取热量不能调节的装置,可采取其他手段,如调节反应进料量、催化剂循环量、回炼油量和进料预热温度等,控制适宜的再生温度。两器供热不足,特殊情况下可使用再生器喷燃烧油来维持两器热平衡。出现异常情况时,如待生催化剂带油、待生或再生单动滑阀控制失灵全开或全关等,处理要准确果断及时,否则将酿成严重的生产事故。

二、技能要求

(一)准备工作
(1)工具准备:防爆阀门扳手、防爆手电、防爆对讲机。

(2)人员穿戴劳保着装：工作服、工作鞋、安全帽、手套。

(二)操作规程

> JBC003控制物料平衡的方法

物料平衡主要指进出反应再生系统的所有物料的平衡，如原料与产品、单程转化率与回炼比、反应生焦与再生烧焦、供氧和需氧、裂化催化剂损失与补充、气体产量与气压机压缩能力的平衡等。

1. 单程转化率与回炼比的平衡

单程转化率和回炼比的关系反映了装置处理能力与产品产率的关系。

判定原料转化与回炼是否匹配一般是观察回炼油罐液位的变化。回炼油罐液位的上升或下降表明该平衡被破坏，其主要原因是反应深度发生了变化。一般通过调节反应温度和新鲜催化剂的补充速率控制反应深度。正常生产时应根据生产方案，控制适宜的回炼比。只有在回炼油罐液位急剧下降或升高时，为避免回炼油泵抽空或避免回炼油满罐溢流影响分馏塔正常操作，才适当调节回炼油量。

2. 反应生焦与再生烧焦、供氧和需氧的平衡

在催化裂化反应过程中生成的焦炭，在再生器中烧掉，才能使再生催化剂含炭量控制在适宜的范围内。用于焦炭燃烧所需要的氧气由主风机(和增压机以及单独的氧气系统)供给。

若因原料变重、待生催化剂带油等使反应生焦量突增或主风量骤降(或氧气供应突然中断)等造成烧焦供氧不足，催化剂烧焦不完全，催化剂上的积炭越来越多，催化剂活性、选择性急剧下降，汽油和气体产率降低，极易造成催化剂炭堆积，严重时装置将被迫切断进料处理。

若烧焦供氧过多，再生烟气中氧含量过高，采用常规再生的装置会发生二次燃烧，影响装置安全运行；也会浪费主风，增加装置能耗。

3. 催化剂损失与补充的平衡

反应再生系统中的催化剂在高温输送流化过程中由于磨损变细和粉碎，再生器旋风分离器未能回收的催化剂细粉随再生烟气带出再生器；反应系统未能回收的催化剂细粉随裂化油气进入分馏塔，被循环油浆洗涤下来，进入油浆系统。当外甩油浆时，外甩油浆中的催化剂被带出装置。对于重油催化裂化，还要间断卸出部分活性较低的平衡催化剂以维持适宜的催化剂平衡活性。在正常情况下，催化剂损失一般包括上述三部分。为了维持相对稳定的系统催化剂藏量，需按一定速率补充新鲜催化剂。

当裂化催化剂强度变差或反应再生系统催化剂回收系统发生故障时，如旋风分离器磨漏、旋分器料腿堵塞、翼阀阀板脱落等，将造成催化剂大量跑损。当油浆固体含量长时间超高处理无效或加大催化剂补充量仍不能维持正常生产时，必须停工处理。

4. 气体产量与气压机压缩能力的平衡

富气压缩机的工况直接影响反再两器的压力平衡，其压缩能力要留有余量。富气量的大小取决于反应的气体产量和分馏塔顶油气的冷凝冷却效果。若分馏塔顶油气的冷后温度偏高，会使部分汽油组分进入气压机，从而增大气压机入口富气流量和功率消耗。使用干气预提升的装置也会影响气压机入口富气质量。

对于重油催化裂化，若催化剂重金属污染严重又未及时调整生产操作，富气中氢气含量升高,富气相对分子质量低于气压机的设计参数,在反应、分馏系统相同的操作条件下,只有适当提高气压机转速或酌情降低吸收解吸系统的操作压力,才能维持正常的反应压力。

此外,若分馏塔顶油气的冷后温度较低,也会影响富气组成(富气相对分子质量偏低),从而影响气压机的正常运行,此时应及时调节油气的冷后温度,使其控制在适宜的范围内。

(三)注意事项

在任何情况下,必须保持反再系统的三大平衡稳定。

项目二　烧焦罐的操作

一、相关知识

(一)催化剂再生的工艺

再生器的主要作用是提供催化剂再生烧焦的场所,用主风(或氧气)烧掉催化剂的积炭恢复催化剂的活性和选择性。

在工业再生器内实现催化剂的烧焦可由催化剂和烧焦空气的流程不同(单段或两段,并流、错流或逆流)、流化床类型不同(湍流床、快速床或输送床)、一氧化碳的燃烧程度不同(部分燃烧或完全燃烧)以及工艺条件不同(温度、床层流速、氧浓度等)而组合成多种多样的再生方式。目标是要达到:

(1)较低的再生催化剂含炭量。

(2)较高的烧焦强度。

(3)催化剂的活减环境和磨损条件比较缓和。

(4)操作调节的灵活性,包括循环量调节、温度调节、取热量调节和尾燃防止,以适应处理量和原料性质在一定范围内的变化。

(5)经济的合理性,能耗较低而投资效益较好。

(6)能满足环境保护对污染物排放的规定。

(二)催化剂再生烧焦的形式

1. 单段再生

单段再生就是使用一个流化床再生器一次完成催化剂的烧焦过程。工艺比较简单,设备也不复杂,因而一开始就在工业上应用。尽管多年来在工艺条件、设备结构和催化剂类型等方面已有了很多变化,但迄今为止这种再生方式仍被广泛地采用。

2. 两段再生

为了充分发挥催化剂的活性,再生剂含炭量要求低于0.1%。一段再生方式由于返混严重,实现这个要求较为困难。两段再生方式则是使再生依次在两个流化床中进行。从第一段排出的半再生催化剂进入平均含炭量低的第二段床层,该段烟气中水气分压较低,可以允许在更高的温度下烧焦以达到稍高的烧炭强度。因此两段的综合烧焦效果优于单段再生。

3. 循环床再生

从1974年起在工业装置上实现了循环床高效再生,其再生器结构形式与常规再生器截然不同,其主要构成有:

(1)通称为烧焦罐的快速流化床的烧焦反应器(第一密相床);

(2)再生催化剂和烟气并流向上的稀相输送管;

(3)气体和催化剂初步分离的粗旋风分离器系统;

(4)作为缓冲容器兼进行最终烧焦的第二密相床;

(5)再生催化剂循环到烧焦罐的循环管线。

其中,烧焦罐位于再生器下部,两者同轴,由稀相管将其连在一起。待生催化剂进入烧焦罐底部与主风混合,气固相并流向上,以1.3~1.8m/s(可达3m/s)的线速经过烧焦罐。在烧焦罐中无明显的稀密相分界面,气相是连续相,呈活塞流;固相是分散相,为颗粒集团。在此流化状态下,烧焦罐内氧气传质阻力小,烧焦强度高。烧焦罐采用CO完全燃烧的操作方式,操作温度一般在700℃左右,烧焦罐出口氧含量为3%~5%(体积分数),烧焦强度可达680kg/(t催化剂·h)。烧焦罐出口的催化剂与烟气一并经稀相管进入再生器稀相段。稀相管出口设有气固分离装置,在稀相段线速较高时可保证再生器旋分器入口催化浓度不致过高。再生催化剂在再生器底部形成一个密相床,习惯称第二密相床。为保持流化,有少量主风通入该床层(其线速约0.2m/s),密相密度约500kg/m³。

为保持烧焦罐内有一定的催化剂藏量,提高烧焦速度,从第二密相床引出部分再生催化剂返回烧焦罐底部。采用外循环管的称外循环式,采用内循环管的称内循环式。

在催化剂烧焦过程中,约90%的焦炭在烧焦罐中烧掉,其余分别在稀相管和第二密相床中烧掉。

烧焦罐是实现高效再生的核心设备,气速必须满足过渡到快速床的流化条件。此外,良好的气固接触和工艺参数(温度、氧分压、密度、含炭量等)都是十分关键的。

待生催化剂先进入烧焦罐、后进入再生器的形式称为前置烧焦罐。第二段(通称二密相)再生烧焦是辅助性的,一般烧焦量不超过10%。待生催化剂先进入再生器,后进入烧焦罐的形式称为后置烧焦罐。

(三)再生技术的工艺评价

[JBC006 再生技术的工艺评价]

再生技术的工艺评价的主要内容是考核有关的再生工艺能否达到使结焦的催化剂恢复到裂化反应要求的活性标准,直接的判别标准是再生催化剂含炭量,间接的标准则是催化剂的平衡活性。

1. 再生催化剂的含炭量

不同类型的催化剂对再生催化剂含炭量的要求相差很大。早期的无定型催化剂的再生剂含炭量要求在0.4%~0.8%范围即可。中期的沸石催化剂一般在0.1%~0.2%之间。近期广泛使用的超稳型沸石催化剂要求降到0.05%~0.1%。

保证低的再生剂含炭量(C_R)的再生操作条件有温度、压力、藏量和催化剂品种等,其中主要的是温度。要使$C_R \leq 0.1\%$,温度不应低于700℃,不然烧焦强度过小,需要过多的藏量。要使$C_R \leq 0.05\%$,温度要不低于730℃,而且烟气含氧量要≥3%,不然烧焦强度将低于100kg/(t·h),甚至达到40~50kg/(t·h),否则也会导致藏量过大。考虑到不少工业催化剂在730℃以上的水热稳定性差，如果要求C_R不大于0.05%，一般要采用特殊的待生剂进入方式和分配结构或者两段再生工艺，让少部分的催化剂藏量处在第二段的高温下，第二段烧焦强度虽较低，但可以从第一段的高烧焦强度得到补偿。

2. 催化剂的平衡活性

再生器内催化剂量占装置的系统总藏量的70%以上，温度高达700℃水蒸气分压在20~30kPa，这样的条件促使催化剂失活，可以认为反应再生系统催化剂的永久失活主要取决于再生器的工艺条件。当催化剂的水热稳定性和失活速度不变时，催化剂的平衡活性和新鲜剂的补充率或置换率有关。而当催化剂单耗不变时，系统总藏量越大，置换率就越小，平衡活性也越低。换句话说，再生器藏量越大，平衡活性也越低，因此再生器的烧焦强度不宜过低。如果单纯靠提高温度来增加烧焦强度会受到一定制约，因为提高温度的同时也加快了催化剂的失活速度。评价各种再生工艺的一项指标就是在固定的C_R值和固定的催化剂品种和单耗的情况下比较平衡活性的高低。

二、技能要求

（一）准备工作

（1）工具准备：防爆阀门扳手、防爆手电、防爆对讲机。

（2）人员穿戴劳保着装：工作服、工作鞋、安全帽、手套。

> JBC007烧焦罐的操作

（二）操作规程

1. 前置烧焦罐的操作方法

1）高温完全再生

（1）将烧焦罐温度控制在675~700℃，使催化剂上的积炭大部分烧去，并在烧焦罐上部开始燃烧CO。

（2）在稀相管中，除进行CO的燃烧外，也烧去少量的焦炭，稀相管出口温度一般在730~750℃。

（3）烟气在稀相管中停留时间为2~3s，催化剂上残留不容易烧去的炭可在高温下烧去，催化剂含炭量可烧到0.1%以下。

（4）控制好烧焦罐的温度在683℃以上，使CO在烧焦罐中烧起来，稀相管温度大于700℃，以保证操作平稳。否则，催化剂含炭量降不下来，CO燃烧不完全，产生尾燃。

2）常规再生

（1）常规再生操作时，第一密相床温度620~630℃，再生催化剂含炭量在0.5%~0.6%，未能充分发挥分子筛催化剂的特性，因此导致转化率低；

（2）第一密相温度低于600℃时，处于炭堆积操作状态，若原料生焦少，滚雪球速度很慢，则仍能维持操作；

（3）烟气中CO含量在7.8%左右，稀相经常发生二次燃烧，由于炭堆积和二次燃烧事故交替发生，操作很不稳定。

3）加助燃剂完全再生

采用加CO助燃剂完全再生，CO在烧焦罐及稀相管中可全部烧去，再生器中稀相不发生二次燃烧，稀密相温差经常在15℃左右，再生催化剂含炭量可在0.2%以下。

2. 后置烧焦罐的操作方法

1）完全再生

(1) 加 CO 助燃剂，富氧操作，烟气总氧含量不小于 2.5%（体积分数）；

(2) 关键为控制再生器的主风量在密相温度不超温的情况下尽可能大，以防稀相产生 CO 尾燃；

(3) 控制密相温度 660~680℃，烧焦罐稀相温度 700~725℃，再生催化剂含炭量 0.2% 左右，半再生催化剂含炭量 0.4%~0.6%，待生催化剂含炭量 1.0% 左右。

2）部分再生

(1) 再生器烟气氧含量为 0%~0.2%，烧焦罐氧含量 1%~3%，不加 CO 助燃剂，再生催化剂含炭量 0.2%~0.4%；

(2) 关键为控制烧焦罐的氧含量不能过高，防止 CO 尾燃。

（三）注意事项

(1) 完全再生时，控制好再生温度，防止发生二次燃烧。

(2) 部分再生时，调节好主风量及待生催化剂定炭。

项目三　再生烟气中 SO_x 的控制

一、相关知识

催化裂化装置废气是炼厂空气污染的主要来源。催化裂化装置尤其是重油催化裂化，由于掺炼重油，硫化物、氮化物、残炭和重金属含量均较高，再生烟气中 SO_x、NO_x 等有害气体的排放量增加，加重了对大气的污染。

（一）催化裂化装置气态污染物的主要来源及防治

1. 污染物来源

(1) CO、SO_x、NO_x，主要来源于再生器烧焦产生的烟气和加热炉燃烧产生的烟气；

(2) 催化剂粉尘，主要来源于催化剂；

(3) H_2S，主要来源于产品脱硫单元；

(4) 烃类，主要来源于机泵泄漏，阀门、法兰泄漏，采样，设备检修排放。

2. 污染物的防治

(1) 通过 CO 焚烧炉、CO 助燃剂、再生操作调整等措施控制催化裂化气态污染物中的 CO；

(2) 通过脱硫、脱硝工艺或使用专用脱硫、脱硝助剂等措施控制 SO_x、NO_x；

(3) 通过粉尘分离回收设备、粉尘洗涤单元、除尘设备等措施控制催化剂粉尘；

(4) 通过后续的脱硫工艺单元如干气、液化气脱硫等措施控制 H_2S；

(5) 通过挥发性有机化合物（VOCS）等治理项目的开展，应用泄漏检测与修复技术（LDAR）等控制技术控制和削减烃类的泄漏。

（二）再生烟气中的 SO_x 的来源

催化裂化烟气中的 SO_x 主要来源于催化原料。在催化裂化原料中，硫的存在形式主要是硫醇、硫醚、噻吩等类型,它们的量决定了烟气中的 SO_x 的量,是正比关系。由于高硫原料的比重不断增加,目前烟气中的 SO_x 浓度不断增加,必须加以控制。

(三)再生烟气脱硫技术的分类及优缺点

烟气脱硫技术分为干法脱硫和湿法脱硫两大类。

干法脱硫有固定床和流化床两种,其优点:一是不降低排气温度,扩散效果好;二是没有污水处理问题。但由于干法吸附剂是固体粉末或粒状物,吸附反应仅在固体表面进行,而内部反应时间较长。因此,要求具备大型吸附塔和大量吸附剂,再生装置大,设备费用高,占地面积大,故脱硫费用高,而且脱硫率一般不超过90%。

湿法脱硫的原理是用 $Na_2S_2O_3$ 水溶液或 Na_2CO_3 吸附烟气中的 SO_x,脱除 SO_x 的烟气排至大气,吸附液用 NaOH 或石灰石进一步反应。母液可作为含盐污水排放,也可进行解吸,解吸后的大部分 SO_2 可作制硫原料。湿法脱硫具有结构紧凑、占地少、造价低、脱硫效率高等优点。湿法脱硫其 SO_x 脱除率可达 95% 以上。湿法脱硫还可将烟气中催化剂细粉带到吸收液中,可用过滤法除去,这样同时又减少了催化剂粉尘的排放。

二、技能要求

(一)准备工作

(1)工具准备:防爆阀门扳手、防爆手电、防爆对讲机。

(2)人员穿戴劳保着装:工作服、工作鞋、安全帽、手套。

(二)操作规程

(1)催化原料加氢预脱硫处理。原料加氢不仅能脱硫,还可脱氮及重金属,可从源头上降低催化烟气污染物的排放量。

(2)使用硫转移助剂,即 SO_x 转移剂。在催化剂再生过程中,在硫转移助剂作用下,硫与氧反应生成 SO_x,再与金属氧化物形成金属硫酸盐,吸附在硫转移催化剂表面上,并随催化剂的循环到达反应器和汽提段中,被 H_2 及水蒸气还原成 H_2S,这部分 H_2S 随反应油气进入后续单元。

(3)应用烟气脱硫技术,如氧化法的臭氧工艺和选择性催化还原法(SCR)工艺等。

(4)优化操作法,合理调整原料组成。控制原料中高硫组分的掺炼量,尤其是减压渣油的掺炼量。

(三)注意事项

加强装置环保单元的平稳操作,保证再生烟气达到合格的排放标准。

项目四 再生烟气中 NO_x 的控制

一、相关知识

(一)再生烟气中 NO_x 的来源

催化裂化再生烟气中 NO_x 来自原料中的氮化物和焚烧炉补燃过程中的补燃介质,其含量与原料中的总氮量及再生烟气中过剩氧含量有关,总氮量、过剩氧含量越高,烟气中 NO_x

含量越高,使用 CO 助燃剂时,NO_x 排放量也增加。NO_x 不仅直接对人体有害,而且 NO_x 与烃类气体共存时会产生光化学烟雾,对环境危害更大。

(二)再生烟气脱硝技术的分类及优缺点

催化裂化再生烟气脱硝技术主要采用还原法和氧化法。还原法是一种在燃料基本燃烧完毕后通过还原剂把烟气中的 NO_x 还原成 N_2 的一种技术。在催化裂化再生烟气脱硝中,还原法有选择性催化还原法脱硝技术(selective catalytic reaction,SCR)和选择性非催化还原法脱硝技术(selective non catalytic reaction,SNCR)。氧化法使用氧化剂将 NO_x 氧化成可用水吸收成酸类物质,再用碱中和的方法。氧化法有臭氧氧化技术($LoTO_x^{TM}$)和液体氧化脱硝技术。此外还有荷兰 Paques Natural Solutions 公司开发的生物反应器脱除 NO_x 技术。

SCR 法是目前应用最广泛的再生烟气脱硝技术,与其他技术相比,SCR 法没有副产品、不形成二次污染、装置结构简单、技术成熟、脱硝效率高、运行可靠、便于维护,脱硝效率可达 90% 以上。其缺点是:催化剂易失效和尾气中残留有 NH_3。SNCR 法以炉膛为反应器,投资相对较低,施工工期短,但脱硝效率低,效果不如 SCR 法。生物反应器技术脱硝效率在 80% 左右,目前已难以适应日益严格的环保要求。

(三)再生烟气中粉尘的来源

催化裂化再生烟气中粉尘的产生源于催化剂的跑损,催化剂颗粒不断受到冲击力和摩擦力而发生磨损和破碎,产生的催化剂粉尘随烟气排放到大气中。

(四)再生烟气中粉尘的控制

(1)采用高效三级旋风分离器。一般来说,从再生器出来的烟气中,催化剂粉尘量约为 $0.8\sim1.5g/m^3$。经三旋后烟气中催化剂浓度降到 $0.2\sim0.3g/m^3$,从环保要求看仍达不到国家标准要求。

(2)采用电除尘器。目前,美国、日本主要采用电除尘作为减少再生烟气中催化剂粉尘的最后一道措施,除尘效率达 90% 以上。用于净化催化裂化再生烟气时,因再生烟气体积很大,须多台并联操作,占地面积很大。烟气压降、粒度、温度、湿度等对除尘效果都有影响。

(3)采用烟气脱硫除尘设备。

(五)催化裂化装置废催化剂的处理方法

催化裂化装置废催化剂的主要来源为由再生器内卸出的平衡剂和经三旋(或四旋)回收的细粉。因其筛分组成不同,应分别放置平衡剂储罐和废剂储罐中。平衡剂可供本装置或同类装置开工时使用。废剂由于细粉过多,不适宜装置再次使用。目前,国内对废催化剂的处理问题尚未彻底解决:有代替白土精制油品使用的;有回收混进新鲜催化剂再使用的;有利用其中的 Al_2O_3 生产工业用水净化处理剂等。废催化剂几乎都是小于 $20\mu m$ 的微粉,并含有重金属,也有轻微放射性,几乎无回收再利用价值,且这些方法均不能有效地解决废催化剂所带来的污染问题。国外多采用掩埋方法,但此法也不是最理想的办法。目前我国也正在逐步向深度掩埋的方向发展。

二、技能要求

(一)准备工作
(1) 工具准备：防爆阀门扳手、防爆手电、防爆对讲机。
(2) 人员穿戴劳保着装：工作服、工作鞋、安全帽、手套。

(二)操作规程
(1) 催化原料加氢预脱氮处理。

(2) 使用新型脱氮助剂，如 GraceDavison 公司的 XNO_x 助剂和 $DeNO_x$ 助剂，国内北京三聚环保新材料股份有限公司的 FP 氮氧化物脱除剂和洛阳石油炼制研究所的 $LDNO_x-1$ 脱氮剂等。

(3) 应用烟气脱硝技术，如氧化法的臭氧工艺，还原法的 SCR 工艺等。

(4) 改进再生器结构。通过对再生器结构硬件的改造，营造更利于焦炭上 NO_x 还原的环境。

(5) 优化操作法。提高反应温度减弱氮化物在催化剂上的吸附作用，使氮化物留在产品中，降低催化剂上携带的氮化物；再生器操作降低 CO 助燃剂的加入量，控制较低的氧含量，控制较低的焚烧炉温度。

> JBC015 再生烟气中 NO_x 的控制

(三)注意事项
加强装置环保单元的平稳操作，保证再生烟气达到合格的排放标准。

项目五 提高吸收效果的措施

一、相关知识

(一)影响吸收的因素
气体吸收的原理是利用气体混合物中各组分在某一液体吸收剂中的溶解度不同，从而将其中溶解度大的组分分离出来。这种过程属于物理吸收。

吸收过程操作的好坏与很多因素有关，如液气比、操作温度及压力、吸收剂和被吸收气体的性质，塔内气液流动状态，塔板数以及塔板结构(或填料高度及填料结构)等。对具体装置来讲，吸收剂、被吸收的气体以及设备情况等都已确定，吸收效果主要靠合适的操作条件来保证。

> JBC016 吸收过程的基本原理

> JBC017 影响吸收效果的因素

(二)提高吸收过程推动力的方法
为提高推动力，在选定吸收操作的工艺条件时，降低吸收剂温度、选择对组分气体溶解度较大的吸收剂，或者改为化学吸收等，都是使平衡曲线下移的有效措施。提高吸收操作的总压强，有利于操作状态点的位置上移，这样也能增加吸收推动力，提高生产强度。

> JBC018 提高吸收推动力的方法

(三)吸收过度的处理方法
(1) 适当提高吸收温度。
(2) 可适当降低吸收塔顶压力。
(3) 降低吸收剂量，调整吸收塔的吸收效果。

> JBC019 吸收过度的处理方法

(四)吸收塔中段回流的作用

> JBC020 吸收塔中段回流的作用

吸收过程是一个放热过程。吸收过程中发生的热量主要有：被吸收组分与吸收剂混合时产生的混合热，气体溶解时转为液态而放出冷凝潜热以及化学反应热等。为了取走吸收过程所放出的热量，保证吸收在较低的操作温度下进行，以提高吸收效果，吸收塔需有中段回流，实际上是从上一层塔板上抽出液体，经冷却后打入下一层塔板。

(五)吸收过程与蒸馏过程的异同点

> JBC021 吸收过程与蒸馏过程的比较

吸收与蒸馏的区别在于：前者是利用混合物中各组分在溶剂中的溶解度不同而达到分离的目的；而后者是利用混合物中各组分的挥发度不同而达到分离的目的。

吸收与蒸馏的共同点是二者都属于气液两相间的平衡问题。但从质量交换过程来看，吸收过程只包括被吸收组分自气相进入吸收剂的传质过程，而蒸馏过程则不仅有气相中的重组分进入液相，而且还有液相中的轻组分转入气相的传质过程。因此，吸收过程是单向传质，蒸馏过程则为双向传质。

(六)典型的吸收解吸单塔流程和双塔流程

> JBC022 吸收稳定系统两种流程的比较

吸收解吸有单塔和双塔两种典型流程。

单塔流程中吸收和解吸在一个塔内完成，上段吸收、下段解吸。

单塔流程的主要优点：一是流程简单；二是由于富吸收油和脱吸气不进入气压机出口的冷凝冷却器，所以冷凝冷却负荷较小。但突出的缺点是：吸收与解吸是两个相反的过程，吸收要求低温、高压；解吸要求高温、低压。因此，在同一塔内难以解决此矛盾。想要提高 C_3 的吸收效率，C_2 的解吸率就要受到一定影响；相反，要保证 C_2 的解吸率，就会影响到 C_3 的回收率。操作中较难同时达到最佳的 C_3 吸收率和 C_2 的解吸率。

双塔流程是吸收和解吸过程在两个独立的塔内完成，解吸气和吸收油都去压缩富气冷却器，经冷却后和压缩富气一起进入气液平衡罐。

双塔流程较复杂，但吸收和解吸条件可分别调整，解决了相互干扰问题。吸收过程要求低温、高压，而解吸过程要求高温、低压。吸收解吸采用双塔流程的好处有：减少内循环量、减少吸收解吸相互干扰、提高 C_3 回收率、提高 C_2 解吸率，双塔流程更有利于吸收解吸效果的提高，因此可以提高吸收率和解吸率。但由于解吸气要进入气压机出口冷凝冷却器，所以解吸塔的操作压力较吸收塔高，这对解吸塔是不利的，但可用提高温度的办法来解决。目前双塔流程基本上取代了单塔流程。

二、技能要求

> JBC023 提高吸收效果的措施

(一)准备工作

(1)工具准备：防爆阀门扳手、防爆手电、防爆对讲机。

(2)人员穿戴劳保着装：工作服、工作鞋、安全帽、手套。

(二)操作规程

(1)降低吸收温度。吸收温度对吸收率影响显著。为保持合适的吸收温度，首先要充分发挥中间冷却器的作用，使之有充分余量，以利调节吸收温度；二是要降低吸收塔进料的温度，控制好粗汽油、稳定汽油入塔温度。

(2)提高吸收操作压力。在其他条件相同的情况下，把吸收压力由 1.1MPa 提高到

1.4MPa,丙烯吸收率可提高6.55%。不少炼厂已采用了高压气压机,出口压力一般为1.4MPa。

(3)提高解吸塔底温度。要求乙烷解吸率不小于85%,以控制好脱乙烷汽油中乙烷含量,尽量不出不凝气。

(4)改善补充吸收剂质量。汽油深度稳定,以减少汽油中C_4馏分含量,有利于提高吸收率。

(5)增加补充吸收剂用量。加大液气比,可提高吸收率。但它要求设备有一定潜力,要增加解吸塔重沸器、稳定塔重沸器能耗以补充吸收剂所增加的动力消耗。

(6)工艺流程的改进。早期装置的吸收稳定单元是吸收及解吸在一个塔内的单塔流程,虽操作简单方便但很难满足塔顶和塔底的质量要求,双塔流程为吸收解吸两个过程分在两塔,比单塔流程有较大的优越性。

(三)注意事项

(1)调节吸收塔吸收剂时,要注意分馏系统冷回流及反应终止剂流量变化。
(2)提高吸收塔压力时,要防止气压机出口憋压。

项目六 先进控制系统的应用

一、相关知识

工业自动化技术是一种运用控制理论、仪器仪表、计算机和其他信息技术,对工业生产过程实现检测、控制、优化、调度、管理和决策,达到增加产量、提高质量、降低消耗、确保安全等目的的综合性高技术,包括工业自动化软件、硬件及系统三大部分。其中,先进控制(Advanced Process Control,APC)技术是工业自动化软件的核心技术之一,是解决复杂工业过程控制问题最有效的手段。

先进控制系统通常由三部分组成:多变量模型预估控制器、中间调节回路和工艺计算。多变量模型预估控制器是多变量输入多变量输出、基于模型的预估控制器;中间调节回路以常规PID控制为基础实现复杂控制或高级控制(如比值控制等),介于常规PID控制与多变量模型预估控制之间;工艺计算部分用于计算生产工艺过程中不可测或难以测量的量,不同工艺过程有不同的工艺计算模型。

国内外现有的催化裂化先进控制的优化模块有:

(1)压力平衡控制。在保持装置压力平衡方面应用先进的约束控制概念。控制目标由装置经济性来决定。关键因素是与主风机、气压机和滑阀压降有关的再生器压力控制。通过调整再生器压力使气压机和主风机操作优化。

(2)再生器燃烧控制。目的是平稳反应器/再生器操作,提供装置热平衡和物料平衡控制。它应用多变量预测控制技术,以烟气组成和再生器约束条件为基础,通过调节空气流率、裂化强度和进料速率,控制焦炭的生成和再生器内烧焦。它包括安装在线气体分析结果提前计算热平衡,通过调整与催化剂循环量有关的变量准确地预测焦炭生成量。在达到最高再生器温度的约束条件下,它使低温装置再生剂含炭量最小,它使高温装置烟气中过剩氧最小。

(3)裂化控制。使裂化最优化,它是一组动态方程式和线性化函数。它亦应用多变量预测控制技术,依据进料组成和进料速率决定反应停留时间,预测进料转化率、汽油和轻柴油生成量。焦炭的生成率的预测,还要考虑到进料中残炭、待生剂中没汽提出去的烃、焦炭中氢含量、金属含量、催化剂藏量、稀密相温度、烟气组成、空气流量、气压机和主风机负荷、分馏塔负荷、提升管出口温度、催化剂循环速率以及再生器设计等诸多因素的影响。优化结果就是通过动态计算值,给出提升管出口温度和催化剂循环量最优值。

(4)裂化产品质量控制。应用进料特性,如比重指数、折光指数和工艺参数(如压力、温度),来预测产品质量的理论模型,和应用在线分析仪数据对模型修正,达到经济上优化目标。

(5)主分馏塔控制。在没有使用分析仪情况下调整产品质量,并使目的产品产率最大;并操作调整塔热平衡,达到最好的能量回收效果和最有效的产品分离,保持分馏塔底温度被控制在约束范围内,控制监测塔的淹塔等。

(6)能量管理控制。保证工艺产生的热量最大限度地被利用,排出最少的热,包括循环回流量约束控制、塔底重沸器约束控制、CO 锅炉控制、汽提蒸汽流量的调节、加热炉控制和能量回收系统控制。

(7)操作调节控制。它主要提供最大的装置操作稳定性,保证因扰动和操作变更引起的经济损失最小,包括:反应温度控制,再生器出口烟气组分控制,CO 锅炉控制,气压机反飞动保护和分馏塔顶循环回流控制。

(8)在线预测控制。从操作条件预测产品产率和质量、转化深度、进料预热温度、反应器顶温度和压力对产率的影响,它还包括优化反应器、再生器、分馏塔操作条件。

二、技能要求

(一)准备工作

(1)确认装置的主要工艺操作无大的工艺问题。

(2)确认装置的常规仪表完好,PID 回路自控使用率高。

(3)确认装置 DCS 系统较先进,且具备与上位机可靠、单独的通信接口,并且该接口与全厂信息系统接口分开等条件。

(二)操作规程

(1)了解目前装置的运行情况,确定先进控制系统应用的基本功能。

(2)找出应用先进控制系统的经济效益点,并用科学的方法进行效益分析,推算出最优的经济效益。

(3)根据先进控制的基本功能,找出基础条件实施的不足之处,并估算出项目概算。

(4)总结出项目可行性报告并申报审批。

(5)成立应用项目组织机构。

(6)根据实际情况选择合适的项目供应商。

(7)确定先进控制系统技术实施方法并实施。

(8)先进控制系统安装、投用和调试后,根据实际变化情况相应调整、变更相关生产管理流程。

(9)建立先进控制系统日常维护和管理机制并组织实施。

(三)注意事项

先进控制系统投用后,要加强检查和维护,确保系统正常运行。

项目七　串级控制系统中控制器作用方向的选择

一、相关知识

(一)复杂控制系统的分类

> JBC028复杂控制系统的分类

常用的复杂控制系统有串级控制系统、比值控制系统、均匀控制系统、分程控制系统、选择控制系统、前馈控制系统等。

1. 串级控制系统

采用不止一个控制器,而且控制器间相互串接,一个控制器的输出作为另一个控制器的设定值的系统,称为串级控制系统。

2. 比值控制系统

凡是用来实现两个或者两个以上的物料按照一定比例关系关联控制,以达到某种控制目的的控制系统,称为比值控制系统。其分为单闭环比值控制系统、双闭环比值控制系统和变比值控制系统。

3. 均匀控制系统

均匀控制系统是用来解决前后被控量供求矛盾,保证它们的变化不会反应过于剧烈的一种控制方案。

4. 前馈控制系统

前馈控制系统是根据扰动或者设定值的变化按补偿原理而工作的控制系统,其特点是当扰动产生以后,被控量还未变化以前,根据扰动作用的大小进行控制,以补偿扰动作用对被控变量的影响。

5. 分程控制系统

一般而言,通过对一只调节阀的操作便能够实现对一台调节器的输出工作,如果通过一只调节器对两个或者是两个以上的调节阀进行控制,并且是通过对信号的分析根据不同的需求去对不同的阀门进行操作,这种控制方式就是分程控制。

(二)串级控制系统简介

串级控制系统用两个控制器串接工作,主控制器的输出作为副控制器的给定值。主参数是工艺控制指标,是在串级控制系统中起主导作用的被调参数。副参数是为了稳定主参数,或因某种需要而引入的辅助参数。主对象是由主参数表征其主要特性的生产设备。副对象是由辅助参数表征其特性的生产设备。

主控制器按主参数与工艺规定的给定值的偏差工作,其输出作为副控制器的给定值,在系统中起主导作用。副控制器按副参数与主控制器来的给定值的偏差工作,其输出直接操纵调节阀动作。主回路是由主测量变送器,主、副控制器,执行器和主、副对象构成的外回路,亦称外环。副回路是由副测量变送器、副控制器、执行器和副对象所构成的内回路,亦称内环。

(三)串级控制系统的特点 `JBC027串级控制系统的特点`

(1)在系统结构上组成两个闭合回路。主、副控制器串联,主控制器的输出作为副控制器的给定值。系统通过副控制器控制调节阀动作,来达到控制被调参数在给定值上的目的。

(2)在系统特性上,由于副回路的作用,对于进入副回路的干扰具有较强的干扰能力,改善了对象特性,提高了工作频率,有效地克服了滞后,可大大地提高调节质量。

(3)主、副回路协同工作,克服干扰能力强,可用于不同负荷和操作条件变化的场合。

二、技能要求

(一)准备工作 `JBC029串级控制系统中控制器正、反作用的选择`

(1)获得相关工艺流程及工艺条件完整信息;
(2)明确工艺、仪表等各项相关安全要求。

(二)操作规程

串级控制系统中,必须分别根据各种不同情况,选择主、副控制器的作用方向,选择方法如下。

1. 串级控制系统中的副控制器作用方向的选择

(1)根据工艺安全等要求,选定执行器的气开、气关形式后,按照使副控制回路成为一个负反馈系统的原则来确定。

(2)副控制器的作用方向与副对象特性、执行器的气开、气关形式有关。

(3)副控制器的作用方向的选择方法与简单控制系统中控制器正、反作用的选择方法相同,可不考虑主控制器的作用方向,只是将主控制器的输出作为副控制器的给定既可。

2. 串级控制系统中主控制器作用方向的选择

(1)当主、副变量增加(或减小)时,如果由工艺分析得出,为使主、副变量减小(或增加),要求控制阀的动作方向是一致的时候,主控制器应选"反"作用。反之,则应选"正"作用。

(2)串级控制系统中主控制器作用方向的选择完全由工艺情况确定,与执行器的气开、气关形式及副控制器的作用方向完全无关。

(3)串级控制系统中主、副控制器的选择可以按先副后主的顺序,即先确定执行器的开、关形式及副控制器的正、反作用,然后确定主控制器的作用方向;也可以按先主后副的顺序,即先按工艺过程特性的要求确定主控制器的作用方向,然后按一般单回路控制系统的方法再选定执行器的开、关形式及副控制器的作用方向。

(三)注意事项

(1)在有些生产过程中,要求控制系统既可以进行串级控制,又可以实现主控制器单独工作,即切除副控制器,由主控制器的输出直接控制执行器(称为主控)。这就是说,若系统由串级切换为主控时,是用主控制器的输出代替原先副控制器的输出去控制执行器,而若系统由主控切换为串级时,是用副控制器的输出代替主控制器的输出去控制执行器,此时,都必须保证当主变量变化时,去控制阀的信号完全一致。

（2）系统串级与主控切换的条件是：当主变量变化时，串级时副控制器的输出与主控时主控制器的输出信号方向完全一致。

（3）只有当副控制器为"反"作用时，才能在串级与主控之间直接进行切换，如果副控制器为"正"作用，则在串级与主控之间进行切换的同时，要改变主控制器的正反作用。

（4）为了能使串级系统在串级与主控之间方便地切换，在执行器气开、气关形式的选择不受工艺条件限制，可以任选的情况下，应选择能使副控制器为反作用的执行器类型，这样就可以免除在串级与主控切换时来回改变主控制器的正、反作用。

模块四　停车操作

项目一　烟气轮机停用操作

一、相关知识

(一)烟气轮机突然跳闸停机的原因

(1)烟气轮机超速。

(2)烟气轮机各轴承振动超高。

(3)当烟气轮机出口温度>650℃,且轮盘冷却蒸汽压力<0.33MPa时,烟气轮机突然跳闸停机。

(4)润滑油压力降低到联锁值。

(二)烟气轮机突然跳闸停机的处理方法

(1)烟气轮机突然跳闸停机后,防喘振阀将迅速打开,出口单向阀关闭、烟气轮机入口闸阀关闭、烟气轮机入口蝶阀关闭。

(2)烟气轮机突然跳闸停机后,主风流量控制器置于手动位置。

(3)烟气轮机突然跳闸停机后,静叶应关至启动角。

二、技能要求

(一)准备工作

(1)工具准备:防爆阀门扳手、防爆手电、防爆对讲机。

(2)人员穿戴劳保着装:工作服、工作鞋、安全帽、手套。

(3)确认盘车机构是否送电。

(4)通知班长并联系反应岗位机组准备停机。

(二)操作规程

(1)在反应切断进料前,应做好停机准备。

(2)随着反应进料量的降低,逐渐关小烟气轮机入口蝶阀,开大双动滑阀,注意降温速度。

(3)关烟气轮机入口蝶阀,投用空转冷却蒸汽,关闭轮盘冷却蒸汽。

(4)反应岗位切断进料以后,根据烧焦、转卸催化剂的需要,注意两器压差。

(5)根据反应岗位要求,在催化剂基本卸尽、再生温度降到200℃时,停止风机机组,手动按电动机停机按钮。

(6)检查停机顺序是否正确:

① 打开烟气轮机旁路阀,并校验;

② 关闭主风机出口单向阀并校验；
③ 打开防喘振阀并校验；
④ 关闭烟气轮机入口阀并校验。
(7) 机组停车后，润滑油继续循环，待轴瓦温度降到规定值，停油泵。
(8) 机组转子停转后，启用盘车马达、盘车、轴瓦进出油温相近时，停止盘车。
(9) 烟气轮机壳体温度降至250℃以下时，关闭轮盘冷却蒸汽，停烟气轮机密封系统。
(10) 关闭各部分冷却水。

(三) 注意事项

严格控制壳体降温速度不超过100℃/h，当不能满足上述要求时应适当延长停机时间。

项目二 主风机停用操作

一、相关知识

(一) 机组的安全运行概念

所谓"安全运行"(SAFERUNE)是指静叶可调轴流压缩机技术中一个特定的压缩机运行工况，近年来随着轴流压缩机技术的发展，它的新定义是：静叶退回到最小工作角；放空阀全开，即轴流压缩机处于一定不停机的"自我保护"运行状态。

(二) 设置安全运行状态的优点

安全运行起到了既不停机，又保护机器不受损害的目的。进入安全运行状况后，操作及检修人员可根据进入安全运行的原因进行相应的机械、仪表检查检修，生产工艺的调整，确认各部位完好无误后进行再操作。安全运行后的再操作要比停机后再启动的操作简便、迅速，这正是安全运行的突出优点。

(三) 机组安全运行的条件

出现下列情况之一，机组进入安全运行：
(1) 逆流；
(2) 装置低流量自保动作；
(3) 机组仪表发生程序故障；
(4) 手动"安全运行"(按钮)启动；
(5) 自保阀动力风中断。

(四) 机组安全运行的原因

一般从以下三个原因查找：
(1) 主风机低流量自保动作；
(2) 再生器低流量自保动作；
(3) 电源故障。

(五) 机组安全运行后的联锁动作

(1) 防喘振阀快速打开；
(2) 静叶退回到最小工作角度位置；

(3)主风机出口单向止逆阀强制关阀;

(4)烟机入口蝶阀关闭,随着主风机静叶关闭将使所需轴功率减小,为此应迅速关闭烟机入口蝶阀减小烟机出力;

(5)工艺联锁动作,安全运行的联锁信号送至主控制室实行工艺联锁。

(六)主风机组安全运行后的检查内容

> JBD004主风机组安全运行后的检查内容

(1)检查机组转速、各部温度和振值。

(2)检查各阀位和静叶角度应符合要求,其中包括:

①防喘振阀全开;②再生器单向阀关;③主风机出口防逆流阀关;④烟机入口蝶阀关;⑤静叶角度关至最小工作角度。

(3)检查入口空气过滤器,尤其是滤料等是否正常。

(4)检查润滑油、动力油系统正常。

(5)详细检查主风机出口管线和辅助燃烧室是否充有催化剂,并制定措施处理。

(6)记录检查结果。

(七)主风机组安全运行后恢复操作

(1)主风机出口系统的各阀位必须符合要求。其中包括:

① 主风管线单向阀开;

② 辅助燃烧室一次风、二次风调节蝶阀开;

③ 双动滑阀有指定开度;

④ 主风机出口蝶阀开。

(2)在主控室将主风自保进行复位,并全面检查主风机出口系统各阀位。

(3)按要求向再生器并风。

(4)并风过程中,注意防止机组喘振。并风结束后,将反喘振阀改到自动控制。

二、技能要求

> JBD005主风机组的停机操作方法

(一)准备工作

(1)工具准备:防爆阀门扳手、防爆手电、防爆对讲机;

(2)人员穿戴劳保着装:工作服、工作鞋、安全帽、手套;

(3)确认盘车机构是否送电;

(4)通知班长并联系反应岗位机组准备停机。

(二)操作规程

(1)反应切断进料前,应做好停机准备;

(2)随着反应进料量的降低,逐渐关小烟机入口阀,开大双动滑阀,注意降温速度;

(3)烟气流量逐渐减少,关烟机入口阀,关闭轮盘冷却蒸汽;

(4)反应岗位切断进料以后,根据烧焦、转卸催化剂的需要,逐步打开防喘振阀,关小主风机进口静叶角度,注意防止喘振、阻塞现象出现;

(5)在催化剂基本卸尽、再生温度降到200℃时,停止风机机组,手动按电动机停机按钮;

(6)停车后,润滑油继续循环,待轴瓦温度下降,停油泵;

(7)机组转子停转后,启用盘车马达、盘车、轴瓦进出口油温相近时,停止盘车;

(8)关闭烟机冷却蒸汽,停烟机密封系统;

(9)停各部分冷却水。

(三)注意事项

(1)机组安全运行保护投用后,程序发出防喘振阀快开、出口单向阀关、操作指令。

(2)机组运行状态,检测内容包括静叶释放时间监控、静叶闭合时间监控、静叶故障、安全运行保护。

(3)主风机转速大于5000r/min时,转速正常指示灯亮,静叶角度自动在5s内从启动角向最小工作角度释放。若静叶开始释放时间大于15s,静叶位置故障指示灯亮,停机自保动作。

项目三 紧急切断进料后分馏岗位处理操作

一、相关知识

(一)分馏系统停工的方法

在反应降量前开始外甩油浆,控制退油温度在70~90℃。用冷回流控制住分馏塔顶温度在100~130℃之间。封油罐液位控制在80%,关轻柴油出装置阀,保证封油、冲洗油、燃烧油供应正常。在反应系统催化剂卸完之前,继续维持油浆循环。蒸塔确认好塔内没有油气,安装大盲板。分馏系统全面扫线、分馏塔进行水洗。

> JBD006分馏系统停工的方法

(二)压缩富气中断稳定岗位处理方法

压缩富气中断后,关闭富气冷却器入口阀,维持稳定系统各部压力,保证汽油蒸气压合格。用干气出装置阀控制再吸收塔压力。关小洗涤水阀。调整各部分负荷,适当降低补充吸收剂量,保持吸收塔、解吸塔、再吸收塔及稳定塔底液面平稳。调整稳定塔顶回流,间断外送液态烃。如气压机短时间不能开起来,联系分馏岗位后,关闭吸收油进出再吸收塔阀,冬季注意此系统的防冻防凝。

> JBD007压缩富气中断稳定岗位处理方法

(三)吸收稳定系统停工的方法

停送干气出装置,维持系统压力,及时停用再吸收塔贫富吸收油,防止干气经贫富吸收油管线倒窜至分馏塔或封油罐;稳定塔顶回流罐液位降低至正常范围下限时,停止液态烃外送。稳定塔底温度大于160℃时稳定汽油蒸气压能够确保罐区安全,可继续送往罐区;若无法保证稳定塔底温度大于160℃时,应立即停送汽油出装置。各塔、容器液位可控制在靠近正常指标范围的下限,以利于吸收稳定系统在开工时,有足够的存储汽油空间,降低系统恢复开工操作难度。冬季应注意设备、管线防冻,吸收塔各中段回流可以低流量维持循环,并做好盲肠死角的定期脱水工作。

> JBD008吸收稳定系统停工的方法

二、技能要求

(一)准备工作

(1)工具准备:防爆阀门扳手、防爆手电、防爆对讲机。

(2)人员穿戴劳保着装:工作服、工作鞋、安全帽、手套。

(二)操作规程

(1)改好分馏塔油浆紧急外甩流程,投用油浆紧急外甩冷却器,联系调度向罐区甩油。注意关闭油浆紧急外甩扫线蒸汽,防止蒸汽窜油。

(2)在轻柴油泵没有抽空之前,减少轻柴油出装置量,尽可能保持封油罐高液面,为外引封油提供时间。

(3)视封油罐液位情况,外引柴油。如封油罐液位过低,改好外引封油流程,联系油品车间启动轻柴油泵向装置内送柴油。装置外柴油进来后,如封油罐液面充许,可暂时将装置外柴油送回罐区,将管路内存水脱净再引进封油罐。

(4)分馏塔底液位低时,可暂时停油浆泵,当塔底液面见量后,再启泵小量循环。

(5)如在油浆紧急外甩过程中,原料罐液面过高,可将部分原料同油浆一起甩到罐区。

(6)外甩油浆结束后,改好原料开路大循环流程,维持原料罐液面,保证开路大循环正常。

(7)反应进料切断后,可根据各回流泵运转情况将各中段回流停掉。

(8)当分馏塔顶油气分离器液位高时,可启动粗汽油泵将汽油跨过稳定直接送出装置。

(三)注意事项

(1)保持各塔、容器液面,并保持住系统压力。

(2)分馏系统根据封油罐液面情况外引柴油。

(3)分馏系统加强酸性水罐脱水,防止满罐。

项目四　停工的安全防护

技能要求

(一)准备工作

(1)工具准备:防爆阀门扳手、防爆手电、防爆对讲机。

(2)人员穿戴劳保着装:工作服、工作鞋、安全帽、手套。

(二)操作规程

1. 停工过程中的安全操作

(1)系统泄压要缓慢由高压降至低压,但压力不得降至零,更不能造成负压,一般要求系统内保持微正压。在未做好泄压前,不得拆动设备。

(2)降温应按规定的降温速率进行降温,需保证达到规定要求。高温设备不能急骤降温,避免造成设备损伤。

(3)排净生产系统(设备、管道)内储存的气、液、固体物料。如物料确实不能完全排净,应进一步采取安全措施,不得随意放空或排入下水管道,以免污染环境或发生事故。

(4)停车过程中,装置周围应杜绝一切点火源,对发生的异常情况和处理方法,要随时做好记录。

2. 停工后的安全防护

(1)做好隔绝工作,由于隔绝不可靠,致使有毒、易燃、易爆、腐蚀、窒息或高温介质进入检修设备而造成的重大事故时有发生,因此,检修设备必须进行可靠隔绝。视具体情况最安全可靠的隔绝办法是拆除部分管线或插入盲板。

(2) 做好置换工作。为保证检修动火和进设备内作业安全,在检修范围内的所有设备和管线中的易燃、易爆、有毒有害气体应进行置换。

(3) 做好吹扫工作,对设备和管道内没有排净的易燃、有毒液体,一般采用蒸汽或惰性气体进行吹扫。

(4) 做好清洗和铲除工作。对置换和吹扫都无法清除的黏结在设备内壁的易燃、有毒物质的沉积物及结垢,采用清洗和铲除的办法进行处理。清洗一般有蒸煮和化学清洗。采用化学清洗后的废液应予以处理后方可排放,对铲刮下来的沉积物妥善处理。

(三) 注意事项

1. 安全防护注意事项

(1) 禁止踩踏地井和地沟翻板。

(2) 分馏控制油浆排放温度不大于90℃,避免造成油浆罐突沸事故。

(3) 卸催化剂时,反应压力要高于再生压力,卸剂温度不能超标。

(4) 切断反应进料时,装置内各计量表改走副线。

(5) 全面给汽扫线时,要先扫主线,后扫副线,不留死角。发生水击要及时处理,工艺设备和管线中的油品要吹扫干净。

(6) 全面停蒸汽后,打开各塔人孔前,要检查塔顶和塔底排空是否已打开泄压。

(7) 由专人负责加盲板工作,各盲板处和禁动阀门要挂好盲板或禁动标志。

> JBD011停工时安全注意事项

2. 停工后置换过程中的注意事项

(1) 被置换的设备、管道等必须与系统进行可靠隔绝。

(2) 置换前应制订合理的方案,防止出现死角,保证置换彻底。

(3) 置换要求用水作为置换介质时,一定要保证设备内注满水,且在设备顶部最高处溢流口有水溢出,并持续一段时间,严禁注水未满。

(4) 用惰性气体作置换介质时,必须保证惰性气体用量(一般为被置换介质容积的3倍以上)。但是,置换是否彻底,置换作业是否已符合安全要求,应根据取样分析是否合格为准。

(5) 按规定的取样点取样分析达到合格。

> JBD009停工后置换过程的注意事项

3. 停工时设备保护方面的注意事项

(1) 严禁设备超温、超压,防止设备管线损坏。

(2) 停用热工系统汽包前,必须控制好其液位,防止汽包干锅。

(3) 按岗位操作法操作转动设备,做到专人专机专泵,及时检查和处理发现的问题。

> JBD010停工时设备保护方面的注意事项

项目五　盲板的设置

一、相关知识

(一) 盲板简介

1. 盲板的定义和分类

盲板(blinddisk)的正规名称为法兰盖,是中间不带孔的法兰,供封住管道堵头用。密封

> JBD012选用盲板的原则

面的形式种类较多,有平面、凸面、凹凸面、榫槽面、环连接面。材质有碳钢,不锈钢,合金钢及 PVC 等。盲板从外观上看,一般分为 8 字盲板、插板以及垫环(插板和垫环互为盲通)。

2. 盲板的使用

盲板主要是用于将生产介质完全隔离,防止由于切断阀关闭不严而影响生产,甚至造成事故。盲板用于隔离、切断作用的。由于其密封性能好,对于需要完全隔离的系统,一般都作为可靠的隔离手段。盲板就是一个带柄的实心的圆,用于通常状况下处于隔离状态的系统。而 8 字盲板,形状像 8 字,一端是盲板,另一端是节流环,但直径与管道的管径相同,并不起节流作用。8 字盲板,使用方便,需要隔离时,使用盲板端,需要正常操作时,使用节流环端,同时也可用于填补管路上盲板的安装间隙。

3. 盲板的选用方法

盲板应设置在要求隔离(切断)的部位,如设备接管口处、切断阀前后或两个法兰之间。通常推荐选用 8 字盲板;为打压、吹扫等一次性使用的部位亦可使用插板。

停工选用盲板的原则:直径小于或等于 150mm 管线的盲板厚度,按用火管理制度规定应不小于 3mm;直径 250~300mm 的管线盲板厚度,按用火管理制度规定应不小于 6mm;直径大于 400mm 的管线盲板厚度,按用火管理制度规定应不小于 10mm。

二、技能要求

(一)准备工作

(1)工具准备:防爆阀门扳手、防爆手电、防爆对讲机。

(2)人员穿戴劳保着装:工作服、工作鞋、安全帽、手套。

(二)操作规程

(1)开车准备阶段,在进行管道的强度试验或严密性试验时,不能和所相连的设备(如换热器、透平、压缩机、反应器等)同时进行的情况下,需在设备与管道的连接处设置盲板。

(2)界区外连接到界区内的各种工艺物料管道,当装置停车时,若该管道仍在运行之中,在切断阀处设置盲板。

(3)装置为多系列时,从界区外来的总管道分为若干分管道进入每一系列,在各分管道的切断阀处设置盲板。

(4)装置要定期维修、检查或互相切换时,所涉及的设备需完全隔离时,在切断阀处设置盲板。

(5)充压管道、置换气管道(如氮气管道、压缩空气管道)、工艺管道与设备相连时,在切断处设置盲板。

(6)设备和管道的排气管、排液管、取样管在阀后应设置盲板或丝堵。无毒、无危害健康和非爆炸危险物料除外。

(7)装置分期建设时,有互相联系的管道在切断阀处设置盲板,以便后续工程施工。

(8)装置正常生产时,需完全切断的一些辅助管道,一般也应设置盲板。

(9)其他工艺要求需设置盲板的场合。

(三)注意事项

(1) 在满足工艺要求的前提下,尽可能少设盲板。

(2) 所设置的盲板(尤其是8字盲板)必须注明正常开启或正常关闭(即通或盲)。

(3) 盲板所设置的部位在切断阀的上游还是下游,应根据切断效果,安全和工艺要求来决定。

(4) 抽加盲板工作应由专人负责,按盲板图进行作业,统一编号,做好记录。

(5) 负责盲板抽加的人员要相对稳定,谁加谁抽。

(6) 抽加盲板的作业人员,要进行安全教育,落实安全技术措施。

(7) 抽加盲板要考虑防泄漏、防火、防滑、防中毒、防坠落等措施。

(8) 拆除法兰螺栓时要以对角方位缓慢松开,防止管道内余压使残留物料喷出;加盲板的位置应在来料阀的后部法兰处,盲板两侧均应加垫片,并用螺栓紧固。

(9) 盲板及垫片应具有一定的强度,其材质、厚度符合技术要求,并于明显处挂牌标记。

> JBD013抽加盲板工作的注意事项

模块五　设备使用与维护

项目一　主风机组的正常维护

一、相关知识

（一）主风机的作用

_{JBE001主风机的作用}

催化裂化装置的再生器底部必须要供给空气（即主风），压缩输送空气的风机就称为主风机。

主风机的作用在催化裂化装置中十分重要，它是催化裂化装置的心脏设备，必须连续运转，主风机停止运转，催化裂化装置也就停止生产。从工艺角度而言，它的作用主要有：

（1）提供烧焦所需的氧气。

原料油经加热喷入提升管底部与高温（650~700℃）催化剂相遇，进行催化裂化反应，催化剂表面结焦而失去活性。再生器内通入空气烧焦使催化剂恢复活性。烧焦后的催化剂（即再生催化剂），通过再生斜管流到提升管底部，再与原料油反应。在烧焦过程中，每烧1kg焦炭，需要8~13m^3的空气，因此，催化裂化装置所需的风量较大。

（2）保证再生器、烧焦罐内的催化剂处于流化状态。

空气经过过滤器被吸到主风机内，经过叶轮的高速旋转逐级增压到0.4MPa左右后送至再生器的底部。在再生器底部装有分布器，分布器可使再生器底部的空气流均匀分布。空气除烧焦作用外，还使催化剂处于流态化，只有流态化才能使催化剂更好地烧焦，才能使催化剂在两器内流动正常、循环正常。

（二）烟气轮机—主风机机组的逻辑控制的内容

_{JBE002主风机组的逻辑控制内容}

机组逻辑控制系统应完成以下控制功能：

（1）机组的启动程序；

（2）机组的停机联锁和程序；

（3）机组的工作状态监控；

（4）逆流保护和放空阀打开监控；

（5）润滑油系统的自动控制；

（6）动力油系统的自动控制。

这些控制功能可由一台可编程序控制器完成，可编程序控制器是利用计算机原理为顺序控制专门设计的工业控制装置，简称PC（Programmable Controller）。目前国内PC的种类虽然很多，但原理和结构大致相同。

(三)烟气轮机—主风机机组的主要监控项目

1. 主风机运行监控项目

(1)静叶打开超时;
(2)静叶故障;
(3)主风机喘振;
(4)逆流;
(5)手动安全运行;
(6)主风机过滤器差压高;
(7)主风机出口压力高;
(8)主风机出口流量低;
(9)静叶关不住(紧急);
(10)放空阀打不开(紧急);
(11)逆止阀关不住(紧急);
(12)持续逆流(停机)。

2. 烟机运行监控项目

(1)烟机入口烟气温度高;
(2)烟机密封蒸汽差压低;
(3)烟机冷却蒸气压力低;
(4)烟机轮盘温度过高(紧急);
(5)烟机入口蝶阀关不住(紧急)。

3. 电动/发电机监控项目

(1)电机定子绕组温度高;
(2)电机不跳闸(紧急);
(3)发电功率超限(紧急);
(4)电机事故跳闸(紧急)。

4. 润滑/调节油系统监控项目

(1)调节油压力低;
(2)润滑油压力低;
(3)润滑油温度低;
(4)润滑油温度高;
(5)油箱液位低;
(6)润滑油滤油器压降高;
(7)调节油压力过低(紧急);
(8)润滑油压力过低(紧急)。

5. 动力油系统监控项目

(1)动力油压力低;
(2)动力油箱温度低;
(3)动力油箱温度高;

> JBE003主风机组的主要监控项目

(4)动力油箱液位低;
(5)动力油滤油器压降高;
(6)动力油压力过低(停机)。

6. 轴振动、轴位移等监控项目
(1)轴振动高;
(2)轴位移大;
(3)轴承温度高。

7. 其他监控项目
(1)机组超速;
(2)转速探头故障;
(3)装置低流量联锁安全运行;
(4)装置事故联锁(紧急停机);
(5)转速超极限(紧急停机);
(6)手动正常停机;
(7)手动紧急停机。

如果机组中还配备有汽轮机,则还要包括汽轮机部分监控报警项目。

(四)机组润滑油过滤器的切换操作

> JBE004机组润滑油过滤器切换的方法

当机组润滑油过滤器压差大于0.15MPa时,需切换过滤器。在过滤器的切换操作前应做好相应的联系工作,然后才能着手切换操作。

(1)稍开备用过滤器上放空阀,然后缓慢开启两过滤器的联通阀,向备用过滤器中充油,同时排尽备用过滤器中的空气。

(2)当备用过滤器上放空阀有油溢出时,说明空气已排尽,此时应关闭放空阀,保持联通阀开度,备用过滤器冲压。

(3)慢慢转动两过滤器的切换杆,将切换阀转向备用过滤器的位置后,再关闭两过滤器的联通阀,切换工作完成。

(4)在切换的过程中,应密切注意润滑油压的变化,如出现异常情况应停止切换操作,待处理正常后方可继续进行操作。

(5)切换完毕后,如原过滤器需要检修或清洗,应慢慢打开原过滤器的放空阀,同时注意系统压力无任何变化以后,方可开大放空,放尽过滤器内存油后交检维修单位检修或清洗。

二、技能要求

(一)准备工作

(1)工具准备:防爆阀门扳手、防爆手电、防爆对讲机。
(2)人员穿戴劳保着装:工作服、工作鞋、安全帽、手套。

(二)操作规程

(1)严格执行岗位责任制,按要求检查和认真记录各参数,做到及时发现问题并妥善处理。

(2)严格遵守操作规程,并严格控制机组各项指标,检查主风流量、出口压力、电源等情况,严防主风机在喘振区和旋转失速区工作,严防烟机超温、超速,电机超负荷运行。

(3)检查油压和轴瓦温度变化,检查各轴瓦回油、高位油箱溢流情况。

(4)检查润滑油箱动力油箱液位不低于规定值,应注意脱水防止乳化,并每月化验分析一次。

(5)检查油温仪表盘上数据显示与温度计读数,进行核对,如有不符,联系仪表校正。

(6)检查润滑油过滤器差压和润滑油冷却器出口油温,超过规定,调整操作或进行切换清理。

(7)检查动力油过滤器差压和蓄能器压力,不符合规定进行处理。

(8)每天白班对备用机组盘车一次。

(9)检查各振值和轴位移的趋势,如振幅逐渐增加,检查分析原因并采取相应措施。

(10)检查蒸汽压力,保证烟气轮机冷却蒸汽,密封蒸汽供给,控制烟气轮机轮盘温度正常。

(11)检查烟气轮机密封系统,注意调节烟气轮机密封风为规定值,经常检查导淋口是否有凝液(无液为正常)。

(12)检查主风机入口空气过滤器压差不超压差。

(13)定期检查主风机入口蝶阀,主风机防喘振阀,主风机出口止回阀以及各膨胀节工作是否正常。

(14)根据工艺系统的要求严格遵循机组操作规程操作和调节机组及各附件、各类阀门,并经常检查各阀位置是否正确。

(15)认真填写运行记录,做到记录准时,数据正确,字迹工整。

(三)注意事项

(1)严格按照标准对机组进行检查,并做好记录。

(2)检查自保阀门时,应与仪表同时检查。

(3)发现泄漏源,应立即联系处理。

项目二　轴流式主风机组运行状态的监测

一、相关知识

(一)压缩机运转振动过大的原因

(1)转子不平衡。转子的偏心质量在高速转动产生方向不断变更的离心力,通过轴承面传给机身,使机身产生过度的振动。这种振动的特征是比较有规律的,一个转子的两个轴承都发生较强的振动,振动频率等于风机转速,振幅与转速的平方成正比。

(2)安装不良。如发现联轴器两侧的两个轴承有强烈的振动,则可能是联轴器的不平衡或转子的找正不正确。如两个转子用刚性联轴器连接时,转子旋转至不同角度时,位于联轴器两侧的两个轴承,受到不同的周期性的作用力,从而引起机组的振动。如两个转子由三个轴承支撑时,两个转子找正不正确,则使其中一个转子不能按其本身的中心线转动,形成不平衡并引起振动。如两转子由磁性联轴器连接,找中不正确,则会引起联轴器套筒和转子的接触情况恶化,并引起套筒的振动。

(3)支撑轴承工作条件不良。润滑油温度过低,轴承间隙过小或过大,都可能导致轴承工作的恶化。若润滑油温度过低,润滑油黏度太大,润滑油就不可能很好地充满轴承间隙,造成油膜厚度不稳定而引起转子振动。反之,若轴承侧间隙和顶间隙过大,也会使轴劲在轴孔内的位置不稳定,润滑油的减振作用减弱而引起转子的振动。此外,轴瓦压盖没有紧力而松动,也能导致运转中的振动加剧。

(4)轴颈椭圆度过小。由于轴颈椭圆度的存在,使转子在轴承中作周期性的升降运动而引起机组的振动。

(5)转子与定子碰撞摩擦。这主要是密封齿相碰,也有叶轮与隔板相接触的如碰擦发生在转子中段,则两端轴承处均有振动,如在某一轴承附近相碰,则只有一个轴承振动较强烈。

(6)喘振时发生振动。这种振动可从机体出口压力、流量的大幅度波动、风机的异常声响等现象中判断出来。消除这种振动的办法是立即开大排气阀或旁路阀,减少出口压力,增大风机流量,以消除喘振现象。

(7)产生油膜振荡。这种振动常发生在圆筒形轴承上。

(二)轴向位移的定义及产生的原因 `JBE005轴向位移产生的原因`

机组在运转中,转子沿着主轴方向的窜动称为轴向位移。产生轴向位移的原因有以下几个方面:

(1)在机组甩负荷时由于轴向力改变方向,且主推力块和副推力块与主轴上的推力盘有间隙,因而造成转子窜动,产生轴向位移。为保证机组当主推力块与推力盘接触时,副推力块与推力盘的间隙应该小于转子与定子之间的最小间隙。

(2)因轴向推力过大,造成油膜破坏使瓦块上的乌金磨损或熔化,造成轴向位移。为保证机组当乌金熔化时,不会造成过大的轴向位移,瓦块上乌金的厚度都不大于1.5mm。

(3)由于机组负荷的增加,使推力盘和推力瓦块后的轴承座、垫片、瓦架等因轴向力产生弹性变形,也会引起轴向位移,这种轴向位移称为轴向弹性位移,弹性位移与结构及负荷有关,一般在0.2~0.3mm之间。

机组的轴向位移应保持在允许的范围内,一般为0.8~1mm。超过这个数值就会引起动静部位发生摩擦碰撞,发生严重损坏事故,如轴变曲、隔板和叶轮碎裂、叶片折断等。因此,在操作中要经常注意轴瓦温度、润滑油温度、轴向位移指示值,发现异常情况要立即采取措施。

(三)主风机喘振的定义 `JBE006主风机喘振的定义`

主风机组喘振是风机与管网彼此作用,发生流量与压力振荡循环而产生的。主风机组在高压缩比、低流量情况下运行,易发生喘振。主风机组转速越低,如引起喘振,则喘振的程度越剧烈。

轴流式主风机组的转子、定子间隙较小,当主风机组发生喘振时,严重的振动会引起动、静部件之间的接触而损坏。此外,由于机、网系统的气流循环,引起气流温度的急速上升还会导致叶片与内缸的损坏。对于大型轴流式风机来说,喘振是机组逆流的前奏。

(四)主风机喘振的危害 `JBE007主风机喘振的危害`

(1)引起动、静部件之间的接触而损坏;

(2)产生交变应力可能折断叶片;

(3)导致内缸损坏;
(4)机组喘振如处理不当易造成机组逆流。

(五)主风机组喘振处理方法

主风机防喘振的措施很多,但催化裂化装置中最简便的反喘振方法是主风机出口放空。

恒速运行的离心式主风机应采用定值反喘振流量控制系统,此流量调节器的给定值应大于喘振点流量的7%~10%。变速运行的离心式主风机和大型轴流式主风机宜采用随动反喘振流量控制系统,根据主风机的不同工况(压缩比、出口压力、转速)沿反喘振线自动改变反喘振流量调节器的给定值,在主风机还未到达喘振点以前,提前打开出口放空阀,防止主风机出现喘振。反喘振线一般设置在喘振线以下,留有5%~10%的反喘振余量。变速运行的离心式主风机和恒速运行的可调静叶轴流式主风机的反喘振线是个面,处理起来比较复杂。但在一般转速变化不大的情况下,仍可简化为一条直线或折线。

大型轴流式主风机的反喘振流量控制,宜采用双放空阀方案。一只放空阀由反喘振流量调节器直接控制,另一只放空阀由自保信号控制。

> JBE008主风机组喘振的处理方法

二、技能要求

(一)准备工作

(1)工具准备:防爆阀门扳手、防爆手电、防爆对讲机。
(2)人员穿戴劳保着装:工作服、工作鞋、安全帽、手套。

> JBE009轴流式主风机组运行状态监测的内容

(二)操作规程

(1)检查主风机组是否有跑冒滴漏现象;
(2)检查主风流量是否在指标范围内;
(3)检查主风出口压力是否在指标范围;
(4)检查主风入口差压是否在指标范围内;
(5)检查振值、振幅是否正常;
(6)检查轴位移是否正常;
(7)检查静叶角度,静叶是否故障;
(8)检查主风机安全运行报警仪是否报警。

(三)注意事项

(1)主风机可调静叶有三个控制角度,用烟机启动时应将静叶调至最小角度。
(2)当主风机转速大于5000r/min时,转速正常指示灯亮,静叶角度自动在5s内从启动角向最小工作角度释放。若静叶开始释放时间大于15s,静叶位置故障指示灯亮,停机自保动作。

项目三 运行时烟气轮机检查

一、相关知识

(一)防止烟气轮机机组超速的方法

(1)采用电子调速器。

> JBE010烟气轮机机组防止超速的方法

烟气轮机直接带动发电机的机组,当电机甩负荷时,电子调速器将烟气轮机进口蝶阀快速关闭,防止机组超速。烟气轮机—主风机—电动机机组或烟气轮机—主风机—汽轮机—电动机机组,当电机甩负荷时,烟气轮机的功率超过主风机的功率则机组有可能超速。但因轴上有主风机,它的耗功与转速的三次方成正比,是一个强大的升速阻尼,所以这类机组超速的危险性远小于直接发电机组。当机组超速时,电子调速器自动控制烟气蝶阀,使机组转速控制在102%,只要烟气轮机输出功率与风机耗功相平衡,机组就能维持正常生产。在烟气轮机—主风机—汽轮机—电动机机组中,除烟气轮机有与三机配置机组相同的调速系统外,汽轮机还有一套液压调速器。正常运行时烟气轮机调速器不投入,只作监控;汽轮机的调速器投入运行,调节汽轮机的输出功率。如果烟气轮机输出功率小于主风机耗功,汽轮机发出的功率补充烟气轮机输出功率,维持轴系转速等于汽轮机调速器的整定值。如果烟气轮机的输出功率超过主风机耗功,即使汽轮机调速汽门关至最小,机组仍然要超速,当机组转超过102%时,烟气轮机调速器也自动投入工作,关小烟气蝶阀,限制机组升速,并将机组转速维持在102%额定值。在机组严重超速的状况下,两套调速系统都将各自的调节汽(气)阀关闭,同时,自保系统使机组紧急停机,确保机组转速不超过110%。

(2)采用磁涡流制动器。

磁涡流制动器是一个在直流磁场中与烟机同轴旋转的钢制鼓轮,当鼓轮切割磁力线时,产生涡流阻力矩,阻力矩大小与磁场强度即励磁电压就能精确地控制机组的转速。正常运行时不励磁,制动器随即空转。危急情况下,自动快速接通强励磁电源可使制动器产生强大的制动力矩防止机组超速。

(二)轴流式主风机的旋转失速区

> JBE011 轴流压缩机旋转失速区的定义

轴流主风机特性曲线静叶最小角度与最小工作角度线之间的区域称旋转失速区。旋转失速又分为渐进失速和突变失速两种类型。当风量小于轴流式主风机的旋转失速线限值时,叶片背面气流产生脱离,机内气流形成脉动流,使叶片产生交变应力而导致疲劳破坏。

为了防止失速,要求操作之熟悉特性线,机组启动过程中应快速通过失速区,操作过程中应按照制造厂的规定,使最小静叶角度不低于规定值。

(三)轴流式主风机的阻塞现象

> JBE012 轴流压缩机阻塞现象的定义

轴流式主风机的叶片喉部面积是固定的。当流量增大时由于气流轴向速度增大,气流相对速度增大,负冲角(冲角为气流方向与叶片进口安装角之间的夹角)也随之增大。此时,叶栅进口最小截面上平均气流将达到音速,这样通过主风机的流量就达到一临界值而不再继续增大,这一现象称为阻塞。

这种初级叶片的阻塞决定了主风机的最大流量,此时叶片强度也达到了最大值。当排气压力降低时,主风机内的气体将因膨胀体积增加而使流速增加,当气体在末级叶栅达到音速时也发生阻塞。由于末级叶片气流受阻,末级叶片前的气压升高,末级叶片后的气压降低,造成末级叶片前后的压差加大,这样末级叶片前后受力不平衡而产生应力,也可能导致叶片损坏。

一台轴流主风机当其叶型和叶栅参数确定后,其阻塞特性也就固定了。轴流主风机不允许在阻塞线以下区域过久运行。

二、技能要求

(一)准备工作

(1)工具准备:防爆阀门扳手、防爆手电、防爆对讲机。

(2)人员穿戴劳保着装:工作服、工作鞋、安全帽、手套。

> JBE013运行时烟气轮机的检查项目

(二)操作步骤

(1)烟气轮机润滑油系统检查。

现场操作人员检查润滑油压力情况是否处于正常范围内,检查润滑油温度情况是否处于正常范围内,检查润滑油泵运行情况是否正常,检查高位油箱情况是否正常,检查润滑油质量情况是否合格,检查润滑油箱液位情况是否正常,检查过滤器压差情况是否处于正常范围内。

(2)烟气轮机进出口情况确认。

现场操作人员检查烟气轮机进出口温度是否正常,检查烟气轮机进口膨胀节是否正常。

(3)蝶阀运行状况确认。

现场操作人员检查烟气轮机进口蝶阀油系统是否正常,联系主控人员检查烟气轮机进口蝶阀阀位开度是否与DCS保持一致。

(4)烟气轮机运行状况确认。

现场操作人员检查烟气轮机振动情况,检查烟气轮机轴位移,检查机体密封,检查烟气轮机冷却蒸汽情况。

(三)注意事项

(1)烟气轮机正常运行时入口烟气中含尘浓度不大于 $200mg/Nm^3$,进口催化剂浓度($>10\mu m$)的不大于5%。

(2)烟气轮机运行时,应经常检查密封蒸汽差压控制在 0.007MPa。

项目四 烟气轮机轮盘冷却蒸汽的调节

一、相关知识

(一)烟气轮机轮盘冷却蒸汽作用

烟气轮机轮盘冷却蒸汽有两方面作用。一是冷却轮盘的叶根部分,以降低轮盘的应力,延长使用寿命。二是防止催化剂细粉进到一、二级轮盘之间的死区,形成的团块粘在轮盘上影响动平衡。为此,在一、二级轮盘密封部位内(即死腔)及外(即二级静叶顶部)各设一测压点,并将此两点压力引到差压变送器中,然后送到差压调节器中,由该调节器的输出去控制蒸汽调节阀。该阀使腔内蒸汽永远比二级静叶处的压力高 0.0035MPa。

> JBE014烟气轮机轮盘冷却蒸汽的作用

(二)烟气轮机密封蒸汽的作用

为了防止带有粉尘的高温烟气从轴伸出端外漏,污染环境,在轴伸出端均装有迷宫式密封环,并向内圈注入密封蒸汽。用差压调节器中控制注入蒸汽的压力,使蒸汽压力永远比烟

> JBE015烟气轮机密封蒸汽的作用

气压力高 0.007MPa。

二、技能要求

（一）准备工作

（1）工具准备：防爆阀门扳手、防爆手电、防爆对讲机。

（2）人员穿戴劳保着装：工作服、工作鞋、安全帽、手套。

（二）操作规程

（1）确认烟气轮机入口温度不超出允许值，否则与反应岗位联系逐渐关闭烟气轮机入口阀。

（2）确认烟气轮机轮盘温度在允许值范围内，否则与反应岗位联系逐渐关闭烟气轮机入口阀。

（3）确认系统压力是否正常，若系统蒸汽压力低于 0.6MPa，立即汇报班长并与生产管理部门联系。

（4）确认冷却蒸汽调节阀是否正常，若失灵改副线阀，并联系仪表工处理。

（三）注意事项

（1）烟气轮机正常运行时轮盘冷却蒸汽的耗汽量应当控制在规定范围内。

（2）烟气轮机轮盘冷却蒸汽的蒸汽压力应控制在规定范围内。

模块六　事故判断与处理

项目一　催化剂倒流事故判断及处理

一、相关知识

（一）主风机出口设置单向阀的作用

主风机出口设置单向阀的作用是防止再生器的催化剂倒流到主风机内，从而避免毁机的严重事故。因再生器是一个体积很大的容器，当主风机因事故紧急停车，出口压力急剧下降时，再生器内的热烟气携带着催化剂就会倒流向主风机，如果没有单向阀（关闭缓慢，或者没有投自动），热烟气及催化剂就会进入主风机而毁坏主风机。

> JBF001主风机逆流的危害

（二）主风机逆流的危害

逆流是主风机最危险的工作状态，逆流流量只有顺流流量的几分之一，如果风机仍由原动机拖动，则原动机功率在风机中变成逆流气流的摩擦热，即风机的全部功率被用于加热气体，短时间内气体温度剧升，高温气体倒回风机，很快就可使风机叶片膨胀甚至熔化，转子飞逸。特别是再生器或烧焦罐内含有催化剂粉尘的高温气体倒流后，对主风机破坏性更大。

> JBF002轴流式主风机逆流的处理方法

（三）轴流式主风机逆流的处理方法

为了防止防喘振系统失灵产生喘振，或因其他原因造成逆流，催化裂化装置的轴流式主风机系统必须设置逆流保护装置。

逆流保护是防喘振保护之后的第二保护措施。一旦逆流产生，逆流信号将通过逻辑控制系统使防喘振阀在1.5s内全开，主风出口单向阀5s内全关，同时静叶角关到最小工作位置。

国内某炼油厂催化裂化装置的轴流式主风机的反逆流系统如图2-6-1所示。

当文丘里管测得送风量低于额定值的30%~40%时，低流量自保继电器动作，在1.5s内关闭单向阻尼阀切断风路。同时，将风机防喘振阀打开，风机可调静

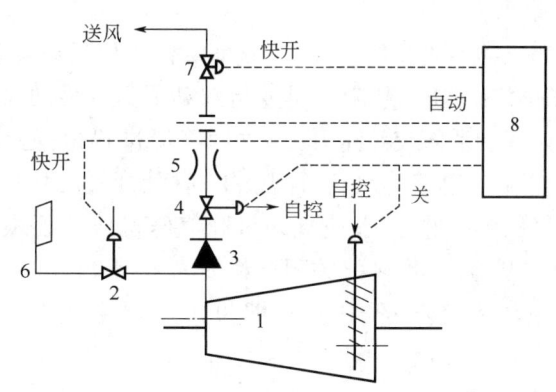

图2-6-1　反逆流系统示意图
1—主风机；2—防喘振阀；3—单向阀；4—反阻塞阀；5—文丘里管；
6—放空；7—单向阻尼阀；8—低流量自保

叶关至最小,保证风机不发生喘振。自保系统万一失灵,产生逆流,单向阀也能自动关闭制止倒流。该系统是多重保护的预防性防逆流系统。此控制方案进行了现场实测,性能完全达到设计要求。

二、技能要求

(一)准备工作

(1)工具准备:防爆阀门扳手、防爆手电、防爆对讲机。

(2)人员穿戴劳保着装:工作服、工作鞋、安全帽、手套。

(二)操作规程

1. 催化剂倒流事故现象

(1)两器藏量发生大幅度波动。

(2)再生、待生滑阀之一的压降回零。

(3)如催化剂向再生器集中,再生器冒黄烟。

(4)如催化剂向沉降器集中,则有可能发生爆炸。

2. 催化剂倒流原因

`JBF003催化剂倒流的原因`

在催化装置正常生产操作中,是通过对两器差压的严格控制来维持两器的压力平衡,从而保证催化剂的正常循环。若两器差压超限,催化剂容易产生倒流。

(1)两器压力大幅度波动,压差超过极限值。

(2)主风机突然停车或反应进料量突然增大。

(3)两器系统各部藏量、密度急剧变化。

(4)松动风(汽)、预提升蒸汽、流化蒸汽压力突然大幅度下降。

(5)仪表失灵。

3. 催化剂倒流事故处理

(1)一旦发现催化剂倒流,立即切断两器(两单动滑阀采用超驰控制,滑阀压降低时会自动关闭,但也应至现场检查,如滑阀动作不到位,就地改手动关闭)。投进料低流量自保,关闭进料喷嘴手阀。

(2)如双动滑阀突然全关,应立即降低主风量以降低再生器压力,同时可相应提高反应压力,维持两器差压不超限。迅速将双动滑阀改手动摇回原位,并联系仪表处理。

(3)如双动滑阀突然全开,应立即降低进料量,必要时可开气压机入口放火炬,维持两器差压不超限。迅速将双动滑阀改手动摇回原位,并联系仪表处理。

(4)气压机突然停机,应立即打开气压机放火炬蝶阀,并适当降低进料量,放火炬不畅通立即投进料低流量自保,关闭进料喷嘴手阀。

(5)主风机突然停机,应立即投用二再主风低流量自保,切断两器,关闭进料喷嘴手阀。

(三)注意事项

调整过程中两器不得压空,以避免发生互窜而引起爆炸的危险。

项目二　催化剂"架桥"的处理

一、相关知识

反再两器内的催化剂能否正常循环取决于两器压力平衡及催化剂的流化质量。催化剂"架桥"是因催化剂在斜管或再生器、沉降器锥体及在斜管内有气阻,流化不好使催化剂循环量不稳、大幅度减少甚至流化中断的现象。催化剂"架桥"因发生在斜管之内位置不同,故事故现象、原因及处理也不尽相同。

(一)再生斜管催化剂"架桥"

(1)现象:①再生滑阀压降突然降低。②提升管下部、出口温度急降。③反应压力降低,提升管出口粗旋压降急降。④再生器藏量、密度上升,沉降器催化剂藏量密度突然下降。⑤提升管下部密度、藏量、提升管下段密度回零。 〔JBF004再生斜管催化剂"架桥"的现象〕

(2)原因:①再生滑阀开度过小,或突然关闭,或是被前部脱落的衬里堵住。②两器差压过小或负差压,造成推动力不足。③再生立管松动风或蒸汽过高或过低,斜管松动不正常。④提升管底部的预提升介质中断。⑤再生器藏量过低。 〔JBF005再生斜管催化剂"架桥"的原因〕

(3)处理:应立即切断进料,加大事故蒸汽量,查明循环中断的原因,并相应进行处理。当恢复流化时要缓慢,加大汽提蒸汽量,以免引起催化剂带油造成再生器超温或反应压力过高等事故或现象。

(二)待生斜管催化剂"架桥"

(1)现象:①待生滑阀(塞阀)压降减小。②反应沉降器汽提段藏量和密度上升,再生器藏量降低。③待生管(套筒)密度降低,再生床温逐渐下降。④再生压力、温度下降。 〔JBF006待生斜管催化剂"架桥"的现象〕

(2)原因:①反应沉降器与再生器负差压过小。②待生立管内松动介质过大,或汽提段汽提蒸汽、锥体松动蒸汽量过大,产生气阻或松动。③催化剂发生堆积阻塞。④待生滑阀(塞阀)开度过小或关闭。 〔JBF007待生斜管催化剂"架桥"的原因〕

(3)处理方法:①待生滑阀(塞阀)改手动或手摇开,保持流化。②降低提升管的进料量,控制好两器温度和压力。③提高松动风和蒸汽的压力,加强脱水。④调节待生管(套筒内)介质流量,保证流化正常。

(三)空气提升管、半待生斜管催化剂"架桥"

对于两个再生器串联的装置,空气提升管噎塞或半再生立管噎塞也会造成催化剂中断循环。空气提升管噎塞多因增压机突停或增压风流控阀失灵关闭所致。半再生立管噎塞多因半再生滑阀失灵关闭(或一再催化剂藏量指示失灵造成半再生滑阀自动关闭)或立管失流化所致。发生上述事故时,若二再催化剂藏量不能维持,应及时切断反应进料,酌情关闭再生滑阀。

二、技能要求

(一)准备工作

(1)工具准备:防爆阀门扳手、防爆手电、防爆对讲机。

(2)人员穿戴劳保着装:工作服、工作鞋、安全帽、手套。

(二)操作规程

1. 催化剂"架桥"的原因

(1)流化床的操作变化引起循环管线架桥。当再生器或沉降器中的表观气速降低时,循环管中催化剂可能会发生架桥。

(2)不正确的通入松动风或松动点设计不合理引起架桥。

(3)在斜管输送催化剂时,靠近提升管连接处以上一定范围内不能通入松动气,否则易引起架桥。

(4)循环系统压力波动,也就是说瞬间压力平衡遭到破坏,也是造成架桥的原因。

(5)循环管线设计不合理(如变径过大、拐弯多、管径小),在某一条件下产生了强约束流动,是引起架桥的条件之一。

(6)在一定通气量下,催化剂循环强度较低时,也容易发生架桥,这主要是因为催化剂循环强度改变了相对速度。

2. 催化剂"架桥"事故处理

[JBF008催化剂"架桥"的处理方法]

消除架桥现象是一个复杂的问题,在实际生产中无法准确地判断出设备内部流化状态,只好通过判别和操作经验来处理。当催化剂架桥故障发生时,一般可采取如下处理方法:

(1)如因流化床层变化引起架桥,应保持流化床平稳操作,确保压力平衡,无论降低或提高床层表观气速,应采取勤调、逐步、慢速调节,切不可猛提猛降。

(2)如在变径或拐弯处架桥,应加大管线变径处或拐弯处松动风量,最好是在架桥处上方稍通气,当架桥疏通后必须尽快减小该处的给风量,以保持催化剂的正常流动。

(3)垂直管适宜的松动点间距为4~4.5m,若中间多加一个松动点且通气量较大则架桥,因此,该点应关掉。对立管松动点和松动风量进行适当调整。

(4)如压力不平衡引起,应减小架桥点以下的压力,可采用在架桥点以下放出部分气体(要采取一些防护措施,防止高温催化剂引起火灾或烫伤操作人员),或关掉部分松动点,待架桥疏通后再投用。

(5)如湿的松动风或蒸汽引起,则平时应保证工业风的露点低于-40℃,蒸汽松动点前的管线保温良好,进喷嘴前为过热状态。

(6)如外来物或衬里脱落导致管路堵塞,应使用γ射线来检查确定堵塞,并使用高压蒸汽或氮气清除堵塞物,必要时停工清除。

(7)如催化剂颗粒太粗,细粉含量偏低引起,应检查最近使用的催化剂性质;检查催化剂铁含量;三旋细粉回收利用或增加油浆回炼量回收细粉;增加新鲜剂的补充;考虑更换催化剂。

(8)如催化剂脱流化,达到堆积密度;再生器压力低引起架桥,则提高再生器压力。

(9)如近期装置检修或改造后架桥,则应核对料斗和立管的设计;堵塞外部料斗的排气口;检查松动气喷嘴的数量和方向;装置检修后封人孔前所有松动点都确认畅通。

(三)注意事项

若催化剂循环中断短期无法恢复,应切断进料、切断两器。

项目三　主风中断事故处理操作

一、相关知识

(一) 主风自保投用的条件

主风机组故障自保和主风自保是催化裂化装置最高级别的两个自保,也是催化裂化装置最重要、最关键的两个自保。

主风机组自保指的是轴位移高限、振值高限、润滑油压低限、动力油压低限、机组超转数等引起机组安全运行(或自动停机)或润滑油泵自动启动等专门针对机组本身安全运行的自动保护。

主风自保是在生产过程中,由于某些原因,会出现主风量过低的情况,自保系统会自动动作。相关装置自保会全部启动,主风机组将进入安全运行状态,而装置进入切料焖床处理程序(切断进料、切断两器、切断主风、切断增压风四大自保阀全部动作,相关自保阀迅速进入自保阀位状态),其主要是针对装置安全运行方面的自动保护。

发生以下情况时需立即启用主风自保:

(1) 主风中断,包括主风机组停机或安全运行。
(2) 主风低流量。
(3) 两器无法切断或切断两器后系统仍严重超温、超压。
(4) 发生火灾、爆炸事故。
(5) DCS 严重故障,无法排除。
(6) 其他严重威胁人身和设备安全的紧急情况。

(二) 防喘振系统的作用

恒速运行的离心式主风机应采用定值防喘振流量控制系统,此流量调节系统的给定值应大于喘振点流量的 7%~10%。变速运行的离心式主风机和大型轴流式主风机宜采用随动防喘振流量控制系统,根据主风机的不同工况(压缩比、出口压力、转速)沿防喘振线自动改变防喘振流量调节器的给定值,在主风机还未到达喘振点以前,提前打开出口放空阀,防止主风机出现喘振。防喘振线一般设置在喘振线以下,留有 5%~10% 的防喘振余量。

(三) 主风事故蒸汽的作用

采用主风事故蒸汽,是为了保证主风停进再生器后,再生器仍能处于流化状态,而不致死床。同时,主风事故蒸汽还可防止催化剂倒流进入主风机。

二、技能要求

(一) 准备工作

(1) 工具准备:防爆阀门扳手、防爆手电、防爆对讲机。
(2) 人员穿戴劳保着装:工作服、工作鞋、安全帽、手套。

(二)操作规程

1. 主风中断事故现象

(1) 各主风流量指示回零。

(2) 主风分布器压降回零。

(3) 再生器压力、温度急剧下降。

(4) 再生器罐藏量急剧变化。

2. 主风中断事故原因

(1) 主风机故障停机或安全运行。

(2) 主风机出口管道调节阀全关。

(3) 主风机出口防喘振调节阀突开。

(4) 主风自保动作。

3. 主风中断事故处理 (JBF012 主风中断的处理方法)

(1) 发现主风中断,立即手动启动主风低流量自保。确认其他自保都跟随动作。

(2) 关闭各主风流控阀,防止催化剂倒流至主风机。调节气压机入口放火炬和双动滑阀,保证两器差压保持在允许范围内。

(3) 确认烟机入口蝶阀已关闭。

(4) 关闭所有提升管进料调节阀和现场手阀。

(5) 在气压进入暖机转速后,关闭防喘振阀,防止蒸汽倒窜入气压机体产生积水。

(6) 两器压力平衡控制住后,相应关小沉降器各点蒸汽注入量,防止汽提段内催化剂温度下降过快造成催化剂和泥。试操作情况可将汽提段内催化剂全部转入再生器。

(7) 切断进料后相应关小装置外来原料量,维持原料罐液位不超高,给分馏改油浆紧急外甩线和建立原料开路循环提供时间。

(8) 为保证再生器催化剂温度不下降过快,要尽早将主风事故蒸汽切除。

(9) 将燃烧油改至待用状态,准备重新供风后,及早恢复生产。燃烧油器壁阀要关闭,防止主风中断期间燃烧油大量窜入再生器,造成并风时发生爆炸事故。

4. 主风中断后各岗位的退守状态

(1) 反再切断进料,切断两器,保证再生器床层温度。

(2) 分馏改原料开路大循环。

(3) 稳定系统改三塔循环。

(4) 热工系统紧急停炉,维持汽包液位在正常范围。

(三)注意事项

(1) 主风中断后要防止催化剂倒流进入主风机。

(2) 控制好两器差压防止出现物料互窜现象。

(3) 主风自保动作后应检查烟机入口蝶阀是否关闭,如在主风中断后,烟机入口蝶阀没有随主风机自保动作而关闭,应立即手动关闭烟机入口蝶阀,防止烟机超转速。如手动无法关闭,立即联系主风机人员去现场关闭。

项目四　烟气轮机振值过高的处理

一、相关知识

（一）油膜涡动

轴在轴颈中作偏心旋转时，轴颈从油楔中间隙较大的地方带入的油量大于从间隙小的地方带出的油量。由于液体的不可压缩性，多余的油就推动轴颈前进，形成与轴旋转方向相同的涡动。

轴产生油膜涡动的原因主要有：
(1) 轴承设计或制造不符合要求；
(2) 轴承间隙不当，轴承壳体配合过盈不足，轴瓦参数不当；
(3) 润滑油不良，油温或油压不当；
(4) 轴承磨损、疲劳损坏、腐蚀及汽蚀等。

（二）影响烟气轮机叶片寿命的因素

影响烟气轮机叶片寿命的主要因素是：
(1) 含催化剂粉尘的烟气速度；
(2) 催化剂粉尘的含量及粒度；
(3) 片材料耐冲蚀性能；
(4) 烟气温度。

（三）延长烟气轮机使用寿命的操作措施

操作方面控制减少烟气中催化剂粉尘含量虽然烟机采用了耐冲蚀措施，系统中也采用了高效率的旋风分离器，但是单纯靠烟气轮机和旋风分离器还不够，还必须严格控制平稳操作，减少因操作波动而引起的催化剂大量跑损。因而要保持装置在合理的条件下平稳操作，降低催化剂跑损（单耗），是延期烟气轮机和三旋寿命，提高能量回收系统经济效益的重要因素。

二、技能要求

（一）准备工作

(1) 工具准备：防爆阀门扳手、防爆手电、防爆对讲机。
(2) 人员穿戴劳保着装：工作服、工作鞋、安全帽、手套。

（二）操作规程

1. 烟气轮机振动故障现象

(1) 振动值急剧上升，振动超标，甚至机组停机；
(2) 振动突发性升高，达到某一条件后振动又降回原值；
(3) 振动逐渐增高，且振动频谱在特定频率波动较大；
(4) 振动值升高，且随烟气粉尘浓度的升高而增大。

2. 烟气轮机振动故障原因

(1)叶片磨损,甚至叶片断裂;

(2)烟气粉尘堆积(可脱落);

(3)油膜涡动;

(4)催化剂黏附磨损,造成不平衡。

3. 烟气轮机振动故障处理

(1)停机检修,更换磨损零件或断裂叶片,通过调整操作控制烟气催化剂粉尘含量和粒度或改善叶片材质等方式避免再次发生;

(2)防止工艺参数大幅波动,保证再生器各旋分线速度和压降,对三旋工况和指标进行实时或定期监控分析;

(3)分析是否为润滑油质量引起的油膜涡动,如是进行调整,分析是否为轴瓦间隙引起的油膜涡动,如是或通过调整润滑油压力、温度抵消,或停机检修,调整轴瓦间隙;

(4)烟气轮机开机后调整烟气量和轮盘冷却蒸汽量,控制催化剂细粉量并在适当范围内提高蒸汽量。

(三)注意事项

(1)发现烟气轮机振动值有上升趋势时,应立即查明原因进行处理,严重时,紧急停机。

(2)检查烟气轮机入口催化剂浓度,防止烟气轮机叶片结垢。

项目五　装置停循环水处理操作

一、相关知识

(一)除盐水的用途及对水质的要求

除盐水进装置除氧器除氧后,称为除氧水。除盐水在进除氧器之前,还与装置低温热源换热,起到冷却降温的作用,还能使自身温度得到提高,减少除氧器蒸汽的消耗。除氧水主要用于余热锅炉、外取热器、油浆蒸汽发生器等设备发生蒸汽补水。为保证发汽系统的正常运行,减少腐蚀结垢,保证蒸汽品质,除氧水的溶解氧、硬度、铁、硅等指标应达到厂控标准。

(二)停除盐水的现象和原因和处理方法

1. 现象

除盐水进装置流量和压力明显下降,用除盐水冷却的设备温度上升,除氧器液位低于正常值,继而引发余热锅炉、外取热器、油浆蒸汽发生器等设备水位低于正常值。

2. 原因

(1)除盐水泵故障;

(2)除盐水管线爆裂,造成水压过低或中断;

(3)管网系统操作发生故障。

3. 装置停除盐水的处理方法

除盐水供水中断后,联系调度,及时恢复除盐水来量。注意相关部位温度、压力变化,防止超温超压事故的发生。

1)除盐水中断初期

(1)注意观察除盐水冷却设备的冷后温度,改用的备用冷却手段或切除超温的设备。

(2)反应岗位大幅度降反应进料量、回炼量和掺渣比,减少外取热器的取热量,外取热汽包液位过低时,可将外取热器切出,通蒸汽保护。

(3)余热锅炉视汽包液位下降情况进行切除,烟气走旁路进烟囱,炉膛仅保留长明灯,熄灭主火嘴。

(4)分馏尽量减少油浆蒸汽发生器产汽量,改用备用措施保证分馏塔底温度不超温。

(5)注意按需求量调节各汽包上水,均衡控制好各汽包液位。

2)除盐水长时间中断,除氧器液位过低停除氧水泵

(1)立即切除外取热器和余热锅炉,并迅速降低和处理量。

(2)油浆蒸汽发生器切除,油浆改走跨线。投用备用油浆冷却器,控制好油浆返塔温度。

(3)当操作无法维持时,切断进料处理,装置紧急停工。

二、技能要求

(一)准备工作

(1)工具准备:防爆阀门扳手、防爆手电、防爆对讲机。

(2)人员穿戴劳保着装:工作服、工作鞋、安全帽、手套。

(二)操作规程

1. 停循环水的工艺现象

停循环水时,循环水压力明显下降,来水流量减小,各泵、压缩机组冷却水中断,压缩机组和泵需水冷部位温度升高,主风机电机超温停车。若长时间停,由于各机泵、机组无冷却介质,导致各机泵、机组不能正常运转;各冷却水器停循环水后,将导致各塔温度、压力升高,出装置的油品温度也升高。

> JBF016停循环水的工艺现象

2. 装置停循环水的处理方法

(1)停循环水后,要注意观察操作参数的变化,及时通知生产调度和循环水场,尽快恢复供水;

(2)反再系统降低处理量,可用空冷或其他介质(如新鲜水、除盐水)冷却的地方改用替代介质,等待循环水恢复,注意各特殊滑阀控制柜油温和在运行机泵的温度,温度超高可停运;

(3)分馏系统启动全部空冷,同时尽量控制好各介质冷后温度,控制好各塔顶温度,防止超压而发生安全阀起跳;

(4)暂停外甩油浆,油浆系统改为闭路循环;

(5)密切注意富气温度和富气压缩机工况,若温度超高,可紧急停气压机;

(6)密切监视各机泵的轴承箱温度,必要时接新鲜水冷却,若长时间温度高,停泵。

> JBF017装置停循环水的处理方法

(三)注意事项

联系生产调度,装置降量维持生产,严重时,无法维持生产,紧急切断进料。

项目六　装置停低压电处理操作

一、相关知识

装置突然停电的危害

停电是装置正常生产的重大事故,停电造成以电力驱动的运转设备停运,如增压机、电动主风机、机泵、空冷风机等。装置突然停电若处理不当或处理不及时,极易发生超温、超压等恶性事故。所以遇停电,岗位人员要沉着冷静,根据停电造成的不同影响正确选择处理方法。

二、技能要求

(一)准备工作

(1)工具准备:防爆阀门扳手、防爆手电、防爆对讲机。

(2)人员穿戴劳保着装:工作服、工作鞋、安全帽、手套。

(二)操作规程

> JBF018装置停低压电的处理方法

1. 停380V电的处理

1)事故现象

(1)380V电一般用在低压机泵上,装置停380V低压电时,低压电用电设备停运,如反再滑阀油泵失电报警,DCS部分参数发出声光报警;

(2)分馏系统、吸收稳定系统低压电机泵停运,空冷停运,系统温度上升;

(3)若瞬间晃电时,主风机组、气压机组滑润油备泵自启动,若长时间停380V电,主风机组、气压机组润滑油压力低联锁动作停机。

2)事故原因

(1)供电系统故障;

(2)电网波动晃电造成跳闸。

3)事故处理

(1)当380V电瞬间晃电时,要及时汇报调度、装置值班人员,联系供电单位保证供电平稳。因主要的机泵都设置有自启动装置,瞬间晃电时可以马上自启动;

(2)机组人员应迅速检查动力油泵、润滑油泵是否自启动,其他人员同时应迅速检查,并立即启动没有自启动的机泵;

(3)当供电恢复后,操作人员应立即到现场重新启动电液滑阀油泵;

(4)电动泵停泵应及时关闭各泵出口阀门,来电后按封油泵、油浆泵、原料泵、粗汽油泵、回炼油泵顺序迅速启动泵;

(5)分馏塔顶油气分离器界位上升,及时排污水至地漏,防止界位过高,造成沉降器憋压;

(6)如果380V电长时间停电,则应迅速启动主风、原料自保(滑阀在失电后,可以开关两个行程,自保动作后,滑阀可以关闭),控制好两器压差并检查自保阀是否动作,按紧急停工处理。

2. 停220V电的处理

(1)220V电主要用于照明及仪表用电。如因停220V电而引起仪表停电时,一般情况下,装置DCS有UPS蓄电池专供仪表停电30min内使用,因此当仪表停电时,UPS能自动投入进行工作,并发出报警信号,30min内能维持生产操作,此时迅速联系调度,确定来电时间。

(2)如30min后仍不能来电,按紧急停工处理。

3. 装置停电反应岗位的处理方法

停电分为瞬间停电和长时间停电。岗位值班人员应根据停电造成的不同影响正确选择处理方法。若发生瞬间停电,在电力恢复后将停运设备开启(或靠自启动功能自行开启),尽快恢复正常生产。因停电导致装置无法继续运行,应通知车间主管人员和厂调度,手动启用原料自保切断提升管进料。

> JBF019装置停电反应岗位的处理方法

(1)控制好反再两器压力,防止相互压空两器藏量。尽可能维持两器催化剂循环,不能维持时将反应系统的催化剂转到再生器中,保持单器流化,控制反应压力高于再生压力,严禁油气和烟气互窜。

(2)检查自保动作情况。迅速关闭进料喷嘴前手阀,防止进料窜入反应器。若原料事故旁通阀失控,打开其副线阀。

(3)采用干气提升和注金属钝化剂的装置,切断干气提升和金属钝化剂注入喷嘴前手阀。

(4)反再两器只要有催化剂,就要通入流化介质,并保持反吹风和松动蒸汽不中断。若再生温度维持不住,降到450℃时请示卸催化剂。

(5)看管好热工系统。酌情停止外取热器取热。冬季停工要做好热工系统的防冻凝工作。

(6)在电力恢复后,应根据情况尽快恢复正常生产。

4. 装置停电分馏岗位的处理方法

> JBF020装置停电分馏岗位的处理方法

(1)尽可能控制好分馏塔顶温度,防止重油带到塔顶。只要反再系统维持催化循环,就要保持油浆循环。若油浆循环长时间中断,应联系反应采取再生器单器流化。

(2)用蒸汽扫通油浆紧急放空线和原料进装置循环线。具备条件时,联系排放油浆,控制好油浆排放温度,严禁油浆排放温度过高造成油浆罐突沸、冒罐或因排放温度过低造成凝线。

(3)自产柴油停止出装置,必要时从装置外引开工柴油,保证再生器喷燃烧油、泵用封油和仪表冲洗油的供应。

(4)尽可能维持原料油、回炼油、油浆三路循环。不能维持时,重油线酌情退油扫线。

(5)冬季要做好防冻凝工作,防止冻坏设备管线。

(6)在电力恢复后,应根据情况尽快恢复正常生产。

5. 装置停电吸收稳定岗位的处理方法

> JBF021装置停电稳定岗位的处理方法

(1)粗汽油改直接进不合格罐。

(2)酌情将解吸塔和稳定塔塔底热源改出,尽可能控制好系统压力和主要塔器的液位,维持三塔循环。

(3)冬季停工要做好防冻凝工作,严禁冻坏设备管线。

(4)在电力恢复后,应根据情况尽快恢复正常生产。
(三)注意事项
(1)如多台机泵停运,无法维持生产,应按紧急停工处理。
(2)及时查找原因进行处理,防止发生次生事故。

项目七　装置停高压电处理操作

一、相关知识
(一)石化企业供配电方式
　　石化企业供电方式一般可分为二次降压供电方式和一次降压供电方式两种。对用电负荷很大的石化企业,往往采用35~220kV的电源进线,将35~220kV的电源电压降至6~10kV的电压,继而降至380V/220V的电压,供给低压电气设备使用。这种方式称为二次降压供电方式。对某些用电负荷较小的企业,可由35kV或10kV电力网供电,将35kV或10kV电源电压直接降压为380V/220V电压,供给低压用电设备使用,这种方式称为一次降压供电方式。

(二)催化裂化装置用电规格
催化裂化装置用电主要分为以下类别:
(1)大型机组用电:如主/备用风机机组电机,为10kV用电;
(2)大型机泵:油浆泵、增压机等,为6000kV用电;
(3)普通工/变频机泵:为380V用电;
(4)生活用电:一般为220V用电;
(5)生产检修或潮湿可燃气体场所用电:一般为12V/24V/36V用电。

二、技能要求
(一)准备工作
(1)工具准备:防爆阀门扳手、防爆手电、防爆对讲机。
(2)人员穿戴劳保着装:工作服、工作鞋、安全帽、手套。

> JBF022装置停高压电的处理方法

(二)操作规程
1. 事故现象
(1)DCS部分参数声光报警。
(2)增压风自保动作,外取热流化风量仪表指示回零。
　　(3)下列6000V设备停运:主(备)用风机、原料油泵、油浆泵、锅炉给水泵等;分馏油浆循环中断,流量指示回零,分馏塔各段温度上升;锅炉给水泵停运,除氧器液位上升;余热锅炉鼓风机停机自保动作,风量指示回零。

2. 事故原因
(1)供电系统故障;
(2)电网波动晃电造成跳闸。

3. 事故处理
(1) 联系调度,通知装置值班人员、维护人员现场就位;
(2) 增压风自保、余热锅炉鼓风机停机自保动作,检查自保阀是否就位;
(3) 启动进料自保;
(4) 关小外取热滑阀,保证汽包液位;
(5) 检查油浆泵,关闭泵出口阀,启动备用油浆泵;
(6) 监视气压机,必要时停机,放火炬控制反应压力;
(7) 气压机停机,必要时分馏引瓦斯维持压力,控制反应压力略大于再生压力;
(8) 稳定维持三塔循环,必要时切除解吸塔热源,防止塔压上升,安全阀跳起。

(三) 注意事项
(1) 如停高压电,主风机及原料油泵停运,应立即按紧急停工处理。
(2) 装置紧急停工后,控制好两器差压,防止油气窜入再生器发生着火爆炸事故。

项目八 装置停1.0MPa蒸汽处理操作

一、相关知识

(一) 装置蒸汽中断的危害
因催化裂化自身因素或系统故障造成以汽轮机驱动的大机组供汽中断,如主风机、气压机等,将危及装置安全生产,处理不当有可能造成非计划停工。

(二) 停3.5MPa蒸汽的处理方法
在催化裂化装置中,重油催化裂化装置可自产3.5MPa蒸汽,不仅可以满足气压机和汽轮机需要,而且还外输一部分3.5MPa蒸汽。所谓停3.5MPa蒸汽,是指装置中压蒸汽系统出现故障,而管网中压蒸汽不能及时补充进来的情况。停3.5MPa蒸汽后,气压机按规程停车。由于气压机停车,如汽轮机为背压式,则汽轮机背压1.0MPa蒸汽中断,需用1.0MPa蒸汽的相应用户改由系统蒸汽装置维持生产,因蒸汽品质可能变差,此时密切注意各用汽点蒸汽量变化,尤其注意对反应—再生系统的操作变化,并加强蒸汽脱水。此时反应沉降器压力用气压机入口放火炬控制,并降低装置处理量、调整操作,吸收—稳定按富气中断故障处理。同时联系调度及时恢复3.5MPa蒸汽供给,以尽快使气压机恢复运行。如3.5MPa蒸汽长时间不能恢复供给,则装置切断进料,并视情况全面停工。

JBF023 停3.5MPa蒸汽的处理方法

二、技能要求

(一) 准备工作
(1) 工具准备:防爆阀门扳手、防爆手电、防爆对讲机。
(2) 人员穿戴劳保着装:工作服、工作鞋、安全帽、手套。

(二) 操作规程
1. 事故现象
(1) 蒸汽压力、流量下降。

(2) 反应压力下降,再生器超温。

2. 事故原因

(1) 系统蒸汽管线爆裂,蒸汽压力下降。

(2) 电站锅炉故障,导致蒸汽压力过低。

3. 事故处理

(1) 一般催化裂化装置,都能自产并外输 1.0MPa 蒸汽,当装置外系统管网 1.0MPa 蒸汽系统压力过低时,将导致装置的低压蒸汽系统压力也下降,此时若装置自产 1.0MPa 蒸汽正常,可根据压力变化情况关小装置外送 1.0MPa 蒸汽管网阀,通过减温减压器向 1.0MPa 蒸汽系统适当补入 3.5MPa 蒸汽,维持住装置内 1.0MPa 蒸汽系统压力,防止反应汽提、雾化效果恶化,此时要密切注意反再系统的操作及烟气轮机轮盘冷却温度。当系统压力过低时,生产难以维持,反应切断进料,按紧急停工处理。

(2) 立即联系厂调度,电站及有关单位迅速恢复供汽。

(3) 如装置操作异常,自产蒸汽量小,造成汽提蒸汽量过小时,可降低处理量,保持反应温度、再生温度及两器压差。

(4) 防止催化剂中止流化及炭堆积,再生器冒黄烟。

(5) 根据变化及时调整操作,防止超温超压,如长时间停汽可做停工处理。

(6) 停汽后关闭两器及分馏稳定系统所有进汽阀门,以防催化剂和油气窜入蒸汽管线内。长时间停汽应将催化剂转入再生器保持单容器流化,注意床层温度不要控制过低,随时等待开工。

(7) 如果蒸汽压力低但可以保证再生器喷燃烧油维持床层温度,则热工系统可以维持运行,供反再系统用汽。

(8) 如果蒸汽压力过低,不足以维持喷燃烧油及机组运行的条件,应启用主风自保。

(9) 如果蒸汽完全中断,应注意检查反应、分馏系统,防止负压。

(三) 注意事项

联系生产调度,装置降量维持生产,如再生器冒黄烟无法维持生产时,应立即切断进料。

项目九 装置停净化风处理操作

一、相关知识

工业风在炼厂中有两种类型:一是分为净化风、非净化风;二是工业风都为净化后的净化风。一般催化裂化装置非净化风用于再生器各松动点、催化剂加注系统充压及输送风。净化风用于再生器仪表反吹风,各风动调节阀动力风。

(一) 公用工程系统事故处理原则

> JBF024 公用工程系统事故处理原则

公用工程系统或称动力系统是各装置共同使用的部分,如水、电、汽、风、燃料气、氮气等,它是生产辅助装置提供的。公用系统出现问题的原因是多种多样的,很多时候本装置是无法控制的。公用系统出现问题,对装置的影响通常是大面积的,轻则影响生产,打乱操作,重则导致装置停工停产。因此,对操作人员来讲,要做好充分的事故处理方案准备,一旦公用系统出现问题,做到应付自如,严格控制好三大平衡,保证人身设备的安全,待原因消除后,逐步恢复正常生产。

(二)非净化风中断现象

当非净化风中断时,装置内非净化风系统压力下降,低于正常值,反再系统有可能会出现流化不好的情况,小型加料输送风压力明显下降,小型加料不能正常工作。

(三)非净化风中断处理

(1)如果非净化风突然中断,再生、半再生斜管等松动风中断,此时应迅速将非净化风切换为净化风作为松动风,以保证再生系统的流化。

> JBF025装置停非净化风的处理方法

(2)迅速关闭小型加料器壁阀门,防止高温催化剂倒流。

(3)如果因非净化风中断已造成催化剂流化失常,生产维持不住时,装置切断进料,按紧停工处理。恢复送风后,先处理各吹扫、流化、松动点,再按正常开工步骤开工。

二、技能要求

(一)准备工作

(1)工具准备:防爆阀门扳手、防爆手电、防爆对讲机。

(2)人员穿戴劳保着装:工作服、工作鞋、安全帽、手套。

(二)操作规程

1. 事故现象

> JBF026停净化风的现象

当净化风中断致使停仪表风压过低,各风动调节阀定位器失灵,仪表信号回零,所有风开阀全关,风关阀全开。净化风中断,还可能导致反再系统的某些仪表反吹风中断,使藏量、料位、密度、压差、压力等仪表失灵。

2. 事故处理

> JBF027停净化风的处理方法

(1)净化风中断后,如非净化风正常,则迅速打开净化风、非净化风连通线,维持生产,并加强脱水,同时密切注意装置各部分的操作变化。

(2)联系厂调度迅速恢复净化风压力。

(3)当非净化风压力也降低,并影响调节阀动作时,应立即将所有风开阀改副线控制,风关阀用下游阀控制。

(4)如果两种工业风全部中断,应按紧急停工处理。

(5)由于净化风中断,可能导致反再系统的某些仪表反吹风中断,如藏量、料位、密度、压差、压力等仪表失灵,必要时应切断进料,严重时切除主风并根据现场压力指示控制好反再系统压力平衡,同时切断两器,防止催化剂倒流,料位压空,空气互窜造成爆炸事故。

(6)当净化风恢复正常时,所有改旁路和改手动的阀都要改回正常状态,并要检查所有仪表反吹点是否堵塞,完成上述工作后,再依常开工程序组织恢复生产。

(三)注意事项

(1)如装置操作人员配置较少时,净化风压力下降,不采取用副线阀或下游阀的控制方法,参数达到自保条件,直接紧急停工,更为安全。

(2)处理事故过程中,要防止发生次生事故。

模块七　计算

项目一　提升管油气停留时间的计算

一、相关知识

(一)反应时间的意义

提升管反应时间(油气停留时间)是反应过程的重要指标,反应时间太短单程转化率低,太长则出现过度裂化。每个装置应根据加工原料油性质、催化剂的性质及工艺方案选择适宜的反应时间,使装置达到较理想的产品收率和产品质量。

提升管容积确定后虽然可通过调节预提升蒸汽、终止剂以及进料位置等改变反应时间,但往往受旋风分离器、分馏塔、压缩机能力以及压力平衡等多方面制约,调节范围不大,所以提升管设计是非常重要的。

(二)反应时间对产品的影响

缩短反应时间可减少二次反应。烯烃饱和为二次反应,因此,缩短接触时间可得到高质量的含烯烃汽油,使辛烷值增加。

催化裂化生成的汽油烯烃进行二次反应需要一定时间,延长反应时间是汽油烯烃组分氢转移反应的必要条件。氢转移反应的速度一般较快,因此适当延长反应时间即可满足要求。

实验数据表明:增加提升管反应时间,液化气、汽油产率提高,干气和焦炭产率增加,汽油辛烷值变化不大,汽油烯烃含量下降,芳香烃含量提高,链烷烃和环烷烃含量几乎不变。

二、技能要求

[JBG001提升管相关计算]

(一)计算步骤

(1)计算出提升管入口总摩尔流量。

(2)数据代入公式计算出提升管下部线速 $u_下$:

$$u_下 = \frac{V_下}{F_下} = \frac{n \times 22.4 \times (t_下 + 273) \times p_{大气}}{F_下 \times 273 \times (p_下 + p_{大气})}$$

式中　n——入口总摩尔流量;

　　　$V_下$——下部体积流量;

　　　$F_下$——下部截面积;

　　　$t_下$——入口温度;

　　　$p_下$——入口压力。

(3)计算出提升管上部线速,上部线速计算公式与下部线速相同。

(4) 计算出提升管内对数平均线速:

$$u_{平} = \frac{u_{上} - u_{下}}{\ln \dfrac{u_{上}}{u_{下}}}$$

(5) 计算出提升管长度。
(6) 计算出油气停留时间:

$$\tau = \frac{L}{u_{平}}$$

式中 L——提升管长度。

(7) 得出计算结果,并做出解答。

【例 2-7-1】 已知某催化装置提升管底部至油气出口长度为 46m,提升管底部至原料油喷嘴高度为 11m,提升管无变径,截面积为 $1m^2$,提升管压力为 1.967MPa,提升管预提升及雾化、吹扫蒸汽总流量为 9t/h,提升管进入原料的总摩尔流量为 3000kmol/h,温度为 227℃,提升管出口总摩尔流量为 4000kmol/h,温度为 507℃,试求油气停留时间(保留小数点后两位)。

解: 提升管入口总摩尔流量 $n = 9 \times 1000/18 + 3000 = 3500 (kmol/h)$

提升管下部线速 $u_{下} = V_{下}/F_{下}$
$= 3500 \times 22.4 \times (273+227)/273 \times 1.033/(1.033+1.967)/3600/1$
$= 13.73 (m/s)$

提升管上部线速 $u_{上} = V_{上}/F_{上}$
$= 4000 \times 22.4 \times (273+507)/273 \times 1.033/(1.033+1.967)/3600/1$
$= 18.21 (m/s)$

提升管内对数平均线速 $u_{平} = (u_{上} - u_{下})/\ln(u_{上}/u_{下})$
$= (18.21 - 13.73)/\ln(18.21/13.73) = 15.86 (m/s)$

提升管长度 $L = 46 - 11 = 35 (m)$

油气停留时间 $\tau = L/u_{平} = 35/15.86 = 2.21 (s)$

答:油气停留时间为 2.21s。

(二) 注意事项

计算过程中注意温度单位的换算。

项目二 装置两器压力平衡的计算

一、相关知识

(一) 两器压力平衡计算的意义

对生产装置进行反再系统的压力平衡核算,可以使技术人员掌握催化剂循环线路上每一台单体设备内催化剂流化输送状况,掌握推动力、阻力的平衡情况,及时发现制约催化剂循环量提高的瓶颈,提出解决循环线路上流化输送问题的措施,为提高装置的稳定性和操作弹性创造条件。

(二) 几种不同形式的催化裂化装置的压力平衡图

(1) 同高并列式装置典型压力平衡图见图 2-7-1。

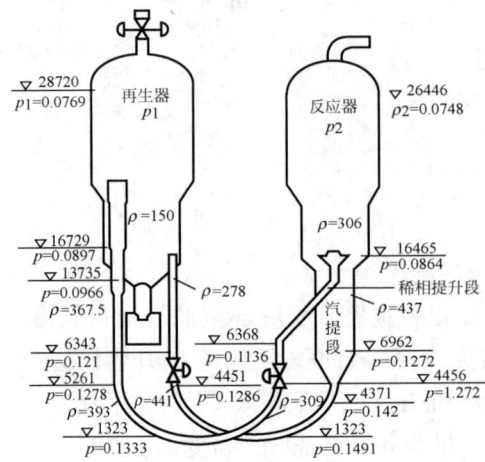

图 2-7-1　同高并列式装置典型压力平衡图

单位：标高，mm；压力 p，MPa；密度 ρ，kg/m³

(2) 高低并列式装置典型压力平衡图见图 2-7-2。

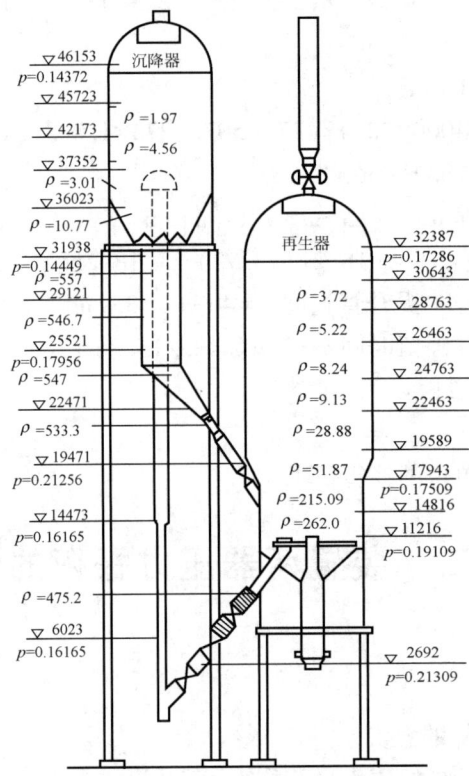

图 2-7-2　高低并列式装置典型压力平衡图

单位：标高，mm；压力 p，MPa；密度 ρ，kg/m³

(3) 同轴式装置典型压力平衡图见图 2-7-3。

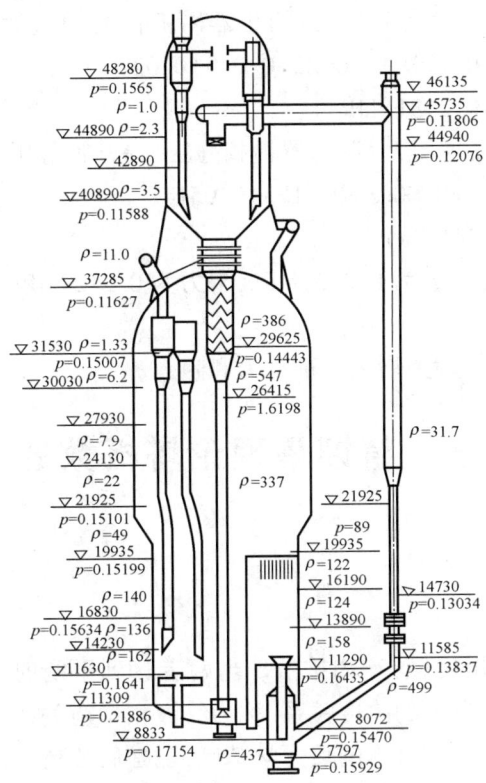

图 2-7-3 同轴式装置典型压力平衡图
单位:标高,mm;压力 p,MPa;密度 ρ,kg/m³

二、技能要求

(一) 计算步骤

(1) 确认需计算的装置类型。

(2) 确认需要计算的压力平衡线路。

(3) 将装置反应再生之间的压力平衡系统分为待生、半再生、再生线路,并以每条线路的低压力点为基准,按催化剂流动方向,确定或划分该线路的推动力和阻力。

(4) 将各推动力和阻力汇总求和,计算出总推动力和阻力。

(5) 分析核对结果准确性,并做出解答。

【例 2-7-2】 已知某套高低并列式催化裂化装置标定的压力数据分布如下:

再生器顶压力:0.1729MPa 沉降器顶压力:0.1437MPa

再生器稀相静压:0.0022MPa 沉降器稀相静压:0.0003MPa

再生密相静压:0.016MPa 提升管总压降:0.0175MPa

再生斜管静压:0.022MPa 再生滑阀压降:0.0514MPa

再生过渡段静压:0.0009MPa 汽提段静压:0.0351MPa

再生密相静压:0.016MPa 待生斜管静压:0.033MPa

待生滑阀压降:0.0308MPa

试求再生线路的推动力和阻力。

解：再生线路推动力 = 再生器顶压力 + 再生器稀相静压 + 再生密相静压 + 再生斜管静压
$$= 0.1729 + 0.0022 + 0.016 + 0.022$$
$$= 0.2131(\text{MPa})$$

再生线路阻力 = 沉降器顶压力 + 沉降器稀相静压 + 提升管总压降 + 再生滑阀压降
$$= 0.1437 + 0.0003 + 0.0175 + 0.0514$$
$$= 0.2129(\text{MPa})$$

答：该装置再生线路推动力为 0.2131MPa，阻力为 0.2129MPa。

(二) 注意事项

计算过程中注意根据装置类型区分推动力和阻力。

项目三　精馏塔理论塔板数的计算

一、相关知识

(一) 气液相平衡关系

蒸馏过程中，气、液两相接触，互相扩散。当两者达到平衡时，传质过程就不再继续进行。气、液两相达到平衡状态下的浓度关系，称为气液相平衡关系。

溶液的气、液相平衡是蒸馏过程的热力学基础，也是后续精馏操作分析和过程计算的重要依据，这里所说的溶液和气、液相都是指理想溶液和理想气体，即液相遵循拉乌尔定律，气相遵循道尔顿定律。

`JBG004拉乌尔定律` 在平衡时，根据拉乌尔定律：在一定温度下，溶液上方蒸气中任意组分的分压，等于此纯组分在该温度下的饱和蒸气压乘以它在溶液中的摩尔分数。

对于双组分，则有：

$$p_A = p_A^\circ x_A$$
$$p_B = p_B^\circ x_B = p_B^\circ (1 - x_A)$$

`JBG005道尔顿定律` 根据道尔顿分压定律，溶液上方蒸气总压为各组分分压之和，则有：

$$p = p_A + p_B = p_A^\circ x_A + p_B^\circ (1 - x_A)$$

式中　p —— 气相总压，Pa；

p_A, p_B —— 组分 A、B 在气相中的分压，Pa；

p_A°, p_B° —— 纯组分 A、B 在平衡温度下的饱和蒸气压，Pa；

x_A, x_B —— 组分 A、B 在液相中的摩尔分数。

实际上理想溶液是不存在的，仅对于那些由性质极相近、分子结构相似的组分所组成的溶液，例如苯—甲苯、甲醇—乙醇、烃类同系物等可视为理想溶液。理想状态双组分平衡时，轻组分在气、液相中的组成为：

$$x = \frac{p - p_B^\circ}{p_A^\circ - p_B^\circ}, \quad y = \frac{p_A^\circ x}{p}$$

式中 y, x——体系中的气、液相轻组分摩尔分数。

在蒸馏过程中,当蒸气未被引出前与液体处于某一相同的温度和压力下,相互密切接触,气相和液相的相对量以及组分在两相中的浓度分布都不再变化,气液相平衡时系统内温度压力和组成都是一定的。一个系统中气液相达到平衡状态有两个条件:

（1）液相中各组分的蒸气压必须等于气相中同组分的分压,各组分在单位时间内汽化的分子数和冷凝的分子数相等。

（2）液相的温度等于气相的温度;否则两相间会发生热交换,当任一相的温度升高或降低时,势必引起各组分量的变化。这就说明在一定温度下,气液两相平衡状态时,气液两相中的同一组分的摩尔分数比恒定。

气液两相平衡时,两相温度相等,此温度对气相来说,代表露点温度;对液相来说,代表泡点温度。气液平衡是两相传质的极限状态。气液两相从不平衡到平衡的原理,是汽化和冷凝、吸收和解吸过程的基础。

（二）相对挥发度和相平衡方程

相对挥发度为 A、B 两组分挥发度之比:

$$a_{AB} = \frac{v_A}{v_B}$$

$$v_A = \frac{p_A}{x_A}$$

$$v_B = \frac{p_B}{x_B}$$

式中 a_{AB}——A、B 两组分的相对挥发度;

v_A——组分 A 的挥发度;

v_B——组分 A 的挥发度。

对于低压、液相为理想溶液的情况:

$$a_{AB} = \frac{p_A^\circ}{p_B^\circ}$$

对于气相服从道尔顿定律的物系:

$$a_{AB} = \frac{y_A/x_A}{y_B/x_B} = \frac{y_A/y_B}{x_A/x_B}$$

相平衡方程为用轻组分相对挥发度 a 表示的气液相平衡关系:

$$y = \frac{ax}{1+(a-1)x} \quad 或 \quad x = \frac{y}{a-(a-1)y}$$

（三）气液平衡相图——y-x 图

在一定外压下,以 y 为纵坐标,以 x 为横坐标,建立气液相平衡图,即 y-x 图。

图 2-7-4 为苯—甲苯混合液在外压为 101.33kPa 下的 y-x 图。图 2-7-4 中曲线的 D 点表示组成为 x_1 的液相组成与 y_1 的气相互成平衡。

气液平衡相图表示在恒定总压、不同温度下互成平衡的气液两相组成 y 与 x 的关系,以横坐标 x 表示易挥发组分在液相中的组成,以纵坐标 y 表示易挥发组分在气相中的组成。

对于理想物系,气相组成 y 恒大于液相组成 x,故相平衡曲线必位于对角线的上方。此外,应注意在 y-x 曲线上各点所对应的温度是不同的。

(四)连续精馏的操作线方程

$$y_{n+1} = \frac{R}{R+1}x_n + \frac{1}{R+1}x_D$$

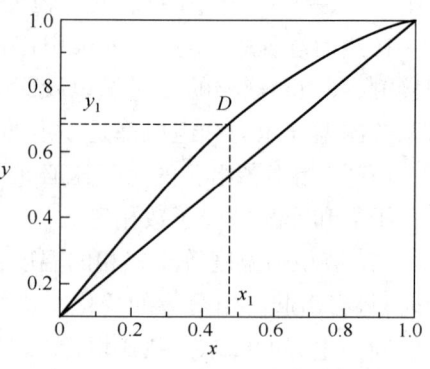

图 2-7-4 苯—甲苯气液平衡相图

该式表示精馏段任意两块塔板之间,上升蒸汽与下降液体的组成关系,为一条斜率为 $R/R+1$、截距为 $x_n/R+1$ 的直线,称为精馏段操作线方程。其中 $R=L/D$,称为回流比,即回流液量与塔顶馏出液量之比。

JBG007装置精馏的计算

$$y_{n+1} = \frac{RD+qF}{(R+1)D-(1-q)F}x_n - \frac{F-D}{(R+1)D-(1-q)F}x_W$$

该式表示提馏段任意两块塔板之间,上升蒸汽与下降液体的组成关系,称为提馏段操作线方程,也为一条直线。其中 q 为进料原料的液化分率,表示单位原料量中液相所点的比例,即表示进料状况。当原料的总量为 F 时,则因进料而引入加料板的液体量为 q_F,引入的蒸汽量为 $(1-q)F$。

在实际生产中,不同进料状况与 q 值的关系如下:

进料温度在低于沸点的冷液体,则 $q>1$;

进料温度正好为沸点(泡点)的饱和液体,则 $q=1$;

进料温度介于泡点和露点之间的气液混合物,则 $0<q<1$;

进料温度正好为露点的饱和蒸汽,则 $q=0$;

进料温度是高于露点的过热蒸汽,则 $q<0$。

q 线方程:

$$y_q = \frac{q}{q-1}x_q - \frac{x_F}{q-1}$$

二、技能要求

理论塔板数计算方法分为两种:一种是图解法;另一种是逐板计算法。

(一)图解法计算步骤

气液平衡相图如图 2-7-5 所示。

(1)在 $(x-y)$ 图上画出平衡线,连接对角线。

(2)确定精馏操作线。

(3)确定 q 线。

(4)确定提馏段操作线。

(5)在平衡线与操作线间画阶梯,如图 2-7-6 所示。

(6)阶梯数即为图解法计算的理论塔板数。

(7)分析核对结果准确性,并做出解答。

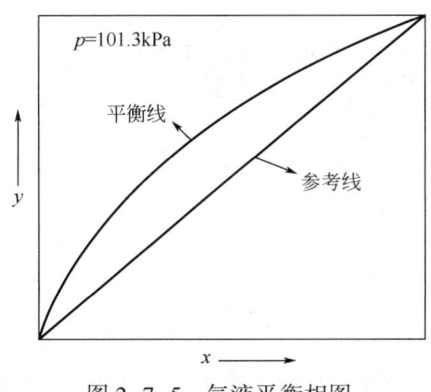

图 2-7-5　气液平衡相图

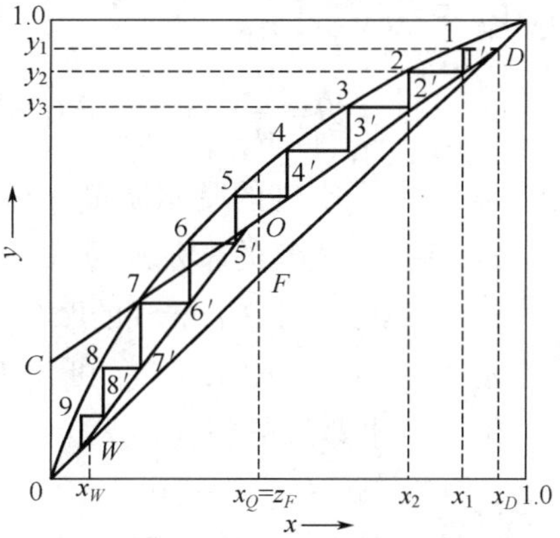

图 2-7-6　图解法求理论塔板数

【例 2-7-3】　已知精馏塔分离含丙烯 62.5%(摩尔分数,下同)的丙烷、丙烯饱和溶液,塔顶产品丙烯与塔底产品质量要求在 87.5%以上。采用回流比 4,试用图解法求该塔理论塔板数。

解:(1)$x_W=0.125$,$x_D=0.875$。

(2)截距 $y=x_D/(R+1)=0.175$,如图 2-7-7 所示。

(3)饱和溶液 δ 线为垂直线。

(4)作提馏段操作线和精馏段操作线。

(5)图解得到 9 级阶梯。

答:理论塔板数约为 9 块。

图 2-7-7　图解法求理论塔板数例图

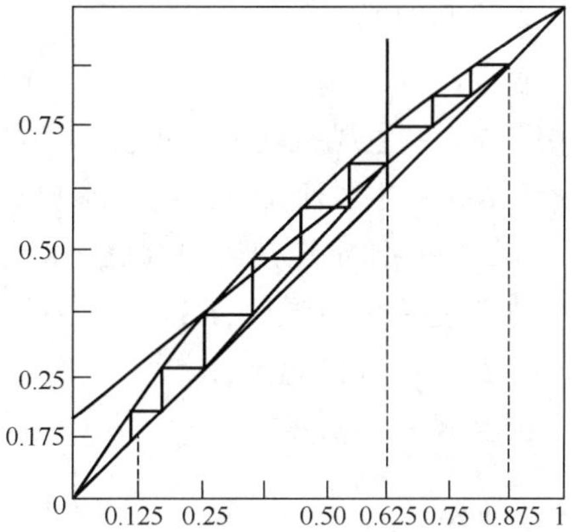

(二)逐板计算法求理论塔板数的步骤

(1)确认塔顶冷凝器为全凝器、泡点回流、重沸器为间接加热;

(2)确认 F、x_F、q 给定;

(3)确认分离要求 x_D、x_W(或回收率)已规定,且 R 已选定;

(4)确认已知操作温度下的 a;

(5)交替使用相平衡方程和操作线方程,由塔顶至塔底逐板计算。

(三)注意事项

根据已知条件首先确定计算理论塔板数的方法。

项目四　焦炭氢碳比的计算

一、相关知识

(一)主风机相关计算

JBG008催化机组的计算

1. 湿度、相对湿度

湿度又称湿含量或绝对湿度,为湿空气中所含水蒸气的质量与干空气质量之比,以符号

H(kg/kg 干空气)表示。

$$H = \frac{M_v n_v}{M_a n_a} = \frac{18 n_v}{29 n_a} = 0.622 \frac{n_v}{n_a} = 0.622 \frac{p_v}{p_{总} - p_v}(理想混合气体)$$

式中 M_a——干空气的摩尔质量,g/mol;

M_v——水蒸气的摩尔质量,g/mol;

n_a——湿空气中干空气的摩尔质量,g/mol;

n_v——湿空气中水蒸气的摩尔质量,g/mol;

p_v——水蒸气分压,Pa;

$p_{总}$——湿空气总压,Pa。

相对湿度是湿空气的实际水蒸气分压 p_v 与相同温度下水的饱和蒸气压 p_s 之比的百分数,以 φ 表示。

$$\varphi = \frac{p_v}{p_s} \times 100\%$$

于是又有:

$$H = 0.622 \frac{\varphi p_s}{p_{总} - \varphi p_s}$$

2. 主风机功率

$$N = G \cdot c_p \cdot (T_2 - T_1)$$

式中 N——主风机功率,kW;

G——主风流量,kg/s;

c_p——比定压热容,J/(kg·K);

T_2——出口温度,K;

T_1——入口温度,K。

3. 主风机轴功率

$$N_e = 2.944 \frac{p_i v_i}{\eta_p}$$

式中 N_e——主风机轴功率,kW;

v_i——入口体积流量,m³/min;

p_i——入口压力,10^5 Pa;

η_p——多变效率。

(二)气压机相关计算

1. 压缩比

$$气压机压缩比 = \frac{气压机出口压力(绝压)}{气压机入口压力(绝压)}$$

2. 轴功率

$$N_e = 4 \frac{p_i v_i}{\eta_p}$$

式中　N_e——气压机轴功率，kW；
　　　v_i——入口体积流量，m^3/min；
　　　p_i——入口压力，$10^5 Pa$；
　　　η_p——多变效率。

(三)烟气轮机相关计算

$$\frac{T_e}{T_i} = \left(\frac{p_e}{p_i}\right)^{\frac{(k-1)}{k}}$$

式中　T_e——出口温度，K；
　　　T_i——入口温度，K；
　　　p_e——出口压力，$10^5 Pa$；
　　　p_i——入口压力，$10^5 Pa$；
　　　k——绝热指数。

(四)氢碳比的概念

氢碳比为氢、碳原子数之比。在石油加工过程中，氢碳比是一个重要指标，更能反映原油的属性。一般来说，轻质原油或石蜡基原油，氢碳比较高，如大庆原油约为1.9；重质原油或环烷基原油，氢碳比较低，如欢喜岭原油为1.5。氢碳比还反映了原油的结构信息，它是一个与原油组成的化学结构有关的参数。对于不同系列的烃类，在相对分子质量相近的情况下，其氢碳比大小顺序是：烷烃>环烷烃>芳香烃。

二、技能要求

(一)计算步骤

(1)正确选择公式。
(2)分别计算出 CO、O_2、CO_2 的体积分数。
(3)数据代入氢碳比计算公式计算。

$$氢碳比 = \frac{8.93 - 0.425(\varphi_{CO_2} + \varphi_{O_2}) - 0.257\varphi_{CO}}{\varphi_{CO_2} + \varphi_{CO}}$$

式中　$\varphi_{CO_2}, \varphi_{CO}, \varphi_{O_2}$——$CO_2$、CO、$O_2$ 的体积分数。

(4)得出计算结果。
(5)分析结果准确性，并做出解答。

【例2-7-4】 已知烟气中分析数据如下：

序号	CO 体积分数	O_2 体积分数	CO_2 体积分数
1	0.0725	5.938	12.629
2	0.1364	5.347	12.665
3	0.0871	5.724	11.811
4	0.0758	6.763	11.682
5	0.0701	6.109	12.029

解：

$$\varphi_{CO} = (0.0725+0.1364+0.871+0.758+0.701)/5 = 0.0884\%$$

$$\varphi_{O_2} = (5.938+5.347+5.724+6.763+6.109)/5 = 5.9762\%$$

$$\varphi_{CO_2} = (12.629+12.665+11.811+11.682+12.029)/5 = 12.1632$$

$$氢碳比 = \frac{8.93-0.425(\varphi_{CO_2}+\varphi_{O_2})-0.257\varphi_{CO}}{\varphi_{CO_2}+\varphi_{CO}}$$

$$= \frac{8.93-0.425\times(12.1632+5.9762)-0.257\times 0.0884}{12.1632+0.0884}$$

$$= 0.098$$

答： 焦炭氢碳比为 0.098。

(二) 注意事项

氢碳比是比值，最终结果没有单位。

第三部分

高级技师操作技能及相关知识

模块一 开车准备

项目一 催化裂化工艺方案的选择

一、相关知识

(一)影响催化裂化工艺方案确定的因素

为了确定催化裂化装置合适的生产工艺方案,应考虑的主要问题有掺渣率、操作方式、增产某种目的产品和汽油质量因素。

GJBA001影响催化裂化工艺方案确定的因素

1. 掺渣率

原料的性质对装置类型的确定和催化剂的选择,以及对反应器、再生器的设计都有重要的影响。由于重油催化裂化技术的发展,原料油的适用范围逐步拓宽,根据原料油的残炭和重金属含量,可以采用不同的催化裂化工艺方案。总的来说,催化裂化原料油的质量有一个优化的问题,并非任何原料都可以作为催化裂化的原料,也不是掺渣油越多越好,必须根据实际情况进行综合的技术经济评价。

2. 操作方式

操作方式主要有两种:

(1)单程转化(小回炼比)。

对于汽油生产方案,反应苛刻度高,从而单程转化率高,回炼比很小。重油催化裂化装置一般采用外排油浆,可显著降低生焦率。

(2)油浆回炼(大回炼比)。

早期我国的催化裂化装置大多采用低反应温度、大回炼比操作。增加回炼比是增产轻油的一项重要措施,但同时也降低了装置的处理新鲜原料的能力并增加了装置的能耗。

3. 增产某种目的产品

提升管反应器具有较大的灵活性,通过工艺操作参数(如反应温度、反应时间等)和催化剂性质(如类型、活性等)的变化,可以实现不同的生产方案,例如:

(1)多产汽油方案。

(2)多产柴油方案。

(3)多产液态烃方案。

(4)多产低碳烯烃方案。

4. 汽油质量

随着对环保要求的日趋严格,车用清洁燃料的生产技术已备受关注,因此要求催化裂化汽油和柴油的质量必须大幅度提高。

(二)催化裂化工艺方案的类型

[GJBA002 多产汽油方案的操作要点]

1. 多产汽油的工艺方案

多产汽油的工艺方案主要从以下几个方面着手。

(1)催化剂。

优化催化剂配方,选用增产汽油的催化剂,以增产汽油和提高重油转化能力;增强催化剂的抗重金属污染能力,选好用好金属钝化剂,保持平衡剂较好的活性。

(2)工艺操作。

多甩油浆,多掺渣,低回炼比的单程操作方案;提高提升管出口温度,提高单程转化率。

(3)馏分切割。

调整催化裂化分馏塔操作,在保证汽油干点合格的情况下尽可能提高汽油干点。

[GJBA003 多产柴油方案的操作要点]

2. 多产柴油的工艺方案

(1)较低的反应苛刻度;

(2)采用低活性催化剂;

(3)较低的反应温度;

(4)大回炼比。

3. 生产低烯烃汽油的工艺技术

(1) MIP(Maximizing Iso-Paraffins)工艺采用串联变径提升管反应器,以利于两个反应区的设置和不同工艺条件的选择,从而可以选择性地进行裂化反应和氢转移反应、异构化反应,在降低催化汽油烯烃含量的同时,最大化生产异构烷烃,维持汽油辛烷值基本不变。

(2) FDFCC 工艺(Flexible Dual-riser Fluid Catalytic Cracking,灵活多效催化裂化工艺)采用双提升管反应器流程,旨在降低催化裂化汽油的烯烃含量和硫含量,提高催化裂化装置的汽油辛烷值,同时增产丙烯。

[GJBA004 两段提升管催化裂化工艺的特点]

(3)两段提升管催化裂化工艺技术是石油大学开发的,它是由两段提升管构成的两路循环的反应系统。其技术特点是:催化剂接力,大剂油比,短反应时间和分段反应;强化和改善了催化反应过程,有效地提高了转化深度、轻质油收率和液体产品收率;改善了产品质量,显著降低了催化汽油中的烯烃含量,增加了催化汽油中的异构烃和芳香烃的含量,提高了汽油的辛烷值。

[GJBA005 毫秒催化裂化(MSCC)的特点]

(4)毫秒催化裂化工艺 MSCC(Millisecond Catalytic Cracker)是 UOP 公司开发的。在 MSCC 过程中,催化剂向下流动形成催化剂帘,原料油水平注入与催化剂垂直接触,实现毫秒催化反应。反应产物和待生催化剂水平移动,依靠重力作用实现油气与催化剂的快速分离。这种毫秒反应以及快速分离,减少了非理想的二次反应,提高了目的产物的选择性,汽油和烯烃产率增加、焦炭产率减少,能更好地加工重质原料,且投资费用较低。

[GJBA006 MGG和ARGG工艺的特点]

4. 生产汽油+丙烯的工艺方案

(1)高辛烷值汽油和气体的催化裂化工艺(Maximum Gas plus Gasoline,MGG)是采用高活性专用催化剂和提升管反应器,其产物特点为最大量生产液态烃和高辛烷值汽油,同时干气和焦炭产率较低,液态烃和汽油产率之和可达 70%~80%。当 MGG 工艺加工原料不是减压馏分油,而是常压渣油时,MGG 工艺变成 ARGG(Atmosphereic Residue Maximum Gas plus Gasoline),采用具有优良的抗镍污染和重油裂化能力的专用催化剂。MGG 和 ARGG 工艺采的催化剂多为活性高、选择性好、抗金属能力强的具有特殊反应性能的 RMG、RAG 系列催化剂。

(2) 一项重油制取低碳烯烃工艺(Deep Catalytic Cracking,DCC)有 DCC-Ⅰ和 DCC-Ⅱ。近年来,DCC 工艺还在不断发展和完善,发展的两个主要方面:一个是开发系列催化剂产品,另一个是改进工艺以进一步提高轻烯烃、特别是丙烯的产率。渣油催化裂解催化剂已经在全常压渣油催化裂解装置上使用。在工艺改进方面也取得很好的实验结果,以大庆蜡油掺渣油为原料可以得到 28% 的丙烯产率,同现有 DCC 技术相比丙烯产率可以提高 6% 以上。

GJBA007 催化裂解(DCC)的特点

DCC-Ⅱ与 DCC-Ⅰ比较采用的操作条件比较缓和,采用提升管反应器,可不加床层,反应温度略低,专用催化剂的活性较高,在生产丙烯、异丁烯和异戊烯的同时,兼顾生产汽油。

(3) 多产异构烯烃的催化裂化工艺(Maximizing Iso Olefins,MIO)以重质馏分油掺炼部分渣油为原料,在短接触时间的提升管反应器里,使用具有较好的抗钒性能的专用催化剂,采用较缓和的操作条件,其异丁烯和异戊烯的产率之和可达 8.6%~13.1%。MIO 工艺技术的催化剂为 RFCC(Residue Fluidized Catalytic Cracking,重油催化裂化)专利催化剂,选用了新型催化材料和专利分子筛,具有良好的异构烯烃选择性和抑制氢转移反应的能力,可减少中间裂化产物烯烃进行氢转移反应的程度;它增加了反应物分子,特别是重油大分子对酸性中心的可接近性,加强了一次裂化深度;同时它优化了孔尺寸分布,较好地抑制了二次反应深度,改变了产物中碳三、碳四、碳五烯烃的比例。RFC 催化剂以上这些特点在工业试验中得到了较好的验证。MIO 工艺技术所使用的 RFC 催化剂不仅具有良好的异构烯烃选择性,同时具有良好的抗重金属污染性能,在平衡剂 Ni、V 总污染量为 5000μg/g 的情况下,活性维持在 60 左右,表面积损失率只有 47%。

GJBA008 MIO 工艺的特点

GJBA009 MIO 工艺催化剂的技术特点

(4) 多产异构烷烃和丙烯的催化裂化工艺(简称 MIP-CGP)是在 MIP 工艺的基础上开发的,在生产低烯烃含量、高辛烷值汽油的同时,最大量地生产丙烯。MIP-CGP 工艺采用专用的催化剂,从而在不同的反应区起着不同的作用目的在于既能处理较重的原料油,又能提高液态烃产率及液态烃中丙烯的浓度,同时还要保持汽油中含有较高的异构烷烃和较低的烯烃含量,因此专用催化剂具有较强的一次裂化反应能力、适当的二次裂化反应深度、适中的氢转移活性和较好的水热稳定性。工艺操作条件和反应系统工程结构与 MIP 工艺没有具体、严格的区别。

5. 多产丙烯的工艺方案

(1) DCC-Ⅰ以减压馏分油或掺炼渣油为原料,以最大量生产丙烯为主的气体烯烃为特征,其专用的催化剂具有高基质活性、高择形二次裂化能力和低氢转移活性。在较苛刻的操作条件下进行裂化反应,通常在较高的反应温度、较低空速、大剂油比、较多的蒸汽、较低的压力下进行深度的催化转化,以达到多产丙烯的目的。

(2)最大丙烯产率的 MAXOFIN 工艺,是由 Kellgg 公司和 Mobil 公司联合开发的多产低碳烯烃技术。

(3)轻烯烃催化裂化技术 LOCC,由 UOP 公司开发的多产低碳烯烃技术。

(4)选择性组分裂化的 SCC 工艺,由 Lummus 公司开发的最大量生产丙烯技术。

6. 多产乙烯和丙烯的工艺方案

(1)HCC(Heavg-oil Contact Cracking)工艺。借鉴成熟的重油催化裂化工艺技术,采用提升管反应器来实现高温、短接触的工艺要求,其专用催化剂(LCM)具有良好的抗水热失活和抗重金属污染性能。

(2)CPP(Catalytic Pyrliysis Process)工艺。以重油或蜡油为原料,采用专门研制的具有正碳离子反应与自由基热反应双功能的酸性沸石催化剂,应用组合的流化催化裂化技术,在反应系统中通过催化裂解、高温热裂解、择形催化、烯烃共聚、歧化与芳构化的综合反应途径,实现最大量生产乙烯和丙烯的目的。

二、技能要求

(一)准备工作

(1)装置各类基本资料齐全;

(2)装置相关上下游、辅助装置资料、流程齐全清晰、流程明确;

(3)与装置相关的各类物料、产品的基础信息、市场信息及时、准确、有代表性;

(4)几种备选的工艺方案的详细资料。

(二)操作规程

(1)成立方案选择的组织机构,确认参与人员,明确相关人员职责,确认选择的目的和总体原则;

(2)从几种备选方案中,通过技术、经济、性能和效益等方面进行分析,确认最佳方案或最佳方案组合;

(3)确认所选择的方案是否符合国家相关的科技、技术发展政策,是否具有较好的适应性及相应的发展升级空间;

(4)若为引进技术,应分析是否符合国家及企业、装置实际情况,是否有"国产化"或有利于"国产化";

(5)对改扩建装置,应分析是否充分利用原有资产,新选用的工艺、技术能否与原有工艺方案、装置生产环节衔接配合上;

(6)分析所选工艺方案涉及的更换设备的经济性、更换难度、使用周期及后续检维护难度。

(三)注意事项

(1)方案选择要根据生产需要而定。

(2)选用方案要通过技术、经济、性能和效益等方面的分析,达到最佳方案。

项目二　催化剂重金属污染的预防与控制

一、相关知识

(一)重金属污染催化剂的原理

> GJBA010重金属污染催化剂的原理

在催化裂化过程中,原料中的重金属镍、钒等几乎全部沉积在催化剂上。镍主要起脱氢作用,而钒主要通过在催化剂颗粒内和颗粒间的迁移,与沸石发生多种形式的物理化学作用,破坏沸石的晶体结构。镍、钒的中毒作用使催化剂选择性变差、活性下降,导致干气产率上升,轻质油收率下降。

抑制重金属污染有许多方法,如原料油预处理、催化剂脱金属、使用金属钝化剂等,其中使用金属钝化剂已被证明是最经济、便利和有效的方法。

(二)钒污染破坏催化剂的机理

> GJBA011钒对催化剂的破坏机理

钒在有氧环境下生成 V_2O_5、V_2O_5,对催化剂的破坏表现在三个方面。

(1) V_2O_5 熔点低,在正常再生条件下熔融,破坏催化剂活性中心,使催化剂产生永久失活。

(2)钒氧化形成 V_2O_5。然后,V_2O_5 与水蒸气发生化学反应。由于在水蒸气存在下,V_2O_5 的挥发性比它在干空气中增加 10 倍以上,气态的 V_2O_5 与水蒸气结合形成一种挥发性强酸 $VO(OH)_3$,其反应式为:

$$V_2O_5 + 3H_2O \Longrightarrow 2VO(OH)_3$$

热力学上已证实了这种强酸的存在。钒酸侵入沸石晶体发生水解反应,使晶胞体积扩大。钒酸优先攻击沸石中的 Si—O—Al 键:

$$Al-(O-Si)_4^- + 4H^+ \Longrightarrow H_4(SiO)_4 + Al_3^+$$

从而导致框架四面体氧化铝的失去和沸石晶体结构破坏。

(3)钠与钒的协同作用。钠本身就能中和催化剂的酸性中心,使催化剂活性下降,还能与分子筛催化剂上的硅铝等结合生成易熔物,造成活性中心的永久损失。钠和钒对催化剂的破坏具有协同性,二者在催化剂表面易形成低熔点氧化共熔物,这些共熔物具有接受钠离子的能力,生成氧化钠。生成物不仅覆盖了催化剂表面,减少活性中心,而且"松动"了催化剂载体结构,降低了催化剂的热稳定性。

(三)催化剂钒中毒的主要影响因素

> GJBA012催化剂钒中毒的主要影响因素

(1)平衡催化剂上钒的浓度。平衡催化剂上钒的浓度越大,催化剂的中毒也越严重。随着平衡催化剂上钒浓度的增加,催化剂的中毒呈指数规律增大。但是,当钒达到一定的浓度时,它的负面影响却变化不大。通常,平衡催化剂上钒浓度在 2000μg/g 以下时,危害不太严重。但是,由于具体条件不同,有的装置可允许钒含量达千分之几,有的则较低。

(2)再生器燃烧方式。钒的流动性直接影响到催化剂的活性。催化剂再生时,采用 CO 完全燃烧方式会增大钒的流动性,使钒在整个催化剂床层上重新分布,从而使再生后的催化剂一起受到污染,活性降低。为了缓解这一影响,当处理高钒、高残炭催化裂化原料时,应选择 CO 部分燃烧方式。在没有多余氧的存在下,钒的流动性显著降低,从而可防止再生后的催化剂过早失活。对于一定的重金属含量,催化剂达到平衡时可保持较高活性。工业操作数据表明,CO 部分燃烧可使催化剂保持比完全燃烧方式时更高的活性,尤其是在催化剂上的钒含量大于 $2000\mu g/g$ 的条件下。贫氧的单段再生器可有效地降低钒酸的形成。从钒流动的观点看,单段 CO 部分燃烧再生器比单段 CO 完全燃烧再生器效果好。若选择单段 CO 完全燃烧操作方式,有必要加设一台催化剂冷却器,把催化剂床层温度控制在 704℃ 以下,以抑制钒酸的形成。

(3)再生器温度。V_2O_5 在 690℃ 下熔化。如果再生器温度超过了钒氧化物的熔点,会增强钒的流动性,使得钒占据更多的催化剂活性中心。当再生器平均密相床操作温度接近 690℃ 时,床层内催化剂颗粒之间的温度将超过 690℃。另外,较高的再生器温度也会增加沸石的水热失活速率。目前一般都偏向选择较高的再生器温度和 CO 完全燃烧再生方式,这样就加大了处理高钒含量原料的难度。

(4)催化剂类型。许多催化剂在设计时就考虑到了钒的危害,使其具有一定的抗钒性。沸石的类型和数量、稀土金属含量、铝含量以及载体的设计等都会影响催化剂的抗钒性。

(5)钠。新鲜催化剂中的钠会影响沸石的水热稳定性。另外,原料中的钠对催化剂也有毒性,像钒一样破坏催化剂的活性。当原料中的钠与钒结合起来时,会急剧加大对催化剂的危害。这主要是因为钠和钒作用形成各种形式的低熔点钒酸钠,从而加大了钒的流动性。二者的协同作用加大了对沸石的水热破坏。炼油厂为防止原油蒸馏塔顶因氯化物造成严重腐蚀,往往在单级脱盐罐下游加入 NaOH,使其形成 NaCl 结晶,并与常压渣油一同排出,从而增加了钠的浓度。

(6)水蒸气。水蒸气与 V_2O_5 反应形成挥发性的钒酸 $VO(OH)_3$,使新补充的催化剂迅速失活。水蒸气的来源有两种,一种是由焦炭中氢的燃烧产生,另一种是由催化剂的汽提过程带入。其中,氢燃烧释放出来的热量导致催化剂内的温度极高,使催化剂进一步遭到破坏,甚至导致催化剂颗粒烧结。

(7)催化剂上的炭。通常,沉积在催化剂上的炭会暂时封锁催化剂活性中心,并降低其活性。催化剂上的含炭量高,将对产品产率不利。另外,催化剂表面少量的炭(0.15%~0.20%)不会引起明显的孔封闭,并且有助于缓和重金属造成的危害。

(8)催化剂的补充速率。原料中钒含量较高是导致催化剂的补充速率高的主要原因之一。催化剂的补充速率高(每天 3% 催化剂床层藏量),可降低催化剂上的重金属浓度,控制由此造成的危害。催化剂的补充速率越大,钒全部氧化并且从催化剂颗粒表面上迁移的时间越短。在给定钒含量的条件下,催化剂的补充速率与氢产率之间有很强的关联性。

二、技能要求

(一)准备工作

(1)工具准备:防爆阀门扳手、防爆手电、防爆对讲机。

(2)人员穿戴劳保着装:工作服、工作鞋、安全帽、手套。

(二)操作规程

(1)加强源头控制,做好原油在常减压蒸馏环节的深拔。

(2)在条件允许的前提下,蜡油催化裂化(或馏分油催化裂化)尽量减少催化裂化反应进料中常压重油或减压渣油的掺炼比例,对于重油催化裂化则严格控制掺渣比不超标。

(3)保证原料稳定,保证原油电脱盐效果,以减少重金属的带入。

(4)对重质原料进行预处理,例如渣油的加氢精制等,通过预精制处理达到脱氮、脱金属的目的。

(5)使用新型抗重金属催化剂,强化对钒、镍等重金属的抵抗能力。

(6)有针对性地使用金属钝化剂。

(7)加强平衡催化剂金属含量分析监控,根据指标及时补充新鲜催化剂、置换平衡剂。

(8)稳定操作,严格控制再生温度不超钒氧化物熔点,控制干气预提升操作平稳,抑制重金属对催化剂的污染作用。

(三)注意事项

(1)根据原料性质,选择合适的抗重金属污染催化剂。

(2)密切注意干气中氢气含量,采取相应措施,减少催化剂重金属污染。

项目三 减少氮化物对装置影响的优化操作

一、相关知识

(一)原料氮含量对催化裂化装置的影响

催化裂化原料中的碱性氮化物主要是吡啶、苯并吡啶(喹啉)、二苯并吡啶等多环氮化物。碱性氮化合物约占总氮的1/3,其吸附在催化剂酸性中心上,造成催化剂暂时失活,降低催化剂的活性和选择性,使反应转化率降低。一般来说,渣油中氮含量高,重油比轻油氮含量高。催化裂化进料中氮含量每增加$150\mu g/g$,转化率约降低1%。普遍的规律是:随着氮含量的升高,在相同转化率下,轻柴油和焦炭产率升高,汽油和澄清油以及丙烯和丁烯产率降低,汽油辛烷值降低。

催化原料中15%~30%的氮化物进入催化裂化液体产品中(大部分存在于重馏分澄清油和轻柴油中),影响产品的安定性。

催化原料中35%~40%的氮最终都会形成焦炭。焦炭中的氮在催化剂再生过程中主要转化为N_2,其余转化成NO_x,随再生烟气进入后续工段。再生烟气中NO_x的含量与原料中的总氮量及再生烟气中过剩氧含量有关,总氮量、过剩氧含量越高,烟气中NO_x含量越高,使用CO助燃剂时,NO_x排放量也增加。NO_x不仅直接对人体有害,而且NO_x与烃类气体共存时会产生光化学烟雾,对环境危害更大。

(二)原料中的氮对产物中氮分布的影响

研究结果表明,氮在反应过程中可转化成氨气和少量氰化物,原料中的氮约有5%转化为氨,在轻燃料气中也有一定量的氨,这部分氨约占原料氮的3%。以有机氮的形式存

GJBA013原料中的氮在催化裂化产物中的分布

在于液体产品中的氮占原料氮的50%左右,而且一般都浓集在重馏分中。35%~40%的氮转化到焦炭中,焦炭中的氮在催化剂再生过程中转化为NO_x和N_2,主要是N_2(原料中30%~40%的氮转化为氮气),混杂在烟气中。

催化裂化产物中氮的分布受原料中氮含量、氮类型、催化剂活性和反应条件等多种因素的影响。以重油为原料时,催化裂化装置的氮平衡与常规原料不同,生成的氨很少,一般可忽略;液体产品中的氮占原料氮的5%~25%;焦炭中的氮占原料氮的80%~95%。采用同一催化剂,进料氮含量增加,液体产品中氮含量一般也增加。对于给定原料,转化率提高将导致液体产品中氮含量减少。液体产品氮含量分析表明,大部分含氮化合物存在于重馏分澄清油和轻循环油中。对于同一原料,焦炭产率增加,焦炭中极性氮含量增加,非极性氮含量降低,催化剂表面的氮炭比降低。大多数含氮分子在裂化的初级阶段就转化为焦炭;转化率提高,烃焦相对于氮焦的浓度增加,非极性氮焦逐步转化为极性氮焦,焦炭的相对分子质量增大,芳香性增强,与催化剂表面结合更加紧密。

(三)汽油中的氮化物

汽油中的含氮化合物一般可分成碱性(吡啶类、喹啉类及苯胺类)和非碱性(吡咯类、吲哚类及咔唑类)两大类。重油催化裂化汽油中的氮化物主要是苯胺,同时还有少量吡啶类及喹啉类化合物;非碱性氮化合物主要是吡咯。

这些氮化物不仅可以促进油品中烃类的自氧化过程,其自身也会生成胶质和有色物质,是影响油品品质的不安定指标,也是胶质含量、色度及诱导期不能达标的因素之一。催化裂化汽油中的氮化物含量虽然不高,但对油品的储存安定性影响很大。

(四)柴油中的氮化物

催化裂化柴油中的含氮化合物主要是中性含氮化合物和少量碱性含氮化合物。中性含氮化合物占90%以上,主要是吲哚类和咔唑类含氮化合物。碱性含氮化合物仅占10%左右,主要是苯胺类、喹啉类和苯并喹啉类含氮化合物。

二、技能要求

(一)准备工作

(1)工具准备:防爆阀门扳手、防爆手电、防爆对讲机。

(2)人员穿戴劳保着装:工作服、工作鞋、安全帽、手套。

(二)操作规程

(1)提高反应温度。在保证再生温度不变的前提下,提高反应温度相当于增大了剂油比,给反应环境中提供了更多的催化剂活性中心,强化了氮化物在催化剂表面的吸附效果,使得氮化物尽可能多地吸附在催化剂表面去生焦,从而减弱了氮化物对催化液相产品安定性的影响。

(2)降低再生催化剂温度。在保证再生器烧焦效果的前提下,降低再生催化剂温度可以进一步增加剂油比,同时有利于降低原料汽化段温度,有利于减弱氮化物对催化液相产品的影响,也可抑制部分热裂化反应的进行。

(3)缩短反应时间。氮化物与再生催化剂接触并使其有效活性降低的时间很短暂,此时催化剂活性降低,充足的反应时间则只会增加热裂化反应的比例,因此,处理高含氮原料的装置可在设计或改造中考虑在保证转化率的同时尽量缩短反应时间。

(4)提高原料油预热温度。提高原料的预热温度,可以降低原料的黏度,可以使原料获得更好的雾化效果,使得氮化物更加分散,催化剂活性中心利用率更高。

(5)优化催化剂配方。氮化物被催化剂吸附后会堵塞催化剂孔洞,阻止部分本可以进入的组分继续进入。相应地在催化剂的配方中增加中孔及大孔分子筛的比例,并且提高分子筛的基质活性及表面酸性,使得催化剂活性中心更加分散,减弱氮化物对催化剂孔道的堵塞,并促进催化剂表面的氮化物的裂化反应。

(三)注意事项

(1)对原料加强分析,采取相应的防范措施,减少氮化物的排放。

(2)在操作上选择最优化方案,选取合适的催化剂,减少氮化物在催化剂上吸附,减少氮化物的裂解反应。

项目四　减少硫化物对装置影响的优化操作

一、相关知识

(一)催化裂化的硫平衡及硫分布的影响因素

在催化裂化工艺过程中,原料油中的硫化物以不同的形式转化并分布到裂化产物中,对产品质量和环境造成一定的影响。采用硫平衡的方法可以预估烟气中的SO_x排放量、H_2S的产率和液体产品的硫含量,以及为了满足产品规格要求所需的精制深度(或原料油脱硫深度)和为了满足环保要求所需采取的相应措施等。

> GJBA017硫平衡及硫分布的影响因素

影响催化裂化硫分布的主要因素有:

(1)原料油的含硫量和硫化物类型;

(2)裂化反应的深度和产率分布;

(3)催化剂的性质和基质活性。

(二)原料中的硫对催化裂化及加工过程的影响

原料中的硫会污染催化剂,使催化剂的活性和选择性变差,产品分布变坏,产品质量下降,气体产率增加。在提升管反应器内,伴随催化裂化反应一起发生的脱硫反应产生的大量硫化氢气体,混入干气和液态烃中。硫化氢一直影响后续加工装置(如干气制乙苯、气体分馏、聚丙烯等)的正常生产。再生器内随焦炭和吸附在催化剂上带入的硫氧化生成SO_x,使主风耗量增加,能耗增大。

> GJBA018原料中硫对催化裂化加工过程的影响

(三)催化裂化不同原料中的硫分布

在典型的催化裂化反应条件下,不同类型原料催化裂化过程的硫转化规律的研究结果如表3-1-1所示。表中数据显示,催化裂化原料中含硫化合物的含量对硫分布的影响十分显著。

表 3-1-1 催化裂化过程的硫分布   %

原料		原料硫含量	H$_2$S	汽油	柴油	油浆	焦炭
直馏油	胜利 VGO	0.65	44.1	7.4	20.2	13.9	13.2
	孤岛 VGO	1.11	48.2	7.5	18.1	12.4	12.9
	沙特轻质 VGO	2.07	49.8	7.2	18.2	11.6	11.8
	沙特中质 VGO	2.27	51.0	7.5	17.7	11.2	11.3
	伊朗 VGO	1.46	49.8	6.2	19.5	14.1	10.7
	中原 AR	0.78	45.9	3.4	19.4	13.6	17.4
	塔里木 AR	0.97	48.5	3.8	13.6	14.0	19.7
	俄罗斯 AR	1.19	53.8	2.7	12.4	14.8	15.1
	阿曼 AR	1.50	53.3	3.2	13.6	11.4	17.9
非直馏油	胜利 CGO	0.92	31.8	8.9	18.5	11.4	27.9
	辽河 CGO	0.26	30.4	7.2	19.2	13.1	29.8

GJBA019 直馏油品硫分布规律

在直馏原料催化裂化过程中,约有 50% 的原料硫以 H$_2$S 的形式进入气体产品中,约 30%~40% 的硫进入液体产品中,10%~20% 的硫进入焦炭中。渣油催化裂化生焦率高,焦炭的硫分布率比较高。

GJBA020 非直馏油品硫分布规律

在非直馏油的催化裂化过程中,原料硫转化生成 H$_2$S 的比例大幅度减少,而进入重油和焦炭中的硫分布率显著提高。随着原料加氢脱硫深度的提高,这种趋势更加明显,焦炭中的硫分布率为原料硫的 30% 以上。

(四)原料中的硫对产品收率的影响

原料油中的含硫化合物对催化剂活性和选择性有不利影响,使催化裂化产品分布发生变化。原料油中硫含量增加,不仅干气产率增加,干气中硫含量也显著增加。

长岭炼化总厂曾考察原料油中的硫含量对产品收率的影响,指出原料油中硫含量每增加 1%,干气产率增加 19.93%,硫化氢增加 7.8%,汽油和轻柴油产率分别下降 14.93% 和 8.09%。很显然,随着干气收率的增加,汽油和轻柴油产率下降,焦炭产率增加。

裂化气体中的硫化氢产率主要取决于原料中的硫含量、转化率以及催化剂类型。在转化率 70% 左右的情况下,原料中的硫大致有 40%~60% 转化成硫化氢。在使用降 SO$_x$ 催化剂或降 SO$_x$ 添加剂的情况下,硫化氢的收率比上述数值还高一些。

GJBA021 原料中的硫对产品质量的影响

(五)原料中的硫对产品质量的影响

硫含量是催化裂化产品的一个重要质量指标。由于硫及其衍生物的存在,将导致产品中一些重要指标达不到要求。干气中硫化氢超标,将严重影响产品使用质量。液态烃中硫化氢超标,则严重影响下游装置的正常生产。

在相同的原料转化率和反应温度下,原料中的硫含量从 0.5% 增加到 2.0%,将会引起汽油辛烷值(RON)2.0 个单位的损失。原料油中硫含量上升,还会降低汽油抗爆指数。重油催化裂化汽油的馏程越宽,含硫越多。大约半数的硫来自汽油中最重的 10% 馏分,降低其干点是降低汽油硫含量较为经济的方法。催化裂化汽油中的硫占原料油中硫的 4%~10%。如果原料油含硫少于 0.15%,则汽油中的硫不会超标。催化裂化汽油硫含量与原料油中硫含量的关系可用下式表示:

$$G = 0.12F$$

式中　G——汽油中硫含量,%;
　　　F——原料中硫含量,%。

催化裂化原料油中含有渣油时,汽油中沸点高于170℃的$C_7 \sim C_8$高级硫醇增多(可达30%以上),较容易通过博士试验。馏分油催化裂化汽油硫醇含量高于$8\mu g/g$时,无法通过博士试验,而重油催化裂化汽油硫醇含量高至$17\mu g/g$时,博士试验也有可能合格。

概括地讲,原料油中硫含量上升,汽油辛烷值呈下降趋势,表明汽油抗爆性能变差;胶质、硫醇、酸度、碘值上升,烯烃组分增加,表明安定性下降。

重油催化裂化工艺的发展带来了柴油中硫氮等非烃类杂质增多、芳香烃含量增加、十六烷值降低、油品安定性更差的问题,特别是对中间基油和环烷基油的深度加工,重油催化裂化柴油质量进一步下降。重油催化裂化轻柴油硫含量和胶质含量高,安定性差,是因裂化条件苛刻,产品中烯烃和异构烃含量高,十六烷值低。

在含硫减压馏分油裂化时,汽油和柴油的密度比较高。

低硫原料产品的凝点均高于含硫原料产品的凝点。

(六)原料中的硫对设备腐蚀的影响

加工硫含量高的原料油时,生成的大量硫化氢与液相水共存(或水蒸气在露点以下)时,对金属产生湿硫化氢腐蚀($Fe+H_2S \longrightarrow FeS+H_2\uparrow$)。

分馏、吸收、解吸和稳定系统的设备在运行中金属表面生成腐蚀产物FeS膜。FeS膜是一种松散的腐蚀产物,易脱落,无保护作用。温度越高,腐蚀越快。装置停工和用蒸气吹扫过程中,FeS与湿空气中的氧反应生成过多硫酸,从而腐蚀速度加快。硫醇也能直接与铁生成松散的硫醇铁($2RSH+Fe \longrightarrow (RS)_2Fe+H_2\uparrow$)。二硫化物、噻吩与金属不直接作用,但受热分解生成的硫化氢同样对设备造成腐蚀。因此,重油催化裂化装置的分馏塔顶油气冷却系统、吸收稳定系统的设备腐蚀严重。

(七)原料中的硫对环保的影响

重油催化裂化与馏分油催化裂化相比,原料中有害物质硫化物增加1~2倍,加工排放含硫污水量增加1~2倍,含硫污水处理量大。在产品精制过程中碱渣排放量大,是一个主要的污染源,工业废气硫化氢含量高是更主要的大气污染源。

二、技能要求

(一)准备工作

(1)工具准备:防爆阀门扳手、防爆手电、防爆对讲机。

(2)人员穿戴劳保着装:工作服、工作鞋、安全帽、手套。

(二)操作规程

(1)对原料进行加氢脱硫处理。这能有效地降低硫、氮、重金属、胶质和残炭值,提高催化裂化装置的进料质量,经济有利,技术可行。

(2)采用渣油预处理工艺。在高温条件下,用廉价的近于惰性的微球热载体,脱除劣质渣油中的重金属、残炭、硫和氮等有害杂质,为催化裂化装置制备优质原料。一般金属脱除率大于90%,残炭脱除率大于75%,脱氮率为40%~60%,脱硫率为30%~50%。

(3)使用硫转移催化剂。硫转移催化剂技术不需要改造设备,又不降低产品收率。可使烟气中的SO_x减少50%~70%。

(4)对干气和液态烃采用高效脱硫剂。大幅降低气相产品中的硫化氢浓度。

(5)对汽油、柴油采用先进脱硫技术。直接减少汽油中的硫含量的方法有三种:降低反应温度,换用高氢转移活性催化剂和原料加氢脱硫,减少柴油中的硫可用加氢精制。

(6)注氨水或水洗水防腐。向油气中注入氨水或注入水洗水,洗去气体中的酸性物,氨与硫化氢反应后生成$(NH_4)_2S$。一般在分馏塔顶油气线注氨,在气压机出口富气线和解吸塔顶出口解吸气线注氨或注水洗水。

(7)采用防腐阻垢技术,使用新型涂料防腐。

(8)在腐蚀严重部位采用抗硫化氢腐蚀强的不锈钢或12Cr2AlMoV钢等。

(三)注意事项

(1)加强原料分析,采取相应的防范措施,减少硫化物的生成。

(2)对含硫产品处理,避免对设备的腐蚀。

项目五 吸收稳定系统塔板数的选择

一、相关知识

(一)吸收稳定系统各塔塔板形式的确定

吸收稳定四塔操作压力相对较高,对塔板压降无严格要求,一般选用操作弹性较大的浮阀塔板。近年开发的ADV、superV、JF系列浮阀等都有应用,并取得了良好使用效果。规整填料在吸收稳定四塔中也有应用,可大幅度提高吸收稳定塔设备处理能力。

(二)吸收稳定系统各塔结构的确定

GJBA023吸收稳定系统各塔结构的确定

1. 吸收塔结构的确定

吸收塔理论板数为10~12块,平均板效率为30%~40%,实际板数为30~36层。吸收塔特点是液相负荷较大,气体负荷较小,多采用双溢流塔板。降液管面积较大,与塔截面积之比高达50%~60%。

作为吸收剂的稳定汽油和粗汽油分别由塔顶和塔上部入塔,平衡罐来的不凝油气由塔下部进入,贫气由塔顶排出,富吸收汽油自塔底抽出。塔中部设有1~3个中段油抽出层,采用全抽出型集油箱,箱内集油用泵抽出,经中间冷却器,再从下一层塔板打回塔。吸收油沿各层塔板下行,与上升的混合油气在塔板上相互接触。由上层塔板降液管下行的汽油流入下层塔板受液区,然后横向流过塔板,与该层塔板阀孔中上升的气流呈错流方式接触。

2. 解吸塔结构的确定

解吸塔也称脱乙烷塔,塔底设有重沸器,就其过程特点看,实质上相当于精馏塔的提馏段。解吸塔理论板数为15块,平均板效率为30%~40%,实际板数为40层左右。解吸塔的特点是液相负荷大,气体负荷较小,多数采用双溢流塔板,解吸塔塔板降液管面积也较大,与塔截面积之比高达50%~60%。

解吸塔底一般采用热虹吸式重沸器,大都使用分馏塔中段循环回流或蒸汽作热源,重沸器中加热形成的气体,返回解吸塔底作为气相回流。凝缩油从解吸塔顶部进入后下行,与逆流而上的温度较高的气相回流在塔板上相互接触,传热传质,使溶解于汽油中的轻组分被解吸,进入气相中。这样逐级传热传质的结果,使液相中的 C_2 组分被逐渐解吸出来,得到合格的脱乙烷汽油。塔顶解吸气经冷却后进入气、液平衡罐,气相再返回吸收塔,从而完成解吸过程。

3. 再吸收塔结构的确定

再吸收塔通常为单溢流浮阀塔板,理论板数为4~10块,平均板效率为25%~33%,实际板数为14~30层。小型装置由于设备直径较小,塔板安装困难而采用填料。为避免干气带油,有的装置在塔顶扩径降低流速减少夹带;也有的装置单独设一个干气分液罐。

再吸收塔内的操作过程与吸收塔大致相同。只是再吸收塔处理能力低,其设备规格小,塔中部不设冷却回流。轻柴油作为贫吸收剂由塔顶部打入,贫气由塔底部入塔。完成吸收过程后,干气由塔顶排出,富吸收油由塔底自压返回分馏塔。

4. 稳定塔结构的确定

稳定塔也称脱丁烷塔,包含精馏段和提馏段,塔底设有重沸器,塔顶为冷凝器,是典型的精馏塔。稳定塔理论板数为22~26块,平均板效率为50%,实际板数为40~50层。由于液相负荷大,大多采用双溢流塔板。早期的稳定塔上部气液负荷较小而缩小了上部设备直径。目前稳定塔回流比增大,上下气液负荷相近,因此上下设备直径相同。

稳定塔由精馏段、进料段、提馏段三部分构成。塔顶设冷凝器以提供液相回流,塔底由重沸器提供气相回流,塔中部设有三个进料口,可根据进料温度和季节选择不同的进料口操作,用来有选择性地控制稳定汽油蒸气压和液化石油气中 C_5 含量。脱乙烷汽油由稳定塔中部进入进料段后,气、液两相经多级塔板的相间接触,逐渐进行扩散、传热、传质,使 C_3、C_4 组分得以有效分离,塔顶产品是液态烃,塔底产品是蒸气压合格的稳定汽油。

(三)影响塔效率的因素

(1)混合物气液两相的物理性质,主要有黏度、相对挥发度、扩散系数、表面张力和重度等。

(2)精馏塔的结构,主要有出口堰高度、液体在板上的流程长度、板间距、降液部分大小及结构;阀或筛孔的结构、排列与开孔率;还有填料的结构和高度。

(3)操作变量,主要有气速、回流比、温度和压力等。

(四)板式塔返混的形式

返混是板式塔塔板上的非理想流动状态,分为液相和气相返混。最常见的液相返混是液沫夹带、气相返混(气泡夹带),它们均会影响塔板的效率。

1. 液沫夹带

当气速增大,塔板处在泡沫状态或者喷射状态时,由于气泡破裂或气体动能大于液体表面能从而把液体吹散成液滴,并抛到一定的高度,某些液滴被气体带到上一层塔板,即为液沫夹带。

2. 气泡夹带

在一定结构的塔板上,液体流量过大,使溢流管内的液体的溢流速度过大,溢流管中液体所夹带的气体泡沫来不及从管中脱出而被带到下一层塔板的现象,为气泡夹带。

二、技能要求

(一)准备工作

(1)工具准备:防爆阀门扳手、防爆手电、防爆对讲机;
(2)人员穿戴劳保着装:工作服、工作鞋、安全帽、手套;
(3)获得设备所在平面布局等相关信息;
(4)获得物料平衡条件、产品收益要求等相关完整信息。

(二)操作规程

1. 吸收塔塔板数的选择 [GJBA025吸收塔塔板数的选择]

在只改变吸收塔塔板数,其他所有工艺条件均维持不变情况下,吸收塔塔板数和干气中丙烯含量的关系见表3-1-2。

表3-1-2　吸收塔塔板数与干气丙烯含量关系

吸收塔塔板数,块	16	23	30*	40	46	53
干气中丙烯含量,%(摩尔分数)	3.86	3.17	0.74	2.31	2.20	2.15

* 表示基本工况。

从表3-1-2数据可以看出,随着吸收塔塔板数的增加,分离效果得到改善,干气中丙烯含量下降。然而在不同的塔板数区间内,变化的幅度有较大的差别。当板数在16~46范围内,随板数增加,干气中丙烯含量下降较多;而当板数超过46块之后,效益增加缓慢。

目前,我国大多数吸收稳定系统吸收塔的板数都在30块左右。该板数可以考虑适当增加,以不多于46块为宜。当然吸收塔塔板数究竟增加到多少为好,一定要根据装置数据做具体的板数和效益的分析之后,方能确定。

2. 解析塔塔板数的选择 [GJBA026解析塔塔板数的选择]

解吸塔塔板数对干气中丙烯含量的影响如表3-1-3所示。

表3-1-3　解吸塔塔板数与干气C_3含量关系

解吸塔塔板数/块	16	20	26*	34	43	52	60
干气中丙烯含量/%(mol)	4.87	3.29	2.74	2.48	2.42	2.40	2.40

* 表示基本工况。

由表3-1-3结果可知,解吸塔塔板数对干气中丙烯含量有较大的影响。在解吸塔塔板数较少的情况下,大量的C_3和C_4等轻组分被解吸到塔顶解吸气中,又返回吸收系统,致使大量的C_3和C_4组分在压缩富气冷凝冷却器、吸收塔、解吸塔之间循环。这样不但增加了吸收塔、解吸塔的操作负荷,影响了吸收塔的吸收能力,使得干气质量变差,而且大量C_3和C_4在装置内循环使得能耗增加。而当解吸塔塔板数增加后,塔顶气相中的C_3和C_4组分含量有较大幅度的下降,改善了吸收塔的操作,使干气中丙烯含量下降,效益增加。

由表3-1-3还可看出,当塔板数低于34块时,随板数的增加,干气中丙烯含量下降的幅度都十分明显。因而为了取得较好的效益,解吸塔的板数应不少于34块。而当板数大于

34块时,变化幅度减缓。当板数超过43块后,干气中丙烯含量基本不变,板数再增加已无意义。

目前国内大多数吸收稳定系统解吸塔塔板数都在30块以下,因而有必要适当增加塔板数,以改善分离效果,提高经济效益。

3. 稳定塔塔板数的选择

稳定塔的任务是把脱乙烷汽油中的 C_3 和 C_4 进一步分离出来,塔顶出液化石油气,塔底出稳定汽油。稳定塔的操作必须保证液化石油气和稳定汽油的质量,因而在计算中规定了液化石油气中 C_5 含量不大于2%,稳定汽油中 C_4 含量为3.5%。

稳定塔塔板数变化对系统的影响见表3-1-4。

表3-1-4 稳定塔塔板数的影响

稳定塔塔板数,块	18	24	30*	40	46	52
干气中丙烯含量,%(摩尔分数)	2.76	2.74	2.74	2.74	2.74	2.75
干气流量,kg/h	16160	16130	16120	16100	16100	16090
回流比	1.79	1.68	1.66	1.57	1.55	1.54
冷凝器热负荷,MW	-5.98	-5.79	-5.77	-5.66	-5.65	-5.64
重沸器热负荷,MW	7.37	7.25	6.83	7.21	7.21	7.21

* 表示基本工况。

由于规定了塔顶、塔底产品的 C_5 及 C_4 含量固定不变,因而板数变化对干气中丙烯含量基本无影响。但是不同塔板数下,回流比有所变化。随板数的增加,回流比下降,相应冷凝器及重沸器热负荷随之下降。但板数增至40块以后,冷凝器和重沸器热负荷基本维持不变。该塔的相对效益还是随着板数的增加而增加,效益主要来自干气量的减少和冷凝器热负荷的下降(塔底重沸器热负荷未计费用),但板数增至40块之后,效益变化已经很小。目前我国大多数吸收稳定系统的稳定塔板数多在40块左右,该板数是适宜的。

(三)注意事项

塔板的选择要根据生产实际需要而定。

项目六 "三查四定"工作的组织

一、相关知识

(一)"三查四定"

"三查四定"是查设计漏项,查施工质量隐患,查未完工程;对检查出的问题定任务,定人员,定措施,定时间限期整改。"三查四定"是工程中间交接(即"中交")的过程中进行的。在单台设备全部(或大部)逐台完成了中间交接之后,检查中间交接有关资料和"三查四定"规定的漏缺、整改任务完成情况,如果达到标准,即可进行全装置的中间交接工作,由甲乙双方的代表在装置中间交接证书(或协议)上签字,完成整个装置的中间交接工作。

"三查四定"是我国基建管理工作多年来总结出来并行之有效的一种工作方法。通过

"三查四定",广泛动员包括安装、监理、生产、设计、维修、安全、消防、环保等各个方面人员,对已建装置进行全面认真的检查,从中发现问题,尽早组织整改,确保工程质量和化工投料安全顺利进行。经过多年实践,"三查四定"已形成一种为各个方面所接受的一种制度,对推动建设项目起到了良好的作用。

由于参加"三查四定"的人员十分广泛,一般通过"三查四定"都要查出数百项甚至上千项整改问题,如何妥善处理这些问题需要有一个统一的原则和认识,否则,很容易引起争议。有些重大问题是要在领导层中决定的,有的项目需要付出经济上、时间上的代价。如何确定整改项目的取舍,一般可以参照以下原则:

(1)属于施工漏项,施工不符合规范的必须整改。

(2)属于原设计不符合规范,或原设计存在重大安全隐患的必须整改。

(3)属于原设计不够合理,操作不大方便的,有条件应尽量予以整改。但如果整改需要花费大量的人力物力财力或对工程进度产生重大影响的,可以列项留待试车过程或投产后检修改造期间逐步整改。

(4)属于技术上有争议一时难下结论的暂不整改,待通过一段生产实践后再下结论。

(二)"中交"

GJBA029 "中交"的定义

"中交"即工程中间交接,指工程建设的甲乙方(或工程发包方与承包方,下同)之间的阶段交接工作。工程中间交接是一个工程建设项目由基建安装转入化工生产的中间过渡转换步骤。在我国,随着许多装置的交接实践,逐步总结提高并正式形成了工程中间交接这一个步骤,为规范工程性质转换期间甲乙各方的责任、权力和相互配合关系规定了明确的条文,制订了严格的步骤,对于提高工程质量,加快工程进度,保证试车安全起到了良好的推动作用。

"中交"接标志着工程安装和单机试运工作的结束,在甲乙双方办理过中间交接手续之后,即可以开始进行联动试车。此时工程现场装置的保管(管理)和使用(操作)的权力和责任均由乙方(工程承包方)移交到甲方(工程发包方)。乙方只根据合同承担配合的责任,但不解除乙方对工程质量、性能考核、交工验收工作应负的责任。简单形象地说,就是自中间交接签字之日起,工程现场的管理工作改由甲方为主,乙方转入配合(工程整改和消缺除外)。

"中交"应具备以下九项条件:

(1)工程按设计内容施工完毕;

(2)工程质量初评合格;

(3)工艺、动力管道的试压、吹扫、清洗、气密完毕;

(4)静设备强度试验、无损检验,清扫完毕;

(5)动设备单机试车合格;

(6)电气、仪表调试合格;

(7)装置区施工临时设施已拆除,竖向工程施工完毕,防腐、保温基本完毕;

(8)对联动试车有影响的设计变更和工程尾项处理完毕,其他未完项目的责任已明确;

(9)施工现场物料清理完毕,卫生合格。

"中交"的内容包括以下五项:

(1)按设计内容对工程实物量的核实交接;

(2) 工程质量的初评资料及有关调试记录的交审与验证；

(3) 安装专用工具和剩余随机备件、材料的交接；

(4) 工程尾项清理及完成时间的确认；

(5) 随机技术资料的交接。

二、技能要求

(一) 准备工作

(1) 工具准备：防爆阀门扳手、防爆手电、防爆对讲机；

(2) 人员穿戴劳保着装：工作服、工作鞋、安全帽、手套；

(3) 装置项目接近"中交"或局部单元、单体设备项目接近收尾；

(4) 乙方(施工单位)已对所建设项目内容进行自检，且自检合格后已报监理单位，由监理单位对项目进行了质量初验收且合格。

(二) 操作规程

(1) 甲方(建设单位)组织乙方、监理、设计、生产车间、相关职能部门等有关单位，分部分项和局部单元、设备分专业进行"三查四定"；

(2) 成立组织机构，明确分工及职责；

(3) 一般以项目所在生产车间或部门检查为主，由甲方记录和整理各方检查结果，形成项目的"三查四定"汇总表和尾项工程明细表；

(4) 召开会议对查出项目和尾项工程进行各专业的讨论，制订整改完成计划，明确时间及责任人。

(三) 注意事项

根据项目建设实际需要，"三查四定"工作可多次进行，直到设计漏项、施工质量隐患、尾项工程等全部查清并落实完成整改，最终达到设计规定要求。

模块二　开车操作

项目一　反再系统开工操作

一、相关知识

催化裂化工艺的系统组成

> GJBB001催化裂化工艺系统组成

反应再生系统是催化裂化装置的核心所在,反应和再生过程是连续进行的。该系统由反应部分和再生部分组成。

催化裂化分馏系统主要由分馏塔、柴油汽提塔、原料油缓冲罐、回炼油罐以及塔顶油气冷凝冷却系统、各中段循环回流及产品的热量回收系统组成。其主要任务是将来自反应系统的高温油气脱过热后,根据各组分沸点的不同切割为富气、汽油、柴油、回炼油和油浆等馏分,通过工艺因素控制,保证各馏分质量合格;同时可利用分馏塔各循环回流中高温位热能作为稳定系统各重沸器的热源。部分装置还合理利用了分馏塔顶油气的低温位热源。

吸收稳定系统的任务是加工来自分馏塔顶油气分离器的粗汽油和富气,以分离出干气,并回收汽油和液态烃。吸收稳定系统包括气压机、吸收塔、解吸塔、再吸收塔、稳定塔和油气分离器及相应的冷换设备。

主风及烟气能量回收系统的设备主要包括主风机、增压机、烟气轮机以及余热锅炉等,其主要任务:为再生器提供烧焦用的空气及催化剂输送提升用的增压风、流化风等;回收再生烟气的能量,降低装置能耗。

二、技能要求

> GJBB002反再系统开工操作步骤

(一)准备工作

(1)工具准备:防爆阀门扳手、防爆手电、防爆对讲机。
(2)人员穿戴劳保着装:工作服、工作鞋、安全帽、手套。
(3)反再系统达到引主风入再生器条件。
(4)分馏系统达到收开工柴油条件。
(5)吸收稳定系统达到收开工汽油条件。

(二)操作规程

1.引主风进再生器,两器吹扫、升温

(1)主风机开机正常后,反应岗位具备条件时,引主风进再生器,将系统内杂物吹扫干净;
(2)适当调整各路风量和低点放空阀,按升温烘衬里曲线升温,同时联系进行两器仪表

检查,有问题及时进行处理;

(3)升温时要随时检查反再系统温度及设备膨胀情况等,做好记录;

(4)升温期间定时活动各滑阀,调整时幅度要小,避免造成两器温度、压力的剧烈波动;

(5)升温时外取热器系统和反应沉降器系统升温速度保持一致。

2. 反再系统进行气密试验

(1)以再生器密相温度为准,两器110℃恒温结束后,联系机组岗位提高主风流量,关小两器低点排空阀,关闭沉降器顶油气放空阀,逐渐提高再生压力到试压压力,开始进行气密试验;

(2)如有泄漏,做好标记和记录,并及时联系处理直至消除全部漏点。

3. 气密试验结束后,为辅助燃烧室点火做准备

适当降低主风流量和再生压力,适当打开沉降器顶油气线放空阀、汽提段和提升管底部放空阀、再生、待生和外取热器滑阀前放空阀等。

4. 增压机开机,引增压风

引风进外取热器,并控制好两器升温速度。

5. 再生器辅助燃烧室点火升温

(1)详细检查再生器辅助燃烧室点火系统:将二次风阀、一次风阀、百叶窗开度调整到位;所有进两器的风量调整到位;引蒸汽、非净化风和瓦斯到炉前排空,瓦斯压力不小于0.4MPa,联系分析瓦斯氧含量(体积分数不大于0.5%)。

(2)再生器辅助燃烧室点火:具备条件时,关小瓦斯火嘴吹扫风阀,逐渐开大瓦斯手阀,同时启动电打火。若瓦斯未点着,应立即关闭瓦斯手阀,用风连续吹扫10min以上重新按操作规程点火。点瓦斯火后,根据两器升温曲线要求升温、恒温。升温过程中要合理调整主风量、一次风和二次风阀开度以及瓦斯和燃烧油流量,控制炉膛温度不大于950℃、主风分布器下温度不大于550℃。

6. 两器按要求继续升温,做拆油气线大盲板准备

(1)再生器出口烟气温度约250℃,两器和再生烟道适当给上吹扫蒸汽和松动蒸汽;

(2)外取热器汽包收除氧水,开循环水泵进行循环,系统所产蒸汽改装置外放空;

(3)两器烘衬里结束,关闭再生和待生单动滑阀,切断两器。

7. 反应器蒸汽赶空气,拆油气管线大盲板,反应系统向分馏系统并蒸汽

(1)按要求引蒸汽赶空气,然后停蒸汽;

(2)切断所有进入分馏塔的蒸汽,关闭分馏塔顶油气空冷入口蝶阀;

(3)维持反应器、分馏塔微正压,专人看护,拆除油气线大盲板;

(4)拆除大盲板后,分馏塔先给蒸汽,塔顶大量见蒸汽后,反应器按要求给蒸汽,沉降器顶放空大量见蒸汽后,启动分馏塔顶油气空冷风机;

(5)逐渐关闭沉降器顶和分馏塔顶放空阀直到全关,同时逐渐打开分馏塔顶油气空冷入口蝶阀,分馏塔和反应器适当减蒸汽,控制分馏塔顶油气空冷出口温度不大于60℃,控制反应压力略高于再生压力,避免再生烟气窜入反应分馏系统。

8. 再生器按要求升温,准备装催化剂

再生器按要求升温至再生密相温度500~550℃,准备装催化剂。

9. 再生器装催化剂、喷燃烧油

(1)首先对再生器装催化剂条件进行确认。

(2)开始装催化剂。装催化剂初时速度要快,以尽快封住旋风分离器料腿,减少催化剂跑损。

(3)当再生器内催化剂床层高于再生器燃烧油喷嘴约2m时停止装催化剂。辅助燃烧室提负荷升温,当再生器床层温度>380℃时即可开燃烧油喷嘴。

(4)燃烧油喷着后,继续向再生器装催化剂,用再生器燃烧油控制再生温度。辅助燃烧室可酌情逐渐降温,然后熄火。

(5)再生器装催化剂量达到开工要求后,停止装催化剂,再生温度提高到约550℃。

10. 达到转剂条件向沉降器转催化剂、两器流化

(1)在向沉降器转催化剂前,反应压力高于再生压力,提升管和汽提段底部以及待生滑阀前排空见蒸汽。转催化剂时,关闭反应系统所有排汽点。

(2)缓慢打开再生滑阀,向沉降器转催化剂。汽提段催化剂料位达到一定时稍开待生滑阀。反应系统催化剂藏量达到开工要求后,待生滑阀投自控,合理调整两器差压,使两器正常流化,酌情适当打开外取热器催化剂出(入)口滑阀,投用外取热器。

(3)在向沉降器转催化剂和两器流化当中,要随时分析油浆固体含量。如果油浆固体含量持续超高,应暂停转剂或流化,等故障排除后再重新向沉降器转催化剂。

11. 反应器提升管进油,提处理量,调整操作

(1)可先投用油浆回炼喷嘴;

(2)适当关小事故旁通阀副线,使进料喷嘴前压力满足进料要求,按要求对称投用新鲜进料喷嘴;

(3)最后投用回炼油进料喷嘴;

(4)投用金属钝化剂系统;

(5)提升管喷嘴后,根据再生器密相温度,适当减少再生器喷燃烧油量直到全部关闭,相应提高再生压力和主风流量,适当调整外取热器取热量。

(三)注意事项

(1)开工时需要拆装的盲板应由专人负责并列表标出盲板所在位置、规格、安装拆装情况。

(2)开工过程中尽量减少装置催化剂粉尘和化学药剂的排放。

(3)开工过程中尽量减少装置内一氧化碳排放,烟气排放指标要合格。

(4)喷油前确保两器正差压(反应压力高于再生压力)。

(5)开工过程中在再生器料位不足之前严禁喷燃烧油。

(6)开工转剂过程中在打开两器斜管滑阀前一定要确保两个斜管压降。

项目二 开工过程中防结焦的措施

一、相关知识

(一)开工原料的选择

开工过程应使用汽化率较高的、裂化性能较好的直馏原料,有利于防止开工过程结焦。进料预热温度应在180℃以上,一般应使用530℃馏出在80%以上的原料,有条件的可采用蜡油开工。

> GJBB003大油气管线结焦的预防措施

(二)防止大油气管线结焦措施

(1)采用冷壁设计;提高大油气管中油气线速,尽量缩短油气管设计长度,以减少油气在大油气管中停留时间,降低结焦趋势。也有的催化裂化装置通过大油气管缩径来提高油气管线速,达到减少结焦的目的。大油气管表观设计流速要求35~45m/s,而实际线速大多低于此值。从大油气管结焦情况看,结焦到一定程度后,不再结焦。所以,最佳设计线速还需在实践中探索。

(2)沉降器出口使用大曲率半径弯头,在分馏塔入口处使用小曲率半径弯头,并使弯头与分馏塔入口之间距离最短。

(3)对热壁大油气管要加强保温。

(4)加强检修和大油气管清焦工作。

> GJBB004切断进料后防结焦的措施

(三)切断进料后防止结焦的措施

(1)切断进料后,要及时切断进提升管的所有物料(除蒸汽)根部阀,开大汽提蒸汽,同时防结焦蒸汽要开大,并派专人检查确认。

(2)蒸汽品质(温度)要保证,必须>250℃,必要时可通过中压蒸汽补充。

二、技能要求

(一)准备工作

(1)工具准备:防爆阀门扳手、防爆手电、防爆对讲机。

(2)人员穿戴劳保着装:工作服、工作鞋、安全帽、手套。

> GJBB005开工过程的防结焦措施

(二)操作规程

(1)开工选用汽化率较高的、裂化性能较好的直馏原料。

(2)开工应准备足够的平衡催化剂。平衡剂充足可以避免大比例补充新鲜剂,有利于装置快速达到正常负荷。

(3)向反应转催化剂前,油浆上返塔流量要充足、稳定,转催化剂过程中沉降器温度控制平稳。有条件的装置(系统线速度操作弹性较大),开工转催化剂要缓慢,时间足够长。

(4)进料前再生剂温度达到650℃、提升管出口温度达到530~550℃,沉降器顶部达到430℃以上,进料后仍要保持沉降器顶部等部位温度不低于430℃。如无法达到上述指标应或通过临时措施在紧急状态下迅速改善原料性质,应降低原料掺渣比或换用更佳蜡油原料开工。

(5) 开工过程中要检查和控制好蒸汽品质。1.0MPa 蒸汽温度不低于 250℃,必要时可以用中压蒸汽补充。

(6) 喷油前吹蒸汽量要充足,各点吹汽量适当加大,旋风分离器入口线速度控制在 14m/s 左右。

(7) 原料油喷嘴要对称打开,各喷嘴的压降要调整一致。

(8) 喷油后,提高进料量要相应降低各点吹蒸汽量,先降低预提升蒸汽量,再降低雾化蒸汽和汽提蒸汽量,在装置操作平稳后再降低防焦蒸汽量到正常水平。操作过程中应注意保持各点线速度的平稳。

(9) 喷油后调整操作。检查并核算各点的温度、吹蒸汽量、线速度及停留时间等是否满足防结焦要求,对不符合之处作出调整。开工初期 1~2d 可保持适当高的油浆外送比例,油浆密度保持在约 1000kg/m^3,根据原料和油浆性质少回炼或不回炼。

(三) 注意事项

(1) 开工过程中严防反应器超温和低温。

(2) 喷油后,要调整好汽提蒸汽量。

模块三　正常操作

项目一　减少热裂化反应的操作

一、相关知识

(一)正碳离子理论

正碳离子理论可解释催化裂化的各种反应。所谓正碳离子是指表面缺少一对价电子的碳原子形成的烃离子。要生成正碳离子,必须具备如下条件:一是要有烯烃(烯烃来源于原料或热裂解生成的),二是要有给出质子的酸性催化剂。

> GJBC001正碳离子理论

(二)催化裂化的反应过程

> GJBC002催化裂化的反应过程

(1)原料分子由主气流中扩散到催化剂表面。
(2)原料分子沿催化剂微孔向催化剂的内部扩散。
(3)原料分子被催化剂内表面吸附。
(4)被吸附的原料分子在催化剂内表面上发生化学反应。
(5)产品分子自催化剂内表面脱附。
(6)产品分子沿催化剂微孔向外扩散。
(7)产品分子扩散到主气流中去。

整个催化反应的速度取决于这七个步骤进行的速度,而速度最慢的步骤对整个反应速度起着决定性的作用而成为控制因素。

(三)催化裂化中各类单体烃的催化裂化反应

> GJBC003各类单体烃的催化裂化反应

催化裂化工艺过程反应主要是各种烃类的裂化反应、异构化反应、氢转移反应、烷基化反应、环化反应、脱氢反应和缩合及生焦反应。这些类型反应发生的程度影响着催化裂化的产物分布和产品性质。

1. 烷烃

烷烃主要发生分解反应,分解成较小分子的烷烃和烯烃。例如:

$$C_{16}H_{34} \longrightarrow C_8H_{16} + C_8H_{18}$$

生成的烷烃又可继续分解成更小的分子。烷烃分解时,都从中间的 C—C 键处断裂,而且分子越大也越易断裂。异构烷烃的反应速度比正构烷烃的快。

2. 烯烃

(1)分解反应:分解为两个较小分子的烯烃。烯烃的分解反应速度比烷烃的快得多。大分子烯烃的分解速度比小分子的快,异构烯烃的分解速度比正构烯烃的快。

(2)异构化反应:烯烃的异构化反应有两种,一种是分子骨架结构改变,正构烯烃变成异构烯烃；另一种是分子中的双键向中间位置转移。

（3）氢转移反应：一方面，某些烯烃转化为烷烃；另一方面，给出氢的化合物则转化为芳香烃或缩合程度更高的分子，甚至缩合至焦炭。

（4）芳构化反应：烯烃环化并脱氢生成芳香烃。

3. 环烷烃

环烷烃的环可断裂生成烯烃，烯烃再继续进行上述各项反应。环烷烃也能通过氢转移反应转化成芳香烃。带侧链的五元环烷烃也可以异构化成六元环烷烃，再进一步脱氢生成芳香烃。

4. 芳香烃

芳香烃核在催化裂化条件下十分稳定。但连接在苯核上的烷基侧链则很容易断裂生成较小分子烯烃，而且断裂的位置主要是发生在侧链同苯核连接的键上。多环芳香烃的裂化反应速度很低，它们的主要反应是缩合成稠环芳香烃，最后生成焦炭，同时放出氢使烯烃饱和。

（四）催化裂化的氢平衡

催化裂化是一个重油脱炭的过程，轻质产品的高氢含量必须由重质产品的低氢含量予以补偿，因而轻质产品不能无限制增加。不能设想一个脱炭过程可以无限制地得到轻质产品，或者从一种低氢含量原料得到高收率的轻质产品，因此原料和产品之间必须保持氢平衡。如果装置需要对产率进行大幅度调整时，氢平衡是很有用的。而在评价炼油工艺过程的氢效率时，氢平衡更是一个重要的手段。

（五）催化裂化热力学分析

在有些反应系统中，热力学数据对预测反应可能进行的程度及选择最佳操作条件有很大价值。催化裂化不属于这类反应系统，因为主要的裂化反应是不可逆反应。在催化裂化反应条件下，大部分可能进行的化学反应都没有达到平衡。实际上，裂化反应达到平衡时几乎全部转化为石墨及氢。

从热力学角度分析来看，在常压、反应温度为 400~500℃ 时，烃类在固体酸性催化剂上发生的化学反应为三类。第一类是平衡时基本上进行完全的反应（超过 95%），如长链的烷烃或烯烃的裂化及环烷烃与烯烃间的氢转移。第二类是平衡时进行不完全的反应，如异构化及烷基转移等反应，对这类反应从平衡值观察可能具有动力学意义。第三类是第一类反应的逆反应，在催化裂化条件下很少发生。

（六）催化裂化过程的过裂化现象及其特点

在催化裂化工艺中，汽油馏分通过二次裂化转变成轻烯烃称为催化裂化过程中的过裂化现象。

催化裂化通常追求的是最高的汽油产率，因此原料油转化为汽油的反应速率常数明显大于其他各反应：原料油转化为液化气、转化为干气和焦炭的反应。随着转化率的增加，汽油产率增加。但在过裂化情况下，汽油二次裂化明显加强，生成大量的液化气、干气和焦炭，这时汽油产率随转化率增加反而下降。随着反应条件苛刻度的提高，二级转化率增加，增加过程中的转折点定义为过裂化点。在过裂化点上汽油产率达到最大值且有如下特点：

（1）由反应温度升高引起的催化裂化过裂化反应属于过度热反应，过裂化点后干气和焦炭产率出现明显增加的趋势,但液化气产率则匀速增加。

(2)由剂油比增加引起的催化裂化过裂化反应属于过度催化反应,过裂化点后液化气和焦炭产率出现明显增加的趋势,但干气产率基本上没有变化。

(3)在过裂化点对应的反应温度下,氢转移系数随着转化率的提高而减少,但是进入过裂化区以后的减少速度小于非过裂化区;在过裂化点对应的剂油比下,随着转化率的提高,氢转移系数在不断增加,当达到过裂化点后,增长速度更快。

(4)在过裂化点对应的反应温度下,异构化系数随着转化率的提高而增加,当进入过裂化区后,该系数增加的幅度减缓;在过裂化点对应的剂油比下,异构化系数随着转化率的提高先慢慢减少,当进入过裂化区后,此值渐趋于平稳。

(七)催化裂化过程的热裂化

GJBC007 热裂化反应的反应机理及类型

1. 热裂化反应的类型

石油馏分的热裂化反应很复杂。热裂化反应可以归纳为两个类型,即裂解与缩合(包括叠合)。裂解反应产生较小的分子,直至成为气体,即大分子转化为小分子的链断裂吸热反应,而缩合则朝着分子变大的方向进行,高度缩合的结果,便是生成稠环芳香烃,以至生成碳氢比很高的焦炭,该过程为放热过程。

2. 热裂化反应的反应机理

热裂化机理一般用自由基理论来解释。自由基学说认为:烃类分子在热转化时先分解成带活化能的自由基。其中较小的自由基(如 $H\cdot$、$CH_3\cdot$、$C_2H_5\cdot$ 等)在短时间内能独立存在。较大的自由基与别的分子碰撞又生成新的自由基,形成一种联锁反应。反应后的生成物在离开反应系统时终止反应,自由基之间结合成烷烃。故断裂反应最终生成较进料分子小的烯烃和烷烃,也包括气体烃类。

总之,热裂化产物特点是乙烯含量高、含有部分甲烷和 α-烯烃、高的烯烃/烷烃比、无异构烃类。

3. 热裂化反应的影响因素

GJBC008 热裂化反应的影响因素

1)提升管反应器内

在提升管反应器中发生热裂化反应将使干气和焦炭产率升高,液体产品收率降低、质量变差。热裂化程度的主要影响因素有:

(1)反应温度;
(2)裂化油气在沉降器内的停留时间;
(3)进料性质;
(4)催化剂类型和剂油比等。

2)提升管出口区

对于重油催化裂化,提升管出口温度约 500℃。裂化油气在从提升管出口进入分馏塔之前,停留时间越长、温降越大,热裂化倾向越大。

二、技能要求

(一)准备工作

(1)工具准备:防爆阀门扳手、防爆手电、防爆对讲机。

(2)人员穿戴劳保着装：工作服、工作鞋、安全帽、手套。

（二）操作规程

(1)控制适宜的反应温度；
(2)控制适合的剂油比；
(3)缩短反应时间；减少油气在提升管出口后的二次反应；
(4)合理选用催化剂；
(5)选择适合的进料组成；
(6)改善进料喷嘴形式，改善提升管内原料油和催化剂的接触。

（三）注意事项

(1)减少热裂化反应的同时，注意反应温度的变化。
(2)根据产品质量分析结果，控制好热裂化反应。

项目二　降低装置动力能耗的操作

一、相关知识

（一）催化裂化装置的用能特点 [GJBC009催化裂化装置的用能特点]

催化裂化作为最大量生产汽油、柴油等轻质油品的原油二次加工工艺，在炼油工业和国民经济中占有重要地位。然而，催化裂化装置既是效益装置，又是耗能大户，其能耗占炼油总能耗的1/3左右，重油催化裂化装置的能耗所占比重还要高。因此，科学合理地分析重油催化裂化装置的用能过程，针对用能的薄弱环节提出具体可行的改造措施，降低重油催化裂化装置能耗，对于提高装置的操作水平、增加炼油企业经济效益、促进社会可持续发展具有重要意义。

（二）催化裂化装置的用能分析 [GJBC010催化裂化装置的用能分析]

研究结果表明：能量转换环节的排烟损失能在总损失能中占有很大比重，降低余热锅炉排烟温度具有较大节能潜力；能量利用环节中过程损的大量存在使得该环节效率较低，节能的关键在于着力降低反应和分馏过程损失；回收环节能量回收率及回收率均较低，减少排弃损失，强化传热是该环节改进的目标。对催化分馏塔进行了取热分配情况的分析和优化，在保证产品质量和塔内流体流动的基础上，重新对回流取热进行分配，减少塔顶循环回流取热量，适当增加了二中循环取热量，使得分馏塔过程损降低，分馏塔的效率提高。对余热锅炉排烟温度进行了深入分析，根据烟气酸露点温度与烟气中SO_3含量的关系计算出本装置烟气露点温度，确定出合理的排烟温度，最大限度回收烟气显热。

（三）影响催化裂化装置综合能耗的主要因素 [GJBC011影响催化裂化装置能耗的因素]

一般催化装置能耗主要由焦炭（和燃料气）、动力能耗（主要指水、电、汽的消耗）和输出热等构成。装置综合能耗与装置负荷率、原料性质、催化剂类型、所采用的生产工艺以及能量的有效利用情况等有关。

（四）催化裂化装置合理用能的基本途径 [GJBC012催化裂化装置合理用能的基本途径]

(1)应用先进的工艺技术。节能是工艺的一部分，工艺的先进能够带来巨大的节能效果,先进的工艺技术是节能的前提。

(2)新型催化剂和助剂的使用。催化剂和助剂会影响反应生焦、反应转化率、产品收率,也会影响构成能耗的反应热,同时还会通过干气和氢气产率影响装置能耗。

(3)合理利用装置低温热。低温热是指温度低于130℃的热量,催化裂化装置的低温热约$0.84\sim1.26$GJ/t,数量巨大,对能耗影响举足轻重。

(4)使用高效用能设备。例如高效雾化喷嘴、高效塔板、节能电机、变频机泵等。

(5)合理利用能量回收系统。

(6)针对各能耗因素优化操作。日常生产、检维修操作中的各个环节中不合理用能的地方很多,存在极大的节能降耗空间。

二、技能要求

(一)准备工作

(1)工具准备:防爆阀门扳手、防爆手电、防爆对讲机。

(2)人员穿戴劳保着装:工作服、工作鞋、安全帽、手套。

(二)操作规程

1. 降低催化裂化装置的蒸汽消耗的方法

1)正常生产时

(1)根据原料加工量和重油掺炼率,适当调整进料雾化蒸汽量和汽提蒸汽量。

(2)实现柴油闪点的卡边控制,以降低汽提蒸汽量。若催化柴油去加氢精制,可适当降低柴油的闪点。

(3)采用干气提升取代提升蒸汽,不仅节约了蒸汽,还减少了催化剂的高温失活。

(4)采用蒸汽透平驱动的主风机、气压机,在机组运行安全的前提下,应适当提高动力蒸汽的温度和压力,尽可能减少主风放空,降低气压机反飞动流量。

> GJBC013正常生产时减少蒸汽消耗的方法

2)停工时

(1)采用新型置换退料技术。可根据实际情况考虑采用免吹扫退料技术,减少吹扫。

(2)细化吹扫置换方案,合理用气、用置换介质。合理利用停工余热、利用轻置换介质如轻蜡油或柴油置换重油等,吹扫前尽量拿净物料,减少吹扫蒸汽的使用。

(3)扫线时,勤检查排污阀,先吹扫正线,后吹扫副线,吹扫干净后即可停止吹扫。

(4)管线排凝不易开太大,勤调节。

(5)蒸塔时,最好赶在退油结束尚有余温时,这时蒸塔容易蒸干净,而且省蒸汽。

> GJBC014停工过程中减少蒸汽消耗的方法

2. 降低催化裂化装置的电耗的方法

(1)在保证电动主风机不喘振的前提下,出口主风尽量不放空。

(2)有增湿空冷的装置,夏天可多用空冷喷水而少开空冷风机。

(3)对于负荷变化较大的机泵,可采用变频技术。

(4)加强装置内照明灯和空调的管理。根据天气情况,及时打开和关闭室内外照明灯。

> GJBC015减少电耗的方法

3. 降低催化裂化装置水耗的方法

催化裂化用水包括循环水、除盐水、除氧水和新鲜水,需根据用途,分情况进行优化降耗操作。

> GJBC016减少循环水消耗的方法

（1）循环水用于大机组的冷油器、凝汽式气压机复水器、运行机泵以及采用循环水冷却的水冷器等。在保证安全生产的情况下，应根据设备冷却负荷的变化和回水温度，合理调整冷却水量。

（2）富气注水使用除盐水的装置，可考虑改用制硫净化水，做到一水多用。

（3）对于使用新鲜水冷却的原料、回炼油和油浆采样器，采样时再给冷却水（冬季为防冻可适当关小冷却水）。

（4）杜绝装置内水系统的跑、冒、滴、漏现象。

（三）注意事项

在保证装置安全生产的前提下，合理调节各参数，降低装置用能量，节能降耗，提高装置的经济效益。

项目三　提高产品收率的优化操作

一、相关知识

（一）装置的优化

GJBC017装置优化的主要目标

装置优化的目的一是使装置效益最大化，二是使装置长周期平稳运行。装置优化可分为原料优化、产品方案优化、操作条件优化、催化剂和助剂选用优化、能量优化，并可通过装置的技术标定来判断装置是否达到优化状态。装置采用新技术、新工艺也是装置优化的一项重要措施。

（二）装置优化的分类

GJBC018装置优化的内容

1. 原料优化

原料性质对催化裂化的转化率、产品产率、产品性质都有重要的影响。原料性质包括特性因数、相对分子质量、烃类组成、密度、沸程、硫含量、氮含量等。评价催化裂化原料性质一般可采用下列八项指标：密度、残炭、重金属含量、馏程、正庚烷不溶物、含氢、含硫量、族组成。

催化原料预处理可视为原料优化的手段，一般可分为加氢处理、回炼油芳香烃抽提、溶剂脱沥青等。经加氢处理后的原料，可使芳香烃饱和，提高其裂化性能，并可降低原料中硫含量和重金属含量。目前，国内很多炼厂都不同程度地掺炼进口原料油，其含硫量都很高，加氢处理是一种有效地提高催化原料性质的一种手段。回炼油经芳香烃抽提后，抽余油可作为催化裂化原料，轻油收率和产品质量也有所改善。溶剂脱沥青后的减压渣油作为催化原料，可降低焦炭产率，并改善产品质量。同时催化裂化装置在原料选择上要尽量满足设计要求，如掺渣量、回炼比等指标，这样可使装置生焦量控制在一定范围，从原料上保证装置的长周期运转。当掺炼含重金属及含硫量过高的原料油时，应先经过预处理，如无预处理手段，则要调整操作方案并有相应的预案，使装置最大限度地适应性质苛刻的原料。

2. 产品方案优化

催化裂化装置产品种类一般是不变化的，液态烃、汽油、柴油是主要产品，但因为市场需求的不同，可适当调整产品的分布，同时根据市场对产品质量的要求，改善产品的质量，从而使装置效益达到最大化。一般催化裂化装置生产方案可分为两种，即多产汽油的生产方案和多产柴油的生产方案，个别装置由于下游装置或市场的需要也有多产液态烃的方案。

汽油生产方案与柴油生产方案主要区别在于反应温度和汽油干点不同。一般采用汽油生产方案时，反应温度要比柴油方案高10~20℃，由于反应温度的提高，转化率相应提高在其他条件相同时，只提高反应温度一项汽油收率即可提高5%~10%。同时采用汽油方案时，可适当提高汽油的干点，即将柴油中的低沸点组分切割到汽油中去，这样可直接提高汽油收率，同时严格控制液态烃中C_5含量也是保证汽油收率的一项重要手段。

3. 操作优化

装置操作优化主要有三个目的，一是为提高装置产品选择性，或目的产品收率和质量，通过改变操作变量来达到。对催化裂化装置来讲，提高汽油、柴油产率及质量是首要选择。二是通过优化操作来达到装置节能降耗的目的。三是使装置平稳操作、达到长周期运行的目的。催化裂化装置操作优化主要是通过自动控制来完成的。

二、技能要求

(一) 准备工作

(1) 工具准备：防爆阀门扳手、防爆手电、防爆对讲机。

(2) 人员穿戴劳保着装：工作服、工作鞋、安全帽、手套。

(二) 操作规程

1. 多产汽油方案

(1) 反再系统选择较高的反应温度。提高反应温度意味着增加反应深度，从而提高转化率，有利于汽油收率的提高。

(2) 分馏系统汽油干点按上限控制。在保证指标合格的前提下，提高汽油收率。

(3) 分馏系统控制轻柴油凝点。将轻柴油中的轻组分转至汽油部分，适当增加汽油收率。

(4) 适当提高分馏塔底温度。在保证油浆系统不结焦、堵塞的前提下，适当提高塔底温度有利于提高轻组分收率，从而有利于增加汽油收率。

(5) 吸收稳定系统汽油蒸汽压按上限控制。增加汽油中C_4含量，提高汽油收率。

2. 多产柴油方案

(1) 反再系统选择较低的反应温度。在保证较高的轻收率的前提下，较低的反应温度有利于柴油收率的提高。

(2) 分馏系统汽油干点按下限控制。在保证指标合格的前提下，将部分较轻组分留在柴油中，提高柴油收率。

(3) 优化汽提塔操作。在保证轻柴油闪点合格的前提下，尽量减少汽提蒸汽用量。

(4) 分馏系统提高轻柴油凝点，使轻柴油组分较重，收率增加。

(5) 适当提高分馏塔底温度。在保证油浆系统不结焦、堵塞的前提下，适当提高塔底温度有利于提高轻组分收率，从而有利于增加柴油收率。

3. 多产液态烃方案

(1) 反再系统选择较高的反应温度。提高反应温度意味着增加反应深度，从而提高转化率,有利于液态烃收率的提高。

(2)提高催化剂活性、增加剂油比,有利于液态烃收率的提高。

(3)增加反应时间,有利于液态烃收率的提高。

(4)吸收稳定系统汽油蒸气压按下限控制。汽油蒸气压按下限控制可保证较多的C_4留在液态烃中,从而使得液态烃收率增加。

(5)选用多产液态烃的催化剂。

(6)选用多产液态烃的新工艺。

(三)注意事项

产品方案的选择,要根据生产实际需要及产品质量要求选择。

项目四　降低催化汽油烯烃含量的操作

一、相关知识

(一)催化裂化汽油质量存在的问题

> GJBC019催化裂化汽油质量存在的主要问题

催化裂化汽油的质量主要存在三个问题:

(1)辛烷值低。大庆原油、吉林原油、沈北原油等典型的石蜡基原油占我国原油产量的50%左右。加工石蜡基原油的炼油厂的催化裂化汽油的辛烷值偏低,不能满足高标号汽油的辛烷值要求。

(2)烯烃含量高。催化裂化汽油的烯烃含量一般为40%~50%之间,加工石蜡基原油和掺炼渣油比例高的装置,催化裂化汽油的烯烃含量超过60%。

(3)硫含量高。汽油中的硫含量主要来自催化裂化汽油。从我国目前的原料看,大庆、新疆、辽河等催化进料硫含量在0.1%~0.2%,催化裂化汽油的硫含量一般可小于0.05%;掺炼渣油比例高的装置,催化裂化汽油的硫含量一般超过0.1%;沿江加工胜利含硫原油的炼油厂,催化原料不经脱硫,硫含量更高。随着加工含硫原油量的增加和环保要求的严格,汽油的硫含量矛盾会越来越突出。

由于我国的催化裂化汽油在商品汽油中的比重过高,降低烯烃含量和硫含量已成当前催化裂化工艺首先要解决的问题。

(二)MIP 工艺

> GJBC020MIP工艺技术的特点

MIP 工艺是石油化工科学研究院开发的降低催化汽油中烯烃含量的工艺技术。其思路是在现有的提升管反应系统基础上,增加一些有用的二次反应以改善产品质量,最大化生产异构烷烃,在降低催化汽油的烯烃含量的同时,维持汽油的辛烷值基本不变。

催化裂化生成异构烷烃理想反应示意图如图 3-3-1 所示。

两个反应区的作用。

第一反应区:反应温度高、油剂接触时间相对较短,主要单分子反应,生成正碳离子,以吸热反应为主。

第二反应区:反应温度低、催化剂密度大、油剂接触时间长,主要双分子反应,正碳离子传递,以放热反应为主。

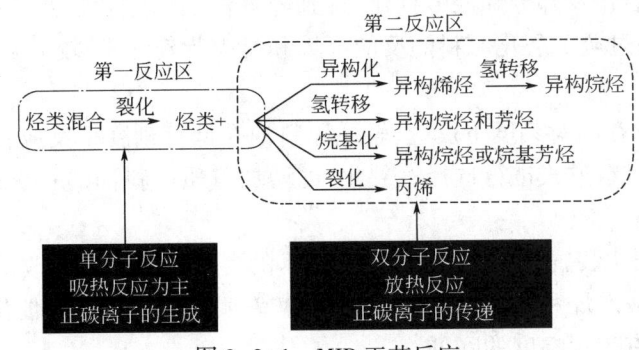

图 3-3-1 MIP 工艺反应

以常规催化裂化催化剂和常规催化裂化工艺为基础,依托原有催化裂化装置,增设一个单独的"提升管+床层"改质反应器,利用这一单独的反应器对催化汽油进行进一步的催化改质处理,使催化汽油中的烯烃主要进行氢转移、芳构化、异构化或者裂化,从而达到降低烯烃含量、维持或提高辛烷值以生产清洁汽油的目的。

MIP 的设计思想是既保留提升管反应器具有高反应强度的特点,同时又能够进行某些二次反应以多产异构烷烃和芳香烃。为此,设计了一种新型提升管反应器。该反应器具有如下特征:新型提升管反应器是在现有的提升管反应器基础上将反应器分成 2 个反应区(图 3-3-1)。第一反应区类似现有的提升管反应器,油气和催化剂混合后,在该区以一次裂解反应为主,采用较高的反应强度,即较高的反应温度和剂油比,生成较多的烯烃和处理较重的原料油;经较短的停留时间后进入扩径的第二反应区下,该反应区与传统的提升管反应器的不同之处在于降低油气和催化剂的流速,可以注入急冷介质和采用其他措施,降低该区反应温度,以抑制二次裂化反应,增加异构化和氢转移反应,从而使汽油中的异构烷烃和芳香烃含量增加;物流在该反应区停留时间较长,然后进入径向收缩的出口区,该区也类似传统的提升管反应器顶部出口部分,物流在该区停留时间较短,也是为了抑制过裂化反应和增加流体线速;然后物流进入分离系统进行气固分离,分离出的气相由旋风分离器出口引出,催化剂颗粒经汽提后进入再生器。

MIP 工艺已在中国石化高桥分公司炼油厂 1.4Mt/a 催化裂化装置顺利进行了工业试验。在装置的原料性质、处理量、掺渣量和物料平衡基本不变的情况下,MIP 工艺比 RFCC(重油催化裂化)工艺生产的汽油中的烯烃含量下降了 10% 左右。

(三)MGD 工艺

多产液态烃和柴油工艺技术(Maximizing Gas and Diesel,MGD)是石油化工科学研究院以重质油为原料,利用现有的催化裂化装置经过少量改造,即可在常规催化裂化装置上同时增产液态烃和柴油,并大幅度地降低催化汽油中烯烃含量的一项工艺技术。MGD 工艺技术要求新鲜裂化原料的轻重组分(蜡油和常渣)采用不同进料方式,进行选择性裂化反应。重质原料油要求在高苛刻度下进行反应,轻质原料油在低苛刻度下进行反应,以增加重质原料油的一次裂化深度并协调柴油馏分的生成和保留率。

MGD 工艺技术具有以下特点:

(1)采用粗汽油控制裂化工艺技术。通过粗汽油在密相上行床的二次反应,一方面使其汽油中低碳烯烃裂化及部分烯烃芳构化,达到降低汽油烯烃含量及提高汽油辛烷值的双重目的;另一方面通过调节裂化原料的反应环境和反应苛刻度,可较大幅度增加柴油馏分的生成量和保留度。

(2)重质原料油在高苛刻度下反应,轻质原料油在低苛刻度下反应,新鲜裂化原料的轻重组分采用不同的进料方式进行选择性裂化,可增加重质原料油的一次裂化深度和柴油馏分的生成与保留率。

(3)常规催化裂化装置只要按 MGD 工艺技术的要求进行少量的改造,即可使原催化裂化装置灵活地增产液态烃和柴油,液态烃和柴油产率明显大于常规的催化裂化工艺技术,同时汽油中烯烃含量有较大幅度的降低。

(4)高价值产品产率(液态烃+汽油+柴油)与常规催化裂化工艺技术相当。

(5)MGD 工艺技术专用催化剂 RGD-1 具有优良的重油转化能力和抗重金属污染能力,产品选择性特别是干气和焦炭选择性优异。

(6)MGD 工艺技术具有高度的操作灵活性和产品灵活性,可以进行汽油方案、柴油方案、液态烃+柴油方案和液态烃等方案的操作,各操作方案的调整十分方便而且调整时间很短。

(7)MGD 工艺技术的反应机理表明,本工艺技术降低汽油烯烃和损失辛烷值不是一对矛盾。在 MGD 的汽油裂化反应中,在汽油烯烃含量大幅度降低的同时,芳香烃和异构烷烃含量大量增加,使 RON 和 MON 明显提高,这是 MGD 工艺技术在生产清洁燃料方面的重要特点。

(四)FDFCC 工艺

FDFCC 又称为灵活多效催化裂化工艺,采用一套设有两根提升管反应器的催化裂化装置,通过双提升管实现工艺操作的可选择性,为汽油理想二次反应提供独立的改质空间和充分的反应空间,从而实现降低催化裂化汽油的烯烃和硫含量,改善柴汽比,提高催化汽油的辛烷值,同时增产液态烃和丙烯的目的。对比工业试验数据表明,采用该项工艺技术与常规催化裂化工艺相比,催化汽油烯烃含量降低 20%~30%(体积分数),硫含量可降低 15%~25%,辛烷值可提高 1~2 个单位。同时,该工艺对提高重油催化裂化装置的柴汽比和丙烯产率效果也十分显著,柴汽比一般可提高 0.2~0.7,丙烯产率也可提高 3%~6%。

FDFCC 工艺的特点是:

(1)原料适应性强。两个提升管反应器均可以在各自最优化的反应条件下单独加工不同原料油。重油提升管反应器的原料可以是各种馏分油、常压重油或掺部分减压渣油;第二提升管反应器原料可以是催化裂化汽油,也可以掺入部分焦化汽油、热裂化汽油、直馏汽油和油田凝析油等炼厂平衡不掉的劣质汽油。这对平衡全厂原料和汽油产品辛烷值至关重要。

(2)产品方案调节灵活,装置操作弹性大。炼油厂可以根据全厂原料及产品质量平衡和市场情况,及时调整原料、产品方案,优化产品性质以应对我国加入 WTO 后石油和油品市场波动频繁的局面。由于汽油改质提升管反应器操作条件相对独立,改质反应温度等条件可以根据市场情况灵活调节产品结构:降低反应温度,可以降低汽油烯烃和硫含量,生产清洁汽油;提高反应温度,可以在生产清洁汽油的同时,大幅度提高丙烯产率。同时,该工艺操作灵活,当炼油厂的加工装置具备生产清洁燃料产品条件,重整、汽油选择性加氢脱硫等有富余的情况下,若原料充足,汽柴油市场看好时,可以利用第二提升管来扩大处理量;反之,如原料供应不足,市场疲软,可以关闭第二提升管来实现单提升管操作。

(3)催化剂适应能力强。该工艺对催化剂的反应活性、选择性、抗金属性能以及流化、磨损和水热稳定性能的要求和常规催化裂化工艺一样,没有特殊要求。而且,FDFCC 工艺可以不使用降烯烃类的催化剂或助剂生产清洁汽油。

二、技能要求

(一)准备工作

(1)工具准备:防爆阀门扳手、防爆手电、防爆对讲机。
(2)人员穿戴劳保着装:工作服、工作鞋、安全帽、手套。

(二)操作规程

(1)降低反应温度。反应温度每降低 5~6℃,汽油中的烯烃含量可以降低 1%。
(2)提高剂油比。剂油比每升高 1 个单位,汽油中的烯烃含量可以降低 1.5%~3.0%。
(3)提高催化剂活性。催化剂活性高,汽油中的烯烃含量降低。
(4)增加反应时间。反应时间增加,降低烯烃含量,可通过提高反应压力的方式,达到反应时间增加的效果。
(5)提高分馏汽油干点。在适当范围内提高汽油干点,有利于增加汽油收率,降低汽油烯烃含量。
(6)提高稳定塔底和塔顶温度。在适当范围内提高稳定塔底、塔顶温度,有利于汽油中轻烯烃含量的降低。
(7)选用、更好降烯烃效果催化剂。
(8)应用降烯烃工艺。应用 MIP、MGD 工艺、双提升管等降烯烃工艺技术。

(三)注意事项

(1)降低反应温度,增加反应停留时间,要注意两器结焦问题。
(2)平稳装置操作,避免发生大幅度波动。

项目五　降低生焦量措施

一、相关知识

(一)催化裂化的生焦原理

GJBC026催化裂化的生焦原理和生焦类型

在催化裂化条件下,原料中的烷烃、烯烃、环烷烃和芳香烃分别发生分解、异构化、氢转移、芳构化、烷基化、叠合等反应,上述反应为复杂的平行顺序反应,随着反应深度增加,烯烃和芳香烃等能够缩合甚至产生焦炭,导致最终产物中焦炭数量增加。

催化裂化工艺产生的焦炭可以归纳为四种类型,分别是反应缩合物产生的催化焦、原料本身固有的残炭转化生成的附加焦、吸附在催化剂表面没有汽提干净的油气产生的可汽提焦和污染焦,其中前三种属于可再生的焦炭。

(二)催化裂化的生焦影响因素

1. 原料的影响

(1)原料组成。从原料组成看,原料中烷烃含量升高,反应选择性好,焦炭产率下降。芳香烃含量高,选择性差,焦炭产率高。

(2)原料中重金属杂质。原料中重金属杂质能使催化剂污染中毒。随着原料的重质化程度提高,重金属含量增加,特别是原料中的 Ni、V 等含量一般在 13mg/kg 以上,它们会加剧脱氢反应进行,造成污染焦,引起生焦率偏高。

2. 催化剂的影响

现代提升管催化裂化采用微球分子筛催化剂,需要具有良好的活性、选择性、稳定性、再生性能和抗污染中毒能力。重金属沉积在催化剂表面,会降低催化剂性能,增加焦炭产率。裂化反应后催化剂表面的积炭是否容易烧掉是催化剂的再生性能,再生性能差会造成活性中心恢复率低,造成性能不能充分发挥,导致结焦积炭量增加,还可能导致催化剂抗重金属污染能力下降。

3. 操作条件的影响

(1)回炼比。在操作条件和原料性质相同情况下,提高回炼比,转化率提高,同时生焦率也增大。油浆量采出越大,越接近回炼油馏分,两者均容易造成结焦。根据原料的组成、裂化操度和加工方案,确定油浆的排出量,减少油浆和回炼油的回炼量。

(2)原料预热温度。原料预热温度较低时,要确保裂解反应所需能量,必须增大剂油比,在进料量不变情况下,汽提段负荷加大,效果变差,引起焦炭量增加。

(3)再生温度。适当提高再生温度,能加速进料的雾化和汽化,降低再生剂含炭量,因此催化剂循环量降低,从而减小剂油比,使总生焦率降低。

(4)汽提蒸汽量。催化剂循环量一定时,增加汽提蒸汽用量,可以从催化剂上汽提分离出更多烃类物质,减少可汽提焦的产生。

(5)分馏塔底搅拌蒸汽量低,易造成塔底结焦。

二、技能要求

GJBC027降低生焦量的措施

(一)准备工作

(1)工具准备:防爆阀门扳手、防爆手电、防爆对讲机。

(2)人员穿戴劳保着装:工作服、工作鞋、安全帽、手套。

(二)操作规程

(1)优化原料,降低装置回炼比。有条件可停止油浆回炼。随着原料掺渣比的不断增大,原料中的胶质、沥青质和重金属含量也随之增加,导致装置焦炭产率上升。

(2)控制重金属含量。根据生产中原料分析中重金属含量的变化,及时调整钝化剂的注入量,减少镍金属脱氢反应造成的污染焦,同时还需保证上游装置相关脱金属操作。

(3)优化进料形式。改进进料前原料混合形式和原料喷嘴雾化、汽化形式,提高原料进料汽化效果,减少液态组分吸附在催化剂表面过程的结焦。

(4)选择高性能催化剂。采用新型高活性分子筛催化剂,增强重油大分子高效选择性裂化能力,提高轻组分收率,降低焦炭产率。

(5)改进工艺设备。影响生焦率的工艺设备因素主要集中在预提升段、原料喷嘴、提升管出口、汽提段、旋风分离器等部位。改善提升管催化剂流化状态,提升管出口安装快速分离设施,减少反应生成油气与催化剂的接触时间,终止反应,降低生焦率。减少油气在沉降器的停留时间,油气和催化剂在旋风分离器快速分离,减少了二次裂化反应的发生,降低了焦炭产率,强化汽提段汽提效果,尽量减少催化剂表面的可汽提焦。

(三)注意事项

(1)优化原料操作,加强原料分析,根据分析结果,调整操作。

(2)催化剂的选择要根据原料性质变化而定。

项目六　提升管结焦的预防措施

一、相关知识

(一)提升管进料喷嘴处结焦的原因

造成提升管进料喷嘴处结焦的可能原因有:

(1)喷嘴选型不合理,雾化效果不良。

(2)提升管进料段剂油接触效果差。

① 正常生产时,剂油比偏小,进料性质变重或进料量远低于设计值。

② 进料处温度过低,部分重油未汽化。

③ 在进料段,催化剂密度偏大或偏小。因催化剂滑落,返混严重,促使液焦增多,增大结焦倾向。

GJBC028提升管喷嘴处结焦的原因

(二)催化裂化装置防止进料喷嘴处结焦的方法

(1)应根据装置进料性质和进料量选择适宜的进料喷嘴。

(2)各喷嘴油、汽量要相对均匀,不能偏流。

(3)控制适宜的反应操作条件:

① 控制适宜的剂油比;

② 控制适宜的进料温度;

③ 控制适宜的掺渣率和油浆回炼量;

④ 控制适宜的反应温度;

⑤ 进料雾化蒸汽一般按总进料的5%~8%控制。

(4)优化提升管反应器的设计:

① 预提升段采用分布均匀的分布器、适宜的提升高度。预提升段一般不低于5m或预提升段长径比≥4.5。

② 提升管反应器采用抗滑落设计,减少催化剂的返混,使雾化油滴与稳定的催化剂密度分布相适应,形成良好的反应环境,使喷嘴始终处于最佳工况。

GJBC029防止进料喷嘴处结焦的方法

(三)沉降器结焦的预防措施

(1)增加防焦蒸汽量。

GJBC030沉降器结焦的预防措施

(2)防焦蒸汽采用二级孔喷嘴,使喷嘴指向顶部所有静空间,避免沉降器顶出现死角。

(3)采用高效汽提技术,降低待生催化剂含炭量。

(4)缩短催化剂与油气分离时间,减少油气在沉降器内停留时间。

(5)加强沉降器及集气室的保温,减小油气在沉降器内的温降。

(6)加强平稳操作,减少操作波动,减轻沉降器结焦。

(7)采用外集气室,避免集气室内的焦块掉进旋风分离器。

(8)沉降器内采用快速分离设施加一级高效旋分器,取代传统的两级旋分器。

(四)降低催化剂氢转移活性对于减少催化裂化生焦的意义

催化剂的氢转移活性与高沸点的不饱和烃和芳香烃的生成有直接关系,而这些不饱和烃和芳香烃能够聚合生成焦炭的前身产物。减少催化裂化生焦的一项措施就是降低催化剂的氢转移活性。催化剂的氢转移活性与 Si/Al 比有直接关系。研究表明,提高骨架 Si/Al 比,减少 Al 中心密度,提高酸中心的相对强度,有助于改变裂化/氢转移活性之比,降低催化裂化生焦。

GJBC031提升管结焦的预防措施

二、技能要求

(一)准备工作

(1)工具准备:防爆阀门扳手、防爆手电、防爆对讲机。

(2)人员穿戴劳保着装:工作服、工作鞋、安全帽、手套。

(二)操作规程

(1)改进预提升段设计和操作,实现稀相输送,减少催化剂返混,使催化剂与原料充分混合。预提升段长度一般设计为 6~8m,催化剂流速 2~3m/s。

(2)选择新型的雾化喷嘴,增加雾化蒸汽,改善雾化效果。

(3)尽量提高进料段温度,使再生剂与进料的混合温度高于进料的假临界温度。严格控制原料中残炭和沥青质含量。

(4)选择合适的反应条件和温度(过高的反应温度会使结焦速度加快;不适当的低反应温度会使反应油气中高沸点组分增加,露点上升,结焦倾向增加)。合适的反应条件和温度选择要根据原料性质而定。

(5)提高剂油比,使更多重质烃转化,提高转化率,减少结焦。重油催化裂化要求控制剂油比在 6 以上。

(6)新鲜原料和回炼油分别进料,防止回炼油中难裂解的重组分占据热再生剂的活性中心,减少催化剂的失活,降低生焦。

(7)开工过程中,或切断进料后,要对称开启、关闭喷嘴防止进料偏流。

(8)提升管注终止剂,有效地控制二次反应防止结焦(终止剂注入部位应根据提升管长度确定)。

(9)气压机有余地的装置,可采用干气预提升技术,减少催化剂水热失活和热崩,以保持催化剂的活性和选择性,减少结焦。

(10)优化原料,选择低稀土超稳分子筛催化剂,减少生焦。

(三)注意事项

不同类型的装置,提升管结焦的原因各有不同,应结合实际具体问题具体分析。

项目七　减少油浆系统结焦的操作

一、相关知识

(一)油浆系统的结焦机理

油浆系统中所结的焦主要由烃类和催化剂组成,其中催化剂具有吸附油浆中大分子极性烃类的能力。

油浆中的一些稠环化合物具有热缩合反应活性,其反应活性随温度的升高和时间的延长而加剧。缩合的结果导致油浆物系相溶性变差,以至于缩合产物能从油浆中离析出来。这些缩合物或沉积于换热器中物流速度小的部位及死区,或粘附于换热面而得以富集。聚集的缩合物进一步反应,可生成所谓的"软焦"。

油浆中的催化剂,无论是其对稠环芳香烃的吸附作用,还是稠环芳香烃对催化剂的粘附作用,客观上起着"床"的作用。稠环芳香烃"着床"后相互作用,生成更大分子的物质。同时,在外力(温度、流体状态改变等)作用下发生催化剂颗粒之间的相互碰撞。并且,由于催化剂颗粒的碰撞,使得不同催化剂颗粒上的稠环芳香烃发生缔合或者缩合。如此作用将出现催化剂颗粒的聚集,聚集的催化剂颗粒再与其他颗粒聚集,形成由有机物与无机物组成的混合结焦。

(二)油浆系统结焦的原因

(1)油浆性质差。油浆性质变差是油浆系统结焦的重要原因之一。例如,油浆黏度增大将影响其流动性能,固体含量增大也会使结焦性能增强。油浆中含有大量的多环芳香烃和一定量高分子烯烃,在高温下极易发生缩合反应。随着催化裂化掺炼重油比的增加,油浆中的多环芳香烃含量增加,相对密度增大,油浆因缩合而生焦的能力增强。

(2)分馏塔底温度高。分馏塔底温度是导致油浆系统结焦的直接原因。随着温度的升高,轻馏分逐渐蒸发,油浆浓缩,生焦性能增强。同时,油浆中的烯烃、多环芳香烃产生缩合反应,当温度升高到一定值时,缩合反应速度会变得很快。

(3)油浆的停留时间长。当油浆在某一高温下停留时间足够长时,油浆中将有焦炭生成。

(4)流速低。油浆在管道中的流速过低,容易使缩合物沉积在管道表面而得以富集。聚集的缩合物进一步反应,生成"软焦"。

(三)油浆系统结焦的预防措施

(1)根据油浆性质及时调整反应深度;

(2)在允许剂耗的范围内适当增加阻垢剂注入量;

(3)严格控制分馏塔底液相温度;

(4)在生产允许条件下,保证油浆循环量按上限控制;

(5)控制油浆在较低的密度;

(6)合理进行技术改进,增加低温搅拌流程。

(四)油浆外甩及其作用

GJBC035 油浆外甩的作用

所谓甩油浆,就是将一部分油浆经冷却后送往油罐。甩油浆可减少生焦量。因为油浆的稠环芳香烃含量较高,生焦率很高,减少油浆回炼,可减少生焦率,降低再生温度。

外甩的油浆经过分离催化剂粉末后,可以作生产针状焦的优质原料,也可作加氢脱硫、加氢裂化等装置的原料。若外甩油浆中的催化剂粉末分离不充分,不仅会影响相关产品的质量,还会对途经设备造成磨损和堵塞。

(五)减少分馏塔底结焦的方法

分馏塔底底部有一个缓流区,特别是在积有一部分催化剂和焦时,会造成流动死区,所以在这一区域内的介质实际停留时间远大于平均停留时间,从而造成分馏塔底结焦。

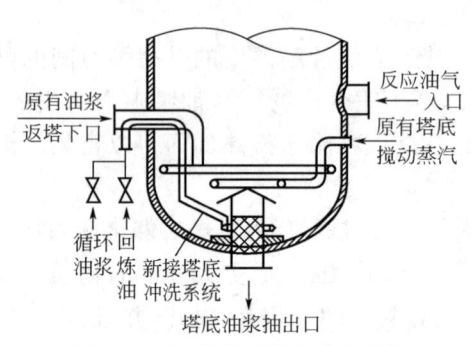

图 3-3-2 改造后塔底冲洗系统

如图 3-3-2 所示,某炼油厂对分馏塔底冲洗系统进行了改造,将一股返塔的循环油浆(或回炼油)引入塔底油浆抽出口附近进行搅动。这股油浆的引入,使塔底油浆抽出口附近区域产生搅动,阻止催化剂颗粒或其他小焦粒在这一相对平坦的区域沉积,防止产生流动死区。另外,由于循环返塔油浆温度只有 240℃ 左右,这一小股物料也在这一缓流区造成了局部相对较低的温度,有利于防止该区域初始焦炭的生成。为了在油浆泵短时抽空时,保持搅动,引入了回炼油备用。

(六)油浆系统加入油浆阻垢剂的原因

目前国内大多数的大中型重油催化裂化装置都已使用阻垢剂。从阻垢剂使用前后数据变化中看出,当催化裂化油浆系统发生结垢时,油浆中注入阻垢剂后,换热效果随之明显好转,油浆返塔温度降低,蒸汽发生量增加。不仅如此,使用阻垢剂后,还使油浆系统压力降下降,油浆外甩量减少,轻质油收率增加。不同阻垢剂在不同炼油厂的催化裂化装置上使用,尽管其原料油性质、工艺、操作条件均不同,且阻垢剂使用的时机也不一样,但是使用后都取得了良好的效果。

(七)油浆阻垢剂应具有的性能

GJBC036 油浆阻垢剂的性能特点

(1)清净分散性:能阻止油料中的腐蚀产物、盐类和杂质颗粒聚集沉积,减少无机垢的生成。

(2)抗氧化性:与被氧化的烃自由基形成惰性分子,使链反应中止,不能形成大分子聚合物,减少有机垢的生成。

(3)阻聚合性:阻止烃分子的聚合,减少有机垢的生成。

(4)钝化金属表面性:使设备和管道的材质在高温下不能对脱氢生焦起催化作用。

(5)抗腐蚀性和表面保护功能:在设备和管道表面形成保护膜,减少腐蚀产物的生成,保持设备和管道的内表面的光洁。

除此之外,阻垢剂还应具有:油溶性,与加工油料能均匀混合;黏度小,易流动,便于使用;对后序加工工艺和产品性质不会产生不良的影响;在使用温度下不分解,以及无毒等理化性质。

(八)重油催化裂化油浆系统更容易结焦的原因及预防方法

重油催化裂化油浆中含有大量的多环芳香烃和一定量高分子烯烃,在高温下易发生缩合反应而结焦。油浆结焦主要受操作温度、停留时间和油浆质量3个基本因素影响。缩短分馏塔底油浆停留时间、控制适当的塔底油浆温度及避免滞留死区,对于减轻或防止塔底结焦非常重要。一般塔底油浆停留时间不大于3~5min(通过控制塔底液位高度实现)。重油催化裂化装置控制塔底油浆温度不大于350℃(通过下返塔流量控制),在底部设置专门设施消除油浆滞留死区(搅拌蒸汽和搅拌油浆),油浆经换热器降温后结焦倾向就会减缓。催化剂细粉经洗涤段进入油浆系统,固含量增大也会使油浆结焦性能增强。一般情况下,控制油浆固含量小于6.0g/L。当固含量增加时,应及时采取调整反应操作、增加油浆外甩量等措施。

油浆换热器管程油浆流速也是影响设备堵塞的一个重要参数。流速较低时会因催化剂颗粒沉降、沉积而引起换热器堵塞。一般换热器管程油浆流速应控制在1.2~2.0m/s以上。一般油浆抽出与返回温差为80~100℃,油浆循环量根据热负荷确定。结合分馏塔底油浆停留时间及换热器流速的要求,制定油浆循环量最低指标。

另一种结焦是由聚合物沉积而形成的,聚合物会造成油浆换热器的堵塞。许多炼油厂使用油浆阻垢剂,在油浆泵入口注入阻垢剂,可以有效防止油浆换热器堵塞。

> GJBC037防止重油催化油浆系统结焦的方法

二、技能要求

(一)准备工作
(1)工具准备:防爆阀门扳手、防爆手电、防爆对讲机。
(2)人员穿戴劳保着装:工作服、工作鞋、安全帽、手套。

> GJBC038防止油浆系统结焦的方法

(二)操作规程
(1)在分馏塔底保持较短的停留时间,尽量将流量保持在油浆泵的上限,维持较低的分馏塔液面,以避免油浆在高温情况下结焦。分馏塔底停留时间控制在适宜范围内(如3~5min)。

(2)油浆在管道中的流速应控制不低于1.5~2.0m/s,在换热器的管程内宜控制在1.2~2.0m/s,防止油浆循环系统的管道和设备结焦。

(3)换热器的副线投用应当慎重,确保油浆换热器内流速不低于1.2m/s,避免油浆在换热过程中,由于油温降低、黏度增大而结垢。

(4)选用汽蚀余量较大的机泵,避免油浆泵不上量而引起大量催化剂堆积在分馏塔底。

(5)降低循环油浆返塔温度,加大油浆返塔下部入口量,控制塔底温度。用急冷油浆急冷,既可加强对塔底的冲刷作用,防止催化剂堆积在分馏塔底的缓流区而引起结焦,又可使塔底油浆快速降温,防止油浆组分因高温聚合生焦。此方法尤其适用于分馏塔底温度较高而油浆系统循环量及取热量均达上限的装置。分馏塔底温度在催化裂化进料为蜡油时一般控制在370~380℃;掺炼重油后,则应控制在370℃以内。一般随掺炼重油量的增加,原料性质的变差,分馏塔底温度也需降低,以控制油浆缩合反应速度。

(6)选用合适的油浆阻垢剂,从装置投用起连续注入,防止油浆中不溶物附着在换热器的管壁。

(7)合理调整外排油浆,降低油浆相对密度,控制油浆中稠环芳香烃浓度。国内目前控制油浆密度一般不大于1。

(三)注意事项

(1)严格控制油浆线速及停留时间,控制好分馏塔底温度不超温。

(2)加强分析油浆中催化剂浓度和油浆密度。

项目八 减少含硫污水的措施

一、相关知识

GJBC039催化裂化装置污水的种类及其中的污染物

(一)催化裂化装置污水的种类

(1)含硫污水。这种污水除含有大量硫化物、氮化物外,含酚量也较多,还有氰化物等。主要来源是分馏塔顶油气分离器脱水、富气洗涤水(或富气冷凝水)、液态烃水洗水等。

(2)含碱污水。含碱污水中主要有游离态的NaOH,还有较大量的油及少量的酚和硫。主要来源是汽油、柴油、液态烃碱洗后的水洗水。

(3)含油污水。含油污水主要包括机泵冷却水、地面冲洗水等。

GJBC040装置含硫污水的处理方法

(二)含硫污水的处理方法

含硫污水预处理方法有空气氧化法和蒸汽汽提法。空气氧化法适用于污水中硫化氢含量较低的工况。蒸汽汽提法适用于污水中硫化氢、氨含量变化幅度较宽的工况。目前,国内多采用蒸汽汽提法。

1. 空气氧化法

含硫污水中硫化物,一般都以铵盐和钠盐的形式存在,与空气中的氧接触后即发生氧化反应,首先氧化成硫代硫酸盐,然后少部分硫代硫酸盐进一步氧化为硫酸盐。其原理如下:

$$2HS^- + 2O_2 \longrightarrow S_2O_3^{2-} + H_2O$$

$$2S^{2-} + 2O_2 \longrightarrow S_2O_3^{2-} + 2OH^-$$

$$S_2O_3^{2-} + 2O_2 + 2OH^- \longrightarrow 2SO_4^{2-} + H_2O$$

此方法适用于加工低硫原油的含硫污水,气体中的H_2S需经过焚烧或其他方法处理。

2. 蒸汽汽提法

含硫污水中的硫、氮元素,在水中以铵盐的形式存在,经加热即能分解成硫化氢和氨。当水蒸气通入液相,由于汽相中硫化氢和氨组分的分压低于平衡时蒸气压,所以仍由液相转入气相。

经过汽提处理后的净化水水质好,可用作原油电脱盐注水、催化富气洗涤水,也可进入污水处理场,经处理后可达国家排放标准。

GJBC041装置含碱污水的处理方法

(三)含碱污水的处理方法

浓度较低的含碱污水中主要含有游离状态的碱(NaOH)、油及少量酚和硫化物。其处理方法是先经中和池中和后,再汇入含油或含盐污水经隔油、浮选、生物氧化等处理。

浓度较高的含碱污水一般考虑与碱渣一起处理。

(四) 含油污水的处理方法

催化裂化含油污水一般都送到全厂污水处理厂与其他装置的污水一起处理,处理过程大多采用隔油、浮选、生化曝气、砂滤的二级处理工艺。为了提高净化效果,有的采用活性炭吸附(或臭氧氧化)等三级深度处理工艺。

各处理工序分述如下:

(1) 前处理设施。格栅:用以截流污水中大的杂质、悬浮物体。调节池或均质池:用以调节水质和水量,确保后处理工序的正常运行。

(2) 隔油处理。平流隔油池利用密度差分离油和水,固体杂质沉于池底而得到去除。此法只能除去水中的浮油和大部分分散油。斜板隔油池是一种较高效率的油水分离设施,具有表面负荷小、湿周大、配水均匀等优点,较好地克服了水流的不稳定性,因而除油率高,出口油含量可达 40mg/L 左右。

(3) 浮选处理。含油污水经隔油后尚残留部分粒径小的油,需要进一步处理。溶气浮选就是将该水进行溶气并加入适量的浮选剂(碱式氯化铝等),然后释气、分离,以去除污水中的油、悬浮固体和胶体状物质,从而使水质得到净化。

(4) 生物氧化处理。生物氧化处理是在保持一定的供氧条件下,利用微生物来降解水中的有害物质使水得到净化。目前采用的方法主要有生物滴滤法、活性污泥传统曝气法和加速曝气法等。

(5) 砂滤。砂滤是为了去除污水中残余油和悬浮固体,而提高出水水质。

(6) 活性炭吸附处理。活性炭吸附主要是去除污水经二级处理后的残余 BOD、COD、油、酚、氰等有害物质。

二、技能要求

(一) 准备工作

(1) 工具准备:防爆阀门扳手、防爆手电、防爆对讲机。

(2) 人员穿戴劳保着装:工作服、工作鞋、安全帽、手套。

(二) 操作规程

(1) 用预提升干气替代预提升蒸汽,减少预提升蒸汽用量或停用。

(2) 在保证原料雾化效果及反应系统操作的前提下减少雾化蒸汽的用量。

(3) 在保证柴油闪点指标的前提下减少柴油汽提塔汽提蒸汽用量,有的炼厂催化柴油直接对口进柴油加氢精制装置,不需在催化装置控制闪点的可考虑停用汽提蒸汽。

(4) 使用分馏塔顶含硫污水替代软化水作富气洗涤水用。

(5) 从源头削减硫、氮含量,密切注意硫、氮含量分析结果,精准控制注水做相应调节。

(三) 注意事项

(1) 含硫污水在生产过程中,严禁直接排污。

(2) 在保证装置操作稳定的前提下,尽量减少系统用汽量。

模块四　停车操作

项目一　反再系统停工操作

一、相关知识

(一)反应岗位停工准备

(1)平衡催化剂罐腾空,抽真空;
(2)试通再生器大型卸料线,通入反吹风;
(3)试验放火炬阀;
(4)卸净三旋催化剂;
(5)切断进料前停注金属钝化剂系统;
(6)逐渐降低掺渣率,相应降低主风流量;
(7)切断提升管汽油回炼(和提升管注水)和油浆回炼线,给蒸汽向提升管扫线;
(8)干气提升改为蒸汽提升。

(二)分馏岗位停工准备

(1)联系油浆紧急放空线扫线,扫通后停蒸汽;
(2)油浆冷却器水箱装水,根据油浆固体含量和分馏塔塔底液位适当外甩油浆;
(3)联系调度,准备好停工用的汽油、柴油和污油罐;
(4)切断进料前,停注油浆阻垢剂,将储罐内油浆阻垢剂全部打入系统;
(5)封油罐保持高液位,联系罐区随时准备送柴油;
(6)所有扫线蒸汽引到各蒸汽用点第一道阀前,导淋脱水。

(三)稳定岗位停工准备

(1)联系调度、油品罐区,准备不合格汽油罐;
(2)停工前4h,各塔、容器(和稳定塔底重沸器)低液位操作;
(3)在切断进料前,停富气注水系统,排净系统内存水。

二、技能要求

(一)准备工作

(1)工具准备:防爆阀门扳手、防爆手电、防爆对讲机。
(2)人员穿戴劳保着装:工作服、工作鞋、安全帽、手套。
(3)完成停工准备及条件确认。

(二)操作规程

GJBD001反再系统停工步骤

(1)反应系统降低处理量,切断提升管进料,停气压机,分馏稳定系统退油扫线。

① 适当降低两器催化剂藏量。在降量前,适当卸出部分平衡催化剂,适当降低两器催化剂料位。

② 以 10t/h 的速度逐渐降低反应进料量。适当降低进料雾化蒸汽量,同时联系机组岗位降低主风流量。原料油罐和回炼油罐保持低液位。余热锅炉按操作规程停炉。

③ 切断提升管进料。

a. 联系分馏,停回炼油回炼,并给蒸汽向提升管扫线;

b. 启用原料自保,关闭自保大阀后手阀,并给蒸汽向提升管扫线;

c. 配合停气压机,用气压机入口放火炬控制反应压力;

d. 两器保持流化 0.5h 以上。

(2) 反应卸催化剂,分馏继续退油,水顶汽油和液态烃出装置。

① 控制较低的沉降器汽提段催化剂料位,维持两器流化。

② 再生密相温度降至 450℃时,关闭再生滑阀,将反应系统的催化剂全转到再生器,同时控制反应压力高于再生压力,关闭待生滑阀。再生器开始卸催化剂。在生产允许时,应加快卸剂速度。两器(包括外取热器)中催化剂藏量为零后,定时活动再生和待生滑阀,尽可能将系统的催化剂卸净。

(3) 加油气线大盲板,两器吹扫降温;装置全面给汽吹扫。

① 系统内催化剂卸净后,手摇关闭再生和待生滑阀,挂上禁动标志。

② 反应沉降器吹扫一定时间后,打开沉降器顶放空阀,沉降器集气室顶放空阀大量见蒸汽后,除稍开提升管预提升蒸汽外,关闭其他所有进入反应沉降器的蒸汽。

③ 具备条件时,联系检修单位加油气线大盲板。

④ 油气线大盲板加好后,反应沉降器分别给上雾化蒸气和汽提蒸气,打开油气线大盲板前放空阀,控制反应压力略高于再生压力。

⑤ 卸净催化剂后,适当降低再生压力。

⑥ 联系机组停增压机。

⑦ 当再生器温度低于 250℃时,停再生烟道的所有蒸汽。再生温度低于 150℃时,停外取热器系统(将系统存水排净)。

⑧ 反应沉降器给蒸汽吹扫 24h 后,停止蒸汽吹扫,自然降温。注意观察反应器和油气管线上各点温度,防止焦炭燃烧。根据装置情况,主风机正常停机。

(4) 停蒸汽加装置内盲板;分馏稳定系统进行水洗。

(5) 拆各塔器入孔,处理污水系统。

① 具备条件时,联系拆两器系统入孔。

② 在温度允许时,联系两器搭架子,进行两器系统内部检查。

(三)注意事项

(1) 停工过程中要做好个人防护。

(2) 停工速度要缓慢,防止发生超温、超压、着火、爆炸事故的发生。

项目二　主风机组紧急停机操作

一、相关知识

(一)主风机组手动紧急停机条件

手动紧急停机,是指机组各系统出现严重故障,不及时停机会造成事故进一步扩大,此时由人工拉出紧急停机按钮,进行手动紧急停机。例如出现下列情况之一者应实施手动紧急停机:

(1)机组突然发生强烈振动或机内有摩擦等异常声音时、各机的轴振动过大时没有紧急报警;

(2)轴承温度过高而无法排除时,特别是呈上升趋势;

(3)油温过高而无法排除时;

(4)轴承或密封处发生冒烟;

(5)烟气轮机轮盘温度控制不住,密封严重泄漏;

(6)动力油箱或润滑油箱油位下降至最低油位线,继续加添新油而无济于事时。

(二)主风机组自动紧急停机条件

[GJBD002烟气轮机—主风机机组紧急停机的条件]

(1)烟气轮机轴位移超极限;

(2)主风机轴位移超极限;

(3)机组转速超极限;

(4)润滑油压过低;

(5)动力油压过低;

(6)持续逆流;

(7)工艺事故联锁;

(8)手动紧急停机。

(三)主风机组紧急停机联锁步骤

机组紧急停机后,并伴随相应的声光报警,程序执行以下操作:

(1)主电机跳闸;

(2)待机组转速降低至一定值时,静叶自动调节解除,静叶关至启动角度;

(3)快速打开防喘振放空阀;

(4)强制关闭主风机出口阻尼单向阀;

(5)关闭烟机入口蝶阀;

(6)关闭烟机入口闸阀;

(7)向中心控制室发出停机联锁信号。

(四)主风机组紧急停机系统设置的原则

[GJBD003主风机组紧急停机系统设置的原则]

(1)正确、慎重选择紧急停机项目。紧急停机与工艺生产是对立统一的。从机组保护来讲,停机项目尽可能多一些,从工艺生产角度讲,则希望尽可能减少停机的机会,所以要反复权衡紧急停机的得失以及两者可能引起的后果,既起到保护机组的作用,又最大限度地压缩停机项目,减小对工艺生产造成的危害和经济损失。

(2)选用可靠、准确度高的检测元件。

(3)做好分级监控,迫不得已时才紧急停机。各紧急停机项目之前都有预报警(紧急报警),这样能提前通知操作者注意采取一定措施或者自动采取预防措施,阻止事故扩大酿成紧急停机。对于机组的超速保护更应重视,在汽轮机的发电功率超驰调节和烟机的转速超驰调节中应特别注意,只有这些调节无法将转速控制在最高限制值之内时才实施紧急停机。

(4)按照故障产生的原因以及所处的运行状态采取正确的停机措施。"机组停机"并不是简单的"各机停止运转"。例如,电动发电机运行在发电状态和运行在电动状态时的停机措施是不一样的。这是因为,如果运行在电动状态,电机脱离电网有利于迅速低转速停机,而如果是发电状态,则电机脱离电网反而会造成机组超速,不脱离电网恰恰会产生一个电磁制动力矩"拖住"轴系遏止升速且迅速降速,但降速到低于同步转速(即电动状态)时又应立即脱离电网,以便继续降速。

二、技能要求

(一)准备工作

(1)工具准备:防爆阀门扳手、防爆手电、防爆对讲机。

(2)人员穿戴劳保着装:工作服、工作鞋、安全帽、手套。

(二)操作规程

(1)烟机壳体温度降至250℃以下时,关闭烟机轮盘冷却蒸汽和密封蒸汽,并打开烟机壳体排凝阀;

(2)当机组转速为零时,使用盘车机构进行盘车;

(3)当烟机壳体温度<90℃,主风机出口温度<50℃,各轴承温度<40℃时,可停止盘车;

(4)停止盘车后可停润滑油泵,并停润滑油箱油雾风机;

(5)停止向机组供润滑油后,切断烟机的阻尼风和轴承密封风;

(6)检查并确认静叶关至启动角度后,可停动力油泵,并停动力油箱油雾风扇;

(7)关掉烟机机座冷却水和电机冷却水;

(8)若停机时间超过1d,应联系电工进行防潮保护。

(三)注意事项

(1)主风机紧急停机时,要防止发生催化剂倒流事故。

(2)处理要及时果断,避免次生事故的发生。

项目三 停工检修期间减少噪声的措施

一、相关知识

(一)催化裂化装置噪声的来源

催化裂化噪声污染源主要来自再生烟气放空及机泵电动机、空冷器风机、加热炉火嘴、气体放空口、蒸汽放空口、调节阀、管道,尤其是主风机、气压机的噪声危害最大。

同时装置开停工期间的设备、管道放空吹扫也会产生噪声。

> GJBD004催化裂化装置噪声防治的方法

(二) 催化裂化装置噪声防治的方法

噪声防治步骤是先从噪声源的控制着手,再控制噪声的传播途径,最后是给噪声接受者做个人防护。具体针对各种噪声源的防治方法如下:

(1) 加热炉。其噪声主要由燃料与空气混合高速喷射噪声和燃烧噪声组成,降低加热炉噪声的措施有:

① 采用低噪声喷嘴;

② 采用消声罩;

③ 隔声围墙。

(2) 主风机、气压机。其噪声主要是由叶片转动所产生的旋转分割声和涡流声组成,尤其是主风机的噪声,降低主风机噪声的措施有:

① 在风机出口安装消声器;

② 隔声;

③ 隔振;

④ 阻尼;

⑤ 吸声。

(3) 电机。其噪声由空气动力噪声、机械噪声和电磁噪声三部分组成,其中以旋转风扇引起的空气动力噪声为主,降低电机噪声的措施有:

① 安装隔声罩;

② 采用低噪声电机。

(4) 空气冷却器。其噪声主要是风扇造成的空气紊流和涡流噪声,空气通过翅片管的气流声以及传动系统引起的机械振动噪声,降低空气冷却器噪声的措施有:

① 设置隔声墙、吸声屏或隔声罩;

② 采用新型低噪声风机。

(5) 调节阀与管道。降低管路系统噪声的措施有:

① 管线的合理设计;

② 改进阀门结构;

③ 阀后设置节流孔板;

④ 适当分配压力降和调节辅助阀门;

⑤ 在阀门下游设置消声器;

⑥ 放空口的合理设置;

⑦ 在接受噪声源(点)时的防护。

(三) 催化裂化装置内各类地点的噪声限制标准

催化裂化装置内各类地点的噪声限制标准应符合石化企业相关标准,见表3-4-1。

表 3-4-1　催化裂化装置内各类地点的噪声限制标准

序号	地点类别	噪声限制值,dB
1	工人连续接触噪声 8h 场所	90
2	车间值班室和车间控制室	65
3	计算机控制室	70
4	车间属办公室、化验室和会议室	70
5	厂所办公室、会议室、资料室等	60
6	电话会议室	50

二、技能要求

(一)准备工作

(1)工具准备:防爆阀门扳手、防爆手电、防爆对讲机。

(2)人员穿戴劳保着装:工作服、工作鞋、安全帽、手套。

(二)操作规程

(1)停工检修期间确保各塔、设备、管线在蒸汽吹扫期间各自消音器完好且全部投用;

(2)没有消音器的放空口通过控制吹扫蒸汽的用量来控制噪声的产生;

(3)合理控制蒸汽吹扫时间,在具备条件情况下利用间断吹扫、错时吹扫来控制噪声的产生和消减噪声带来的影响;

(4)合理制订吹扫方案,利用工艺流程连串吹扫,减少排放点,或转移至有消音器的排放点;

(5)采用新型置换退料技术,可根据实际情况考虑采用免吹扫退料技术,减少吹扫,从而减少噪声的产生。

(三)注意事项

蒸汽吹扫泄压时,要缓慢开阀门,当压力降到一定程度时,再开大阀门。

模块五　设备使用与维护

项目一　再生设备腐蚀开裂预防操作

一、相关知识

再生器筒体的工程特点

> GJBE001再生器筒体的工程特点

催化裂化再生器内壁设有隔热耐磨衬里,绝大部分壁温降到200℃以下,可使用塑性好、可焊性好、价格低廉的碳钢。再生器外壁则按冷壁设计,选择优质碳钢或低合金钢作为材质。大小筒式再生器两区直径的改变靠倾斜角大于45°的过渡段完成。

> GJBE002再生设备腐蚀开裂的预防措施

二、技能要求

(一)准备工作

(1)工具准备:防爆阀门扳手、防爆手电、防爆对讲机。

(2)人员穿戴劳保着装:工作服、工作鞋、安全帽、手套。

(二)操作规程

(1)提高装置壁温。主控人员将设备的壁温提高至烟气的露点以上。

(2)消除设备的残余应力。在设备安装及检修施工中,尽量消除设备的残余应力(如可以采用中间退火等方法)。对于新建装置,设计时避免应力集中的结构,施工时避免强行组配,施工后进行消除应力处理。

(3)注意设备选材。选用强度级别较低的钢材作为设备壳体材料。

(4)降低烟气露点。

主控人员降低烟气中的过剩氧含量,保证烟气中有一定量的NH_3气。进行原料油的处理,降低原料中硫、氮及钒的含量。

(5)降低烟气中SO_x和NO_x气体的含量。使用硫、氮转移催化剂或助剂,使原料油中的硫、氮元素更多地以H_2S及NH_3的形式进入干气。

(三)注意事项

在对再生设备进行腐蚀开裂预防操作中还可以使用硫转移剂、设备内部喷铝等其他措施。

项目二 主风机组主备机切换操作

技能要求

(一)准备工作

(1)工具准备:防爆阀门扳手、防爆手电、防爆对讲机。

(2)人员穿戴劳保着装:工作服、工作鞋、安全帽、手套。

(3)准备启动备用风机之前应与调度做好联系。按备用风机操作规程启动备用风机,并加载全部负荷连续运行4h以上,经全面检查确认无异常。

(4)降低再生器压力,提高备机流量,使备机的反喘振度(DV值)控制在-10以下。

(5)经检查确认备用风机出口流量、出口压力、各部振动、轴瓦温度、电机绕组温度、润滑油压力及冷后温度、电机电流正常。

(6)通知主控室准备主备机切换操作。

(二)操作规程

(1)缓慢关闭备用风机出口放空阀和出口防喘振阀,将备用风机出口压力逐渐提高。

(2)关小主机静叶,降低主机风量,降低再生器压力,准备切换主风机组。备用风机进出口流量提至和主机一样。

(3)将主机出口压力降至略低于备用风机出口压力(约0.01MPa)。

(4)缓慢关闭主机出口切换手阀。此时,防喘振阀相应打开;与此同时,慢慢打开备用风机出口切换阀,放空阀和防喘振阀将相应关小。调节幅度要小,要统一步调,加强联系,尽量使主风出口总流量保持稳定。直至主机出口切换手阀全部关闭,备用风机出口切换手阀全部打开。切换完毕。

(5)备用风机并网后运行1h以上,确认无异常后,主机按操作规程正常停机。

(6)整个过程的操作原则是:再生器压力上升,适当关小主机组的切换手阀降低压力,再生器压力下降,适当开大备用风机的切换手阀升高压力。如果主机出口压力上升,适当开主机防喘振阀或放空阀,如果备用风机出口压力下降,适当关备用风机防喘振阀和放空阀。在压力控制过程中,应尽可能保证双动滑阀的阀位不变。

(三)注意事项

(1)如果切换过程中出现催化剂倒流、再生器超温等恶性事故,应及时启动自保,切断两器,并按照紧急停工进行停工处理,主风机组退守至安全运行状态。

(2)反应岗位操作员负责控制再生器压力的稳定以及两台机组的防喘振阀的开关,与现场联系主备机切换的整个过程。

(3)机组岗位操作员负责两台机组的运行安全,两台电机电流均控制指标之内,两台电机的绕组温度、两机组各点振动值,瓦温值有异常变化立即报告,如满足停机联锁条件未停车应该立即实施手动紧急停车,遇到异常情况以首先保护主机组为原则。

(4)切换过程中要防止烟机超转速。

(5)现场两台切换手阀的操作,开关要缓慢。

(6)电机功能转换时要平稳,不允许出现耗电和发电交替出现的情况。

项目三　分馏塔结盐水洗操作

一、相关知识

GJBE004分馏塔结盐的现象

(一)分馏塔结盐的现象

(1)塔顶温度的调整不灵活。

(2)塔顶循环回流泵的抽空次数显著增加。

(3)汽油、轻柴油重叠严重。轻柴油闪点不合格,用塔底汽提蒸汽也无法调整。当用回流调整时,又会出现汽油干点不合格的情况。

(4)严重结盐时,轻柴油无法抽出。

上述现象可作为判断分馏塔结盐的依据。当然,在发生冷换设备(如稳定塔底或解吸塔底重沸器)泄漏,分馏塔有关塔板吹翻等设备事故时,也有可能伴随出现上述现象。如不是设备问题,便应当作结盐处理。

GJBE005分馏塔出现结盐的危害

(二)分馏塔出现结盐的危害

由于塔板浮阀结盐阻塞及淹塔造成液层高度过大,致使塔顶压力降增大,反应器顶部压力可能有所升高。

结盐导致柴油抽出口温度经常大幅度波动,分馏塔顶温度偏高,轻柴油馏出量也随之大幅波动,甚至长时间出现无柴油馏出,轻柴油泵抽空。

塔顶油气分离罐液面大幅度升高,汽油馏分变重,顶循环回流有时出现晃量或抽空。混溶于液相中的 NH_4Cl 在顶回流抽出口抽出,在顶回流泵入口处时温度会有所下降,NH_4Cl 在水中的溶解度明显下降,盐在泵入口及管线处析出,改变泵的固有频率,引起泵体振动,有时出现备用泵因结盐而盘车困难的现象。

结盐使分馏塔分离效果严重变差,导致产品不合格,操作紊乱,无法正常生产。

(三)分馏塔结盐的处理方法

由于在顶回流返塔线上打入水洗水,改变了顶回流中少量氯化铵溶液状态,即由饱和状态变成不饱和状态,这样,当顶回流返入分馏塔顶部时,便会溶解塔板上所聚结的盐类,再进入顶回流系统,溶解掉顶回流泵泵体内及泵入口管道内的盐类,然后高浓度的盐溶液再从分配器均匀地返回塔顶,随塔顶油气一部分盐会被带走,持续循环,整个系统的盐含量便会显著下降。

二、技能要求

GJBE006分馏塔结盐水洗步骤

(一)准备工作

(1)工具准备:防爆阀门扳手、防爆手电、防爆对讲机。

(2)人员穿戴劳保着装:工作服、工作鞋、安全帽、手套。

(二)操作规程

(1)水洗前,降低处理量 20%~30%,稳定汽油改走不合格线,柴油、干气、液态烃走正常线,水洗过程中加强对液态烃和干气的分析,若不合格,改走不合格线。

(2) 在顶回流返塔管线处打入水洗水,水洗水量根据塔顶部温度、分馏塔顶压力逐渐调整增加,通过调整顶回流冷却器、顶回流空冷器降低顶回流返塔温度,将塔顶温度控制降至105℃左右,顶循环回流抽出口温度降至130℃左右,使油气中水蒸气冷凝为水,用作溶剂将结晶 NH_4Cl 溶解。注意防止顶回流泵抽空,可采取粗汽油补顶回流泵入口措施。

(3) 同时相应提高中段循环回流量或油浆循环回流量,主要以调节一中回流量为主,以降低分馏段中上部负荷,将柴油馏出口温度降至200℃左右。

(4) 维持分馏塔顶温度105℃,逐渐降低顶循环回流量,提高水洗水量,提高对 NH_4Cl 的溶解能力。

(5) 若结盐严重,可通过粗汽油泵入口补入新鲜水,随冷回流打入分馏塔顶,作为溶剂提高对 NH_4Cl 的溶解能力,并可取热降温。

(6) 水洗过程中,粗汽油罐酸性水将增加,要及时将粗汽油罐中酸性水外送,酸性水差量可作为水洗水量参考。

(7) 经过一段时间洗塔后,根据分馏结盐严重情况,通常水洗3~5h,停注水洗水及新鲜水,调整各回流量,恢复各部正常温度,直至粗汽油、轻柴油化验合格,恢复反应进料量到正常。

(三) 注意事项

(1) 做好引水工作,合理选择水洗水量。

(2) 若分馏塔结盐严重,反再系统要提前做好降压降量操作,例如,反应进料约降低20%~30%,同时控制好反再系统的压力平衡和热平衡,并做好分馏塔各段取热,保证水洗过程中,蒸汽不在顶回流抽出口下部冷凝,落至柴油抽出口。

(3) 水洗时给水不能过快、过大,以防止分馏塔及反再系统压力波动过大。

模块六 事故判断与处理

项目一 催化剂跑损的分析及处理

一、相关知识

(一)两器内部构件对催化剂跑损的影响

(1)再生器分布器(分布板或分布管)。要求分布器能把进入床层的空气沿床截面分配均匀,不致发生涡流、沟流和偏流等。力求密相密度大,稀相密度小,以利于减少催化剂损耗。

(2)稀相沉降高度。适当增加沉降高度,降低稀相浓度,减轻旋风分离器负荷,对减少催化剂损耗是行之有效的措施。一般有增加稀相段高度和降低料位操作两种。再生器降低料位操作必须在满足催化剂再生的前提下进行。

(3)料腿、翼阀与床层的配合。旋风分离器回收的催化剂,经由料腿和翼阀返回床层。料腿、翼阀和床层之间的合理配合,对催化剂的回收,有决定性的影响。

(4)翼阀的制造和安装角度。安装角度一般为5°~8°较合理。同时料腿的拉紧固定极为重要。若固定不好,因受热而倾斜,使翼阀角度变化,就无法起到单向阀的作用,将造成催化剂损耗增加。翼阀板的开启方向,一般朝向器壁,便于催化剂流出。

(5)设备内部结构的焊接及衬里。有些部位的焊缝容易裂开,裂开后,严重影响旋风分离器效率。若裂缝大,催化剂可以从裂缝部位直接跑至烟囱,使催化剂大量跑损。旋风分离器及再生器器壁的耐磨衬里表面必须光滑,否则也会影响旋风分离器效率,增加催化剂破碎量,从而使催化剂消耗增大。

(6)再生器锥体段。再生器采用分布管后,分布管下的锥体形成一死区,该死区会存大量催化剂,这部位的催化剂在生产中不起任何作用,但是增加了开工装剂时间。由于当时料腿还未封住,因而就大大增加了开工装剂时的催化剂跑损量。有不少装置用珍珠岩保温材料填平死区,顶上铺一层钢板,其距分布管底约800mm,不仅减少开工催化剂损失,而且停工时,催化剂卸得较干净。

(7)旋风分离器的回收效率。由于带入旋风分离器的催化剂量很大,对旋风分离器效率的要求很高,一般要求在99.99%以上。对于60×10^4t/a的催化裂化装置,其旋风分离器效率如降低万分之一,则每天催化剂的损耗将增加2t左右。因此,只有旋风分离器的制造和安装的质量达到设计规范的要求,才能提高回收效率,降低催化剂损耗。如果由于旋风分离器入口线速过高或过低影响回收效率,则应调整线速。

(二)操作变化对催化剂损耗的影响

(1)操作压力。如果压力操作不稳定或突变,会加大烟气中催化剂夹带量,使催化剂损耗增加。因此，在正常操作中应保持两器差压及再生器压力平衡。

（2）主风及各项蒸汽。若主风量或水蒸气量加大或发生大幅度变化，则会增加床层线速及旋风分离器入口线速，使催化剂带出量增加。尤其是水蒸气大量带水或喷入事故蒸汽甚至降温水，则不仅增加线速，而且使催化剂严重破碎，增加细粉，使催化剂损失更大。操作中，在保证再生器烧焦最佳条件，使再生剂含炭量最低的前提下，尽量减少主风量及各种蒸汽和松动风量。除在万不得已的情况下，绝不能喷事故降温水。

（3）燃烧油及 CO 助燃剂。燃烧油燃烧的烟风比为 1.13，加上燃烧速度快以及燃烧后的高温造成气体膨胀。因此喷入燃烧油后，即使主风量不变，也会造成气量突增，再生器压力剧烈变化。双动滑阀猛开猛闭，造成催化剂大量跑损。另一方面，由于燃烧油是局部方位喷入，故造成整个床层的不均匀性（如雾化不好，更加剧之）。因此，尽量不用燃烧油。若要使用，必须缓慢调节燃烧油量，同时使燃烧油雾化良好。

使用 CO 助燃剂后，可停喷燃烧油。同时，又大大减少二次燃烧的发生，减少了使用各种冷却蒸汽、冷却水的机会，这对降低催化剂损耗具有很好的作用。

（4）新鲜催化剂的补充。由于新鲜剂中 40μm 以下的细粉占 18%~20%，所以为避免这部分细粉在进入再生器后被气流夹带损失掉，在补充新鲜剂时应控制量要小一些，采用细水长流的补充原则。同时，要使两器操作保持平稳。

若启用大型加料，一方面使催化剂进入再生器后的跑损量增加，另一方面如生焦量增加后不及时调整操作，会导致炭堆的发生，操作发生剧烈变化，催化剂损耗增加。

（5）原料油性质。若原料油性质变化过于频繁，过于剧烈，则会使整个操作发生变化而不平稳，对降低催化剂损耗极为不利。原料油带水时，操作影响尤其大。

（6）平稳操作。如果工艺条件和操作不当，造成炭堆或尾燃以及两器压力大幅度变化，破坏了系统平衡，严重时甚至被迫切断进料以及其他类型事故发生，造成装置被迫停工等，都会引起催化剂损耗成倍增加。因此必须平稳操作，安全生产。

（7）选择适宜的床层线速和催化剂藏量，以减少旋风分离器入口浓度。

> GJBF004催化剂质量对催化剂损耗的影响

（三）催化剂质量指标对催化剂损耗的影响

（1）粒度组成的影响。颗粒越小，越易流化，表面积越大，但气体夹带损耗量也加大。新鲜催化剂中小于 40μm 的细粉含量在 15%~20% 时，流化和再生性能好，气体夹带损失也不大。细粉过多，会大大增加损失。粗粒过多，流化性能差，且本身破碎和对设备磨损加大。

（2）颗粒密度的影响。颗粒密度越低，催化剂带出量越大。新鲜催化剂颗粒密度约为 $800\sim900kg/m^3$，平衡催化剂颗粒密度为 $1100\sim1300kg/m^3$。新开工的装置加入平衡剂比加入新鲜剂的损耗量少，其原因就在此。

（3）催化剂湿度影响。湿度大，催化剂加入系统易热崩溃碎裂，增大其损耗量。因此，不仅要求制造催化剂过程中含水分不能大，而且在储备运输过程中，不能受潮而使湿度增加。

（4）圆度影响。由于喷雾干燥成型时圆度较差，在显微放大镜下观察时，呈棱角较多，或大颗粒外粘有小颗粒较多，这样磨损指数较大，使用时损耗就大。

（四）装置开停工装卸催化剂对催化剂损耗的影响

> GJBF005装置开停工减少催化剂损耗的方法

（1）开工装催化剂时，在一级料腿被催化剂封住以前，加入的催化剂大多数是由一级料腿倒窜跑损掉。此时，应启用大型加料，速度尽量要快，降低稀相线速，降低旋风分离器入口浓度，主风量应适度降低，缩短加催化剂、封住料腿的时间。

（2）两器流化升温时，主风量不宜过大，时间不宜太长。在达到喷油条件的前提下，及早喷油。这样，既能减少流化期间的催化剂跑损，又能减少油浆外排的催化剂损失。

（3）此外，封料腿前装的催化剂，最好使用平衡催化剂，避免因催化剂细粉多、含水多、相对密度小而增加损耗。

（4）停工卸催化剂时，压力、温度按规定控制好，风量要降低，按顺序转剂卸料。在保证不超温的前提下加快卸料速度。

二、技能要求

（一）准备工作

（1）工具准备：防爆阀门扳手、防爆手电、防爆对讲机。

（2）人员穿戴劳保着装：工作服、工作鞋、安全帽、手套。

（二）操作规程

1. 催化剂跑损的原因分析

> GJBF001催化剂跑损耗的主要原因

（1）两器内部构件对催化剂损耗的影响（再生器分布器：分布板或分布管；稀相沉降高度；料腿、翼阀与床层的配合；翼阀的制造和安装角度；设备内部结构的焊接及衬里；再生器锥体段；旋风分离器的回收效率）。

（2）操作变化对催化剂损耗的影响（操作压力；主风及各项蒸汽；燃烧油及 CO 助燃剂；新鲜催化剂的补充；原料油性质；生产操作状况；床层线速和催化剂藏量）。

（3）催化剂质量对催化剂损耗的影响（粒度组成；颗粒密度；催化剂湿度；圆度）。

（4）装置开停工时，装卸催化剂时候的影响。

2. 催化剂跑损的处理

（1）正常操作中保持两器差压及再生器压力平衡，避免压力大幅波动。

（2）避免主风量或各种蒸汽注汽量的增加或大幅度波动，尤其蒸汽大量带水或大量喷入事故降温水；在保证烧焦量质量的前提下，尽量减少主风量及各种蒸汽和松动风量。

（3）合理搭配 CO 助燃剂的使用，减少燃烧油的使用。

（4）及时补充新鲜催化剂。

（5）保证原料性质稳定，避免频繁大幅变化，尤其要避免原料油大量带水的发生。

（6）选择适宜的工艺条件，尤其是床层线速和催化剂藏量，平稳操作。

（7）严格检测监控催化剂粒度组成、颗粒密度、催化剂湿度、圆度等对催化剂跑损有影响的指标。

（8）如确认为内构件故障且无法通过在线操作调整克服，则计划停工或紧急停工处理。

（9）开工装催化剂时，应尽量选用平衡剂；启用大型加料，速度尽量要快，主风量应适度降低，缩短加催化剂和封住料腿的时间。

（10）停工卸催化剂时，控制好压力、温度，尽量降低风量，在保证不超温的前提下加快卸料速度。

(三)注意事项

(1)控制好两器差压,防止大幅度波动。

(2)尽量减少两器用蒸汽量。

项目二 提升管噎塞的现象及处理

一、相关知识

(一)噎塞速度的含义及影响因素

气—固悬浮物在管道中垂直向上流动时,管道中密度太大,气流已不足以支持固体颗粒,出现腾涌的最大气体速度称为噎塞速度。

噎塞速度的数值主要决定于催化剂的筛分组成、颗粒密度等物性。此外,管内固体质量速度或管径越大,噎塞速度也越高。

(二)返混的定义

返混,又称逆向混合,是一种混合现象。狭义地理解,它指连续过程中与主流方向相反的运动所造成的物料混合。这种混合的存在,影响了沿主流方向上的浓度分布和温度分布,使浓度趋向于出口浓度。对于传质过程,这样的浓度变化使浓度推动力减小,从而减小了传递速度。对于反应过程,这样的浓度变化使反应物浓度降低,产物浓度增加,从而使主反应速度降低和副反应速度增加,反应选择性下降。

(三)反应器内返混的起因

返混产生的原因有两点:(1)反应器内的环流运动。物料在连续反应器中的反向运动造成返混,如循环反应器中的循环流、连续流动塔式反应器中的轴向反向扩散以及连续釜式反应器中的搅拌作用。(2)反应器内物料的流速分布不均匀。当反应器内物料的流速分布不均匀时也同样可以改变反应器内的浓度分布,造成返混。

(四)反应器内返混的后果

(1)造成物流的停留时间分布;

(2)造成反应器内物流的空间反向运动。

(五)反再返混利弊的评价

评价返混的利弊,主要视反应本征动力学对返混的要求,对催化裂化主反应需要抑制返混,采用提升管反应器形式;对催化剂的再生反应需要返混,故再生器采用流化床形式。

(六)催化裂化装置中的立管输送

在催化裂化装置的反应器和再生器内存在着多个催化剂颗粒循环过程,即催化剂颗粒沿着一个设定的闭合回路流动。这种催化剂颗粒的循环既有在反应器与再生器之间的循环,也有反应器或再生器内部的催化剂颗粒循环,见图3-6-1和图3-6-2。反应器与再生器之间的颗粒循环路线是沿着再生斜管、提升管、汽提器、待生斜管(或立管)、再生斜管进行的;反应器或再生器内部的催化剂颗粒循环路线主要是内部旋风分离器入口和料腿出口之间的颗粒循环。这些颗粒循环是保证催化裂化装置工艺正常操作的必要前提。在上述循环回路中,颗粒由上向下的垂直流动管道称为立管;连接旋风分离器灰斗输送捕集催化剂返回流化床的管道称为料腿。反应器与再生器之间的催化剂输送管道的倾斜部分称为待生斜管或再生斜管,垂直部分亦称为立管。虽然三种管道的结构不同,但这三种管道内颗粒流动的形式是相同的,均是颗粒的下行流动,也统称为立管。立管另一个特点是通常安装有孔板、滑阀、翼阀或塞阀,控制立管内的颗粒质量流率和回路的压力平衡。

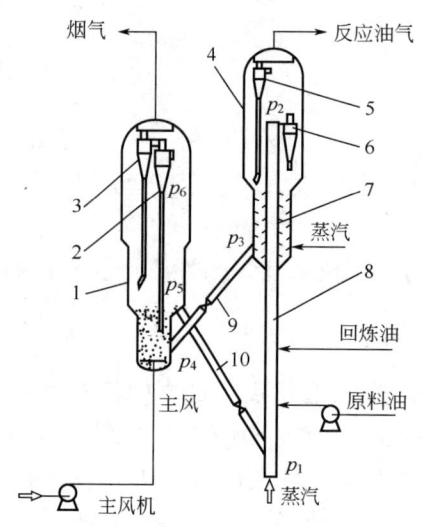

图 3-6-1 并列式催化裂化装置内的颗粒循环

1—再生器;2——级旋风分离器;3—二级旋风分离器;
4—沉降器;5—顶旋;6—粗旋;7—汽提器;
8—提升管;9—待生斜管;10—再生斜管

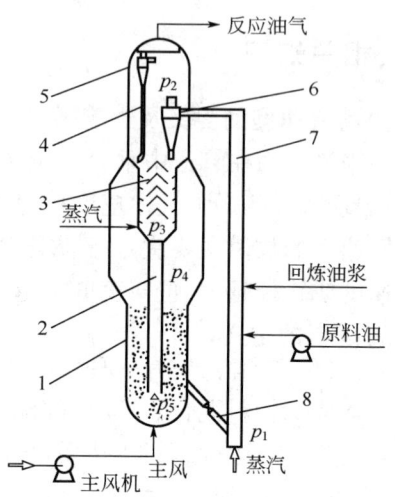

图 3-6-2 同轴式催化裂化装置内的颗粒循环

1—再生器;2—立管;3—汽提器;4—顶旋;
5—沉降器;6—粗旋;7—提升管;8—再生斜管

立管有两个作用,一个是将颗粒从高处的低压端输送至低处的高压端,另一个是保持颗粒循环回路的压力平衡。立管内催化剂颗粒是下行流动的,与颗粒向下流动密切相关的流动参数是气体的流动方向和流量大小,以及管道进出口两端的压差。在图 3-6-1 并列式催化裂化装置中,提升管的入口压力 p_1 大于出口压力 p_2,颗粒流动是正压差流动。而待生斜管的入口压力 p_3 小于出口压力 p_4,再生斜管的入口压力 p_5 小于出口压力 p_1,旋风分离器料腿的入口压力小于出口压力,这些颗粒流动均是负压差流动。同样在图 3-6-2 同轴式催化裂化装置中,提升管的入口压力 p_1 大于出口压力 p_2,颗粒流动是正压差流动。立管的入口压力 p_3 小于出口压力 p_5,再生斜管的入口压力 p_5 小于出口压力 p_1,属于负压差流动。催化裂化装置催化剂循环系统出现的很多问题可能源于立管,如颗粒循环的不稳定、颗粒循环量的快速下降、回路压力的脉动、管线的振动等。其主要原因一方面是立管内气固流动的复杂性所致,如立管内多种流态共存,流态可以互相转变;另一方面是影响立管流态的因素较多,如颗粒粒径分布、滑阀开度、立管两端的压力变化、松动风和松动点参数等。

二、技能要求

(一)准备工作

(1)工具准备:防爆阀门扳手、防爆手电、防爆对讲机。
(2)人员穿戴劳保着装:工作服、工作鞋、安全帽、手套。

(二)操作规程

1.提升管噎塞的现象

(1)反应温度急剧下降,沉降器压力下降;
(2)汽提段藏量下降;
(3)再生器藏量上升;
(4)待生滑阀关,再生滑阀开大;
(5)提升管差压、密度大幅度波动。

2.提升管噎塞的原因

(1)提升管气体线速过低,形成噎塞;
(2)催化剂循环量过大;
(3)预提升干气、蒸汽中断。

3.提升管噎塞的处理

(1)检查提升管预提升干气、预提升蒸汽是否正常,如果调节阀故障关,可用副线阀调节;
(2)如果催化剂循环量过大,可适当降低反应温度或提高再生温度。

(三)注意事项

(1)提升管发生噎塞时,要及时发现,及时处理,防止反应温度过低。
(2)控制好提升介质流量,并加强预提升蒸汽脱水。

项目三 提升管终止流化的处理

一、相关知识

(一)提升管反应的特点

GJBF012提升管反应的特点

(1)产品分布改善。分子筛催化剂活性高,与油气接触时间短;提升管中油气和催化剂接近活塞流,提升管出口一般都设置了快速分离装置。这样,减少了二次反应,使产品分布改善,焦炭和干气的产率减少,轻质油收率提高,并使液态烃中烯烃含量增加。

(2)操作弹性好。提升管反应具有较好的操作弹性,处理量可以在较大范围内变化。

(3)灵活性较好。提升管反应器可以通过改变反应温度、催化剂活性及不同的催化剂等条件,实现不同的生产方案,以多产汽油、柴油或液态烃。提升管反应的灵活性还体现在可以使用性质不同的原料,从馏分很宽的蜡油到残炭和金属较低的渣油,均可作为提升管进料,并能得到较好的产品收率。

(4)处理量大。提升管反应由于采用了分子筛催化剂,大大提高了反应的强度,使裂化反应在提升管内以很短的时间(2~3s)完成,并且回炼比降低,可大大提高处理量。

(5)产品质量。使用分子筛催化剂和提升管反应器后,汽油质量除辛烷值稍有下降外,其他均有提高。汽油中烯烃减少,诱导期增长,汽油的安定性提高和柴油十六烷值提高。

(6)较易控制。斜管输送的提升管装置,由于充分利用斜管中催化剂料位蓄压,推动力大于阻力,单动滑阀的压降可以较大范围内变化,以满足两器间催化剂循环量变化的要求,循环量调节比较容易。

(7)再生催化剂含量低。采用提升管反应器必须使用高活性的分子筛催化剂,而分子筛催化剂上的含炭量一般要求在0.1%~0.2%以下,才能更好地发挥分子筛催化剂的活性和选择性高的优点,这就促进了催化剂再生技术的发展。

(8)可以处理重质原料。提升管装置使用的分子筛催化剂,活性高,选择性好,而且提升管反应时间比床层反应器短得多,二次反应减少。因此,可以处理较重的原料。

(二)提升管反应器催化剂流化的特点

提升管流化反应器是采用稀相输送原理,在垂直管道中,用油气及水蒸气将催化剂输送上去,在输送过程中完成目标反应。在提升管流化的过程中,催化剂和油气接近同向流动,在理想的提升管中,二者是同速同向流动的,不会出现催化剂的返混。在实际中,催化剂和油气之间的接触,在沿着提升管的不同高度发生着复杂的变化。

催化裂化装置应用提升管技术后,产品质量及收率得到了改善;操作弹性及灵活性更好;处理量大幅增加;适合处理重质原料;有利于烟气能量的回收。提升管反应器对再生剂含炭要求较高。

二、技能要求

(一)准备工作

(1)工具准备:防爆阀门扳手、防爆手电、防爆对讲机。

(2)人员穿戴劳保着装:工作服、工作鞋、安全帽、手套。

(二)操作规程

1. 事故现象

(1)提升管密度下降。

(2)再生滑阀压降迅速变小、提升管压降迅速变小。

(3)提升管温度直线下降。

(4)待生汽提段料位下降。

2. 事故原因

(1)进料量过小,提升能力差。

(2)再生器密度大,使再生器内催化剂流化不起来。此时待生汽提段催化剂料位下降。

(3)预提升蒸汽,原料雾化蒸汽堵塞。

(4)再生滑阀失灵。

3. 事故处理

(1)开大预提升蒸汽和雾化蒸汽。

(2)适当提主风量,调节再生线路上的松动蒸汽量。

(3)如滑阀失灵,则改手动或手轮操作,并联系仪表工或钳工处理。

(4)上述调节无效时,立即切断进料。如果蒸汽压力变小或阻塞,也应立即切断进料,以防提升管结焦。待蒸汽恢复正常后,重新组织进料。

(三)注意事项

提升管长时间终止流化,应立即联系生产调度,装置降量维持生产,严重时切断进料。

项目四　预防分馏塔塔板吹翻的措施

一、相关知识

(一)分馏塔冲塔的原因

(1)原料带水,反应岗位波动,分馏岗位处理不及时。

(2)反应深度增大,造成分馏塔气相负荷增大,液相负荷过小,回流调节不及时,造成分馏塔温度升高。

(3)如果是因为机泵抽空造成冲塔,可能原因是各系统内的冷换设备泄漏造成的。

(4)发生冲塔时,如干点升高,而初馏点很低,中部负荷低,温度提不上去,可能是油浆蒸汽发生器内漏,蒸汽和水进入油浆里带入分馏塔。

(5)如果是温度控制不住,粗汽油干点高,初馏点低,且分馏塔压降增大,冲塔的原因是塔的中上部出现淹塔现象,直接原因一般是分馏塔内结盐。

(6)一次冲塔导致了部分塔板的脱落,最终出现反复冲塔事件发生。

(7)冲塔原因还和分馏塔塔板结构有关,一般四溢流塔板很少冲塔,而双溢流塔板冲塔的可能性就很高。

> GJBF014分馏塔冲塔的原因

(二)分馏塔冲塔的处理

(1)冲塔严重时,首先联系罐区将产品改入不合格罐。

(2)原料带水及时切换原料油罐,加强切水。

(3)加强回流脱水,减少侧线抽出量。

(4)减少进塔蒸汽量。

(5)适当降低处理量,降低反应深度。

(6)提高回流量,降低返塔温度。

(7)仪表故障及时联系仪表及维修处理。

二、技能要求

(一)准备工作

(1)工具准备:防爆阀门扳手、防爆手电、防爆对讲机。

(2)人员穿戴劳保着装:工作服、工作鞋、安全帽、手套。

(二)操作规程

1. 分馏塔塔板冲翻的现象

(1)分馏塔顶温度升高,压力变化较大。

(2)循环回流泵抽空。

> GJBF015预防分馏塔塔板吹翻的措施

(3) 产品质量不合格。

2. 分馏塔塔板冲翻的原因

在开工过程中蒸汽量过大或是在正常生产中以及切断进料时，操作不平稳，如塔超温、回流中断，使分馏塔中气相负荷很大，就会发生塔板被冲掉几块甚至大面积被冲掉而导致紧急停工的现象。

3. 预防分馏塔板吹翻的措施

(1) 切换汽封前适当降低沉降器的蒸汽量。例如，反应汽提蒸汽的主要目的是汽提待生剂上的油气，在进油前没有必要达到正常生产时的流量。在切换汽封时，控制在正常量的1/3~1/2是完全可以的；原料油雾化蒸汽在进油前为正常量的1/3~1/2即可。

(2) 分馏塔建立油浆循环后，启用冷回流控制顶温，塔板上或多或少会有一些液流。保证油浆上返塔量使上升的蒸汽在人字挡板上与油浆回流逐层纵向接触，能够减缓了蒸汽对塔板的冲击，这时再逐步提高反应汽提蒸汽与反应进料雾化蒸汽，这样就能大大减少蒸汽对塔板的冲击危害了。

(3) 尽量减少切断进料次数。这对防止分馏塔板故障具有重要意义。

(4) 分馏塔本身的操作上应精心维持好四段回流，使全塔各点温度控制平稳。无论顶循环回流、一中段回流、二中段回流、油浆循环回流中的任何一段回流抽空，都可能引起油气上冲。因为循环回流一旦抽空，这段回流就无法取热，塔板温度骤然上升，塔板上液体气化蒸发，液层突然减薄甚至干板，上升油气无法很好地进行气液交换而是直冲而上。特别是顶循环回流与油浆循环回流如果中断，很容易塔板吹翻。

(5) 检修期间要确保检修质量，塔板安装严格按规定进行。人字挡板、塔板出现腐蚀情况应及时更换。

(6) 对操作影响不严重时，可通过调整操作或改变侧线产品品种，维持操作至下次检修；严重时停工修复。

（三）注意事项

(1) 检修期间要确保检修质量，塔板安装严格按规定进行。

(2) 开工过程中控制适当的蒸汽量。

(3) 日常操作严格执行生产指标，保证操作平稳，避免出现气液相负荷大幅波动的情况。

项目五　分馏塔压降升高的分析及处理

一、相关知识

（一）分馏塔选用固舌形塔板的优点

催化裂化分馏塔常常选用固舌形塔板，其优点为：

(1) 处理量大。舌形塔板的气相动能因数较大，上限比筛孔塔板和槽形塔板的正常操作上限的气相动能因数都大。催化分馏塔的处理量较大，尤其是各中段回流段，液相负荷大，采用舌形塔板较合适。

(2) 压降较小。对于催化分馏系统，应尽量减少由反应器出口到气压机入口这一段的压降。因为提高气压机的入口压力，可以降低气压机的功率消耗，提高气压机的处理能力。因此，催化分馏塔用固舌形塔板，可使塔中压降较小。

(3) 不易堵塞。处理易聚合、易黏结、带有结晶或固体颗粒物料时，对塔板不堵不塞。在分馏塔底部，虽有油浆循环回流在脱过热段洗涤催化剂细粉，但在塔的下几层塔板上仍有固体颗粒存在，选用固舌形塔板可防止堵塞。

(二) 液泛

液体充满每块塔板之间的空间阻碍了气体上升和液体下降，这种现象称液泛。液泛又分为溢流液泛和夹带液泛。

1. 溢流液泛

溢流液泛又可分为两种：一是由于塔内气相负荷过大，气速过高，导致气体通过塔板的压降过大，使板上的液体不能顺利通过降液管流到下层塔板。二是由于塔板上液相负荷过大，超过了降液管的流通能力，造成板上液体大量积累，最终也会导致液泛的发生。

2. 夹带液泛

由于塔内发生大量雾沫夹带，将下层塔板的液体带到上一层塔板，使上层塔板上的液体量大增，如果超过了降液管的流通能力，则会发生夹带液泛。

影响液泛的因素除气液流量外，还与塔板结构特别是板间距等参数有关。

二、技能要求

(一) 准备工作

(1) 工具准备：防爆阀门扳手、防爆手电、防爆对讲机。
(2) 人员穿戴劳保着装：工作服、工作鞋、安全帽、手套。

(二) 操作规程

1. 分馏塔压降升高的原因分析

(1) 压降增大一般是塔板结盐，导致气阻增大；
(2) 压降增大可能是反应油气或富气量变化，引起压降增大；
(3) 塔压降和塔板层数、回流比、塔内部溢流堰高度、塔板形式等有关，塔内部出现问题，如塔板堵、结盐、结垢、降液管堵都会造成塔压降增高；
(4) 分馏塔内回流过大或分馏塔负荷过大引起压降升高。

2. 分馏塔压降升高的处理

(1) 选择进行分馏塔在线水洗操作；
(2) 联系反应岗位适当提高反应深度，稳定反应油气量；
(3) 监控油浆固体含量、密度等指标，调整油浆上返塔量，保证对催化剂的洗涤效果；
(4) 加大产品及回炼油抽出量；
(5) 调整各回流取热量，合理分配取热，调整塔底蒸汽量和油浆循环量及返塔量；
(6) 如确认为内构件故障，且无法通过在线操作调整或降量生产克服，则计划停工处理。

(三) 注意事项

(1) 保证平稳塔顶冷后温度的恒定；

(2)监控塔板压降,排除内构件故障;
(3)监控压力升高塔的各段温度变化情况;
(4)监控塔顶组分变化和流量变化、监控原料变化情况。

项目六　油膜振荡引起的压缩机振动的预防与控制

一、相关知识

(一)油膜振荡定义及影响

> GJBF017油膜振荡的定义及影响

油膜振荡是一个柱形内孔的轴承,在轴转速上升时,轴逐渐浮起,油膜逐渐增厚,到一定转速时,油膜太厚不能支持轴,反而下沉,下沉后油膜又变薄,浮力增大,周而复始。这样由于轴两边润滑油流量的差异,使轴中心以近于轴转速一半的频率涡动(称半速涡动),半速涡动振幅不大,一经出现也不消失。随着转速升高半速涡动频率为轴当时转速的一半,振幅不再增大。转速再增加,又呈现半涡动,频率为轴当时的转速的一半,振幅减少。直到轴的转速为第一临界转速的2倍时,便产生所谓"油膜振荡"(自激振动),振荡频率为轴的第一临界转速,振幅急剧增大,转速再升高也不消失,振荡频率也保持不变。

油膜振荡的出现将产生剧烈振动,可能造成轴承和轴系的损坏,甚至造成严重事故。

(二)油膜振荡的特点

(1)在近于2倍第一临界转速时发生振荡。
(2)振荡频率约等于第一临界转速,转速增加振荡频率不改变,振幅也不改变。
(3)发生油膜振荡时,转子涡动相位与转子转动同相位,且两轴承振荡相位基本相同。

(三)由轴承油膜振荡引起的压缩机振动的特征

圆形轴承在高速、低负荷运转时容易产生油膜振荡,此时转轴运转极不稳定,轴承中稳定油膜被破坏,轴颈与轴瓦产生干摩擦,压缩机、汽轮机发出杂音或吼叫声。等重新建立稳定油膜时,吼叫会停止,振动也趋于平衡。当再一次破坏稳定油膜时,振动又再次发生,如此周而复始。如果压缩机、汽轮机在此情况下运行时间较长,将会使轴瓦严重磨损,轴承温度升高,压缩机剧烈振动。此时,应停机检查轴承间隙及磨损程度,并进行调整。

二、技能要求

(一)准备工作

(1)工具准备:防爆阀门扳手、防爆手电、防爆对讲机。
(2)人员穿戴劳保着装:工作服、工作鞋、安全帽、手套。

(二)操作规程

> GJBF018防止油膜振荡的措施

(1)增加轴承静载荷,来增加轴承平均单位面积载荷。
(2)采用使轴的工作转速小于轴的临界转速来预防油膜振荡引起的振动。
(3)减少润滑油黏性系数。
(4)减少轴承宽度,来提高轴承平均单位面积载荷,从而预防油膜振荡引起的振动。
(5)减少油上、下压差,可以提高油膜稳定性,可以延缓油膜振荡引发的振动发生。

(6)控制转子的临界转速,使刚性轴工作转速等于或小于0.7倍的一阶临界转速,使挠性轴的工作转速大于1.3倍一阶临界转速而小于0.7倍二阶临界转速。

(7)采用抗振性较好的多油楔轴承。

(8)对圆形轴承严格控制轴承相对偏心率。

(三)注意事项

压缩机、汽轮机轴承的油膜振荡与设计有关,还应从设计上采取措施避免。

【企业管理知识链接】

一、企业管理的概念及内容

GJBG001企业各分项管理的相关概念

(一)企业管理的概念

企业管理是对企业的生产经营活动进行组织、计划、指挥、监督和调节等一系列职能的总称。管理是通过计划、组织、控制、激励和领导等环节来协调人力、物力和财力资源,以期更好地达成组织目标的过程。

(二)企业管理的内容

企业管理从管理对象来分,包括:

(1)计划管理,通过预测、规划、预算、决策等手段,把企业的经济活动有效地围绕总目标的要求组织起来。

(2)生产管理。通过生产组织、生产计划、生产控制等手段,对生产系统的设置和运行进行管理。

(3)物资管理。对企业所需的各种生产资料进行有计划组织采购、供应、保管、节约使用和综合利用等。

(4)质量管理。对企业的生产成果进行监督、考查和检验。

(5)成本管理。围绕企业所有费用的发生和产品成本的形成进行成本预测、成本计划、成本控制、成本核算、成本分析、成本考核等。

(6)财务管理。对企业的财务活动包括固定资金、流动资金、专用基金、盈利等的形成、分配和使用进行管理。

(7)劳动人事管理。对企业经济活动中各个环节和各个方面的劳动和人事进行全面计划、统一组织、系统控制、灵活调节。

(8)安全管理是对人类生产过程中的事故和防止事故发生的管理。安全管理具有强制性,不予强制就不能约束被管理者的无序状态。

二、企业安全管理的概念及目的

GJBG002安全管理的性质

(一)安全管理的概念

安全管理是管理科学的一个重要分支,它是为实现安全目标而进行的有关决策、计划、组织和控制等方面的活动;主要运用现代安全管理原理、方法和手段,分析和研究各种不安全因素,从技术上、组织上和管理上采取有力的措施,解决和消除各种不安全因素,防止事故的发生。安全管理总是为人类社会所需要,造福于人类社会,具有社会功能性的管理。

安全管理是企业管理的一个重要组成部分,是合理有效地使用时间、物力、财力、人力和信息,为达到预定的安全防范而进行的各种活动的总和。安全管理的对象是生产中一切人、物、环境的状态,安全管理是一种动态管理。安全管理是人施加于管理对象的一种特殊行为,具有人为性。安全管理以安全为目的,是保证生产处于最佳安全状态的根本环节。安全管理具有强制性。任何一种安全管理都可能存在局限性。

(二)安全管理的目的

> GJBG003 安全管理的目的

安全管理的目的是预防事故,实现安全生产;安全管理是提高企业安全水平,预防事故的基本方法。

由于伤害是受偶然性所支配,且为不稳定因素,而发生事故并非偶然,是有其起因的,一切赋有足够能量的物质形态都可能成为事故和发生危害的危险源。因此,事故的发生是可以预测的,并可以通过事先采取预防措施加以防止。安全管理的核心是人。安全管理是为了控制人的不安全行为、物的不安全状态而开展的某些以认识、态度和能力为基础的综合性工作。为了获得预防事故工作的成功,必须建立健全事故预防工作组织,采用系统的安全管理方法,唤起和维持广大管理者、员工对事故预防工作的关心,经常不断地做好日常安全管理工作。

三、全面质量管理

> GJBG004 全面质量管理的概念及基础工作

(一)全面质量管理的概念

全面质量管理就是一个组织以质量为中心,以全员参与为基础,目的在于通过让顾客满意和本组织所有成员及社会受益而达到长期成功的管理途径。全面质量管理工作的基本核心是强调提高人的工作质量。企业以保证和提高产品质量为目标,运用系统概念与方法,把质量管理的各阶段、各环节质量职能组织起来,建立的一个既有明确任务、职责和权限,又能相互协调、相互促进的有机整体称为质量保证体系。产品质量波动的原因主要来自人、机器、材料、方法和环境等方面的因素变化。产品质量的异常波动是由系统性原因造成的质量数据波动,而正常波动是由偶然性因素和不可避免的因素造成的波动,质量管理的一项重要成就是通过搜集、整理数据,找出产品质量波动规律。

(二)全面质量管理工具

> GJBG005 全面质量管理的常用方法

全面质量管理的要点包括质量和效益统一,全过程、全员、全企业的质量管理和运用科学方法的质量管理。质量改进的基本方法是坚持计划、执行、检查、总结这一工作循环。

全面质量管理常用七种工具,就是在开展全面质量管理活动中,用于收集和分析质量数据,分析和确定质量问题,控制和改进质量水平的常用七种方法。这些方法不仅科学,而且实用,作为班组长应该首先学习和掌握它们,并带领工人应用到生产实际中。

1. 统计分析表法和措施计划表法

质量管理讲究科学性,一切凭数据说话。因此对生产过程中的原始质量数据的统计分析十分重要,为此必须根据本班组、本岗位的工作特点设计出相应的表格。调查表是一种统计图表,利用这种统计图表可以进行数据的搜集、数据的整理、原因调查,并在此基础上进行粗略的分析。

2. 排列图法

排列图法是找出影响产品质量问题和主要影响因素的一种有效方法。

3. 因果分析图法

因果分析图又称特性要因图。按其形状,有人又称它为树枝图或鱼刺图。它是寻找质量问题产生原因的一种有效工具。

画因果分析图的注意事项:

(1)影响产品质量的大原因,通常从五个大方面去分析,即人、机器、原材料、加工方法和工作环境。每个大原因再具体化成若干个中原因,中原因再具体化为小原因,越细越好,直到可以采取措施为止。

(2)讨论时要充分发挥技术民主,集思广益。别人发言时,不准打断,不开展争论。各种意见都要记录下来。

4. 分层法

分层法又称分类法,是分析影响质量(或其他问题)原因的方法。如果把很多性质不同的原因搅在一起,那是很难理出头绪来的。其办法是把收集来的数据按照不同的目的加以分类,把性质相同,在同一生产条件下收集的数据归在一起。这样,可使数据反映的事实更明显、更突出,便于找出问题,对症下药。

5. 直方图法

直方图是频数直方图的简称,是将全部质量数据分成若干组,以组距为底边,以该组距相应频率为高,按比例构成的若干矩形,它是用一系列宽度相等、高度不等的长方形表示数据的图。长方形的宽度表示数据范围的间隔,长方形的高度表示在给定间隔内的数据数。直方图是为了寻找主要质量问题或影响质量主要原因所使用的图。

6. 控制图法

控制图法是以控制图的形式,判断和预报生产过程中质量状况是否发生波动的一种常用的质量控制统计方法。它能直接监视生产过程中的过程质量动态,具有稳定生产,保证质量、积极预防的作用。

7. 散布图法

散布图法,是指通过分析研究两种因素的数据之间的关系,来控制影响产品质量的相关因素的一种有效方法。

(三)全面质量管理步骤

PDCA 是英语单词 Plan(计划)、Do(执行)、Check(检查)和 Adapt(行动)的第一个字母,PDCA 循环就是按照这样的顺序进行质量管理,并且循环不止地进行下去的科学程序。

以上四个过程不是运行一次就结束,而是周而复始进行,一个循环完了,解决一些问题,未解决的问题进入下一个循环,这样阶梯式上升。

PDCA 循环是全面质量管理所应遵循的科学程序。全面质量管理活动的全部过程,就是质量计划的制订和组织实现的过程,这个过程就是按照 PDCA 循环,不停顿地周而复始地运转的。PDCA 循环不仅在质量管理体系中运用,也适用于一切循序渐进的管理工作。

(四)质量小组

质量小组是企业中全员参与质量管理活动的一种有效的组织形式。质量小组(QC 小组)是在生产和工作岗位上从事各种劳动的职工,围绕企业的经营战略、方针目标和现场存在的问题,以改进质量、降低消耗、提高人的素质和经济效益为目的组织起来,使用质量管理的理论和方法开展活动的小组。QC 小组分为管理型、现场型、攻关型和服务型四个类型,QC 小组的性质主要表现在自主性、科学性、目的性。QC 小组要遵循 PDCA 工作程序,运用全面质量管理体制的理论和方法开展活动,说的是 QC 小组的科学性。QC 小组的建立和活动,主要目的是运用全面质量管理体制的理论和方法,科学地解决实际质量问题,说明 QC 小组具有明确的目的性。

四、班组经济核算

`GJBG006 班组经济核算的概念`

班组经济核算要把经济指标分解落实到个人。班组经济核算属于生产一线核算,班组经济核算进行的情况是以完成经济指标的情况衡量的。班组经济核算是在轮班、生产小组或流水线范围内,利用价值或实物指标,将其劳动耗费和劳动占用与劳动成果进行比较,以取得良好经济效果的一种管理方法。它是整个生产现场管理的基础,又是组织广大群众当家理财的好形式,也是现场成本控制不可缺少的重要环节。建立健全原始记录、统计台账,是搞好班组经济核算工作的基础。对经济指标的完成情况进行核算、公布,可以为下一步工作提供可靠的数据。

(一)班组经济核算目的和意义

`GJBG007 班组经济核算的目的`

班组是企业生产经营的最小细胞,也是最基本的生产单位。把班组核算作为强化增收节资、推动基础工作、提升专业管理的抓手,在生产经营中加强基础工作管理,将各项产量和消耗定额指标落实到班组,实行班组核算奖罚制度,调动员工生产积极性。班组不但是财富的直接创造者,也是物料的直接消耗者,开展班组经济核算既是降低成本的重要途径,也是企业生产经营活动的重要组成部分。因此,开展班组经济核算,并把经济核算的内容同班组成员的切身利益紧密联系在一起是非常重要的。班组经济核算的产量指标一般用实物量来计算。减少拖延成本、减少管理失误成本、降低隐性成本可以防范班组浪费。提高出勤率、有效工时利用率,是降低班组核算生产成本的一个途径。

(二)班组经济指标核算方法

统计指标核算法适用于工艺比较复杂、上下道工序责任难以划分、没有制定工序价格的班组。确定班组经济核算单位指标的方法:

(1)应根据"干什么,管什么,算什么"和以生产为中心的原则来确定,那些与班组和职工主观因素无关和不能控制的指标不能列入班组的考核指标。

(2)既要照顾不同班组的生产特点,又要与专业核算一致和衔接。

(3)既要包括与班组相关的全部主要经济指标,又要反对事无巨细,过分强调全面,搞繁琐哲学,影响主要经济指标考核的倾向。

(4)要通俗易懂、简便易行。如果指标规定太繁琐,计算过于复杂,工人难以胜任,将会影响班组经济核算工作的开展与坚持。

(5)既要便于经济指标的核算和分析,又要有利于经济责任的划分,使各班组及职工责任清楚、目的明确、物质利益分配合理,认真地实施控制与核算。

理论知识练习题

高级工理论知识练习题及答案

一、单项选择题(每题有4个选项,只有一个是正确的,将正确的选项填入括号内)

1. GAA001　从催化剂性能上看,铝溶胶的(　　)和水热稳定性较好,硅溶胶的(　　)较好。
   A. 焦炭选择性,抗磨损强度　　　　B. 粒度分布,抗磨损强度
   C. 抗磨损强度,焦炭选择性　　　　D. 粒度分布,焦炭选择性

2. AA001　分子筛是催化剂(　　)的主要来源,基质往往也有部分裂化性能。
   A. 活性　　　B. 选择性　　　C. 稳定性　　　D. 耐磨性

3. GAA002　下列选项中,关于催化裂化新鲜催化剂的化学组成,叙述不正确的是(　　)。
   A. 催化剂中少量结构水的存在,对于形成质子酸活性中心很重要
   B. 催化剂中的 Na_2O 是催化剂必要组成,含量高低对催化剂性质影响不大
   C. 催化剂中的 Fe_2O_3 在高温下分解并沉积在催化剂上,累积到一定程度会引起催化剂中毒
   D. 催化剂中的 SO_4^{2-} 危害较大,应尽量降低这种杂质的含量

4. GAA002　以下不是测定新鲜催化剂 Al_2O_3 含量方法的为(　　)。
   A. 滴定法　　　　　　　　　　　B. 溶解法
   C. 原子吸收法　　　　　　　　　D. 等离子体发射光谱

5. GAA003　催化裂化平衡催化剂的化学组成分析不包括(　　)含量。
   A. Ni　　　B. Cu　　　C. V　　　D. SO_4^{2-}

6. GAA003　催化裂化平衡催化剂的化学组成分析包括(　　)含量。
   A. Al_2O_3　　　B. Fe_2O_3　　　C. Na_2O　　　D. RE_2O_3

7. GAA004　催化剂活性高,选择性(　　)。
   A. 低　　　B. 高　　　C. 一定好　　　D. 不一定好

8. GAA004　分子筛催化剂的选择性比无定形催化剂的选择性(　　)。
   A. 好　　　B. 相当　　　C. 差　　　D. 无法确定

9. GAA005　催化剂活性越高,转化率就越高。随着转化率的提高,(　　)的选择性急剧下降。
   A. 汽油　　　B. 柴油　　　C. 焦炭　　　D. 气体

10. GAA005　X 型催化剂的选择性比 Y 型催化剂的选择性(　　)。
    A. 好　　　B. 相当　　　C. 差　　　D. 无法确定

11. GAA006　一般地,半合成催化剂的比表面积与全合成催化剂相比要(　　)。
    A. 小　　　B. 大　　　C. 一样　　　D. 无法确定

12. GAA006　平衡催化剂的比表面积值一般是(　　)。

A. $50m^2/g$ B. $100m^2/g$ C. $200m^2/g$ D. $150m^2/g$

13. GAA007　从污染指数看,以下各种金属中毒作用排列正确的是(　　)。
    A. 铁>镍>钒   B. 镍>钒>铁   C. 镍>铁>钒   D. 钒>镍>铁

14. GAA007　催化剂污染指数的计算公式正确的是(　　)。
    A. 污染指数 = 0.1($4w_{Fe}+w_{Cu}+14w_{Ni}+w_V$)
    B. 污染指数 = 0.1($w_{Fe}+w_{Cu}+4w_{Ni}+4w_V$)
    C. 污染指数 = 0.1($w_{Fe}+w_{Cu}+4w_{Ni}+14w_V$)
    D. 污染指数 = 0.1($w_{Fe}+w_{Cu}+14w_{Ni}+4w_V$)

15. GAA008　同一种催化剂,使用直管法分析的磨损指数与使用鹅径管法分析得到的结果相比要(　　)。
    A. 大   B. 小   C. 一样   D. 不一定

16. GAA008　一般来说,半合成催化剂的磨损指数与全合成催化剂相比要(　　)。
    A. 大   B. 小   C. 一样   D. 不一定

17. GAA009　发生催化剂水热失活的主要位置是(　　)。
    A. 提升管反应器原料油喷嘴后部   B. 再生器密相
    C. 沉降器汽提段   D. 提升管反应器出口

18. GAA009　下列选项中,关于催化剂水热稳定性,阐述错误的是(　　)。
    A. 细孔催化剂稳定性比粗孔催化剂好
    B. 沸石催化剂的稳定性比无定型硅酸铝催化剂好
    C. 高铝催化剂的催化剂稳定性略好于低铝催化剂
    D. 超稳 Y 型沸石稳定性优于一般沸石催化剂

19. GAA010　催化剂活性太高,会使柴油产率(　　)。
    A. 上升   B. 不变   C. 下降   D. 无法确定

20. GAA010　催化剂活性太高,会使焦炭产率(　　)。
    A. 上升   B. 不变   C. 下降   D. 无法确定

21. GAA011　催化剂分子筛含量增高,氢转移活性(　　),汽油辛烷值(　　)。
    A. 增加,增加   B. 增加,降低   C. 降低,降低   D. 降低,增加

22. GAA011　催化剂活性高,产品中的烯烃含量相对(　　),而使汽油辛烷值有所(　　)。
    A. 减少,下降   B. 减少,上升   C. 增加,下降   D. 增加,上升

23. GAA012　相同反应条件下,催化剂平衡活性越高,汽油中烯烃含量(　　)。
    A. 越低   B. 越高   C. 不变   D. 无法确定

24. GAA012　一般来说,随着分子筛含量增高,氢转移活性也相应(　　),因此,产品中的烯烃含量相对(　　)。
    A. 增加,增加   B. 增加,减少   C. 减少,增加   D. 减少,减少

25. GAA013　当温度超过(　　),催化剂水热失活问题会变得突出。
    A. 720℃   B. 730℃   C. 700℃   D. 680℃

26. GAA013　水热失活首先对沸石晶体产生破坏作用,表面积下降程度约为微活指数的 2 倍,孔体积和堆积密度(　　)。

A. 下降　　　　　B. 增大　　　　　C. 基本不变　　　D. 不确定
27. GAA014　再生催化剂含炭量指标一般为(　　)。
　　A. 小于0.1%　　B. 小于0.2%　　C. 小于0.5%　　D. 小于2%
28. GAA014　下列选项中,不属于催化剂再生产物的是(　　)。
　　A. 一氧化碳　　B. 二氧化碳　　C. 水　　　　　　D. 甲烷
29. GAE001　离心式压缩机主要依靠叶轮的高速旋转对气体产生(　　),使气体径向流出叶轮。
　　A. 离心力　　　B. 轴向力　　　C. 切向力　　　　D. 横向力
30. GAE001　气体在离心式压缩机的后弯式叶轮流动时,其出口绝对速度比入口绝对速度(　　)。
　　A. 低　　　　　B. 相等　　　　C. 高　　　　　　D. 时高时低
31. GAE002　离心式压缩机的体积流量与叶轮中绝对速度的径向分速度成(　　)关系,与气体的流通面积成正比关系。
　　A. 反比　　　　B. 正比　　　　C. 无关　　　　　D. 平方
32. GAE002　压缩比越大,离心式压缩机的排气温度(　　)。
　　A. 越低　　　　B. 越高　　　　C. 不变　　　　　D. 不能确定
33. GAE003　汽轮机的出口压力小于大气压力,这种汽轮机称为(　　)汽轮机。
　　A. 凝汽式　　　B. 背压式　　　C. 径流式　　　　D. 轴流式
34. GAE003　汽轮机按照蒸汽流道数目分类,不正确的是(　　)。
　　A. 单流道汽轮机　B. 双流道汽轮机　C. 三流道汽轮机　D. 多流道汽轮机
35. GAE004　汽轮机(　　)的作用是把蒸汽的热能转变为高速气流的动能。
　　A. 喷嘴　　　　B. 转子　　　　C. 汽封　　　　　D. 气缸
36. GAE004　汽轮机汽封是设在汽轮机动静部件相关位置的密封装置,通常采用(　　)汽封。
　　A. 平滑式　　　B. 阶梯式　　　C. 迷宫式　　　　D. 梳齿式
37. GAF001　下列选项中,不属于按仪表组合形式分类的是(　　)。
　　A. 基地式仪表　B. 单元组合仪表　C. 综合控制装置　D. 电动仪表
38. GAF001　下列选项中,不属于按仪表安装形式分类的是(　　)。
　　A. 现场仪表　　B. 盘装仪表　　C. 模拟仪表　　　D. 架装仪表
39. GAF002　集散控制系统又称为(　　)系统。
　　A. 分散型控制　B. 分散型管理　C. 集中型控制　　D. 集中型管理
40. GAF002　集散系统可在(　　)的基础上,将大量信息通过数据通信电缆传送到中央控制室。
　　A. 分散控制　　B. 分散管理　　C. 集中控制　　　D. 集中管理
41. GBA001　打靶效果验收,用装在(　　)的靶板做检查。
　　A. 管道内部　　B. 放空管口　　C. 排气管口　　　D. 进气管口
42. GBA001　打靶效果验收标准,靶板上冲击斑痕直径不大于(　　)。
　　A. 0.5mm　　　B. 1mm　　　　C. 2mm　　　　　D. 3mm

43. GBA002　打靶时,各放空点均需增设临时管线并安装(　　)器材。
    A. 消防　　　　　B. 防爆　　　　　C. 急救　　　　　D. 消音
44. GBA002　打靶引蒸汽时必须缓慢,防止水击发生,升压速度控制 0.1~0.15MPa/min,升温速度(　　)。
    A. 2~3℃/min　　B. 3~5℃/min　　C. 5~8℃/min　　D. 5~10℃/min
45. GBA003　背压式汽轮机本体结构组成中,后支座部分不包括(　　)。
    A. 后座架　　　　B. 径向轴承　　　C. 推力轴承　　　D. 后轴承座
46. GBA003　背压式汽轮机转子结构组成中不包括(　　)。
    A. 棘轮　　　　　B. 动叶轮　　　　C. 推力轴承　　　D. 联轴器
47. GBA004　汽轮机的轴向位置是依靠(　　)确定的。
    A. 靠背轮　　　　B. 轴封　　　　　C. 支持轴承　　　D. 推力轴承
48. GBA004　在纯冲动式汽轮机中,如果不考虑损失,蒸汽在动叶通道中(　　)。
    A. 相对速度增加　　　　　　　　　　B. 相对速度降低
    C. 相对速度只改变方向,而大小不变　　D. 相对速度大小和方向都不变
49. GBA005　催化裂化装置中,汽轮机的作用与(　　)一样。
    A. 压缩机　　　　B. 电动机　　　　C. 泵　　　　　　D. 发电机
50. GBA005　汽轮机是通过(　　)将动能转化成机械能。
    A. 转子　　　　　B. 动叶片　　　　C. 静叶片　　　　D. 喷嘴
51. GBA006　在理想功率中,扣除汽轮机内部所有能量损失,此时汽轮机所消耗功率称为(　　)。
    A. 极限功率　　　B. 经济功率　　　C. 理想功率　　　D. 内功率
52. GBA006　进行汽轮机设计时,作为计算根据的功率,是汽轮机的(　　)。
    A. 额定功率　　　B. 经济功率　　　C. 理想功率　　　D. 内功率
53. GBA007　气压机运行中,其轴向力随出口压力增加而增加,启动时转子的轴向推力和正常运转时(　　)。
    A. 方向一致,小于正常运转　　　　　B. 方向一致,大于正常运转
    C. 方向一致,与正常运转时一样　　　D. 方向相反
54. GBA007　汽轮机带动的气压机组,其轴向力总是指向(　　)。
    A. 压力低的一端　B. 压力高的一端　C. 气压机　　　　D. 汽轮机
55. GBA008　径向轴承由(　　)组成。
    A. 上下两半轴瓦　　　　　　　　　　B. 左右两半轴瓦
    C. 推力瓦块和安装圈　　　　　　　　D. 8 块瓦块
56. GBA008　径向轴承的作用是承受着转子在启动增速、稳定运行及停运降速时所产生的(　　)静负荷和动负荷。
    A. 一半　　　　　B. 全部　　　　　C. 大部分　　　　D. 小部分
57. GBA009　一般当汽轮机轴向位移超过(　　)时,轴向位移保护装置能实现自动停机。
    A. 500mm　　　　B. 600mm　　　　C. 800~1000mm　D. 1200mm
58. GBA009　对背压式汽轮机,有(　　)保护装置。
    A. 重锤式　　　　B. 飞环式　　　　C. 低真空　　　　D. 背压安全阀

59. GBA010　速关阀是安装在(　　)主要切断阀。
　　A. 气压机进口　　B. 气压机出口　　C. 汽轮机进口　　D. 汽轮机出口
60. GBA010　速关阀可分为蒸汽通道部分和(　　)部分。
　　A. 油通道　　　　B. 水通道　　　　C. 烟气通道　　　D. 油气通道
61. GBA011　当负荷增加时,汽轮机调速系统就(　　)主汽门。
　　A. 开大　　　　　B. 关小　　　　　C. 全开　　　　　D. 关闭
62. GBA011　当负荷突然减小时,调速系统要(　　)。
　　A. 保证一定转速　　　　　　　　　B. 保证主汽门关闭严密
　　C. 转速急速升高　　　　　　　　　D. 转速急速降低
63. GBA012　当负荷改变时,调速汽门应(　　)。
　　A. 快速移动　　　B. 均匀平稳移动　C. 打开　　　　　D. 关闭
64. GBA012　当汽轮机由全负荷突然降到空负荷时,调速系统应能(　　)。
　　A. 使汽轮机停车　　　　　　　　　B. 启动危急保安器
　　C. 在超速情况下降低转速　　　　　D. 控制转速在危急保安器动作转速以下
65. GBA013　调速系统连杆尺寸安装不正确,会造成调速系统在(　　)不能维持额定转速。
　　A. 空负荷　　　　B. 正常负荷　　　C. 满负荷　　　　D. 超负荷
66. GBA013　汽轮机启动后,在主汽门(　　)负荷为零的条件下,调速系统不能保持额定转速,甚至超过危急保安器的动作转速,称为汽轮机不能维持空负荷运行。
　　A. 全开　　　　　B. 全关　　　　　C. 动作　　　　　D. 失灵
67. GBA014　下列不是汽轮机在负荷小的时候,调速汽门跳动、转速变化大原因的是(　　)。
　　A. 气压机发生飞动　　　　　　　　B. 进汽或排汽压力波动
　　C. 油动机定位故障　　　　　　　　D. 干气密封失灵
68. GBA014　调速系统的静态特性曲线在某一区域内过于(　　),造成调速系统在负荷小的时候,调速汽门跳动,转速变化大。
　　A. 上扬　　　　　B. 下降　　　　　C. 平坦　　　　　D. 波动
69. GBA015　汽轮机保安系统的静态试验时,手压危急保安器装置手柄,调节汽阀应(　　)。
　　A. 迅速打开　　　B. 迅速关闭　　　C. 不动作　　　　D. 缓慢关闭
70. GBA015　在汽轮机保安系统的静态试验项目的润滑油过低保护实验中,(　　)油泵联动开关。开启油压断电器进油总阀,缓慢开启放油阀,降低油压。
　　A. 投入　　　　　B. 关闭　　　　　C. 解除　　　　　D. 缓慢关闭
71. GBB001　拆油气管线大盲板时,分馏塔压力应控制(　　)。
　　A. 微正压　　　　B. 负压　　　　　C. 正压　　　　　D. 正常操作时的压力
72. GBB001　切汽封结束,控制沉降器压力(　　)再生器压力。
　　A. 高于　　　　　B. 低于　　　　　C. 等于　　　　　D. 没有具体要求
73. GBB002　为了防止分馏塔塔盘吹翻,在切换汽封时汽提蒸汽量应控制在(　　)。

A. 正常量的 1/3　　　B. 正常量的 2/3　　　C. 正常量　　　D. 没有要求

74. GBB002　切换汽封时,沉降器顶见蒸汽最低不少于(　　),再使沉降器与分馏塔连通。
    A. 0.5h　　　　　B. 1h　　　　　C. 12h　　　　　D. 24h

75. GBB003　在装大盲板过程中,应注意防止空气窜入(　　),引起硫化亚铁自燃。
    A. 沉降器　　　　B. 提升管　　　C. 再生器　　　D. 分馏塔

76. GBB003　催化裂化装置的"大盲板"通常是指(　　)处的盲板。
    A. 分馏塔顶油气管线出口　　　　B. 分馏塔油气管线入口
    C. 原料喷嘴　　　　　　　　　　D. 富气管线

77. GBB004　拆大盲板时,沉降器压力应在(　　)左右。
    A. 0.002MPa　　　B. 0MPa　　　C. -0.002MPa　　　D. 任意值

78. GBB004　拆大盲板时,分馏塔底的介质是(　　)。
    A. 空气　　　　　B. 油气　　　C. 蒸汽　　　D. 原料油

79. GBB005　喉管式喷嘴的雾化机理是利用高速喷射的(　　)把液体冲击破碎,并使进料在进入提升管时形成强烈的紊流脉动的喷射流,并与周围介质发生碰撞打击而破碎。
    A. 干气　　　　　B. 中压蒸汽　　　C. 低压蒸汽　　　D. 氮气

80. GBB005　KH 型喷嘴,是(　　)型进料喷嘴。
    A. 内混合式单喉道　　　　　　　B. 内混合式双喉道
    C. 外混合式单喉道　　　　　　　D. 外混合式双喉道

81. GBB006　反应进料使用雾化蒸汽可以使进料油、气分压(　　)。
    A. 提高　　　　　B. 降低　　　C. 不变　　　D. 平稳

82. GBB006　下列选项中,不属于进料雾化蒸汽作用的是(　　)。
    A. 使油气与催化剂混合均匀　　　B. 提高原料温度
    C. 避免催化剂迅速结焦　　　　　D. 降低油气分压

83. GBB007　提升管喷油过程中,再生压力由(　　)控制。
    A. 烟机进口蝶阀　B. 烟机旁路蝶阀　C. 双动滑阀　D. 烟机进口高温闸阀

84. GBB007　提升管喷油过程中,注意集合管压力平稳,开喷嘴时(　　)。
    A. 逐渐缓慢打开即可
    B. 可以快速打开
    C. 根据集合管压力缓慢打开,并与控制室联系
    D. 不用于控制室联系

85. GBB008　CO 焚烧炉的作用不包括(　　)。
    A. 回收 CO 化学能　B. 减少环境污染　C. 发生蒸汽　D. 提高原料预热温度

86. GBB008　催化裂化余热锅炉的热源是(　　)。
    A. 瓦斯　　　　　B. 烟气　　　C. 燃料油　　　D. 蒸汽

87. GBB009　催化余热锅炉目前采用较多的除灰方法是(　　)。
    A. 蒸汽除灰　　　B. 高压水力除灰　C. 声波除灰　　D. 钢珠除灰

88. GBB009　催化余热锅炉(　　)主要作用是给蒸汽进行过热,保证蒸汽品质,供给汽轮

机使用。

A. 省煤器　　B. 蒸发段　　C. 过热段　　D. 对流段

89. GBB010　通过加药系统向锅炉汽包加药磷酸三钠和(　　)。

A. 氢氧化钠　　B. 氯化钠　　C. 氰化钠　　D. 氧化钠

90. GBB010　煮炉过程中,药液加入后,补水至正常水位上(　　),通过调节进锅炉烟气量缓慢升温升压。

A. 50mm　　B. 100mm　　C. 200mm　　D. 300mm

91. GBB011　当余热锅炉蒸汽压力低于系统蒸汽压力(　　)时,即可开始并汽。

A. 0~0.05MPa　　B. 0.05~0.1MPa　　C. 0.1~1MPa　　D. 1~1.1MPa

92. GBB011　余热锅炉过热蒸汽并入管网操作时如余热锅炉压力骤降易发生(　　)现象。

A. 锅炉满水　　B. 炉管堵塞　　C. 汽水共腾　　D. 炉管爆破

93. GBB012　从油的酸碱性上说,良好的透平油应呈(　　)。

A. 酸性　　B. 中性　　C. 碱性　　D. 无要求

94. GBB012　新透平油的颜色一般为(　　)。

A. 浅绿色　　B. 淡黄色稍黑　　C. 乳白色　　D. 淡黄色

95. GBB013　透平油氧化后会(　　)。

A. 呈现酸性　　B. 呈现碱性　　C. 呈现中性　　D. 不确定

96. GBB013　透平油(　　)使透平油黏度增大,失去润滑作用。

A. 和空气混合会出现泡沫　　B. 氧化
C. 带有水和机械杂质　　D. 混入低沸点的烃类

97. GBB014　当机组润滑油油箱液位低于(　　)时,电加热器不能启动。

A. 250mm　　B. 150mm　　C. 50mm　　D. 20mm

98. GBB014　大型机组人工控制润滑油温度的方法是控制(　　)。

A. 润滑油量　　B. 电加热器　　C. 润滑油泵出口阀　　D. 冷却水量

99. GBB015　机组润滑油的循环倍率一般为(　　)。

A. 7~7.5　　B. 8~8.5　　C. 9~9.5　　D. 10以上

100. GBB015　机组润滑油的循环倍率指主油泵每小时的出油量与(　　)之比。

A. 油箱总体积　　B. 油箱总油量　　C. 润滑油量　　D. 调节油量

101. GBB016　润滑油箱安装透气孔的作用是(　　)。

A. 排出油中杂质　　B. 提高回油压力
C. 排出油中的气体和水蒸气,使回油顺畅　　D. 降低油箱温度

102. GBB016　安装透气孔的润滑油箱的压力是(　　)。

A. 正压　　B. 负压　　C. 常压　　D. 微正压

103. GBB017　只有当(　　)情况时,高位油箱才起作用。

A. 机组停机　　B. 润滑油压力低　　C. 润滑油差压高　　D. 润滑油中断

104. GBB017　机组高位油箱是通过(　　)控制上油量。

A. 调节阀　　B. 手阀开度　　C. 节流孔板　　D. 润滑油压力

105. GBB018　下列选项中不属于机组油路蓄能器作用的是(　　)。

A. 保持系统压力 B. 吸收系统冲击压力
C. 吸收油泵的压力脉冲 D. 调节系统压力

106. GBB018　当油泵输出压力波动时,蓄能器可(　　)压力能,使油泵输出压力稳定。
A. 吸收　　　　B. 释放　　　　C. 增加　　　　D. 减少

107. GBB019　在汽轮机升速暖机时,暖机转速太高会造成(　　)。
A. 升温速度过快 B. 轴承油膜不易建立
C. 轴承磨损 D. 转速控制困难

108. GBB019　汽轮机在启动时,低速暖机的目的是(　　)。
A. 检查润滑油系统运行状况 B. 确认调速系统运行工况
C. 使机组各部件受热均匀膨胀 D. 投用自保联锁

109. GBB020　汽轮机在启动前,由于蒸汽会凝结成水,凝结水如不排出,(　　)会把水夹带到气缸内把叶片打坏。
A. 高速的气流　B. 高速的叶轮　C. 低速的气流　D. 低速的叶轮

110. GBB020　在汽轮机停机时,气缸内凝结水也会引起气缸内部(　　)。
A. 变形　　　　B. 冲击　　　　C. 结垢　　　　D. 腐蚀

111. GBB021　当蒸汽内含水量达到(　　)时,汽轮机叶片所受的应力就已经超过了叶片材料所允许强度极限。
A. 10%~20%　　B. 20%~30%　　C. 30%~40%　　D. 40%~50%

112. GBB021　汽轮机水冲击主要对汽轮机的(　　)产生危害。
A. 入口管线　　B. 主汽门　　　C. 调速器　　　D. 叶片

113. GBB022　当汽轮机进水时,必须(　　)。
A. 紧急停机　　B. 观察使用　　C. 加强排凝　　D. 检查润滑油温度

114. GBB022　当汽轮机进水时,必须紧急停机,迅速破坏真空,并把新蒸汽管道和汽轮本体的疏水门(　　)。
A. 部分打开　　B. 全部打开　　C. 部分关闭　　D. 全部关闭

115. GBB023　机组停机后,盘车目的是(　　)。
A. 防止轴弯曲　B. 促进轴瓦冷却　C. 防止泄漏　　D. 加快润滑油回油速度

116. GBB023　可以通过(　　),来判断安装与检修的质量,如联轴节对中的好坏、轴瓦间隙的大小及有无异物留在机内等。
A. 每次盘车用力的大小 B. 定位检测
C. 热力学成像 D. 试漏

117. GBB024　下面关于进汽温度对汽轮机运行的影响描述正确的是(　　)。
A. 在低温下,金属机械性能下降很快,会引起汽轮机各部件使用寿命缩短
B. 进汽温度提高,会使凝汽式汽轮机叶片发生水蚀
C. 汽轮机进汽温度高,在经济上有利,所以汽轮机进汽温度越高越好
D. 进汽温度过高会使汽轮机叶轮套装松弛

118. GBB024　在进汽温度低于设计值时,对汽轮机的影响正确的是(　　)。
A. 会减少汽耗 B. 会使叶片反动度增加,使轴向推力增大

C. 对汽轮机叶片寿命不会造成影响　　D. 汽轮机金属机械性能下降很快

119. GBB025　下面关于进汽压力对汽轮机运行的影响描述正确的是(　　)。
   A. 汽轮机在设计时是根据额定主蒸汽压力来考虑各部件的强度的
   B. 进汽压力低于设计值时,将使汽轮机的效率降低
   C. 进汽压力低于设计值时,在同一负荷下汽轮机所需的蒸汽量减少
   D. 进汽压力高于额定值时,只会引起汽轮机叶片过负荷损坏

120. GBB025　在进汽压力低于设计值时,对汽轮机的影响正确的是(　　)。
   A. 进汽压力低不会影响汽轮机的效率　　B. 会引起轴向推力增加
   C. 将使喷嘴的阻塞状态得到缓解　　D. 汽轮机金属机械性能下降很快

121. GBB026　凝汽式汽轮机启用主抽气器时应先开(　　),再开(　　)。
   A. 一级,二级　　B. 二级,一级　　C. 同时开　　D. 没有要求

122. GBB026　凝汽式汽轮机启用主抽气器后,真空度应达到(　　)。
   A. 10kPa　　B. 20kPa　　C. 33kPa　　D. 40kPa

123. GBB027　对于使用干气密封系统的气压机组,开机条件必须满足主密封气与前置缓冲气压差不小于(　　)。
   A. 0.1MPa　　B. 0.2MPa　　C. 0.3MPa　　D. 0.4MPa

124. GBB027　气压机开机时,需全开(　　)。
   A. 机入口放火炬阀
   B. 机出口放火炬阀
   C. 机出口至反飞动阀
   D. 机出口至稳定大阀

125. GBB028　汽轮机正常运行中,应经常检查润滑油过滤器差压,一旦压差超过(　　),立即切换清洗。
   A. 0.05MPa　　B. 0.1MPa　　C. 0.15MPa　　D. 0.2MPa

126. GBB028　汽轮机正常运行中,主要监视的项目不包括(　　)。
   A. 蒸汽温度、压力　　B. 轴向位移　　C. 电流　　D. 振动和声音

127. GBB029　在汽轮机升速暖机时,不允许在(　　)状态下工作。
   A. 低于临界转速　　B. 等于临界转速　　C. 高于临界转速　　D. 无法确定

128. GBB029　升速过程中如遇振动明显增大时,则应降低转速延长暖机时间,再提升转速,但提升转速不允许超过(　　)。
   A. 两次　　B. 三次　　C. 四次　　D. 五次

129. GBB030　离心式气压机的气体在叶轮中的运动方向是沿着(　　)于气压机轴的(　　)进行的。
   A. 垂直,径向　　B. 垂直,横向　　C. 平行,横向　　D. 平行,径向

130. GBB030　离心式压缩机高速旋转的叶轮带动气体,获得极高的速度,进入扩压器时,速度(　　),压力(　　),然后将增压后的气体输出机外。
   A. 降低,降低　　B. 降低,升高　　C. 升高,降低　　D. 升高,升高

131. GBB031　离心式气压机保护装置不包括(　　)。
   A. 低油压　　B. 轴向位移　　C. 危急保安　　D. 反飞动控制

132. GBB031　通过汽轮机电动脱扣装置可以实现(　　)紧急停车操作。

A. 就地　　　　　B. 就地控制盒　　　C. 操作室遥控　　　D. 操作室自动

133. GBC001　反应温度越低,越有利于以下反应的是(　　)。
A. 裂化　　　　　B. 氢转移　　　　　C. 芳构化　　　　　D. 热裂化

134. GBC001　转化率不变,反应温度升高,焦炭产率(　　)。
A. 上升　　　　　B. 不变　　　　　　C. 下降　　　　　　D. 无法确定

135. GBC002　转化率一定时,反应温度升高,汽油收率(　　)。
A. 上升　　　　　B. 下降　　　　　　C. 不变　　　　　　D. 无法确定

136. GBC002　温度一定时,转化率越大,汽油辛烷值(　　)。
A. 越高　　　　　B. 越低　　　　　　C. 不变　　　　　　D. 无法确定

137. GBC003　相同转化率情况下,反应温度上升,汽油烯烃含量(　　)。
A. 降低　　　　　B. 上升　　　　　　C. 不变　　　　　　D. 无法确定

138. GBC003　随反应温度的提高,热裂化反应速度提高的幅度(　　)催化裂化反应速度提高的幅度,不利于汽油烯烃含量的降低。
A. 大于　　　　　B. 等于　　　　　　C. 小于　　　　　　D. 无法确定

139. GBC004　采用提升管,反应温度与再生滑阀压降控制反应温度时,滑阀开度由(　　)控制。
A. 提升管出口温度输出值
B. 再生滑阀压降开度输出值
C. 提升管出口温度输出值与再生滑阀压降开度输出值两者中较低的输出值
D. 提升管出口温度输出值与再生滑阀压降开度输出值两者的差值

140. GBC004　催化裂化装置一般通过调节催化剂循环量来控制反应温度,催化剂循环量大,反应温度(　　)。
A. 升高　　　　　B. 不变　　　　　　C. 降低　　　　　　D. 无法确定

141. GBC005　原料油组分易裂解,会引起反应压力(　　)。
A. 降低　　　　　B. 不变　　　　　　C. 上升　　　　　　D. 无法确定

142. GBC005　提升管总进料量增加,会引起反应压力(　　)。
A. 降低　　　　　B. 不变　　　　　　C. 上升　　　　　　D. 无法确定

143. GBC006　提升管进油后,开富气压缩机前,用(　　)控制反应器压力。
A. 沉降器顶放空阀　　　　　　　B. 分馏塔顶油气管道蝶阀控制
C. 压缩机转数　　　　　　　　　D. 压缩机入口放火炬阀

144. GBC006　开工拆油气管道大盲板前,两器烘干、升温及装催化剂期间,用(　　)控制反应器压力。
A. 沉降器顶放空阀　　　　　　　B. 分馏塔顶油气管道蝶阀
C. 压缩机入口放火炬　　　　　　D. 压缩机出口放火炬

145. GBC007　相同处理量时,采用同高并列式的催化裂化装置两器总高度比采用同轴式的(　　)。
A. 一样　　　　　B. 高　　　　　　　C. 低　　　　　　　D. 无法确定

146. GBC007　采用 U 形管输送催化剂的同高并列式催化裂化装置,其催化剂循环量靠

( )调节。

A. 主风　　　　　　B. 塞阀　　　　　　C. 滑阀　　　　　　D. 增压风

147. GBC008　采用高低并列式的催化裂化装置反应器压力与再生器压力相比( )。

A. 相近　　　　　　B. 高　　　　　　　C. 低　　　　　　　D. 无法确定

148. GBC008　高低并列式催化裂化装置与同高并列式催化裂化装置相比,催化剂输送线路上松动点设置( )。

A. 多　　　　　　　B. 一样　　　　　　C. 少　　　　　　　D. 无法确定

149. GBC009　下列选项中,关于同轴式催化裂化装置特点描述不正确的是( )。

A. 再生器压力高于反应器压力　　　　B. 催化剂循环量依靠增压风调节

C. 两器重叠在一条轴线上,设备总高较高　D. 投资省和钢材消耗少

150. GBC009　按同轴的方式布置两器可省掉( )的框架。

A. 反应器　　　　　B. 外取热器　　　　C. 再生器　　　　　D. 烧焦罐

151. GBC010　原料带水时要立即( )原料量,如压力超高应适当开气压机入口放火炬阀。

A. 提高　　　　　　B. 降低　　　　　　C. 切断　　　　　　D. 维持

152. GBC010　气压机停机应迅速( ),控制反应压力。

A. 打开气压机出口阀　　　　　　　　B. 打开气压机反飞动阀

C. 打开气压机入口放火炬阀　　　　　D. 打开气压机出口放火炬阀

153. GBC011　不会引起汽提段藏量大幅度变化的原因是( )。

A. 汽提蒸汽量突然变化　　　　　　　B. 催化剂循环量突然变化

C. 待生滑阀(塞阀)失灵　　　　　　　D. 再生器喷燃烧油

154. GBC011　引起汽提段藏量大幅度变化的直接原因为( )。

A. 两器压力大幅变化　　　　　　　　B. 原料性质变化

C. 油浆泵抽空　　　　　　　　　　　D. 再生器喷燃烧油

155. GBC012　汽提段藏量大幅度变化的处理包括( )。

A. 切断进料　　　　　　　　　　　　B. 启用两器自保

C. 平稳两器差压在正常范围内　　　　D. 停用小型加料

156. GBC012　如因滑阀失灵造成汽提段藏量大幅度变化,首先应将滑阀( )。

A. 改手动控制　　B. 改自动控制　　C. 改现场手轮控制　　D. 改现场液压控制

157. GBC013　同轴式催化裂化装置,一般用( )来控制反应藏量。

A. 两器差压　　　　B. 塞阀节流　　　C. 滑阀节流　　　　D. 滑阀差压低选保护

158. GBC013　高低并列式催化裂化装置,一般用( )来控制反应藏量。

A. 两器差压　　　　B. 塞阀节流　　　C. 滑阀节流　　　　D. 塞阀差压低选保护

159. GBC014　原料油变重,再生温度( )。

A. 上升　　　　　　B. 下降　　　　　　C. 不变　　　　　　D. 无法确定

160. GBC014　汽提蒸汽量减少,再生温度( )。

A. 上升　　　　　　B. 下降　　　　　　C. 不变　　　　　　D. 无法确定

161. GBC015　再生温度大幅度变化原因包括( )。

A. 终止剂中断　　　　　　　　　B. 预提升干气中断
C. 再生器床层料位波动大　　　　D. 停用小型加料

162. GBC015　再生温度大幅度变化原因包括(　　)。
A. 待生催化剂汽提效果不好或带油　　B. 再生滑阀手动控制
C. 气压机转速过高　　　　　　　　　D. 原料罐液位超高

163. GBC016　若取热器泄漏造成再生温度大幅度变化,应(　　)。
A. 将泄漏管束及时切除　　　　B. 调节取热器负荷
C. 调节主风量、再生器藏量　　D. 切断进料

164. GBC016　如因再生器床层料位波动大,造成再生温度大幅度变化应(　　)。
A. 改善汽提效果　　　　　　　B. 缓慢调节外取热器取热负荷
C. 缓慢调节主风量、藏量　　　D. 急停工处理

165. GBC017　开工初期,两器烘衬里时,再生温度由(　　)控制。
A. 辅助燃烧室　　B. 喷燃烧油　　C. 外取热器　　D. 掺渣比

166. GBC017　装置正常生产时,热平衡通过调节(　　)来控制生焦率。
A. 辅助燃烧室　　B. 喷燃烧油　　C. 外取热器　　D. 掺渣比

167. GBC018　双动滑阀突然开大,会引起再生压力(　　)。
A. 降低　　　　　B. 不变　　　　C. 上升　　　　D. 波动

168. GBC018　内、外取热器取热管破裂,会引起再生压力(　　)。
A. 降低　　　　　B. 不变　　　　C. 上升　　　　D. 波动

169. GBC019　再生器压力大幅度波动的原因有(　　)。
A. 再生滑阀故障　B. 待生滑阀故障　C. 双动滑阀故障　D. 二反滑阀故障

170. GBC019　再生器压力大幅度波动的原因有(　　)。
A. 待生催化剂大量带油　　　　B. 待生催化剂温度过高
C. 催化剂循环量过大　　　　　D. 再生催化剂温度过高

171. GBC020　双动滑阀故障引起再生器压力大幅度波动时应将双动滑阀(　　)。
A. 自动控制　　B. 手动控制　　C. 现场液动控制　　D. 投用分程控制

172. GBC020　处理再生器压力大幅度波动时,关键是要保证(　　)。
A. 进料平稳　　B. 两器都有料封　　C. 气压机组不飞动　　D. 燃烧油不中断

173. GBC021　在同高并列催化裂化装置,再生压力由双动滑阀控制两器差压为(　　)。
A. 正差压　　　B. 负差压　　　C. 零　　　　　D. 没有要求

174. GBC021　为了防止再生器超压,可以对(　　)设定为超驰控制。
A. 烟机进口蝶阀　B. 双动滑阀　C. 再生单动滑阀　D. 烟机旁路蝶阀

175. GBC022　如过剩氧含量过高,会造成(　　)。
A. 二次燃烧　　B. 炭堆积　　C. 能耗增加　　D. 主风机组喘振

176. GBC022　正常时通过控制(　　)来调节氧含量。
A. 主风量　　　B. 反应温度　　C. 进料组成　　D. 再生压力

177. GBC023　再生烟气氧含量突然回零原因有(　　)。
A. 二次燃烧　　B. 反应进料中断　　C. 主风量增大　　D. 汽提蒸汽量增大

178. GBC023　不会导致再生烟气氧含量突然回零原因是(　　)。
　　A. 二次燃烧　　　B. 主风中断　　　C. 反应进料中断　　　D. 待生剂带油
179. GBC024　主风量降低,再生烟气含氧量(　　)。
　　A. 上升　　　B. 下降　　　C. 不变　　　D. 回零
180. GBC024　反应深度大,烟气含氧量(　　)。
　　A. 上升　　　B. 下降　　　C. 不变　　　D. 回零
181. GBC025　再生烟气氧含量一般控制在(　　)。
　　A. 1.5%~3.0%(体积分数)　　　B. 1.5%~3.0%(质量分数)
　　C. 5%~10%(体积分数)　　　D. 5%~10%(质量分数)
182. GBC025　再生烟气氧含量的控制方法,主要是通过调节(　　)来控制。
　　A. 取热量　　　B. 掺渣比　　　C. 再生压力　　　D. 主风量
183. GBC026　用经验凑试法整定PID参数,在整定中观察到曲线振荡很频繁,需要把比例度(　　)以减小振荡。
　　A. 增大　　　B. 减小　　　C. 调整到最大　　　D. 调整到最小
184. GBC026　用经验凑试法整定PID参数,在整定中观察到曲线最大偏差大且趋于非周期过程,需要把比例度(　　)。
　　A. 增大　　　B. 减小　　　C. 增加到最大　　　D. 减小到最小
185. GBC027　汽轮机结垢的主要部位是(　　)。
　　A. 高压区　　　B. 低压区　　　C. 蒸汽入口　　　D. 排汽口
186. GBC027　汽轮机流通部分结垢后蒸汽耗量上升的原因是(　　)。
　　A. 排汽压力上升　　　B. 压降升高
　　C. 汽门杆卡涩　　　D. 运行工况偏离最佳效率点
187. GBC028　下列不是汽轮机长期超负荷运行造成危害的是(　　)。
　　A. 叶片结垢　　　B. 叶片随的弯曲应力增加
　　C. 轴向推力增加　　　D. 调速系统性能变坏
188. GBC028　汽轮机长期超负荷运行会造成(　　)。
　　A. 叶片结垢　　　B. 进汽量增加　　　C. 振动上升　　　D. 调速系统性能变坏
189. GBC029　汽轮机带负荷清洗蒸汽降温和降压的过程中,要密切注意的机组运行状况,包含(　　)。
　　A. 轴系振动情况　　　B. 轴向位移变化　　　C. 推力瓦片温度　　　D. 以上都对
190. GBC029　下列选项中,不是汽轮机带负荷清洗时需要密切注意的项目是(　　)。
　　A. 推力轴承温度　　　B. 机组轴位移　　　C. 润滑油压力　　　D. 机组轴系振动
191. GBD001　一般提升管出口温度可以采用(　　)或(　　)达自保值时,能自动启动自保。
　　A. 二取二,三取一　　　B. 三取一,三取二　　　C. 三取二,二取二　　　D. 三取三,二取二
192. GBD001　反应提升管出口温度低于规定值,采取措施仍无法维持时应投用(　　)。
　　A. 反应进料自保　　　B. 两器切断自保　　　C. 气压机自保　　　D. 主风自保
193. GBD002　停工反应切断进料后分馏系统将原料油、回炼油、一中系统内存油扫

入( )。

　　A. 地沟　　　　　B. 罐区　　　　　C. 回炼油罐　　　D. 分馏塔

194. GBD002　停工反应切断进料后分馏系统应( )轻柴油出装置量,为外引封油提供时间。

　　A. 提高　　　　　B. 减少　　　　　C. 平稳　　　　　D. 保持

195. GBD003　装置紧急停工,反应岗位用( )控制好反应温度,防止超温。

　　A. 急冷介质　　　B. 柴油　　　　　C. 原料　　　　　D. 蒸汽

196. GBD003　反应切断进料后相应( )水洗水注入量。

　　A. 增加　　　　　B. 减小　　　　　C. 保持　　　　　D. 停止

197. GBD004　停工时,顶回流系统顶水,一般将系统内存油顶至( )。

　　A. 合格汽油线　　B. 不合格汽油线　C. 不合格柴油线　D. 放火炬线

198. GBD004　停工时,顶回流系统顶水时应控制塔顶温度在( )。

　　A. 50℃　　　　　B. 70℃　　　　　C. 90℃　　　　　D. 120℃

199. GBD005　空冷器顶水时,应( )。换热器顶水时,应( )。

　　A. 分片顶净,一起顶水　　　　　　　B. 分片顶净,分组顶水
　　C. 一起顶净,分组顶水　　　　　　　D. 一起顶净,一起顶水

200. GBD005　顶循环系统顶水应走( )。

　　A. 合格汽油线　　B. 不合汽油线　　C. 火炬线　　　　D. 系统瓦斯线

201. GBD006　空冷器顶水干净,主要是从( )方面考虑。

　　A. 下周期开车顺利　B. 设备使用年限　C. 停车与检修安全　D. 装置现场清洁

202. GBD006　稳定塔顶空冷器顶水操作,一般控制顶水压力是( )。

　　A. 0.1MPa　　　　B. 0.5MPa　　　　C. 1.0MPa　　　　D. 2.0MPa

203. GBD007　停工时分馏重油系统应先( ),然后再用蒸汽扫线。

　　A. 溶剂洗　　　　B. 热水洗　　　　C. 冷水洗　　　　D. 循环洗

204. GBD007　停工时重油分馏系统水洗的原理是利用重油在温度高时( ),易将重油带出。

　　A. 黏度低　　　　B. 黏度高　　　　C. 在水中溶解度大　D. 在水中溶解度小

205. GBD008　停工分馏系统水洗时不扫的壳程或管程进出口阀应( )。

　　A. 全关　　　　　B. 全开　　　　　C. 保持一定开度　　D. 加盲板

206. GBD008　轻油系统水洗时,应注意水必须( )。

　　A. 上进上出　　　B. 上进下出　　　C. 下进下出　　　D. 下进上出

207. GBD009　催化裂化装置中的破沫网一般采用( )制造。

　　A. 尼龙　　　　　B. 塑料　　　　　C. 碳钢　　　　　D. 不锈钢

208. GBD009　催化裂化装置中安装破沫网的部位有( )。

　　A. 轻柴油汽提塔顶部　　　　　　　B. 回炼油罐顶部
　　C. 分馏塔顶部　　　　　　　　　　D. 分馏塔顶油气分离器顶部油气出口

209. GBD010　防涡器的作用是( )。

　　A. 防止液面过高　B. 防止机泵抽空　C. 防止温度波动　D. 防止压力波动

210. GBD010　防涡器的主要功能是（　　）。
　　A. 防止液面不稳定　　　　　　　　B. 防止液体抽出时夹带气体
　　C. 防止油温过高　　　　　　　　　D. 防止流速过快

211. GBD011　分馏塔底部人字挡板的主要作用是（　　）。
　　A. 洗涤催化剂、脱过热　　　　　　B. 洗涤催化剂
　　C. 冷却油气　　　　　　　　　　　D. 精馏

212. GBD011　催化裂化分馏塔进料来自（　　）。
　　A. 反应器　　　B. 再生器　　　C. 原料油泵　　　D. 循环油浆泵

213. GBD012　机组停机后油泵必须再继续运行一段时间以进行冷却。要求气缸温度降低到（　　）以下,才可停润滑油泵。
　　A. 35℃　　　B. 50℃　　　C. 80℃　　　D. 180℃

214. GBD012　机组停机后油泵必须再继续运行一段时间以进行冷却。轴承温度降低到以下（　　）以下,才可停润滑油泵。
　　A. 35℃　　　B. 50℃　　　C. 80℃　　　D. 100℃

215. GBD013　气压机气体置换,一般采用的流程是（　　）。
　　A. 出口向进口置换　　　　　　　　B. 进口向出口置换
　　C. 级间冷却器向出口置换　　　　　D. 级间冷却器向进口置换

216. GBD013　往复式压缩机检修后,经氮气置换机体内气体采样氧气浓度应（　　）。
　　A. 小于0.1%　　B. 小于0.2%　　C. 小于0.5%　　D. 小于0.05%

217. GBD014　气压机停机,机入口压力由（　　）控制。
　　A. 反飞动流量　　　　　　　　　　B. 气压机出口放火炬
　　C. 气压机入口放火炬　　　　　　　D. 入口风动闸阀

218. GBD014　气压机停机后需要打开的阀门有（　　）。
　　A. 汽轮机入口阀　　　　　　　　　B. 汽轮机出口与管网的连通阀
　　C. 汽轮机机体的导淋阀　　　　　　D. 气压机出口反飞动阀

219. GBD015　气压机组停机后（　　）可停止润滑油系统的运行。
　　A. 停抽汽器后　　B. 停盘车后　　C. 转速归零后　　D. 速关阀手轮全关后

220. GBD015　在汽轮机停机后一般在转速下降到（　　）时才复置脱扣器。
　　A. 零　　　B. 额定转速的50%　　C. 额定转速的90%　　D. 额定转速

221. GBD016　为止硫化亚铁自燃可加强常压装置的（　　）抑制腐蚀。
　　A. 一脱一注　　B. 一脱二注　　C. 一脱三注　　D. 一脱四注

222. GBD016　硫化亚铁一般在分馏塔（　　）以及顶部油气冷却器位置生成。
　　A. 顶部　　　B. 中部　　　C. 底部　　　D. 入口

223. GBD017　硫化亚铁自燃发生在（　　）阶段。
　　A. 退料　　　B. 开工　　　C. 蒸塔　　　D. 开人孔自然通风

224. GBD017　停工检修过程中,为防止硫化亚铁自燃,错误的措施是（　　）。
　　A. 使用除臭剂清洗硫化亚铁　　　　B. 注意DCS内设备温度是否上升
　　C. 注意在人孔边准备好水皮带　　　D. 用动力风吹扫

225. GBE001　分布器的作用是必须使流化床有一个良好流态化状态,而且分布器能够筛出( )催化剂。
　　　A. 0~20μm　　　B. 20~40μm　　　C. 40~80μm　　　D. 80~110μm
226. GBE001　分布器使流化床具有良好流态化状态,创造一个良好的( )接触烧焦条件。
　　　A. 气—固　　　B. 气—液　　　C. 液—固　　　D. 气、液、固三者
227. GBE002　下列选项不是树枝状主风气体分布器组成部分的是( )。
　　　A. 主管　　　B. 支管　　　C. 分支管　　　D. 圆环分布管
228. GBE002　再生器底部设有主风气体分布器,其作用是使催化剂颗粒在再生器内部形成一个良好的( )流化状态。
　　　A. 密相　　　B. 稀相　　　C. 鼓泡　　　D. 湍流
229. GBE003　换热器中垢层的存在,会造成换热器传热热阻( ),传热量( )。
　　　A. 减少,减少　　B. 增加,减少　　C. 减少,增加　　D. 增加,增加
230. GBE003　换热器中垢层的存在,会造成换热器腐蚀( )。
　　　A. 加快　　　B. 减缓　　　C. 不变　　　D. 没有规律
231. GBE004　冷换设备内漏,应根据( )判断泄漏的换热设备位号。
　　　A. 流程和介质窜流情况　　　B. 压力
　　　C. 温度　　　D. 流量
232. GBE004　冷换设备内漏,应采用( )检查法以确定内漏设备。
　　　A. 单体设备停用　　B. 多体设备停用　　C. 停工　　D. 测温
233. GBE005　下列密封形式中,泄漏量最大的是( )密封装置。
　　　A. 浮动环式　　　B. 阶梯式　　　C. 迷宫式　　　D. 平滑式
234. GBE005　气压机组的内密封是防止( )。
　　　A. 向机器的外部泄漏　　　　　B. 外部介质向机内泄漏
　　　C. 流通部分中间级的倒流　　　D. 润滑油泄漏
235. GBE006　干气密封属于( )密封结构。
　　　A. 泵入式接触　　B. 泵入式非接触　　C. 抽空式接触　　D. 抽空式非接触
236. GBE006　干气密封所指的"干气"是指( )。
　　　A. 瓦斯　　　B. 氮气　　　C. 氧气　　　D. 空气
237. GBF001　DCS的工作原理其实就是( )。
　　　A. 自动保护系统　　B. 集散控制系统　　C. 超前调节系统　　D. 环境保护系统
238. GBF001　DCS是以( )控制,( )监视、操作和管理达到控制全局的目的。
　　　A. 集中,分散　　B. 集中,集中　　C. 分散,分散　　D. 分散,集中
239. GBF002　所有工作站全部黑屏,正确的处理方法是( )。
　　　A. 启用进料低流量保护　　　　B. 启用两器切断保护
　　　C. 启用主风低流量保护　　　　D. 启用增压机保护
240. GBF002　某一区域(几十点或上百点)的工艺参数不刷新(伴随有系统报警),甚至所有工作站全部黑屏。这可能是( )故障,这类故障的影响面较大。

A. 输入卡件 B. 显示器
C. 控制器 D. 工作站与控制器的通信不正常

241. GBF003 遇到某一区域(几十点或上百点)的工艺参数不刷新(伴随有系统报警)的故障现象,控制回路应进行(　　)控制。
A. 自动 B. 手动 C. 自动切至手动 D. 保持原状态

242. GBF003 下列 DCS 模块故障现象,对生产没有影响的是(　　)。
A. 某一点或数点工艺数据不刷新
B. 某一点或数点输出回路没有响应(伴随有系统报警)
C. 某一区域的工艺参数不刷新(伴随有系统报警),甚至所有工作站全部黑屏
D. 某一点或数点输出回路数据突变

243. GBF004 遇到某一点或数点输出回路数据突变,可能影响到装置安全故障,正确的处理方法是(　　)。
A. 立即联系仪表人员修理 B. 联系外操将受影响的控制回路改副线控制
C. 按紧急停工处理 D. 依据现场仪表进行手动控制

244. GBF004 某一区域的工艺参数不刷新(伴随有系统报警),若故障点多数为指示参数(不带控制回路),正确的处理方法是(　　)。
A. 进行紧急停工 B. 联系外操将控制阀改副线操作
C. 参照其他正常参数进行操作 D. 依据一次表指示进行手动控制

245. GBF005 (　　)失灵对反应温度有直接的影响。
A. 再生滑阀 B. 待生滑阀 C. 双动滑阀 D. 外取热器下滑阀

246. GBF005 原料预热温度大幅度变化会引起(　　)大幅度波动。
A. 反应压力 B. 反应温度 C. 再生温度 D. 总进料量

247. GBF006 提升管温度低可适当(　　)。
A. 开大再生滑阀 B. 关小再生滑阀 C. 开大待生滑阀 D. 关小待生滑阀

248. GBF006 提升管反应温度过高可(　　)。
A. 可开大再生滑阀 B. 可开大待生滑阀
C. 可增大反应终止剂用量 D. 降低处理量

249. GBF007 在有进料的情况下,提升管出口温度低温自保的目的是防止(　　)。
A. 催化剂带油 B. 再生温度过低 C. 产品质量变差 D. 提升管流化不畅

250. GBF007 切断进料后,主风仍保持时,再生温度不能低于(　　)。
A. 350℃ B. 400℃ C. 450℃ D. 500℃

251. GBF008 分馏塔回炼污油量过大或冷回流量过大,反应压力(　　)。
A. 升高 B. 降低 C. 不变 D. 不确定

252. GBF008 分馏塔冷凝冷却系统效果差,冷后温度高,反应压力(　　)。
A. 降低 B. 升高 C. 不变 D. 不确定

253. GBF009 当反应压力超高无法控制时,应立即打开(　　),防止反应压力超高。
A. 放火炬控制阀 B. 双动滑阀 C. 反飞动阀 D. 烟机入口蝶阀

254. GBF009 反应压力大幅波动处理过程中,密切注意(　　)变化情况。

A. 反应压力　　　　B. 再生压力　　　　C. 两器差压　　　　D. 分馏塔压力

255. GBF010　进料自保启用后,应开大提升管原料雾化蒸汽、预提升蒸汽等,保证提升管的提升能力,同时(　　)提升管注干气手阀。

A. 开大　　　　　B. 关小　　　　　C. 关闭　　　　　D. 调整

256. GBF010　进料自保启用在气压进入暖机转速后,应将反飞动控制阀(　　)。

A. 改手动　　　　B. 打开　　　　　C. 关闭　　　　　D. 改副线

257. GBF011　汽提蒸汽可以减少(　　)产率。

A. 汽油　　　　　B. 柴油　　　　　C. 液化气　　　　D. 焦炭

258. GBF011　催化剂汽提主要是将催化剂中生成的(　　)的油气置换出来。

A. 剂油比焦　　　B. 催化焦　　　　C. 原料焦　　　　D. 污染焦

259. GBF012　通常容易被汽提的催化剂,其平均孔径(　　),表面积(　　)。

A. 大,大　　　　 B. 小,小　　　　 C. 大,小　　　　 D. 小,大

260. GBF012　沉降器汽提段下部吹入(　　),催化剂与蒸汽呈(　　)接触将催化剂颗粒间的颗粒孔隙中吸附的油气置换出来。

A. 过热蒸汽,逆流　B. 过热蒸汽,顺流　C. 饱和蒸汽,逆流　D. 饱和蒸汽,顺流

261. GBF013　催化剂带油现象造成再生温度(　　)。

A. 上升　　　　　B. 下降　　　　　C. 不变　　　　　D. 无法确定

262. GBF013　催化剂带油会造成烟气氧含量(　　)。

A. 上升　　　　　B. 下降　　　　　C. 不变　　　　　D. 无法确定

263. GBF014　下列选项中,会导致催化剂带油的原因有(　　)。

A. 原料量低　　　B. 反应温度高　　C. 汽提蒸汽量小　D. 助燃剂量低

264. GBF014　装置上非正常的热过剩,引起催化剂带油造成的原因,以下选项错误的一项是(　　)。

A. 原料油突然变重　B. 反应温度过高　C. 反应温度过低　D. 汽提效果太差

265. GBF015　催化剂带油正确的处理方法是(　　)。

A. 提高反应温度　B. 降低再生温度　C. 降低汽提蒸汽量　D. 降低原料预热温度

266. GBF015　待生剂带油严重时,应(　　)进料处理。

A. 平稳　　　　　B. 提高　　　　　C. 降低　　　　　D. 切断

267. GBF016　催化剂发生炭堆积时,增加主风流量,再生温度(　　)。

A. 显著上升　　　B. 缓慢上升　　　C. 不变　　　　　D. 下降

268. GBF016　催化剂发生炭堆积时,烟气氧含量(　　)。

A. 上升　　　　　B. 不变　　　　　C. 缓慢下降　　　D. 迅速下降或回零

269. GBF017　催化剂活性太高会引起(　　)。

A. 炭堆积　　　　B. 二次燃烧　　　C. 催化剂带油　　D. 催化剂跑损

270. GBF017　主风量偏(　　),烧焦能力(　　),也是催化剂炭堆的原因。

A. 小;不足　　　B. 小;过剩　　　C. 大;不足　　　D. 大;过剩

271. GBF018　发生炭堆积的处理中,以下选项错误的是(　　)。

A. 降低反应进料量　　　　　　　　B. 降低油浆回炼油量

C. 提高汽提蒸汽量　　　　　　　　　　D. 增加反应进料量

272. GBF018　发生炭堆积时,可适当(　　)。
A. 增加汽提蒸汽量　B. 降低主风量　　C. 降低再生温度　　D. 增加催化剂循环量

273. GBF019　开工时,分馏塔最早建立的循环是(　　)。
A. 顶循环回流　　　B. 一中循环回流　C. 二中循环回流　　D. 塔底循环回流

274. GBF019　在催化裂化装置中,分馏取热量最大的是(　　)。
A. 顶循环回流　　　B. 一中循环回流　C. 二中循环回流　　D. 塔底循环回流

275. GBF020　油浆经过冷却后,上返塔打入(　　)。
A. 人字挡板上方　　B. 人字挡板下方　C. 分馏塔底液面中　D. 回炼油罐

276. GBF020　油浆从人字挡板上方进塔,用油浆回流冲洗反应油气中的催化剂粉末,是为了(　　)。
A. 降低油浆固体含量　　　　　　　B. 回收催化剂
C. 防止上部塔板堵塞　　　　　　　D. 控制塔底温度

277. GBF021　下列选项中,起调节分馏塔底温度作用的是(　　)。
A. 循环油浆上返塔　B. 循环油浆下返塔　C. 外排油浆　　　D. 塔底搅拌油浆

278. GBF021　分馏塔底液相温度用(　　)控制。
A. 循环油浆下返塔流量　　　　　　B. 循环油浆上返塔流量
C. 外排油浆流量　　　　　　　　　D. 回炼油浆流量

279. GBF022　油浆循环中断,若短时间内不能恢复,应(　　)。
A. 维持操作　　　B. 降量处理　　　C. 切断进料　　　D. 启主风自保

280. GBF022　油浆循环短时间中断,反应岗位要(　　)处理量。
A. 降低　　　　　B. 提高　　　　　C. 维持　　　　　D. 切断

281. GBF023　分析油浆中固体含量可以判断(　　)的操作是否正常。
A. 三级旋风分离器　B. 临界喷嘴　　C. 再生器旋风分离器　D. 沉降器旋风分离器

282. GBF023　油浆固体含量一般控制不大于(　　)。
A. 5g/L　　　　　B. 6g/L　　　　　C. 7g/L　　　　　D. 8g/L

283. GBF024　操作中要保证一定的油浆循环量,不能时大时小,尤其是(　　)使催化剂在脱过热段被洗涤下来。
A. 油浆下返塔流量　B. 油浆上返塔流量　C. 油浆外甩量　　D. 油浆回炼量

284. GBF024　(　　)要控制在某一数值以上,不能经常处于很小的量,以防止催化剂粉末在分馏塔底积聚。
A. 油浆阻垢剂用量　B. 油浆上返塔流量　C. 油浆下返塔流量　D. 油浆回炼量

285. GBF025　油浆固体含量高,而操作无异常波动,其原因是(　　)。
A. 沉降器旋风分离器出现故障　　　　B. 再生器旋风分离器出现故障
C. 油浆泵运转不正常　　　　　　　　D. 油浆换热器出现泄漏

286. GBF025　沉降器旋风分离器出现故障会造成(　　)。
A. 反应压力高　　B. 反应温度高　　C. 沉降器料位上涨　D. 油浆固体含量高

287. GBF026　下列选项中,对降低油浆固含量有利的操作是(　　)。

A. 加大油浆外排量 B. 提高反应温度
C. 提高油浆下返塔量 D. 提高油浆上返塔量

288. GBF026 在采取一定措施后,油浆固含量仍维持较高,应( )。
A. 继续加大油浆外排量 B. 继续加大油浆回炼量
C. 停工检查 D. 降量维持生产

289. GBF027 飞动是整个系统重复发生( )的振荡循环发生的。
A. 转速—流量 B. 转速—温度 C. 压力—温度 D. 流量—压力

290. GBF027 压缩机转速越低,如引起飞动,则飞动的程度( )。
A. 越轻微 B. 越剧烈 C. 可以忽略不计 D. 无法确定

291. GBF028 压缩机飞动时受管网容积支配的是压缩机的频率和( )。
A. 压力 B. 振幅 C. 流量 D. 转速

292. GBF028 下列选项中,不属于压缩机飞动影响因素的是( )。
A. 出口压力 B. 进口压力 C. 流量 D. 管网特性

293. GBF029 压缩机飞动如处理不当易造成( )。
A. 二次燃烧 B. 炭堆积 C. 催化剂带油 D. 催化剂倒流

294. GBF029 对于( )风机来说,飞动的危害性更大。
A. 小型离心式 B. 大型离心式 C. 小型轴流式 D. 大型轴流式

295. GBF030 下列选项中,引起气压机飞动不常见的原因是( )。
A. 再吸收塔压力控制阀失灵 B. 反飞动控制阀失灵
C. 富气组分变重 D. 调速器失灵

296. GBF030 ( )组成变化,特别是相对分子质量变小,也会使气压机发生飞动。
A. 富气 B. 干气 C. 油气 D. 液态烃

297. GBF031 如因气压机出口压力高使气压机飞动,应( )再吸收塔压力。
A. 提高 B. 降低 C. 维持 D. 平稳

298. GBF031 因富气组分变轻,引起气压机飞动,应采取( )富气冷后温度。
A. 提高 B. 降低 C. 维持 D. 平稳

299. GBF032 ( )底液面超高,造成反应压力高而气压机入口压力低。
A. 分馏塔 B. 汽提塔 C. 吸收塔 D. 稳定塔

300. GBF032 分馏塔顶油气分离器( ),反应压力高而气压机入口压力低。
A. 温度上升 B. 温度下降 C. 液面超低 D. 液面超高

301. GBF033 分馏塔顶油气分离器液面( )易使气压机抽负压。
A. 过高 B. 过低 C. 波动 D. 归零

302. GBF033 分馏塔顶油气冷后温度( ),富气量( ),是气压机抽负压的原因之一。
A. 高,少 B. 高,多 C. 低,少 D. 低,多

303. GBF034 如遇管线堵塞等问题不能通过调整解决气压机抽负压的,应( )。
A. 停气压机处理 B. 降量处理
C. 维持操作 D. 提高反应温度,增加富气量

304. GBF034 气压机抽负压时,应( )汽轮机转速。
   A. 提高   B. 降低   C. 调整   D. 维持

305. GBF035 当达到下列( )条件时,气压机应紧急停机。
   A. 汽轮机水击   B. 润滑油温过低   C. 润滑油压过高   D. 齿轮箱轴承温度高

306. GBF035 当达到下列( )条件时,气压机将自保停机。
   A. 汽轮机轴振动大   B. 电机定子温度高   C. 润滑油温过高   D. 气压机轴位移超限

307. GBF036 当气压机组转速超过额定转速的( )时即为超速。
   A. 100%   B. 105%   C. 120%   D. 110%

308. GBF036 因主汽门及调速汽门卡住造成的机组超速或飞车中,汽门卡住的原因是( )。
   A. 结垢卡涩   B. 填料过紧   C. 门杆弯曲   D. 上述三项都有可能

309. GBF037 下列选项中,引起气压机故障停机的原因是( )。
   A. 气压机带液   B. 电机定子温度达到120℃
   C. 润滑油压力降低到联锁值   D. 轴承温度超高

310. GBF037 下列选项中,不会引起气压机突然跳闸停机的原因是( )。
   A. 气压机轴位移超自保值   B. 润滑油压力降到联锁值
   C. 汽轮机轴位移超自保值   D. 汽轮机振值过高

311. GBF038 气压机自保投用后,下列选项中操作正确的是( )。
   A. 打开主汽阀   B. 关闭分顶蝶阀
   C. 关闭中间分液罐的凝缩油压送阀门   D. 打开气压机去吸收稳定出口阀门

312. GBF038 气压机自保后,注意防止反应压力超高,可以通过( )来控制。
   A. 分顶蝶阀   B. 气压机反飞动   C. 入口放火炬   D. 出口放火炬

313. GBG002 由允许吸上真空高度 H_s 求允许安装高度 z 时 $\sum h_{f0-1}$ 是吸入管路的阻力,其单位为( )。
   A. m   B. m/s   C. N   D. P

314. GBG002 泵样本上列出的 Δh 是按输送( )的清水测出的,当输送其他流体时,应加以校正。
   A. 0℃   B. 4℃   C. 20℃   D. 100℃

315. GBG004 对于沸程小于30℃的窄馏分可以认为其各种平均沸点( )。
   A. 近似相等   B. 完全相等   C. 相差很大   D. 关系不确定

316. GBG004 石油馏分的实分子平均沸点可借助( )与蒸馏曲线斜率由图查得。
   A. 质量平均沸点   B. 体积平均沸点   C. 立方平均沸点   D. 中平均沸点

二、多项选择题(每题有多个选项是正确的,将正确的选项填入括号内)

1. GAA001 催化剂主要由( )组成。
   A. 分子筛   B. 担体   C. 合成剂   D. 黏结剂

2. GAA002 催化裂化新鲜催化剂的灼烧减量是指催化剂中( )的含量。
   A. 结构水   B. 铵盐   C. Fe_2O_3 D. 存量水

3. GAA003　催化裂化平衡催化剂的化学组成分析包括有（　　）。
   A. Ni 含量　　　　B. V 含量　　　　C. Fe 含量　　　　D. Na₂O 含量和炭含量

4. GAA004　催化剂活性的大小取决于催化剂的（　　）。
   A. 选择性能　　　B. 化学组成　　　C. 制备方法　　　D. 物理性质

5. GAA005　下列是催化裂化目的产物的为（　　）。
   A. 干气　　　　　B. 液化气　　　　C. 汽油　　　　　D. 柴油

6. GAA006　下列选项中，关于催化剂的比表面积，阐述正确的是（　　）。
   A. 催化剂内表面积是指催化剂微孔内部的表面积
   B. 催化剂内表面积通常大于催化剂的外表面积
   C. 催化剂的比表面积反映了催化剂内外表面积之和
   D. 催化剂的外表面积是指催化剂微孔外部的表面积

7. GAA007　污染指数包括以下（　　）的含量。
   A. 铁　　　　　　B. 镍　　　　　　C. 铜　　　　　　D. 钒

8. GAA008　下列选项中，磨损指数高的催化剂对装置操作危害，阐述正确的是（　　）。
   A. 增大催化剂用量　B. 污染环境　　　C. 影响装置流化　D. 导致产品收率下降

9. GAA009　下列选项中，关于催化剂水热稳定性，阐述错误的有（　　）。
   A. 仅指催化剂耐高温老化作用的能力
   B. 仅指催化剂耐水蒸气老化作用的能力
   C. 指在使用条件下保持其活性的能力
   D. 指催化剂耐高温和水蒸气老化联合作用的能力

10. GAA010　催化剂活性太高，造成的后果是（　　）。
    A. 导致转化率过高，使汽油产率下降　　B. 导致气体产率上升
    C. 导致柴油产率下降　　　　　　　　　D. 导致焦炭产率下降

11. GAA011　催化剂活性对催化裂化汽油辛烷值的影响，以下说法正确的有（　　）。
    A. 分子筛含量增高，氢转移活性也相应增加
    B. 分子筛含量增高，氢转移活性也相应减少
    C. 产品中的烯烃含量相对减少，而使汽油辛烷值有所下降
    D. 产品中的烯烃含量相对增加，而使汽油辛烷值有所下降

12. GAA012　生产操作中平衡剂活性过高的危害有（　　）。
    A. 大量的气体会增加气压机负荷　　　　B. 会增加吸收稳定系统的负荷
    C. 会增加主风机的功率　　　　　　　　D. 环保指标不合格

13. GAA013　催化剂发生水热失活的后果有（　　）。
    A. 比表面积减少　B. 孔体积增大　　C. 活性下降　　　D. 选择性下降

14. GAA014　催化剂的再生过程决定着整个装置的（　　）。
    A. 物料平衡　　　B. 压力平衡　　　C. 热平衡　　　　D. 生产能力

15. GAE001　离心式压缩机的静子主要指不能转动的零部件，由（　　）构成。
    A. 机壳　　　　　B. 扩压器　　　　C. 弯道　　　　　D. 回流器

16. GAE002　离心式压缩机的轴向力平衡方法有（　　）。

A. 叶轮背对背　　B. 止推轴承　　C. 平衡鼓　　D. 径向轴承
17. GAE003　按照工作原理汽轮机可分为(　　)。
　　A. 冲动式汽轮机　B. 反动式汽轮机　C. 凝汽式汽轮机　D. 背压式汽轮机
18. GAE004　与其他类型的原动机比,工业汽轮机具(　　)等优点。
　　A. 单机功率大　　B. 能耗低　　C. 效率高　　D. 转速恒定
19. GAF001　按功能作用进行划分,仪表一般分为(　　)。
　　A. 测量仪表　　B. 显示仪表　　C. 调节(控制)仪表　　D. 执行器
20. GAF002　集散控制系统简称DCS,它可以做到(　　)。
　　A. 集中的监视　　B. 集中的操作　　C. 集中的管理　　D. 集中的控制
21. GBA001　打靶效果验收标准,以下选项正确的有(　　)。
　　A. 靶板上冲击斑痕直径不大于1mm　　B. 靶板上冲击斑痕直径不大于2mm
　　C. 痕迹不大于3个/cm^2　　D. 痕迹不大于2个/cm^2
22. GBA002　吹扫打靶的注意事项有(　　)。
　　A. 引蒸汽时必须缓慢,防止水击发生　　B. 沿蒸汽流程将排凝逐步打开疏水
　　C. 首次引汽吹扫前,需先引汽暖管　　D. 吹扫打靶时,应设警戒区,并有专人看守
23. GBA003　背压式汽轮机前支座部分包括(　　)。
　　A. 前座架　　B. 前轴承座　　C. 径向轴承　　D. 推力轴承
24. GBA004　汽轮机喷嘴室主要作用是,使通过喷嘴的蒸汽流(　　),将热能转换成动能。
　　A. 升压　　B. 降压　　C. 升速　　D. 转向
25. GBA005　下列是石化行业汽轮机的正常转速范围的有(　　)。
　　A. 5000r/min　　B. 7000r/min　　C. 9000r/min　　D. 11000r/min
26. GBA006　汽轮机功率的表示方法包括(　　)。
　　A. 理想功率　　B. 实际功率　　C. 额定功率　　D. 经济功率
27. GBA007　推力轴承主要由(　　)组成。
　　A. 推力瓦块　　B. 安装圈　　C. 滚珠　　D. 密封圈
28. GBA008　径向轴承的作用是承受着转子在(　　)时所产生的全部静负荷和动负荷。
　　A. 启动增速　　B. 稳定运行　　C. 降速　　D. 停运
29. GBA009　每台汽轮机都装有超速保护装置,它由(　　)组成,其发讯装置通常称为危急遮断器或危急保安器,一般当汽轮机的转速升高到额定转速的1.10~1.12倍时它就脱扣,迅速关闭主汽门,防止飞车事故发生。
　　A. 感应机构　　B. 放大机构　　C. 自动主汽阀　　D. 低油压保护装置
30. GBA010　速关阀与危急保安装置联动,对(　　)自动作出最快的停机反应。
　　A. 汽轮机水冲击　B. 汽轮机动不平衡　C. 转子发生超速　D. 过量的轴向位移
31. GBA011　汽轮机调速系统的(　　)卡住,会造成在空负荷下不能维持额定转速。
　　A. 调速汽门门杆　B. 油动机　　C. 错油门　　D. 速关阀
32. GBA012　(　　)及调速系统应能维持连杆上的各活动连接装置没有卡涩和松动现象。
　　A. 主汽门　　B. 调速汽门门杆　　C. 错油门　　D. 油动机
33. GBA013　下列选项中,属于调速系统在空负荷下,不能维持额定转速情况原因的

有( )。
   A. 调速汽阀接触不严密　　　　　　B. 调速系统连杆尺寸安装不正确
   C. 传动连杆连接松弛　　　　　　　D. 没有正确安装好管道

34. GBA014　汽轮机在负荷小的时候,调速汽门跳动,转速变化大的原因有( )。
   A. 油动机、错油门及传动连杆卡涩
   B. 油动机的内部局部磨损
   C. 调速系统的静态特性曲线在某一区域过于平坦
   D. 调速汽门重叠度调整不当

35. GBA015　汽轮机保安系统的静态试验项目包括( )。
   A. 手压危急保安器试验　　　　　　B. 手按紧急停机阀手柄试验
   C. 电磁阀遥控切换试验　　　　　　D. 轴向位移试验

36. GBB001　切换汽封时,沉降器吹扫蒸汽包括( )。
   A. 预提升蒸汽　　B. 喷嘴雾化蒸汽　　C. 主风事故蒸汽　　D. 防焦蒸汽

37. GBB002　切换汽封时,分馏塔蒸汽的正确状态是( )。
   A. 塔底蒸汽阀关闭　　　　　　　　B. 打开塔底蒸汽阀
   C. 柴油汽提蒸汽阀关闭　　　　　　D. 打开柴油汽提蒸汽阀

38. GBB003　装大盲板注意事项包括( )。
   A. 保证分馏塔"微正压"　　　　　B. 沉降器内"微正压"
   C. 分馏塔顶放空见蒸汽　　　　　　D. 沉降器顶放空见蒸汽

39. GBB004　大盲板拆卸的注意事项,以下说法正确的有( )。
   A. 拆大盲板时,沉降器至大盲板处油气管线内的介质是空气
   B. 拆大盲板时,沉降器至大盲板处油气管线内的介质是蒸汽
   C. 拆大盲板时,分馏塔的介质是蒸汽
   D. 拆大盲板时,分馏塔的介质是空气

40. GBB005　下列不是国外公司开发的进料喷嘴类型的为( )。
   A. BX　　　　　　B. BP　　　　　　C. ATOMAX　　　　D. KBZ

41. GBB006　原料雾化蒸汽的作用有( )。
   A. 可使原料油、雾化蒸汽和催化剂混合均匀
   B. 可以降低油气分压
   C. 避免催化剂迅速结焦
   D. 如原料油中断,可防止喷嘴堵塞

42. GBB007　提升管喷油过程中应保证( )。
   A. 放火炬系统正常　　　　　　　　B. 反再系统压力正常
   C. 气压机组运行正常　　　　　　　D. 自保系统好用

43. GBB008　余热锅炉的作用有( )。
   A. 预热锅炉给水　　B. 原料预热　　C. 生产饱和蒸汽　　D. 过热饱和蒸汽

44. GBB009　余热锅炉的组成包括( )。
   A. 对流段　　　　　B. 省煤器　　　　C. 蒸发段　　　　D. 过热段

45. GBB010　锅炉煮炉结束后可放水清理,并对锅炉内部进行检查。应达到的标准
　　　　　　有(　　)。
　　A. 锅炉内表面清洁　　　　　　　　B. 无残留的氧化铁皮
　　C. 无残留的焊渣　　　　　　　　　D. 无二次浮锈
46. GBB011　余热锅炉过热蒸汽并入管网操作之前应确认(　　)。
　　A. 锅炉运行正常　　　　　　　　　B. 锅炉设备无泄漏
　　C. 主蒸汽参数化验合格　　　　　　D. 汽包水位正常
47. GBB012　机组对透平油的质量有着严格的要求,主要指标包括(　　)。
　　A. 黏度　　　　B. 酸价　　　　C. 抗乳化度　　　　D. 闪点
48. GBB013　劣质透平油对机组运行的危害有(　　)。
　　A. 对汽轮机产生制动作用
　　B. 使油泵效率下降。油压降低,使调速系统动作缓慢
　　C. 使润滑点发生腐蚀
　　D. 引起机组振动增大
49. GBB014　大型机组自动控制润滑油温度的方法是控制(　　)。
　　A. 冷却水量　　B. 冷却水温度　　C. 进入冷油器的润滑油量　　D. 电加热器
50. GBB015　机组润滑油油箱的作用有(　　)。
　　A. 储存并回收润滑油　B. 排出气体　　C. 加热润滑油　　D. 过滤杂质
51. GBB016　润滑油箱透油管的作用是排出(　　)保持油箱中压力接近于零,使轴承回油
　　　　　　顺利流入油箱。
　　A. 油中气体　　B. 水蒸气　　　　C. 油气　　　　　　D. 凝结水
52. GBB017　高位油箱系统应有(　　)等设施。
　　A. 节流孔板　　B. 排气管　　　　C. 溢流管　　　　　D. 看窗
53. GBB018　机组油路蓄能器的作用有(　　)。
　　A. 保持系统压力　　　　　　　　　B. 吸收系统冲击压力
　　C. 吸收油泵的压力脉冲　　　　　　D. 调节系统油压
54. GBB019　汽轮机在启动时暖机的目的,是使机组各部件受热均匀膨胀,以避免(　　)
　　　　　　等部件发生变形和松动。
　　A. 气缸　　　　B. 轴　　　　　　C. 叶轮　　　　　　D. 轴封
55. GBB020　汽轮机启动前疏水的原因有(　　)。
　　A. 防止水夹带到气缸内把叶片打坏　B. 防止叶片冲蚀
　　C. 防止气缸内部腐蚀　　　　　　　D. 防止机组喘振
56. GBB021　汽轮机水冲击的危害有(　　)。
　　A. 对汽轮机产生制动作用　　　　　B. 导致叶片折断
　　C. 产生更危险的轴向推力　　　　　D. 使推力轴承的巴氏合金熔化
57. GBB022　当汽轮机发生水冲击停机后,应进行(　　)。
　　A. 检查推力轴承合金润滑油温度或回油温度
　　B. 正确记录惰走时间和惰走时真空值的变化情况

C. 惰走时仔细倾听汽轮机内部声响

D. 测量轴向位移值

58. GBB023　机组启动前,盘车的目的是(　　)。
    A. 检查机组联轴节对中心的好坏　　B. 检查机组轴瓦间隙的大小
    C. 检查有无异物留在机内　　D. 检查润滑油系统是否泄漏

59. GBB024　在高温下,金属机械性能下降很快,会引起汽轮机使用寿命缩短的部件是(　　)。
    A. 调速汽门　　B. 速度级及压力级前几级喷嘴
    C. 叶片　　D. 轴封及螺栓

60. GBB025　在过低进汽压力下运行,对汽轮机的影响有(　　)。
    A. 将使汽轮机的效率降低
    B. 在同一负荷下所需的蒸汽量增加
    C. 使后面几级叶片所承受的应力增加,严重时会使叶片变形
    D. 将使喷嘴达到阻塞状态

61. GBB026　凝汽式气压机开机前应满足(　　)。
    A. 抽汽器真空度大于要求值
    B. 复水器流程符合要求,复水泵投用
    C. 主汽门、危急保安器、电磁三通阀灵活好用
    D. 蒸汽引至汽水分离器,升压至要求压力

62. GBB027　凝汽式汽轮机组开机注意事项有(　　)。
    A. 临界转速需快速越过
    B. 需全开机出口至反飞动阀
    C. 当中间冷却器见油后,应立即启泵将凝缩油送出
    D. 按暖机要求在各转速范围内暖机

63. GBB028　凝汽式汽轮机正常运行中主要监视的项目包括(　　)。
    A. 蒸汽温度、压力　　B. 段应力　　C. 振动和声音　　D. 供油系统

64. GBB029　汽轮机应紧急停机的情况有(　　)。
    A. 机组剧烈振动,并有金属撞击声音
    B. 工艺操作突变引起气压机飞动,短时间内无法消除
    C. 润滑油大量泄漏,无法维持
    D. 汽轮机发生水击

65. GBB030　扩压器分为(　　)两大类。
    A. 蜗壳扩压器　　B. 弯道扩压器　　C. 有叶扩压器　　D. 无叶扩压器

66. GBB031　离心式气压机的保护装置有(　　)。
    A. 低油压保护装置　　B. 轴向位移保护装置
    C. 反飞动控制装置　　D. 油气压差控制装置

67. GBC001　当反应温度提高时,如果转化率不变,则(　　)。
    A. 汽油产率降低　　B. 气体产率增加　　C. 焦炭产率增加　　D. 焦炭产率下降

68. GBC002　反应温度对汽油辛烷值的影响,以下说法正确的是(　　)。
　　A. 反应温度一定时,转化率越大,汽油辛烷值越高
　　B. 反应温度一定时,转化率越大,汽油辛烷值越低
　　C. 转化率一定时,汽油辛烷值随反应温度的升高而增加
　　D. 转化率一定时,汽油辛烷值随反应温度的升高而减少

69. GBC003　催化裂化反应过程中主要发生催化裂化反应和热裂化反应,催化裂化反应主要有(　　)反应。
　　A. 裂化　　　　　　B. 氢转移　　　　　　C. 异构化　　　　　　D. 芳构化

70. GBC004　采用再生阀单参数控制反应温度时,要注意设立(　　)报警。
　　A. 反应温度上限　　　　　　　　B. 反应温度下限
　　C. 再生滑阀压降上限　　　　　　D. 再生滑阀压降下限

71. GBC005　下列选项中,会引起反应压力上升的是(　　)。
　　A. 反应温度上升　　　　　　　　B. 反应温度降低
　　C. 原料油带水　　　　　　　　　D. 分馏塔顶冷却效果好

72. GBC006　正常操作反应压力的控制方法有(　　)。
　　A. 调整压缩机转数　　　　　　　B. 调整反飞动控制阀开度
　　C. 调整进料量　　　　　　　　　D. 必要时,可用压缩机入口放火炬撤压

73. GBC007　同高并列式催化裂化装置的特点,以下选项正确的有(　　)。
　　A. 再生器和反应器的总高度相近　　B. 操作压力相近
　　C. 用增压风的流量调节催化剂循环量　D. 催化剂采用U形管密相输送

74. GBC008　提升管反应催化裂化可采用的装置类型有(　　)。
　　A. 高低并列式　　　B. 同高并列式　　　C. 同轴式　　　D. 烧焦罐式

75. GBC009　同轴式催化裂化装置相比其他类型装置,特有的设备有(　　)。
　　A. 塞阀　　　　　　B. 双动滑阀　　　　C. 待生套筒　　　D. 辅助燃烧室

76. GBC010　反应压力的控制手段包括(　　)。
　　A. 气压机转速　　　　　　　　　B. 反飞动量
　　C. 气压机入口放火炬　　　　　　D. 气压机出口放火炬

77. GBC011　汽提段藏量大幅度变化的原因有(　　)。
　　A. 汽提蒸汽量突然变化　　　　　B. 两器压力大幅变化
　　C. 催化剂循环量突然变化　　　　D. 再生温度过高

78. GBC012　汽提段藏量大幅度变化的处理方法有(　　)。
　　A. 如仪表失灵改手动并联系处理　　B. 切断进料
　　C. 控制两器差压平稳　　　　　　　D. 如滑阀失灵改手动控制

79. GBC013　下列可以用作反应藏量控制的是(　　)。
　　A. 烟机入口蝶阀开度　　　　　　B. 待生滑(塞)阀开度
　　C. 两器差压　　　　　　　　　　D. 双动滑阀

80. GBC014　再生温度的影响因素有(　　)。
　　A. 原料油性质的变化　　　　　　B. 汽提蒸汽量的变化

C. 反应深度的变化　　　　　　　　　D. 小型加料速度

81. GBC015　再生温度大幅度变化原因有(　　)。
　　A. 待生催化剂汽提效果不好或带油　　B. 喷燃烧油量变化大
　　C. 再生器床层料位波动大　　　　　D. 进料量或进料组成大幅度变化

82. GBC016　再生温度大幅度变化的处理包括(　　)。
　　A. 改善汽提效果　　　　　　　　　B. 切断进料
　　C. 平稳进料量或进料组成　　　　　D. 若外取热器泄漏,及时判断并切除泄漏管束

83. GBC017　正常生产时再生温度的控制方法有(　　)。
　　A. 辅助燃烧室　　B. 取热器　　C. 生焦率　　D. 燃烧油

84. GBC018　再生器压力的影响因素有(　　)。
　　A. 双动滑阀开度　　　　　　　　　B. 主风量
　　C. 烟机入口蝶阀开度　　　　　　　D. 喷燃烧油

85. GBC019　再生器压力大幅度波动的原因有(　　)。
　　A. 再生器主风量、增压风量波动
　　B. 双动滑阀、烟机入口蝶阀或旁路双阀失灵
　　C. 再生器启用燃烧油过猛或燃烧油、雾化蒸汽带水
　　D. 取热器取热管突然破裂

86. GBC020　再生器压力大幅度波动时的处理方法有(　　)。
　　A. 控制各路主风量稳定在正常值　　B. 启用前燃烧油雾化蒸汽要脱净存水
　　C. 催化剂带油时要保证汽提蒸汽流量、压力　　D. 切断进料

87. GBC021　正常操作时再生器压力可由(　　)控制。
　　A. 余热炉入口蝶阀　　B. 双动滑阀　　C. 烟机入口闸阀　　D. 烟机入口蝶阀

88. GBC022　再生烟气氧含量是主风烧焦后剩余氧的体积分数,主要受(　　)影响。
　　A. 总主风量　　B. 生焦量　　C. 再生器流化状态　　D. 再生器压力

89. GBC023　再生烟气氧含量突然回零的原因有(　　)。
　　A. 二次燃烧　　　　　　　　　　　B. 主风中断
　　C. 反应进料突然增大　　　　　　　D. 待生剂带油

90. GBC024　关于再生烟气含氧量的影响,下列描述正确的有(　　)。
　　A. 主风量增大,再生烟气氧含量上升
　　B. 总进料增大,再生烟气氧含量下降
　　C. 原料预热温度上升,再生烟气氧含量上升
　　D. 汽提蒸汽量低,再生烟气氧含量低

91. GBC025　在主风量调节无余地时,可调节(　　)等手段,保证烧焦正常供氧量。
　　A. 回炼比　　B. 烧焦罐温度　　C. 再生压力　　D. 催化剂活性

92. GBC026　PID中各参数的含义为(　　)。
　　A. 比例系数P　　B. 积分时间I　　C. 微分时间D　　D. 运行时间D

93. GBC027　汽轮机流通部分结垢所造成的危害有(　　)。
　　A. 降低汽轮机的效率

B. 增加了耗汽量

C. 造成气流通过隔板及叶片的压降增加,导致隔板及推力轴承过负荷

D. 结垢在汽门杆上,产生卡涩

94. GBC028 汽轮机长期超负荷会造成( )。

    A. 叶片承受的弯曲应力增加

    B. 推力轴承轴瓦温度上升,严重时推力轴瓦烧毁

    C. 调速系统性能变坏

    D. 隔板挠度增加

95. GBC029 下面属于带负荷清洗过程中需重点监控的项目有( )。

    A. 轴系振动监测   B. 推力轴承温度变化的监测

    C. 轴向位移变化的监测   D. 监视段压力变化的监测

96. GBD001 当出现( )情况时,不应投用反应进料自保处理。

    A. 两器差压超限   B. 再生滑阀故障   C. 原料油带水严重   D. 反应温度过低

97. GBD002 停工反应切断进料后,分馏系统应( )。

    A. 原料停止进分馏塔   B. 原料继续进分馏塔

    C. 停出轻柴油,控制好封油罐液位   D. 尽快轻柴油汽提塔液面抽净

98. GBD003 反应切断进料后应关闭所有提升管进料调节阀门,开大( ),保证提升管的提升能力。

    A. 再生滑阀   B. 提升管原料雾化蒸汽

    C. 预提升蒸汽   D. 提升管注干气

99. GBD004 顶回流系统顶水的目的有( )。

    A. 将系统内大部分油顶净   B. 防止油品在扫线时受热急剧膨胀

    C. 便于下一步吹扫   D. 便于流程疏通

100. GBD005 顶循环系统顶水时,应( )。

    A. 空冷器分片顶水   B. 各组空冷器一起顶水

    C. 换热器分组顶水   D. 各组换热器一起顶水

101. GBD006 稳定空冷顶水注意事项有( )。

    A. 稳定塔顶空冷器顶水操作,主要是通过观察空冷器进口压力来控制顶水压力

    B. 空冷器顶水干净,主要是从停车与检修安全方面考虑

    C. 稳定塔顶空冷器顶水时,可以采用分别顶水的方法

    D. 稳定塔顶空冷器顶水操作,一般控制顶水压力是1.0MPa

102. GBD007 停工时分馏系统轻油部分水洗的目的是( )。

    A. 汽油很容易汽化,汽化后,体积急剧膨胀

    B. 瓦斯气体受热后,体积也有较大增加

    C. 降低油品黏度,使附着在设备中的轻油易扫清

    D. 塔顶油气系统中有少量未退尽的汽油和瓦斯

103. GBD008 轻油系统水洗时,应防止( )。

    A. 系统互窜   B. 物料进入水系统   C. 空冷器憋压   D. 死角未顶净

104. GBD009　以下不是油气分离器中破沫网作用的为（　　）。
　　　A. 防止粗汽油泵抽空　　　　　　　　B. 降低油气冷后温度
　　　C. 防止富气夹带汽油进入气压机　　　D. 降低汽油中的硫含量
105. GBD010　油气分离器中防涡器的作用是（　　）。
　　　A. 避免液体抽出时夹带气体　　　　　B. 防止泵抽空
　　　C. 稳定液面　　　　　　　　　　　　D. 防止富气夹带汽油
106. GBD011　分馏塔人字挡板的作用有（　　）。
　　　A. 迅速冷却油气　　B. 避免结焦　　C. 洗涤催化剂粉尘　　D. 精馏
107. GBD012　机组停机后油泵运行时间的长短,视气缸与轴承的降温情况而定。一般要求
　　　（　　）方可停润滑油泵。
　　　A. 气缸温度降低到80℃以下　　　　　B. 气缸温度降低到180℃以下
　　　C. 轴承温度降低到35℃以下　　　　　D. 轴承温度降低到80℃以下
108. GBD013　气压机氮气置换时要（　　）。
　　　A. 逐个打开所有排污阀　　　　　　　B. 逐个打开所有放空阀
　　　C. 逐个关闭所有排污阀　　　　　　　D. 逐个关闭所有放空阀
109. GBD014　气压机停机后,需要关闭的阀门是（　　）。
　　　A. 气压机入口阀门和出口阀门　　　　B. 气压机出口反飞动阀
　　　C. 气压机级间汽液分离器导淋阀　　　D. 进入级间汽液分离器水洗水的入口阀
110. GBD015　气压机组停机过程中应注意的问题有（　　）。
　　　A. 机组停机后,每间隔3min 盘车180°
　　　B. 转子停止转动,盘车装置才可投入使用
　　　C. 停盘车后,可停止润滑油系统的运行
　　　D. 危急保安器动作后,须待转速降下后才能复位
111. GBD016　硫化亚铁易在分馏（　　）部位生成。
　　　A. 塔顶　　　　B. 油气冷却器　　　C. 顶回流管线　　　D. 一中回流管线
112. GBD017　停工过程中防止硫化亚铁自燃的注意事项有（　　）。
　　　A. 保持反应压力大于再生压力
　　　B. 装置停工吹扫蒸塔以后,塔的蒸汽盲板不能加
　　　C. 使用除臭剂清洗硫化亚铁
　　　D. 清洗时在人孔边准备好水带
113. GBE001　再生分布器的作用有（　　）。
　　　A. 均匀分布气体　　　　　　　　　　B. 使流化床具有良好流化状态
　　　C. 防止结焦　　　　　　　　　　　　D. 筛出大颗粒催化剂
114. GBE002　催化裂化装置常用的分布器类型包括（　　）。
　　　A. 多孔板式　　　B. 筛孔式　　　C. 喷嘴式　　　D. 管栅式
115. GBE003　冷换设备的污垢主要有（　　）。
　　　A. 碳氢凝聚物沉积　B. 无机盐类的沉积　C. 生物污垢粘附　D. 高温产生的结焦
116. GBE004　分馏系统冷换设备内漏的原因有（　　）。

A. 设备超期工作或检修质量差　　　　B. 设备腐蚀严重
C. 压力超高或压力波动大　　　　　　D. 设备超温或温度剧变

117. GBE005　浮动环式油封是借助于高压油在轴与浮环的间隙中形成压力油膜来隔绝气体。这种密封的缺点是(　　)。
A. 设备磨损大　　　　　　　　　　　B. 结构复杂
C. 需要专用的密封油系统　　　　　　D. 密封效果差

118. GBE006　典型的干气密封结构由(　　)以及弹簧座和轴套组成。
A. 旋转环　　　B. 静环　　　C. 弹簧　　　D. 密封圈

119. GBF001　DCS 其基本思想是(　　)。
A. 分散控制　　B. 集中操作　　C. 分级管理　　D. 组态方便

120. GBF002　所有工作站全部黑屏,错误的处理方法是(　　)。
A. 启用进料低流量保护　　　　　　　B. 启用两器切断保护
C. 启用增压机保护　　　　　　　　　D. 启用主风低流量保护

121. GBF003　遇到工作站数据不刷新故障,原因是(　　)。
A. 工作站与控制器的通信不正常　　　B. 输入卡件故障
C. 工作站死机　　　　　　　　　　　D. 控制器故障

122. GBF004　遇到 DCS 模块紧急故障时,除立即联系仪表进行处理外,还应立即联系汇报(　　)。
A. 厂生产调度　　B. 车间领导　　C. 车间值班　　D. 总值班

123. GBF005　反应温度大幅度波动的原因有(　　)。
A. 提升管总进料量大幅度变化　　　　B. 待生单动滑阀控制失灵
C. 进料压力大幅度波动　　　　　　　D. 原料预热温度大幅度变化

124. GBF006　提升管温度波动处理包括(　　)。
A. 迅速查清反应温度波动的原因　　　B. 平稳控制两器差压
C. 控制平稳沉降器及再生器压力　　　D. 如果温度持续下降,应立即切断进料

125. GBF007　反应系统紧急事故的处理原则,以下选项正确的有(　　)。
A. 在任何情况下,要确保再生、待生线路的料封
B. 切断进料主风仍保持时,再生温度不能低于400℃
C. 在进料情况下,提升管出口温度不能低于规定值
D. 反再两器只要有催化剂,就要通入流化介质

126. GBF008　反再压力大幅波动的原因有(　　)。
A. 原料带水或进料量大幅度波动　　　B. 反应温度大幅度变化
C. 急冷介质启用过猛　　　　　　　　D. 蒸汽带水或蒸汽量、蒸汽压力大幅度波动

127. GBF009　反再压力大幅波动的处理方法有(　　)。
A. 迅速查明原因　　　　　　　　　　B. 处理过程中,密切注意反再差压变化情况
C. 注意汽提段、再生器藏量　　　　　D. 开气压机入口放火炬,必要时投进料自保

128. GBF010　进料自保启用后,下列操作方法正确的是(　　)。
A. 关进料手阀　　　　　　　　　　　B. 停钝化剂
C. 关预提升干气手阀　　　　　　　　D. 关油浆喷嘴

129. GBF011　催化剂汽提的作用有（　　）。
　　　A. 将油气置换出来　B. 减少焦炭产率　　C. 提高油品产率　　D. 提高再生温度
130. GBF012　汽提效率主要与（　　）有关。
　　　A. 汽提蒸汽用量　　B. 汽提温度　　　　C. 催化剂性质　　　D. 汽提器的结构形式
131. GBF013　催化剂带油的现象有（　　）。
　　　A. 再生温度迅速上升　　　　　　　　　B. 再生压力上升
　　　C. 氧含量下降、归零　　　　　　　　　D. 严重时烟筒冒黄烟
132. GBF014　催化剂带油的原因包括（　　）。
　　　A. 汽提蒸汽量过低或中断　　　　　　　B. 反应温度低
　　　C. 提升管进料带水　　　　　　　　　　D. 待生滑阀故障
133. GBF015　催化剂带油可采用（　　）等方法尽快提高反应温度。
　　　A. 降低再生温度　　B. 降低处理量　　　C. 开再生滑阀　　　D. 提高预热温度
134. GBF016　催化剂炭堆的现象有（　　）。
　　　A. 再生烟气氧含量下降、归零　　　　　B. 烟气中的 CO 含量上升
　　　C. 再生温度上升　　　　　　　　　　　D. 回炼油液面下降
135. GBF017　（　　）会引起催化剂炭堆。
　　　A. 新鲜进料量增大　B. 原料组成变轻　　C. 回炼油量中断　　D. 回炼油浆量突然增大
136. GBF018　在处理炭堆时，要防止发生（　　）。
　　　A. 催化剂破裂、跑损　B. 催化剂倒流　　C. 催化剂活性过高　D. 二次燃烧
137. GBF019　分馏油浆回流的作用有（　　）。
　　　A. 调节塔底液面　　　　　　　　　　　B. 调节塔底温度
　　　C. 使反应来油气脱过热　　　　　　　　D. 降低塔中、上部的负荷
138. GBF020　油浆上返塔的作用有（　　）。
　　　A. 降低油浆固体含量　　　　　　　　　B. 调节塔底温度
　　　C. 反应油气脱过热　　　　　　　　　　D. 冲洗反应油气中携带的催化剂粉末
139. GBF021　油浆下返塔的作用，以下选项错误的有（　　）。
　　　A. 调节油浆中固体含量　　　　　　　　B. 调节塔底温度
　　　C. 调节油浆密度　　　　　　　　　　　D. 调节塔底液面
140. GBF022　油浆循环中断反应处理操作有（　　）。
　　　A. 油浆循环短时间中断，反应岗位要降量处理
　　　B. 若短时间内油浆循环不能恢复，反应岗位应切断进料
　　　C. 油浆循环长时间中断，反应岗位切断两器
　　　D. 油浆循环长时间中断，反应岗位应切断进料后改再生器单容器流化
141. GBF023　油浆固体含量过高的危害有（　　）。
　　　A. 催化剂损耗高　　　　　　　　　　　B. 磨损油浆系统设备
　　　C. 造成结焦堵塞　　　　　　　　　　　D. 油浆收率高
142. GBF024　油浆固体含量的控制方法包括（　　）。
　　　A. 保证油浆循环量　　　　　　　　　　B. 保证油浆上返塔流量

C. 油浆回炼量不能过低　　　　　　　D. 保持反应压力平稳

143. GBF025　油浆固体含量高的原因有（　　）。
　　A. 反应器系统操作波动　　　　　　B. 沉降器内旋风分离器效率差
　　C. 催化剂质量差　　　　　　　　　D. 油浆回炼量低

144. GBF026　若因催化剂细粉含量太高而使油浆固体含量升高，应消除催化剂粉碎，注意检查（　　）流速不能过高。
　　A. 沉降器油气出口　B. 空气分布器喷嘴　C. 原料油喷嘴出口　D. 粗旋分离器入口

145. GBF027　气压机飞动的现象有（　　）。
　　A. 机组参数大幅波动　　　　　　　B. 机体发出异响
　　C. 机身强烈振动　　　　　　　　　D. 机组无法维持正常运行

146. GBF028　压缩机飞动的影响因素包括（　　）。
　　A. 机内部流动特性　B. 管网特性　　C. 出口压力　　　　D. 流量

147. GBF029　压缩机飞动的危害有（　　）。
　　A. 引起动、静部件之间的接触而损坏　B. 对主风机的轴封损坏
　　C. 引起气流温度的急速上升　　　　　D. 是机组逆流的前奏

148. GBF030　下列选项中，导致气压机运行中产生飞动的有（　　）。
　　A. 气压机出口压力突升　　　　　　B. 气压机出口压力突降
　　C. 气压机入口流量突升　　　　　　D. 气压机入口流量突降

149. GBF031　气压机飞动处理方法包括（　　）。
　　A. 因富气组分变轻引起气压机飞动，应提高冷后温度
　　B. 如因再吸收塔压力高使气压机飞动，应降低再吸收塔压力
　　C. 若反飞动调节阀故障，改副线操作并联系仪表工处理
　　D. 调速系统故障，将调速器改手动控制并联系处理

150. GBF032　反应压力高而气压机进口压力低的原因有（　　）。
　　A. 分馏塔顶油气分离器液面超高　　B. 分馏塔顶油气空冷或冷却器堵
　　C. 分馏塔底液面超高　　　　　　　D. 反应器出口大油气管线结焦

151. GBF033　气压机抽负压的原因包括（　　）。
　　A. 分馏塔顶大油气管线及反飞动管线堵　B. 分馏塔顶油气冷后温度过低，富气量减少
　　C. 分馏塔顶油气分离器液面过低　　　　D. 分馏塔底液面过低

152. GBF034　气压机抽负压的处理方法有（　　）。
　　A. 降低汽轮机转速
　　B. 如不是带油，则应加大反动量
　　C. 提高气压机出口压力
　　D. 不能通过调整解决的，按停气压机或停工处理

153. GBF035　当达到下列（　　）条件时，气压机应紧急停机。
　　A. 机组剧烈振动，并有金属撞击声音　B. 电机定子温度高
　　C. 汽轮机发生水击　　　　　　　　　D. 严重火灾及重大事故发生

154. GBF036　超速飞车造成的危害有（　　）。

A. 机组转子、叶片、叶轮变形　　　　B. 叶片、叶轮破裂
C. 损坏设备　　　　　　　　　　　　D. 造成人身伤亡事故

155. GBF037　气压机组突然跳闸停机的原因是(　　)。
A. 压缩机轴位移超自保值　　　　　　B. 汽轮机轴位移超自保值
C. 油压大降　　　　　　　　　　　　D. 手动停机

156. GBF038　气压机自保投用后,下列选项中操作错误的有(　　)。
A. 打开反飞动阀　　　　　　　　　　B. 关闭分馏塔顶蝶阀
C. 打开气压机入口放火炬　　　　　　D. 打开中间分液罐的凝缩油压送阀门

157. GBG004　以下选项中,属于平均沸点表示方法的是(　　)。
A. 质量平均沸点　　B. 体积平均沸点　　C. 中平均沸点　　D. 立方平均沸点

三、判断题(对的画"√",错的画"×")

(　)1. GAA001　催化裂化催化剂中基质只占小部分。

(　)2. GAA002　同类催化裂化催化剂中,新鲜催化剂中的 RE_2O_3 含量越高,活性越高。

(　)3. GAA003　催化裂化平衡催化剂的化学组成分析中包括灼烧减量。

(　)4. GAA004　活性是反映催化剂加快反应速度的性能。

(　)5. GAA005　将进料转化为目的产品的能力,称为催化剂的选择性。

(　)6. GAA006　单位体积催化剂内外表面积之和,称为催化剂的比表面积。

(　)7. GAA007　催化剂的污染指数表示催化剂被重金属污染的程度。

(　)8. GAA008　通常以全合成硅铝胶为黏结剂的催化剂磨损指数小,以铝溶胶为黏结剂的催化剂磨损指数大。

(　)9. GAA009　装置在催化剂补充速度和中毒状况相同的条件下,平衡活性越高,说明稳定性越好。

(　)10. GAA010　催化剂活性越高,转化率越高。为达到高的汽油收率,催化剂活性越高越好。

(　)11. GAA011　催化剂分子筛含量增高,氢转移活性增加,汽油辛烷值上升。

(　)12. GAA012　相同反应条件下,催化剂平衡活性越低,汽油中烯烃含量越高。

(　)13. GAA013　热失活和水热失活对沸石催化剂的物性影响没有差异。

(　)14. GAA014　催化剂再生都是完全再生。

(　)15. GAE001　离心式压缩机的基本结构主要有定子和静子。

(　)16. GAE002　氢气比富气相对分子质量小得多,所以离心式压缩机在压缩这两种介质、达到相同出口压力时,压缩氢气比压缩富气的级数多得多。

(　)17. GAE003　汽轮机按照工作原理可分为冲动式汽轮机和反动式汽轮机。

(　)18. GAE004　汽封是设在汽轮机动静部件相关位置的密封装置,通常采用平滑式汽封。

(　)19. GAF001　按仪表的功能作用划分是炼厂中最常用仪表分类的方法。

(　)20. GAF002　集散控制系统又称分散型控制系统,简称ESD。

(　)21. GBA001　打靶效果验收标准:用装在排气管口的靶板做检查,在保证冲刷力的

前提下,连续两次换靶板检查,靶板上冲击斑痕直径不大于 10mm,痕迹不大于 3 个/cm² 为合格。

( )22. GBA002 吹扫打靶时蒸汽通过控制阀和设备时应走副线。
( )23. GBA003 背压式汽轮机结构不仅包括前支座、后支座、气缸、转子、调节汽阀、速关阀等主要结构,还包括危急保安装置和手动盘车装置等部分。
( )24. GBA004 汽轮机是一种利用蒸汽带动的原动机,其主要是利用蒸汽的膨胀,使其一部分热能转变为具有高速的气流,推动叶轮旋转而转变为动能。
( )25. GBA005 石化行业常用的汽轮机调速范围小,不可以直接用来驱动。
( )26. GBA006 汽轮机的额定功率是在不计任何损失的情况下,蒸汽在汽轮机内做等熵膨胀时单位时间内所做的功。
( )27. GBA007 气压机和汽轮机在运行中,转子沿着主轴垂直方向的窜动称为轴向位移。
( )28. GBA008 径向轴承由上下两半轴瓦组成,轴瓦由锥形销钉来固定,并通过螺栓把上下两半连接起来。
( )29. GBA009 危急保安器是超速保护装置的转速感应机构,它实际上是一个动态的调速器,按其结构可分为飞锤式和飞环式两类。
( )30. GBA010 速关阀自动关闭后应该立即复位。
( )31. GBA011 对于带动气压机的汽轮机调速系统,还起着根据工艺对气体流量及压力的要求改变转速的作用。
( )32. GBA012 汽轮机超负荷运行,会造成调速系统性能变化使运行的平稳性变坏,所以不允许长期超负荷运行。
( )33. GBA013 调速系统传动杆与蒸汽室温度相差过大,热膨胀不一致,而使错油门不在空负荷位置上,是造成调速系统在空负荷下不能维持额定转速情况的原因。
( )34. GBA014 当蒸汽温度低或压力低,在汽轮机负荷小的时候调速汽门会发生跳动,导致转速恒定。
( )35. GBA015 速关阀试验装置试验,是汽轮机保安系统的静态试验项目之一。
( )36. GBB001 "汽封"是装置开工时两器升温过程中为防止分馏塔油气窜到反应器发生事故而采取的一种操作方法。
( )37. GBB002 切换汽封时,分馏塔底防焦蒸汽和汽提塔汽提蒸汽必须全开。
( )38. GBB003 在装大盲板过程中,应注意防止空气窜入沉降器,引起硫化亚铁自燃。
( )39. GBB004 拆大盲板前,沉降器至大盲板处油气管线内的介质是蒸汽。
( )40. GBB005 KH 喷嘴和 CS 喷嘴是国内应用较多的喷嘴形式。
( )41. GBB006 当原料油中断时,雾化蒸汽可以防止喷嘴堵塞。
( )42. GBB007 提升管喷油过程中,要注意反应温度,若低于自保值,可将自保切手动。
( )43. GBB008 余热锅炉通过余热回收可以生产热水或蒸汽来供给装置或企业的其他工段使用。
( )44. GBB009 省煤器的主要作用是发生饱和蒸汽。

(　　)45. GBB010　锅炉在煮炉过程中,应保持正常液位。

(　　)46. GBB011　余热锅炉过热蒸汽并入管网操作时应先缓慢开启主汽阀的旁路阀进行暖管。

(　　)47. GBB012　评价透平油质量的主要有黏度、酸价、抗乳化度、透明度、凝点等指标。

(　　)48. GBB013　透平油和空气混合会出现泡沫,但一般不会影响油泵的效率。

(　　)49. GBB014　润滑油温度过低,不会引起压缩机运转振动过大。

(　　)50. GBB015　机组润滑油油箱的储油量取决于油系统的大小,它应满足机件所需的润滑及调速系统的用油量。

(　　)51. GBB016　润滑油箱如果不安装透气孔,将会润滑油回油困难。

(　　)52. GBB017　机组高位油箱设置的原则是控制供油的时间要大于机组的惰走时间。

(　　)53. GBB018　蓄能器在正常状态下,充气压力应高于蓄能器下部压力。

(　　)54. GBB019　汽轮机暖机的转速不能太高。因为转速太高,轴承油膜不易建立,造成轴承磨损。

(　　)55. GBB020　汽轮机启动前在管道疏水完毕后,气缸内仍会有蒸汽凝结水,如不排出会对叶片造成腐蚀。

(　　)56. GBB021　水冲击会对汽轮机产生制动作用。

(　　)57. GBB022　当汽轮机进水时,应密切观察机组负荷的变化。

(　　)58. GBB023　有些盘车装置有自动啮合和脱开功能,在盘车转速启动机组时有利于冲转。

(　　)59. GBB024　在高温下,金属化学性能下降很快,会引起汽轮机各部件使用寿命缩短。

(　　)60. GBB025　汽轮机在设计时是根据主蒸汽压力来考虑各部件的强度的。

(　　)61. GBB026　凝汽式汽轮机组开机前抽汽器真空度应小于要求值。

(　　)62. GBB027　气压机开机时应缓慢升至临界转速。

(　　)63. GBB028　在汽轮机中动静部分和各级之间存在漏汽的可能,为了减少漏汽损失提高汽轮机经济性,必须在合适的部位设置汽封。

(　　)64. GBB029　对于背压式汽轮机,应注意转速在1000r/min以下时间不宜过长。

(　　)65. GBB030　在离心式气压机中当气体流经叶轮时,气体获得速度。

(　　)66. GBB031　汽轮机轴向位移保护装置的作用是:当轴向位移增加超过允许的限度(一般为0.8~1mm)时,轴向位移保护装置能自动停机,防止动静部分相碰。

(　　)67. GBC001　提高反应温度,反应速度不一定增大。

(　　)68. GBC002　反应温度一定时,转化率越大,汽油辛烷值越低。

(　　)69. GBC003　如反应温度超过540℃后,继续提高反应温度汽油烯烃含量增加较小,甚至有可能下降。

(　　)70. GBC004　有加热炉的催化裂化一般控制加热炉出口温度;无加热炉的催化裂化一般控制油浆换热系统中原料油侧的三通阀来调节反应进料温度。

(　　)71. GBC005　再吸收塔操作异常对反应压力没有影响。

( )72. GBC006　拆除大盲板、沉降器和分馏塔连通之后，提升管进油之前，用气压机入口放火炬控制反应压力。

( )73. GBC007　我国早期床层反应催化裂化采用的装置类型是同高并列式催化裂化装置。

( )74. GBC008　高低并列式催化裂化装置，在催化剂输送线路上一般不需松动，仅在需要降低滑阀压降时方在滑阀上游补入松动气。

( )75. GBC009　同轴式催化裂化装置的催化剂循环量只可用滑阀调节。

( )76. GBC010　提升管喷急冷油、注干气时一定要缓慢不能忽大忽小。

( )77. GBC011　原料雾化蒸汽量突然变化会引起汽提段藏量大幅波动。

( )78. GBC012　如因仪表失灵造成汽提段藏量大幅度变化，应立即将故障仪表改手动并联系处理。

( )79. GBC013　催化裂化装置通过改变待生滑阀（或待生塞阀）开度，调节待生催化剂的循环量来控制反应器藏量。

( )80. GBC014　使用CO助燃剂，再生温度降低。

( )81. GBC015　待生催化剂汽提效果不好是再生温度大幅度变化的原因。

( )82. GBC016　若外取热器或内取热器泄漏，及时停止上水，并判明是哪一组管束泄漏，及时切除。

( )83. GBC017　两器装完催化剂进行流化升温时，再生温度由喷燃烧油控制。

( )84. GBC018　再生器生焦量及喷燃烧油量的变化通常不会造成再生压力的波动。

( )85. GBC019　待生催化剂大量带油只会影响再生温度，对再生压力影响不大。

( )86. GBC020　启用燃烧油要缓慢启用前燃烧油雾化蒸汽要脱净存水，防止再生器压力大幅度波动。

( )87. GBC021　再生压力可采用再生压力单参数控制或反再两器差压控制。

( )88. GBC022　正常操作时提高主风量，氧含量会增加。

( )89. GBC023　再生烟气含氧量是衡量生焦能力和烧焦能力能否进行到平衡的标准，是观察再生器烧焦效果好坏的眼睛。

( )90. GBC024　回炼比变化及助燃剂的使用，也会影响再生烟气的氧含量。

( )91. GBC025　正常时轴流式主风机通过控制主风机防喘振阀调节主风量，控制再生器氧含量。

( )92. GBC026　凑试法整定PID参数的步骤，首先整定积分环节。

( )93. GBC027　汽轮机流通部分结垢，会造成气流通过隔板及叶片的压降增加，工作叶片反动度也随之增加，严重时会使隔板及推力轴承过负荷。

( )94. GBC028　汽轮机只要各参数正常，可以长期超负荷运行。

( )95. GBC029　清洗过程中，对于背压式机组，冲洗时汽轮机的内部绝大部分处于干饱和蒸汽区域，各级叶片的反动度和轴向推力增加不大。

( )96. GBD001　当主风自保动作时，进料自保不会动作。

( )97. GBD002　反应切断进料后，视封油罐液位情况，外引柴油。

( )98. GBD003　气压机停机后，关闭稳定系统塔顶压控阀，降低稳定系统压力。

(　　)99. GBD004　顶回流系统顶水的目的是为将系统内大部分油顶净,防止油品在扫线时受热急剧膨胀,便于下一步吹扫。

(　　)100. GBD005　顶循环系统顶水应由上往下顶水。

(　　)101. GBD006　为提高工作效率,稳定塔顶空冷器顶水时,可以采用多片空冷器同时顶水的方法。

(　　)102. GBD007　分馏停工时,重油系统需水洗,轻油系统不用水洗。

(　　)103. GBD008　停工分馏系统水洗时应摇动三通阀,切换换热器正副线。

(　　)104. GBD009　破沫网用来分离气体中携带的液体微粒,以降低有价值物料的损失。

(　　)105. GBD010　防涡器一般装在塔和容器的中部。

(　　)106. GBD011　分馏塔底采用人字挡板的目的是加大热交换、提高压降和防止催化剂堵塞。

(　　)107. GBD012　机组停机后油泵运行时间的长短,视气缸与轴承的降温情况而定。

(　　)108. GBD013　气压机使用氮气置换的目的是防止瓦斯泄漏。

(　　)109. GBD014　气压机组正常停机时,由工作转速降到基本转速的操作由反应岗位进行,降速过程必须防止机组喘振。

(　　)110. GBD015　在汽轮机停机后,只有在转子停止转盘车装置才可投入使用。

(　　)111. GBD016　硫化亚铁遇到空气而发生氧化分解的现象称为硫化亚铁自燃。

(　　)112. GBD017　检修时从容器、塔内清理出污泥和铁锈屑等杂物中含有硫化亚铁,处理时应慎重,一般选择安全的地点埋入地下,以免暴露在空气中引起自燃。

(　　)113. GBE001　随着工况和催化剂性能不同,对分布器的要求基本相同。

(　　)114. GBE002　再生器底部设有主风气体分布器,其作用是使待生催化剂颗粒在再生器内部形成一个良好的稀相流化状态。

(　　)115. GBE003　冷换设备结垢会导致传热量的降低,导致达不到工艺参数的要求,直到生产非计划停工。

(　　)116. GBE004　冷换设备内漏,应装置停车检查处理。

(　　)117. GBE005　外密封的形式有迷宫式气封和浮动环式油封。

(　　)118. GBE006　干气密封是气体润滑接触式机械密封的简称。

(　　)119. GBF001　DCS 的控制决策是由配置器完成。

(　　)120. GBF002　对于单个显示器黑屏,主要是显示器故障,对生产没大的影响。

(　　)121. GBF003　单台操作站黑屏、死机或不能调节,有可能是 DCS 模块故障。

(　　)122. GBF004　部分仪表指示或控制失灵,则可根据现场一次表读数或其他操作参数维持生产。

(　　)123. GBF005　进料压力大幅度波动不会直接影响反应温度。

(　　)124. GBF006　提升管温度低可开大待生滑阀来提高反应温度。

(　　)125. GBF007　在进料情况下,提升管出口温度低温自保的目的是防止催化剂倒流。

(　　)126. GBF008　反应温度大幅度变化通常不会造成反应压力大幅波动。

(　　)127. GBF009　气压机故障停车时开气压机入口放火炬维持反应压力,同时反应岗位

( )128. GBF010　原料中断,进料自保在投用状态下会自动启动。
( )129. GBF011　催化剂汽提的作用是用水蒸气将催化剂颗粒之间和颗粒的孔隙内充满的油气置换出来,以减少焦炭产率、提高油品产率。
( )130. GBF012　沉降器汽提段是一个气固逆流接触过程,在此过程中实现油气与水蒸气的质量传递,油气被催化剂外表面所吸附。
( )131. GBF013　催化剂带油会造成再生器烟囱冒黄烟。
( )132. GBF014　反应温度过高会引起催化剂带油。
( )133. GBF015　处理催化剂带油的方法是提高反温度,适当提高汽提蒸汽量。
( )134. GBF016　轻微炭堆积时,催化剂发亮,颗粒变粗。
( )135. GBF017　氧含量失灵,未及时发现易引起炭堆积。
( )136. GBF018　发生炭堆积时,通常采用增加生焦量的方法来处理。
( )137. GBF019　油浆回流分上、下返塔,其作用相同。
( )138. GBF020　油浆上返塔是从人字挡板上方进塔的油浆。
( )139. GBF021　油浆下返塔的作用是保证反应油气脱过热和冲洗催化剂粉末。
( )140. GBF022　油浆循环中断若短时间内不能恢复,要切断进料处理。
( )141. GBF023　油浆中固体含量越少越好。
( )142. GBF024　若发现油浆固体含量升高,应及时分析分馏操作状态。
( )143. GBF025　油浆中固体含量的高低取决于催化剂进出分馏塔数量上的平衡。
( )144. GBF026　油浆固体含量升高应增加油浆固体含量分析频率,跟踪固体含量变化。
( )145. GBF027　压缩机飞动就是失速,是轴流式压缩机的固有特性。
( )146. GBF028　压缩机飞动只与压缩机内部流动特性有关。
( )147. GBF029　催化裂化装置中最简便的反飞动方法是主风机出口放空。
( )148. GBF030　如果气压机流量恒定,转速升高,出口压力达到某一数值后,即达到飞动点,气压机亦会发生飞动。
( )149. GBF031　气压机组发生飞动,应立即全关反飞动调节阀。
( )150. GBF032　分馏塔顶油气空冷或冷却器堵,会造成反应压力高而气压机入口压力低。
( )151. GBF033　汽轮机转速相对较低,是气压机抽负压的原因。
( )152. GBF034　气压机抽负压如果不是带油,则应加大反飞动量。
( )153. GBF035　主油泵故障,轴承油压下降到低油压自保值以下时,气压机应紧急停机。
( )154. GBF036　富气压缩机超速时的现象是转速表指示大大超过危急保安器动作转速,机组发出超速的怪声,振动剧增甚至有冲击声、金属响声。
( )155. GBF037　气压机入口富气量多,是气压机故障停机的原因。
( )156. GBF038　气压机停机自保后,稳定塔顶气态烃排放要改瓦斯管网。
( )157. GBG001　对于双组分物系,表示互成平衡的气液两相组成间的关系,为相平衡

( )158. GBG002　泵的安装高度必须高于允许安装高度,以免发生汽蚀现象。

( )159. GBG003　能量衡算的基础是热量衡算。

( )160. GBG004　对于沸程小于50℃窄馏分,可以认为其各种平均沸点近似相等,用中平均沸点代替不会有很大误差。

四、简答题

1. GAA009　什么叫催化剂的水热稳定性?
2. GBA007　简述推力轴承的作用。
3. GBA014　调速系统在空负荷下发生不能维持额定转速情况的原因是什么?
4. GBB020　请简述汽轮机启动前疏水的原因。
5. GBB021　简述汽轮机水冲击的危害。
6. GBB023　请简述机组盘车的目的。
7. GBC002　简述反应温度对汽油辛烷值的影响。
8. GBC009　请简述同轴式催化裂化装置的特点。
9. GBD012　请简述机组停机后油泵尚须运行一段时间的原因。
10. GBE003　请简述换热设备结垢产生的后果。
11. GBE006　简述干气密封的原理。
12. GBF002　简述DCS黑屏的处理原则。
13. GBF011　简述催化剂汽提的作用。
14. GBF012　请叙述催化裂化反应器的汽提段作用。
15. GBF021　简述油浆下返塔的作用。

五、计算题

1. GAA007　已知某平衡催化剂上金属含量为:铁3550μg/g,镍8640μg/g,钒2320μg/g,钠1940μg/g,铜40μg/g,钙1320μg/g。试计算其污染指数。
2. GBG001　已知精馏塔分离含丙烯62.5%的丙烷、丙烯饱和溶液,塔顶产品丙烯与塔底产品质量要求在87.5%以上。采用回流比4。试用图解法求该塔理论塔板数(以上均为摩尔分数)。
3. GBG001　已知某催化装置吸收塔各物流的流量和丙烯含量如下,试计算其丙烯组分的吸收率。

物流	流量,t/h	丙烯含量,%
吸收塔底油	114.66	5.46
吸收塔进料气	25.14	25.05
粗汽油	42.64	0.46
补充吸收剂	59	0.04

4. GBG001　已知苯、甲苯混合液45℃平衡液相中苯有84%,气相中苯有0.94%。试求45℃

时苯、甲苯的相对挥发度 α。

5. GBG001　已知苯、甲苯混合液在85℃的时候,相对挥发度 α = 2.54,在85℃的时候,平衡液相中苯有78%,试求85℃平衡气相中甲苯含量。

6. GBG001　苯、甲苯混合液,在45℃时候沸腾,外界压力为20.3kPa。已知45℃纯苯的饱和蒸气压为 $p_{苯0}$ = 22.7kPa,纯甲苯的饱和蒸气压为 $p_{甲苯0}$ = 7.6kPa。试求液相平衡组成。

7. GBG002　用泵从密闭容器中送出30℃的液态烃,容器内液态烃液面上的绝压为 p_a = 343kPa,输送到最后,液面将降到泵入口以下2.8m,液态烃在30℃时的密度 ρ = 580kg/m³,饱和蒸气压 p_v = 304kPa,吸入管路的压头损失估计为1.5m,所选用的油泵的汽蚀余量为3m。问这个泵能否正常操作?

8. GBG002　有一管路系统,要输送水量30m³/h,由敞口水槽打入密闭高位容器中,高位容器液面上方的压强为30kPa(表压),两槽液面差为16m,且维持恒定。管路总阻力损失为2.1m水柱。槽截面积很大,现有以下四台泵可供选择,其性能如下:

序号	扬程,m	转速,r/min	功率,kW
1	21	2900	2.54235
2	25	2900	3.35329
3	17.4	2900	1.86465
4	37.7	2900	9.25

问选哪一台泵较为合适?

9. GBG002　某离心泵用20℃清水(密度998.2kg/m³)测定扬程 H。测得流量为720m³/h,泵出口压力表计数为0.4MPa,泵吸入口处真空表计数为-0.028MPa,压力表与真空表间垂直距离为0.41m,求该泵的扬程。

10. GBG003　已知焦炭产生 CO_2 燃烧热 Q_P = 33915kJ/kg,每小时烧焦量855kmol/h,氢气生成 H_2O 的燃烧热 Q_P = 119915kJ/kg,每小时烧氢量570kmol/h。计算焦炭燃烧热。

11. GBG003　已知主风量1750Nm³/min,假定主风中氧气全部燃烧,C燃烧全部生成 CO_2,焦炭中 C/H = 9/1,求焦炭燃烧量。

12. GBG004　已知某油品恩氏蒸馏数据如下,初馏点:45℃;10%点:65℃;30%点:82℃;50%点:105℃;70%点:125℃;90%点:134℃;干点:158℃。求体积平均沸点?

答 案

一、单项选择题

1. C	2. A	3. B	4. B	5. D	6. C	7. D	8. A	9. A	10. C
11. B	12. B	13. B	14. D	15. A	16. B	17. B	18. A	19. C	20. A
21. B	22. A	23. A	24. B	25. B	26. C	27. B	28. D	29. A	30. C
31. B	32. B	33. A	34. C	35. A	36. C	37. D	38. C	39. A	40. A
41. C	42. B	43. D	44. A	45. C	46. C	47. D	48. C	49. B	50. B
51. D	52. B	53. D	54. A	55. A	56. B	57. C	58. D	59. C	60. A
61. A	62. B	63. B	64. D	65. A	66. A	67. D	68. C	69. B	70. A
71. A	72. A	73. A	74. B	75. D	76. B	77. A	78. C	79. C	80. B
81. B	82. B	83. C	84. C	85. D	86. B	87. C	88. C	89. A	90. A
91. B	92. C	93. B	94. D	95. A	96. C	97. C	98. D	99. B	100. B
101. C	102. C	103. D	104. C	105. D	106. A	107. A	108. C	109. A	110. D
111. B	112. D	113. A	114. B	115. A	116. A	117. D	118. B	119. B	120. B
121. B	122. C	123. C	124. C	125. C	126. C	127. B	128. B	129. A	130. B
131. C	132. C	133. B	134. C	135. A	136. A	137. B	138. A	139. C	140. A
141. C	142. C	143. D	144. A	145. C	146. D	147. C	148. C	149. B	150. A
151. B	152. C	153. D	154. A	155. C	156. A	157. B	158. C	159. A	160. A
161. C	162. A	163. A	164. C	165. A	166. D	167. A	168. C	169. C	170. A
171. B	172. B	173. C	174. B	175. C	176. A	177. A	178. C	179. B	180. B
181. A	182. D	183. A	184. B	185. B	186. B	187. A	188. D	189. D	190. C
191. C	192. A	193. D	194. B	195. A	196. B	197. B	198. C	199. B	200. B
201. C	202. C	203. B	204. A	205. C	206. D	207. D	208. D	209. B	210. B
211. A	212. A	213. C	214. A	215. B	216. A	217. C	218. C	219. B	220. C
221. D	222. A	223. D	224. D	225. D	226. A	227. D	228. A	229. B	230. A
231. A	232. A	233. D	234. C	235. B	236. B	237. B	238. D	239. C	240. C
241. C	242. A	243. C	244. C	245. A	246. B	247. A	248. C	249. A	250. B
251. A	252. B	253. A	254. C	255. C	256. C	257. D	258. A	259. C	260. A
261. A	262. B	263. C	264. B	265. A	266. D	267. C	268. D	269. C	270. B
271. D	272. A	273. D	274. D	275. A	276. C	277. B	278. A	279. C	280. A
281. D	282. B	283. B	284. D	285. A	286. D	287. B	288. C	289. D	290. B
291. B	292. B	293. D	294. D	295. C	296. A	297. B	298. A	299. A	300. D
301. A	302. C	303. A	304. B	305. A	306. D	307. D	308. D	309. C	310. D

311. C   312. C   313. A   314. C   315. A   316. B

二、多项选择题

1. ABD	2. ABD	3. ABCD	4. BCD	5. BCD	6. ABCD	7. ABCD
8. ABC	9. ABC	10. ABC	11. AC	12. ABC	13. ABD	14. CD
15. ABCD	16. ABC	17. AB	18. ABC	19. ABCD	20. ABC	21. AC
22. ABCD	23. ABCD	24. BCD	25. ABCD	26. ACD	27. AB	28. ABCD
29. AB	30. CD	31. ABC	32. ABC	33. ABCD	34. ABCD	35. ABCD
36. ABD	37. BD	38. ABCD	39. AC	40. ABD	41. ABCD	42. ABD
43. ACD	44. BCD	45. ABCD	46. ABCD	47. ABCD	48. BCD	49. CD
50. ABC	51. AB	52. ABCD	53. ABC	54. ABCD	55. ABC	56. ABCD
57. ABCD	58. ABC	59. ABCD	60. ABCD	61. ABCD	62. ABD	63. ABCD
64. ABCD	65. CD	66. ABCD	67. ABD	68. AC	69. ABCD	70. ABCD
71. AC	72. ABCD	73. ABCD	74. ABCD	75. AC	76. ABC	77. ABC
78. ACD	79. BC	80. ABCD	81. ABCD	82. ABCD	83. BCD	84. ABCD
85. ABCD	86. ABCD	87. BD	88. ABC	89. ABCD	90. ABCD	91. ABCD
92. ABC	93. ABCD	94. ABCD	95. ABCD	96. AB	97. AC	98. BC
99. ABC	100. AC	101. ABCD	102. ABD	103. ABCD	104. ABD	105. ABC
106. ABC	107. AC	108. AB	109. ABCD	110. ABCD	111. ABC	112. ABCD
113. ABD	114. ACD	115. ABCD	116. ABCD	117. BC	118. ABCD	119. ABCD
120. ABC	121. AC	122. ABCD	123. ACD	124. ABCD	125. ABCD	126. ABCD
127. ABCD	128. ABCD	129. ABC	130. ABCD	131. ABCD	132. ABCD	133. BCD
134. ABC	135. AD	136. AD	137. ABCD	138. CD	139. ACD	140. ABCD
141. ABC	142. ABCD	143. ABCD	144. BCD	145. ABCD	146. ABCD	147. ABCD
148. AD	149. ABCD	150. ABCD	151. ABC	152. ABD	153. ACD	154. ABCD
155. ABCD	156. ABD	157. ABC				

三、判断题

1. ×　正确答案:催化裂化催化剂中基质占大部分。　2. √　3. ×　正确答案:催化裂化平衡催化剂的化学组成分析中不包括灼烧减量。　4. √　5. √　6. ×　正确答案:单位质量催化剂内外表面积之和,称为催化剂的比表面积。　7. √　8. ×　正确答案:一般来说,半合成催化剂的磨损指数与全合成催化剂相比要小。　9. √　10. ×　正确答案:催化剂活性越高,转化率就越高。但随着转化率的提高,汽油的选择性急剧下降。　11. ×　正确答案:催化剂分子筛含量增高,氢转移活性增加,汽油辛烷值下降。　12. √　13. ×　正确答案:热失活和水热失活对沸石催化剂的物性影响有很大的差异。　14. ×　正确答案:催化剂再生分为完全再生、不完全再生。　15. ×　正确答案:离心式压缩机的基本结构主要有转子和静子。　16. √　17. √　18. ×　正确答案:汽封是设在汽轮机动静部件相关位置的密封装置,通常采用迷宫式汽封。　19. √　20. ×　正确答案:集散控制系统又称分散型控制系统,简称 DCS。　21. ×　正确答案:打靶效果验收标准:用装在排气管口的靶板做检查,在保证冲刷力的前提下,连续两次换靶板检查,靶板上冲击斑痕直径不大于 1mm,痕迹不大于 3 个/cm² 为合格。　22. √　23. √　24. √　25. ×　正确答案:在催化裂化装置中,汽轮机具有较大的变速范围,转速范围大可用来直接驱动。　26. ×　正确答案:汽轮机的额定功率是汽轮机长期运行可以发出的最大连续出力。　27. ×　正确答案:气压机和汽轮机在运行中,转子沿着主轴方向的窜动称为轴向位移。　28. √　29. ×　正确答案:危急保安器是超速保护装置的转速感应机构,它实际上是一个静态不稳定的调速器,按其结构可分为飞锤式和飞环式两类。　30. ×　正确答案:速关阀自动关闭后不能立即复位。　31. √　32. √　33. √　34. ×　正确答案:当蒸汽温度低或压力低,在汽轮机负荷小的时候调速汽门会发生跳动,导致转速变化大。　35. √　36. √　37. ×　正确答案:切换汽封时,分馏塔底防焦蒸汽和汽提塔汽提蒸汽应稍开。　38. ×　正确答案:在装大盲板过程中,应注意防止空气窜入分馏塔,引起硫化亚铁自燃。　39. ×　正确答案:拆大盲板时,沉降器至大盲板处油气管线内的介质是空气。　40. √　41. √　42. ×　正确答案:提升管喷油过程中,要注意反应温度,若低于自保值,可将投用进料自保。　43. √　44. ×　正确答案:省煤器的主要作用是给除氧水预热,提高汽包上水的温度。　45. ×　正确答案:在煮炉过程中,锅炉应保持最高液位。　46. √　47. √　48. ×　正确答案:透平油和空气混合会出现泡沫使油泵效率下降。　49. ×　正确答案:润滑油温度过低,会引起压缩机运转振动过大。　50. √　51. √　52. √　53. ×　正确答案:蓄能器在正常状态下,充气压力应低于蓄能器下部压力。　54. ×　正确答案:汽轮机暖机的转速不能太低。因为转速太低,轴承油膜不易建立,造成轴承磨损。　55. ×　正确答案:在管道疏水完毕后,气缸内仍会有蒸汽凝结水,如不排出会对叶片造成冲蚀。　56. √　57. √　58. √　59. ×　正确答案:因为在高温下,金属机械性能下降很快,会引起汽轮机各部件使用寿命缩短。　60. √　61. ×　正确答案:凝汽式汽轮机组开机前抽汽器真空度应大于要求值。　62. ×　正确答案:气压机开机时应快速通过临界转速。　63. √　64. √　65. ×　正确答案:在离心式气压机中当气体流经叶轮时,气体获得静压能。　66. √　67. ×　正确答案:提高反应温度,则反应速度增大。　68. ×　正确答案:反应温度一定时,转化率越大,汽油辛烷值越高。　69. √　70. √　71. ×　正确答案:再吸收塔压空,干气窜入分馏塔,使反应压力升高。　72. ×　正确答案:拆除大盲板、沉降器和分馏塔连通之后,提升管进油之前,用分馏塔顶油气管道蝶阀控制反应压力。　73. √　74. √　75. ×　正确答案:同轴式催化裂化装置的催化剂循环量既可用滑阀调节也可用塞阀调节。　76. √　77. ×　正确答案:汽提蒸汽量突然变化是引起汽提段藏量大幅波动的主要原因。　78. √　79. √　80. ×　正确答案:使用 CO 助燃剂,再生温度升高。　81. √　82. √　83. √　84. ×　正确答案:再生器生焦量及喷燃烧油量的变化都会造成再生压力的波动。　85. ×　正确答案:待生催化剂大量带油是再生器压力大幅度波动的原因之一。　86. √　87. √　88. √　89. √　90. √　91. ×　正确答案:正常时轴流式主风机通过控制主风机静叶角度调节主风量,控制再生器氧含量。　92. ×　正确答案:凑试法整定 PID 参数的步骤,首先整定比例部分。　93. √　94. ×　正确答案:不允许汽轮机长期超负荷运行。　95. ×　正确答案:清洗过程中对于背压式机组,冲洗时汽轮机的内部绝大部分处于湿饱和蒸汽区域,各级叶片的反动度增加,轴向推力增加。　96. ×　正确答案:投用主风自保时,进料自保会跟随动作。 97.√ 98.× 正确答案:气压机停机后,关闭稳定系统塔顶压控阀,尽量维持稳定系统压力。 99.√ 100.× 正确答案:顶循环系统顶水,水必须下进上出。 101.× 正确答案:稳定塔顶空冷器顶水时,应分片顶净。 102.× 正确答案:轻油系统应先用冷水洗,然后再用蒸汽扫线。 103.√ 104.× 正确答案:油气分离器中破沫网用来防止富气夹带汽油进入气压机。 105.× 正确答案:防涡器一般装在塔和容器的底部。 106.× 正确答案:分馏塔底采用人字挡板的目的是加大热交换、降低压降和防止催化剂堵塞。 107.√ 108.√ 109.√ 110.√ 111.× 正确答案:硫化亚铁遇到空气而发生燃烧的现象称为硫化亚铁自燃。 112.√ 113.× 正确答案:随着工况和催化剂性能不同,对分布器的要求不同。 114.× 正确答案:再生器底部设有主风分布器,其作用是使待生催化剂颗粒在再生器内部形成一个良好的密相流化状态,从而有利于待生催化剂上焦炭的烧焦反应。 115.√ 116.× 正确答案:冷换设备内漏,可将换热器切除处理。 117.√ 118.× 正确答案:干气密封属于泵入式非接触密封结构。 119.× 正确答案:DCS的控制决策是由过程控制站完成。 120.√ 121.√ 122.√ 123.× 正确答案:进料压力大幅度波动会使反应温度大幅度波动。 124.× 正确答案:提升管温度低可适当开大再生滑阀来提高反应温度。 125.× 正确答案:在进料情况下,提升管出口温度低温自保的目的是防止催化剂带油。 126.× 正确答案:反应温度大幅度变化是造成反应压力大幅波动的主要原因。 127.√ 128.√ 129.√ 130.× 正确答案:催化裂化汽提器是一个典型的气固逆流接触过程。在此过程中实现油气与水蒸气的质量传递,油气从催化剂表面脱附。 131.√ 132.× 正确答案:反应温度过低会引起催化剂带油。 133.√ 134.正确答案:炭堆积严重时,催化剂变亮,颗粒变粗。 135.√ 136.× 正确答案:发生炭堆积时,采用降低生焦量的方法来处理。 137.× 正确答案:油浆回流的上、下返塔,其作用不同。 138.√ 139.× 正确答案:油浆上返塔的作用是保证反应油气脱过热和冲洗催化剂粉末。 140.√ 141.√ 142.× 正确答案:若发现油浆固体含量升高,应及时分析反应操作状态。 143.√ 144.√ 145.× 正确答案:压缩机飞动和失速,是轴流式压缩机的两种不同运行工况。 146.× 正确答案:压缩机飞动不仅与压缩机内部流动特性有关,而且与管网特性有密切关系。 147.√ 148.√ 149.× 正确答案:气压机组发生飞动,立即开反飞动调节阀。 150.√ 151.× 正确答案:汽轮机转速相对较高,是气压机抽负压的原因。 152.√ 153.√ 154.√ 155.× 正确答案:气压机入口富气量过低,是气压机故障停机的原因。 156.√ 157.√ 158.× 正确答案:在实际安装时,要求泵的安装高度必须低于允许安装高度,以免发生汽蚀现象。 159.× 正确答案:能量衡算的基础是物料衡算。 160.× 正确答案:各种平均沸点的计算方式和公式都不同,所以各种平均沸点的结果不能相互替代。

四、简答题

1. 答:催化裂化催化剂在再生器中,在高温下接触到少量水蒸气(10%~15%),会逐渐失去活性(0.4),因而存在催化剂耐高温水热处理的问题(0.2)。把催化剂耐高温水蒸气处理的能力称为催化剂的水热稳定性(0.4)。

2. 答:推力轴承的作用是保证转子和定子之间轴向位置固定(0.5),以保证叶片与隔板轴封等之间的间隙(0.3),使机组能够安全运转(0.2)。

3. 答:(1)调速汽阀座接触不严密,阀门与门座间的间隙太大(0.2)。(2)调速系统连杆尺寸安装不正确,或者增大了调速弹簧的原有紧力(0.1)。(3)调速器连杆、油动机、错油门等卡住(0.3)。(4)传动连杆或错油门连接松弛(0.2)。(5)速汽门外,尚有其他漏汽的场所,如没有正确安装好管道等(0.1)。(6)与蒸汽室温度相差过大,热膨胀不一致,而使错油门阀门不在空负荷位置(0.1)。

4. 答:汽轮机在启动前,由于蒸汽会凝结成水(0.1),凝结水如不排出,高速的气流会把水夹带到气缸内把叶片打坏(0.3)。在管道疏水完毕后,气缸内仍会有蒸汽凝结水(0.1),如不排出也会造成叶片冲蚀(0.3)。在停机时,气缸内凝结水也会引起气缸内部腐蚀(0.2)。

5. 答:当进汽温度急剧下降到某一程度时,此时汽轮机进汽将大量带水,就会发生剧烈水冲击(0.2),由于水滴的密度大,流动速度比蒸汽小,水撞电叶背弧,对汽轮机产生制动作用,使出力显著降低,甚至导致叶片折断(0.4)。实际上,当蒸汽内含水量达到20%~30%时,叶片所受的应力就已经超过了叶片材料所允许强度极限(0.2)。而当发生水冲击时,将会产生更危险的轴向推力,甚至使推力轴承的巴氏合金熔化,造成通流部分严重碰擦(0.2)。

6. 答:启动前盘车,是为检查机组内部有无摩擦、碰撞卡涩等现象,以保证启动后的安全运转(0.4),可以通过每次盘车用力的大小,来判断安装与检修的质量(0.2),如联轴节对中心的好坏,轴瓦间隙的大小及有无异物留在机内等(0.2);停机后盘车是为了防止轴弯曲(0.2)。

7. 答:温度一定时,转化率越大,汽油辛烷值越高(0.3)。转化率一定时,汽油辛烷值随反应温度的升高而增加(0.3)。因为随着反应温度升高,氢转移速度和裂解速度的比值下降,烯烃含量随温度的升高而增加(0.4)。

8. 答:两器重叠在一条轴线上(0.2),布置紧凑(0.2),占地面积小(0.2),节省投资(0.2),钢材消耗少(0.2)。

9. 答:当机轴静止后,轴瓦和轴颈受机内和转子高温传导作用(0.2),温度上升快,会使局部油膜油质恶化(0.2),轴颈和轴瓦钨金损坏(0.3),因此机组停机后润滑油泵必须再运转一段时间,通过循环带走机内热量(0.3)。

10. 答:使换热器传热阻力增加,传热量减少,致使换热器的传热面积减少造成能量的浪费(0.2);减少了流体的流通面积,导致输送动力的增加(0.2);造成传热量的降低,导致达不到工艺参数要求,直至生产非计划停工(0.2);增加检修的清洗工作量,延长设备检修时间(0.2);导致管子垢下腐蚀穿孔,直接威胁生产的正常运行(0.2)。

11. 答:与普通机械密封相比,干气密封在结构上基本相同(0.4)。区别在于:干气密封其中的一个密封环上面加工有均匀分布的浅槽(0.2),运转时进入浅槽中的气体受到压缩,与密封环之间形成局部的高压区,使密封面开启(0.2),从而能在非接触状态下运行,实现密封(0.2)。

12. 答:DCS黑屏的处理原则,是因雷击可能会使得UPS(不间断电源)掉电,现场各控制阀开度处于断电前状态(0.2),无法通过DCS屏幕对装置现场各参数进行监控和调节,故出现该状态非常危险(0.2),如果无法在短时间内恢复,在请示车间、调度后装置需紧急停工(0.2),并在停工过程中,密切注意各主要就地压力表、液位计,流量可参考就地一次表读数(0.2),严防设备超温超压(0.2),确保各套装置安全。

13. 答:催化剂汽提就是用水蒸气(0.2)将催化剂颗粒之间和颗粒的孔隙内充满的油气置换出来,(0.4),以减少焦炭产率(0.2),提高油品产率(0.2)。

14. 答:催化剂与反应生成产物分离后,进入沉降器的汽提段,汽提段下部吹入过热蒸汽(0.2),进行汽提,催化剂与蒸汽呈逆流接触(0.2),利用上升的蒸汽将催化剂颗粒间的颗粒孔隙中吸附的油气置换出来(0.2),这样一方面避免油气损失(0.2),同时也减轻再生时烧焦量和减少空气用量(0.2)。

15. 少量返塔油浆直接打入塔底液面中(0.2),靠温度较低的油浆与塔底油浆混合而降温(0.2),控制塔底温度(0.2)。从上进口进入的循环油浆量降温(0.2),则同时会增加渣油冷凝,使塔底液面上升(0.2)。

五、计算题

1. 解:污染指数 $= 0.1(w_{Fe}+w_{Cu}+14w_{Ni}+4w_{V}) = 0.1 \times (3550+40+14 \times 8640+4 \times 2320) = 13383\mu g/g$。

答:该平衡催化剂污染指数是$13383\mu g/g$。

评分标准:公式正确占0.4;计算正确占0.4;答案正确占0.2。

2. 解:(1) $x_W = 0.125, x_D = 0.875$。

(2) 截距 $y = x_D/(R+1) = 0.175$。

(3) 饱和溶液δ线为垂直线。

(4) 作提馏段操作线和精馏段操作线。

(5) 图解得到:

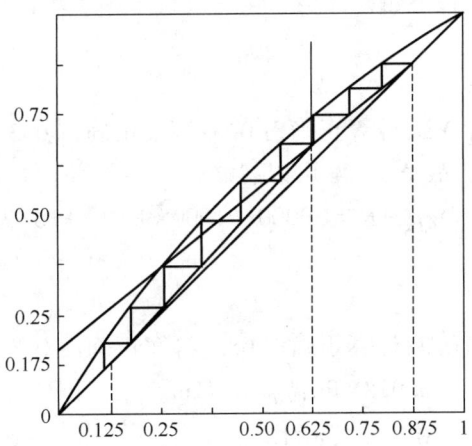

答:理论塔板数约为9块。

评分标准:要点(1)正确占0.2;要点(2)正确占0.3;要点(3)正确占0.1;要点(4)正确占0.2;要点(5)正确占0.1;答正确占0.1。

3. 解:丙烯吸收率 = (114.66×5.46%)/(25.14×25.05%+42.64×0.46%+59×0.04%)

= 96%。

答：该吸收塔丙烯组分的吸收率为96%。

评分标准：公式正确占0.3；计算正确占0.3；答案正确占0.3；答正确占0.1。

4. 解：(1) $\alpha = y_A x_B / y_B x_A$。

(2) $x_A = 0.84$，$x_B = 0.16$。

(3) $y_A = 0.94$，$y_B = 0.06$。

(4) 数据代入 $\alpha = 2.98$。

答：45℃时候，苯、甲苯的相对挥发度为2.98。

评分标准：要点(1)正确占0.4；要点(2)正确占0.2；要点(3)正确占0.2；要点(4)正确占0.1；答正确占0.1。

5. 解：(1) $y_A = \alpha x_A / [1 + (\alpha - 1) x_A]$。

(2) $x_A = 0.78$，$\alpha = 2.54$。

(3) 数据代入 $y_A = 0.90$。

(4) $y_B = 1 - y_A = 0.10$。

答：85℃时候，平衡气相中甲苯含量为10%。

评分标准：要点(1)正确占0.4；要点(2)正确占0.2；要点(3)正确占0.2；要点(4)正确占0.1；答正确占0.1。

6. 解：(1) $x_{苯} = (p - p_{甲苯0}) / (p_{苯0} - p_{甲苯0}) = (20.3 - 7.6) / (22.7 - 7.6) = 0.841$。

(2) $x_{甲苯} = 1 - x_{苯} = 0.159$。

答：液相平衡组成中苯有84.1%，甲苯有15.9%。

评分标准：要点(1)正确占0.6；要点(2)正确占0.3；答正确占0.1。

7. 解：$z_{允} = (p_a - p_v) / \rho g - \Delta h - \sum h_{f_{0-1}} = (343000 - 304000) / (580 \times 9.81) - 1.5 - 3 = 2.4(m) < 2.8(m)$。

所以泵的安装位置太高，不能保证整个输送过程中不出现汽蚀现象，而应将泵的安装高度降低至少0.4m。

答：该泵不能正常操作。

评分标准：公式正确占0.3；计算正确占0.3；答案正确占0.3；答正确占0.1。

8. 解：因槽截面积很大，故 $\Delta u^2 / 2g$ 可以忽略。

泵扬程计算：$H = (p_1 - p_2) / \rho g + H_f = 30000 / (1000 \times 9.81) + 16 + 2.1 = 21.1(m)$。

故选用2#泵。

答：选用2#泵最为合适。

评分标准：公式正确占0.3；计算正确占0.3；答案正确占0.3；答正确占0.1。

9. 解：$p_M = 0.4 MPa$，$p_V = -0.028 MPa$，$h_0 = 0.41 m$。

$$H = h_0 + \frac{p_M - p_V}{\rho g} = 0.41 + \frac{4 \times 10^5 - (-2.8 \times 10^4)}{998.2 \times 9.81} = 44.1(m)。$$

答：该泵的扬程为44.1m。

评分标准：公式正确占0.3；计算正确占0.3；答案正确占0.3；答正确占0.1。

10. 解：

$$H_2 + 1/2O_2 \longrightarrow H_2O$$

$Q_1 = 570 \times 2 \times 119915/3600 = 37973(\text{kW})$。

$$C + O_2 \longrightarrow CO_2$$

$Q_2 = 855 \times 12 \times 33915/3600 = 96658(\text{kW})$。

$Q = Q_1 + Q_2 = 134630(\text{kW})$。

答:焦炭燃烧热为134630kW。

评分标准:公式正确占0.3;计算正确占0.3;答案正确占0.3;答正确占0.1。

11. 解:主风中氧含量 $= 1750 \times 60 \times 0.21 \div 22.4 \times 32 = 31500(\text{kg/h})$,

$Y/12 = X/32$,

$1/9Y/2 = Z/16$,

又:$X + Z = 31500$,

$32/12Y + 16/18Y = 31500$,

解得:$Y = 31500 \times 9/32 = 8859.375(\text{kg/h})$。

焦炭燃烧量 $= 10/9 \times Y = 8859.375 \times 10/9 = 9843.75(\text{kg/h})$。

答:焦炭燃烧量为9843.75kg/h。

评分标准:方程正确占0.3;过程正确占0.3;答案正确占0.3;答正确占0.1。

12. 解:$t_{平} = (65+82+105+125+134)/5 = 102.2(℃)$。

答:体积平均沸点为102.2℃。

评分标准:公式正确得0.3;过程正确得0.4;答案正确得0.2;回答正确得0.1分。

技师理论知识练习题及答案

一、单项选择题(每题有4个选项,只有1个是正确的,将正确的选项填入括号内)

1. JAC001　下列因素不是流动阻力产生原因的是(　　)。
   A. 流量大小　　　　　　　　　　　　B. 管壁的粗糙
   C. 流体具有黏性　　　　　　　　　　D. 流动方向的改变

2. JAC001　流动阻力的大小与流体本身的物理性质、(　　)及壁面的形状等因素有关。
   A. 流速　　　B. 流动状况　　　C. 流量　　　D. 运动黏度

3. JAE001　我国常把 Mn、Si 等合金元素含量达到1.5%左右的钢称为(　　)。
   A. 低合金钢　　　B. 中合金钢　　　C. 高合金钢　　　D. 碳素钢

4. JAE001　不锈钢的耐腐蚀原理主要是因为合金元素(　　)阻止腐蚀反应。
   A. Mn　　　B. Cr　　　C. Si　　　D. Ni

5. JAE002　轴流式压缩机的转子主要由主轴和(　　)构成。
   A. 动叶　　　B. 静叶　　　C. 轴承　　　D. 密封

6. JAE002　轴流式压缩机是依靠(　　)来调整流量的。
   A. 转速　　　B. 静叶角度　　　C. 出口压力　　　D. 电机功率

7. JAE003　轴流式压缩机是气体在压缩机内的流动方向大致与旋转轴相(　　)的压缩机。
   A. 平行　　　B. 垂直　　　C. 相交　　　D. 相错

8. JAE003　轴流式压缩机动叶在轴的带动下高速旋转,气体的压力和动能提高,进入静叶后将(　　)。
   A. 动能转变为势能　　　　　　　　　B. 动能转变为热能
   C. 机械能转变为动能　　　　　　　　D. 电能转变为势能

9. JAE004　多管式旋风分离器中,各单管(　　)进气。
   A. 水平　　　B. 径向　　　C. 轴向　　　D. 垂直

10. JAE004　多管式旋风分离器中,排列单管时,各相邻单管的气体回转方向(　　)。
    A. 相反　　　B. 相同　　　C. 不确定　　　D. 以上都不对

11. JAF001　自动控制系统是一个(　　)。
    A. 开环系统　　　B. 闭环系统　　　C. 定值系统　　　D. 程序系统

12. JAF001　具有记录和控制功能的压力仪表的仪表位号是(　　)。
    A. PRC-101　　　B. PIC-101　　　C. PQI-101　　　D. PSH-101

13. JAF002　下列应选用风开阀的是(　　)。
    A. 加热炉的进料系统　　　　　　　　B. 压缩机旁路调节阀
    C. 加热炉的燃料油系统　　　　　　　D. 压缩机入口调节阀

14. JAF002　关于控制阀风开风关选定原则说法正确的是(　　)。

A. 工艺生产的安全要求 B. 控制闭环的要求
C. 现场安装的要求 D. 操作的方便性

15. JAF003 关于串级控制系统,下列说法不正确的是( )。
A. 是由主、副两个调节器串接工作
B. 主调节器的输出作为副调节器的给定值
C. 目的是实现对副变量的定值控制
D. 副调节器的输出去操纵调节阀

16. JAF003 属于串级调节系统的参数整定方法有( )。
A. 两步整定法　　B. 经验法　　　　C. 临界比例度法　　D. 衰减曲线法

17. JAF004 关于分程控制系统,下列说法不正确的是( )。
A. 是由一个调节器同时控制两个或两个以上的调节阀
B. 每一个调节阀根据工艺的要求在调节器输出的一段信号范围内动作
C. 主要目的是扩大可调范围
D. 主要目的是减小可调范围

18. JAF004 用一个调节器的输出信号,通过阀门定位器的配合,分段控制两个以上调节阀是( )调节系统。
A. 多冲量控制　　B. 分程控制　　　C. 串级控制　　　　D. 选择控制

19. JAF005 可编程序控制器,是一种以( )为核心器件的逻辑和顺序控制装置。
A. 微处理器　　　B. 存储器　　　　C. 扩展接口　　　　D. 外部设备

20. JAF005 可编程序控制器,是一种( )的电子装置。
A. 符号式　　　　B. 数字式　　　　C. 程序式　　　　　D. 存储式

21. JAF006 关键工艺参数的检测元件常按( )联锁方案配置。
A. 四取二　　　　B. 三取二　　　　C. 二取一　　　　　D. 三取一

22. JAF006 当联锁动作后,必须进行( )才能重新投运。
A. 自动解除　　　B. 手动解除　　　C. 自动复位　　　　D. 手动复位

23. JAF007 当机组轴位移超限时机组的自保联锁会发出( )指令。
A. 机组安全运行　B. 报警　　　　　C. 辅助油泵自启动　D. 电机跳闸

24. JAF007 当机组润滑油压力低时机组的自保联锁首先会发出( )指令。
A. 自动停机　　　B. 报警　　　　　C. 辅助油泵自启动　D. 电机跳闸

25. JAF008 主风自保按( )联锁方案配置。
A. 四取二　　　　B. 三取二　　　　C. 二取一　　　　　D. 三取一

26. JAF008 反再自保系统中( )是最高级别的自保。
A. 主风低流量　　B. 两器压力超限　C. 反应温度低　　　D. 进料量低

27. JAF009 紧急停车系统简称( )。
A. ESD　　　　　B. DCS　　　　　C. PLC　　　　　　D. PIC

28. JAF009 ESD 紧急停车系统按照安全独立原则要求,独立于 DCS 集散控制系统,其安全级别( )DCS。
A. 高于　　　　　B. 等于　　　　　C. 低于　　　　　　D. 无关

29. JAG001 以下不属于特殊高处作业的是(　　)。
　　A. 在作业基准面20m及以上进行的高处作业　　B. 夜间进行的高处作业
　　C. 在受限空间内进行的高处作业　　D. 突发灾害时进行的高处作业

30. JAG001 高处作业前应办理(　　)。
　　A. 动火作业许可证　　B. 高处作业许可证
　　C. 作业风险识别　　D. 受限空间作业许可证

31. JAG002 高处作业是指在坠落高度基准面(　　)以上,有坠落可能的位置进行的作业。
　　A. 2m　　B. 3m　　C. 4m　　D. 5m

32. JAG002 (　　)不属于防坠落护具。
　　A. 安全带　　B. 安全网　　C. 安全帽　　D. 安全绳

33. JAG003 生产区域内,以下不属于受限空间的是(　　)。
　　A. 下水道　　B. 容器　　C. 管道　　D. 中央控制室

34. JAG003 凡是有可能存在缺氧、富氧、有毒有害气体、易燃易爆气体、粉尘等,事前应进行气体检测,注明检测时间和结果;受限空间内气体检测(　　)后,仍未开始作业,应重新进行检测。
　　A. 20min　　B. 30min　　C. 60min　　D. 120min

35. JAG004 关于特殊受限空间,说法错误的是(　　)。
　　A. 受限空间内存在大于24V电压的情况属于特殊受限空间
　　B. 受限空间内氧气浓度低于19.5%属于特殊受限空间
　　C. 可燃气浓度高于10%的受限空间属于特殊受限空间
　　D. 特殊受限空间内的有毒有害物质一定高于国家标准中的最高容许浓度

36. JAG004 可燃气浓度高于(　　)的受限空间属于特殊受限空间。
　　A. 10%　　B. 5%　　C. 15%　　D. 20%

37. JAG005 在受限空间作业期间应至少每隔(　　)取样复查一次可燃气体浓度和氧含量。
　　A. 1个班次　　B. 8h　　C. 4h　　D. 2h

38. JAG005 进入受限空间作业,对照明及电气的要求是(　　)。
　　A. 照明电压应小于等于220V
　　B. 在潮湿容器、狭小容器内作业电压应小于等于36V
　　C. 使用超过安全电压的手持电动工具作业或进行电焊作业时,应配备漏电保护器
　　D. 照明电压应小于380V

39. JAG006 氧化剂具有强氧化性,(　　)并放出氧和热量。
　　A. 不分解　　B. 易分解　　C. 不易分解　　D. 以上均对

40. JAG006 以下不属于危险化学品的是(　　)。
　　A. 爆炸品　　B. 压缩气体和液化气体　　C. 氧化剂　　D. 弱还原剂

41. JAG007 严禁未按规定办理(　　)在厂区内进行动火作业。
　　A. 有限空间作业票　　B. 高处作业票
　　C. 动火作业许可证　　D. 施工作业许可证

42. JAG007　严禁穿易产生静电的服装进入工作（　　）。
　　A. 休息室　　　　B. 控制室　　　　C. 配电间　　　　D. 油气区
43. JBA001　下列选项中，反再系统开工前必须好用的仪表为（　　）。
　　A. 烟气 O_2 含量表　B. 烟气 CO 含量表　C. 烟气 CO_2 含量表　D. 上述三项都是
44. JBA001　热电偶在校验时所选用的标准热电偶为（　　）型热电偶。
　　A. K　　　　　　B. E　　　　　　　C. S　　　　　　　D. B
45. JBA002　当仪表输出信号在全开或全关位置时，调节阀应在相应的位置上，这是检查调
　　　　　　节阀的（　　）是否符合要求。
　　A. 负反馈调试　　B. 试运时的调节阀压降　C. 响应时间　　D. 量程
46. JBA002　装置开工前应检查调节阀的仪表输出风压与（　　）是否一致。
　　A. 输入风压　　　B. 膜头风压　　　　C. 气源风压　　　　D. 以上都是
47. JBA003　反再系统开工前，应试通（　　）大型和小型催化剂加料线，给上反吹风。
　　A. 沉降器　　　　B. 再生器　　　　　C. 外取热器　　　　D. 内取热器
48. JBA003　反再系统开工前，将再生器（　　）水冲洗、试压、煮炉结束。
　　A. 粗旋　　　　　B. 双动滑阀　　　　C. 单动滑阀　　　　D. 取热器
49. JBA004　烘衬里结束后，进行两器设备检查，最易出现的问题是（　　）。
　　A. 衬里有脱落、破裂、鼓包情况　　　B. 油气大管道严重热膨胀变形
　　C. 内取热器管束与器壁焊接处开裂　　D. 主风分布管显著变形烧坏
50. JBA004　再生器器壁的耐磨衬里表面要（　　），否则会使催化剂消耗增大。
　　A. 允许有裂缝　　B. 粗糙　　　　　　C. 光滑　　　　　　D. 没有要求
51. JBA005　开工前，原料油喷嘴检查，要求各喷嘴通畅且它们的中心线相交于提升管中心
　　　　　　线上的（　　）。
　　A. 一点　　　　　B. 二点　　　　　　C. 三点　　　　　　D. 四点
52. JBA005　开工前检查辅助燃烧室一、二次（　　）阀是否灵活好用。
　　A. 风　　　　　　B. 蒸汽　　　　　　C. 瓦斯　　　　　　D. 油气
53. JBA006　气体进入旋风分离器的方向是（　　）。
　　A. 切向　　　　　B. 径向　　　　　　C. 轴向　　　　　　D. 没有特殊要求
54. JBA006　沉降器中旋风分离器用来分离（　　）和催化剂。
　　A. 蒸汽　　　　　B. 干气　　　　　　C. 液态烃　　　　　D. 反应油气
55. JBA007　将旋风分离器入口的颗粒进行筛分分析，然后再将回收的颗粒进行分析，它们
　　　　　　之间的比值称为旋风器的（　　）。
　　A. 总效率　　　　B. 回收效率　　　　C. 等级效率　　　　D. 组成效率
56. JBA007　旋风分离器的分离效率是指（　　）。
　　A. 一级旋风分离器的效率
　　B. 各筛分组分的回收效率
　　C. 二级旋风分离器的效率
　　D. 一级旋风分离器和二级旋风分离器的效率之和
57. JBA008　旋风分离器分级效率曲线的横坐标为（　　）。

A. 总效率 B. 回收效率 C. 颗粒尺寸 D. 组成效率

58. JBA008 旋风分离器的总效率也称为(　　)。
    A. 回收效率 B. 组成效率 C. 分级效率 D. 重量效率

59. JBA009 不是影响旋风分离器效率的直接因素是(　　)。
    A. 入口线速 B. 催化剂入口温度
    C. 催化剂入口浓度 D. 催化剂的颗粒密度及分布

60. JBA009 一般规定再生器一级旋风分离入口线速不大于25m/s,超过(　　)催化剂单耗将明显增加。
    A. 40m/s B. 25m/s C. 30m/s D. 35m/s

61. JBA010 三级旋分器能进一步除去烟气中的催化剂,使烟机入口烟气中含尘浓度(　　)。
    A. 不大于100mJ/Nm³ B. 不大于150mJ/Nm³
    C. 不大于200mJ/Nm³ D. 不大于250mJ/Nm³

62. JBA010 三旋的总效率大约为(　　),其与入口浓度分布、入口粒度分布、旋风分离器的结构和操作条件有关。
    A. 50%~70% B. 70%~90% C. 75%~92% D. 95%~99%

63. JBA011 对于处理量较小的催化裂化装置,一般采用(　　)。
    A. 布埃尔式三旋 B. 旋流式三旋 C. 多管卧式三旋 D. 多管立式三旋

64. JBA011 在多管式三级旋分器中,在冷态试验下单根管的分离效率普遍(　　)。
    A. 不高 B. 较高 C. 较低 D. 尚可

65. JBA012 气体在压缩机气缸中(　　)的主风机称为轴流式主风机。
    A. 沿轴向流动 B. 沿径向流动 C. 离心作用下流动 D. 沿切向流动

66. JBA012 轴流式主风机的机壳是(　　)的。
    A. 水平剖分 B. 垂直剖分 C. 轴向剖分 D. 径向剖分

67. JBA013 我国各炼厂的催化裂化装置所用的主风机分为轴流式和离心式两种,它们都是叶片旋转式机械,按其作用原理都是(　　)式压缩机。
    A. 流量 B. 温度 C. 压力 D. 速度

68. JBA013 不属于离心式主风机主要性能参数的是(　　)。
    A. 流量 B. 转速 C. 功率 D. 效率

69. JBA014 轴流式风机与离心式风机相比,因对空气中灰尘较敏感,所以在进口通常安装有(　　)。
    A. 吸尘器 B. 除尘器 C. 过滤器 D. 过滤网

70. JBA014 下列选项中,关于轴流式风机与离心式风机的区别,叙述错误的是(　　)。
    A. 两者机内气体流向不同
    B. 轴流式风机在要求流量大时造价低
    C. 轴流式风机在不同工况下,有较稳定的效率值
    D. 离心式风机易损部件少,使用期限长

71. JBA015 气体输送机械按照输送机械的压强或压缩比来分类,不包括(　　)。

A. 通风机　　　　　B. 鼓风机　　　　　C. 压缩机　　　　　D. 真空泵

72. JBA015　压缩机按出口压力的不同,一般称排出压力(　　)的为压缩机。

　　A. $p \leqslant 0.015\text{MPa}$　　B. $0.015\text{MPa} < p \leqslant 0.2\text{MPa}$　　C. $p > 0.2\text{MPa}$　　D. 不限制

73. JBA016　转动系统中转子各段的质心(　　)完全处于回转轴上。

　　A. 不可能　　　　B. 必须　　　　　C. 不用　　　　　D. 尽量

74. JBA016　当转子转动时,会出现横向干扰,当转子的强迫振动频率(　　)转子的自由振动频率时,还会引起系统强烈振动,出现这种情况时的转速就是临界转速。

　　A. 等于　　　　　B. 大于　　　　　C. 小于　　　　　D. 大于等于

75. JBB001　下列对轴流压缩机调节特性描述错误的有(　　)。

　　A. 转速升高,特性曲线变陡
　　B. 多级比单级压缩机的特性曲线更陡直
　　C. 风机流量与大气绝对温度成反比
　　D. 当气温下降时,压力呈下降趋势

76. JBB001　对某一静叶角度下,流量与出口压力特性曲线随流量减小,出口压力则(　　)。

　　A. 升高　　　　　B. 不变　　　　　C. 先升后降　　　D. 先降后升

77. JBB002　下列选项中能够判断润滑油是否干净的是(　　),观察滤网前的压力表应(　　)。

　　A. 温度,上升　　B. 温度,下降　　C. 压力,不再上升　D. 压力,波动

78. JBB002　在机组启动以前,润滑油首先采用(　　)的方法。

　　A. 外循环
　　B. 内循环
　　C. 进口法兰中加临时过滤网打外循环
　　D. 进口法兰中加临时过滤网打内循环

79. JBB003　下列主风机组启动的条件,错误的是(　　)。

　　A. 静叶在启动角　　　　　　　　　B. 反喘振阀全开
　　C. 主风机出口逆止阀全开　　　　　D. 烟机入口阀关闭

80. JBB003　主风机—烟气轮机能量回收机组启动前,外部系统各设备和阀门满足条件要求后,逻辑系统接触对电动/发电机的闭锁,(　　)指示灯亮起。

　　A. 启动待命　　　B. 禁止启动　　　C. 启动主电机　　D. 启动烟气轮机

81. JBB004　如果主风机由烟机拖动,则开机前将静叶调至(　　)。

　　A. 启动角度　　　B. 最大启动角度　C. 最小工作角度　D. 最大工作角度

82. JBB004　如果主风机由电机拖动,则开机前将静叶调至(　　)。

　　A. 启动角度　　　B. 最大启动角度　C. 最小工作角度　D. 最大工作角度

83. JBB005　电机启动后,进入堵转保护程序,当电机转速≤450r/min,启动时间应>(　　),否则电机断路器打开。

　　A. 20s　　　　　B. 22s　　　　　C. 25s　　　　　D. 28s

84. JBB005　当主风机转速大于5000r/min时,转速正常指示灯亮,静叶角度自动在(　　)内从启动角向最小工作角度释放。

　　A. 3s　　　　　B. 4s　　　　　C. 5s　　　　　D. 6s

85. JBB006　烟气轮机是将（　　）和热能转化为电能或机械能的机械。
　　A. 压力能　　　　B. 化学能　　　　C. 电能　　　　D. 生物能

86. JBB006　烟气轮机是将压力能和热能转化为（　　）或机械能的机械。
　　A. 压力能　　　　B. 化学能　　　　C. 电能　　　　D. 生物能

87. JBB007　悬臂支撑结构的烟气轮机进气、排气方式为（　　）。
　　A. 轴向进气、轴向排气　　　　　　B. 轴向进气、径向排气
　　C. 径向进气、径向排气　　　　　　D. 径向进气、轴向排气

88. JBB007　烟气轮机动叶片中部截面处的圆周速度与下列因素无关的是（　　）。
　　A. 烟机转速　　　B. 轮盘直径　　　C. 叶片高度　　　D. 叶片厚度

89. JBB008　电多汽少的炼厂多采用（　　）机组。
　　A. 四机配置　　　　　　　　　　　B. 三机配置
　　C. 分轴式烟气透平发电　　　　　　D. 以上都正确

90. JBB008　国内催化装置一般都设有备用主风机组,其负荷一般为主机负荷的（　　）。
　　A. 60%～80%　　B. 80%～100%　　C. 50%～70%　　D. 50%～100%

91. JBB009　烟气能量回收系统主要回收烟气中（　　）。
　　A. 催化剂和压力能　B. 压力能　　　C. 热能　　　　D. 压力能和热能

92. JBB009　对于烟气能量回收系统的特点,下列选项中关于烟气描述错误的是（　　）。
　　A. 流量大　　　　　　　　　　　　B. 压力高
　　C. 温度高　　　　　　　　　　　　D. 催化剂细粉含量较高

93. JBC001　对于高低并列式催化装置,属于待生线路阻力的选项是（　　）。
　　A. 待生滑阀压降　B. 沉降器静压　　C. 汽提段静压　　D. 待生斜管静压

94. JBC001　再生线路和待生线路的推动力应该（　　）阻力,才能保证两器催化剂的正常循环。
　　A. 大于　　　　　B. 小于　　　　　C. 等于　　　　　D. 无法确定

95. JBC002　下列选项中,能够反映两器热平衡结果的是（　　）。
　　A. 烟气氧含量　　B. 催化剂活性　　C. 反应温度　　　D. 再生温度

96. JBC002　保持两器间需热和供热的平衡,在操作中通过直接控制（　　）来实现。
　　A. 原料油预热温度　B. 烟机进口温度　C. 反应温度　　　D. 再生温度

97. JBC003　控制好生焦与烧焦平衡,关键是要控制好（　　）。
　　A. 回炼比　　　　B. 剂油比　　　　C. 反应压力　　　D. 主风量

98. JBC003　下列选项中,不属于物料平衡范围的是（　　）。
　　A. 单程转化率与回炼比　　　　　　B. 气体产量与气压机能力
　　C. 再生器热平衡　　　　　　　　　D. 催化剂的损失与补充

99. JBC004　再生器的主要作用是提供催化剂再生烧焦的场所,用主风(或氧气)烧掉催化剂的积炭恢复催化剂的活性和（　　）。
　　A. 稳定性　　　　B. 选择性　　　　C. 抗重金属污染性　D. 机械强度

100. JBC004　再生器设有旋风分离器,用于（　　）,防止跑损催化剂。
　　A. 加压　　　　　B. 升速　　　　　C. 流化　　　　　D. 气固分离

101. JBC005 下列选项中,催化剂再生烧焦根据流化床类型分类错误的是(　　)。
    A. 湍流床　　　　　B. 移动床　　　　　C. 快速床　　　　　D. 输送床
102. JBC005 为了充分发挥催化剂的活性,再生剂含炭量要求低于(　　)。
    A. 0.1%　　　　　B. 0.2%　　　　　C. 1%　　　　　D. 2%
103. JBC006 早期的无定型催化剂的再生剂含炭量要求在(　　)范围即可。
    A. 0.4%~0.8%　　B. 0.2%~0.4%　　C. 0.1%~0.2%　　D. 0.05%~0.1%
104. JBC006 对超稳型沸石催化剂来说,再生催化剂含炭量一般在(　　)。
    A. 0.4%~0.8%　　B. 0.2%~0.4%　　C. 0.1%~0.2%　　D. 0.05%~0.1%
105. JBC007 后置烧焦罐的操作方法中,控制烧焦罐的氧含量不能过高,是为了防止(　　)。
    A. 炭堆　　　　　B. CO 尾燃　　　　C. 催化剂带油　　　D. 催化剂架桥
106. JBC007 后置烧焦罐完全再生,加 CO 助燃剂,富氧操作,烟气总氧含量不小于(　　)。
    A. 0.5%(体积分数)　　　　　　　　B. 4.5%(体积分数)
    C. 2.5%(体积分数)　　　　　　　　D. 3.5%(体积分数)
107. JBC008 降低催化裂化装置烟气中 CO 含量的方法有(　　)。
    A. 提高烟囱高度　　　　　　　　　B. 使用 CO 焚烧炉
    C. 原料采用加氢处理　　　　　　　D. 安装电除尘器
108. JBC008 通过挥发性有机化合物(VOCs)等治理项目的开展,应用泄漏检测与修复技术(LDAR)等控制技术控制和削减(　　)。
    A. SO_x、NO_x　　B. H_2S　　　　C. 烃类的泄漏　　　D. 催化剂粉尘
109. JBC009 原料密度越大,原料中含硫化合物的含量越高,烟气中的 SO_x 浓度(　　)。
    A. 降低　　　　　B. 增加　　　　　C. 不变　　　　　D. 无法确定
110. JBC009 催化裂化烟气中的 SO_x 主要来源于(　　)。
    A. 催化剂　　　　B. 各类助剂　　　　C. 催化原料　　　　D. 主风
111. JBC010 干法脱硫和湿法脱硫相比其优点是(　　)。
    A. 脱硫费用低　　B. 没有污水处理问题　C. 脱硫率高　　　　D. 占地面积小
112. JBC010 湿法脱硫一般用(　　)作为吸附液。
    A. 氯化钠　　　　B. 氢氧化钠　　　　C. 碳酸氢钠　　　　D. 碳酸钠
113. JBC011 使用硫转移助剂即 SO_x 转移剂,最终将 SO_x 转化为(　　)随反应油气进入后续单元。
    A. 硫醇　　　　　B. SO_3　　　　　C. H_2S　　　　　D. S
114. JBC011 控制原料中高硫组分的掺炼量,尤其是(　　)的掺炼量,是降低再生烟气中 SO_x 的有效手段。
    A. 常压渣油　　　B. 减压渣油　　　　C. 蜡油　　　　　　D. 回炼油
115. JBC012 SCR 法是目前应用最广泛的再生烟气脱硝技术,与其他技术相比其缺点主要是(　　)。
    A. 催化剂易失效　B. 副产品多　　　　C. 易产生二次污染　D. 脱硝效率低
116. JBC012 SCR 法是目前应用最广泛的再生烟气脱硝技术,其脱硝效率可达(　　)

以上。

  A. 60%   B. 70%   C. 80%   D. 90%

117. JBC013 由于催化裂化烟气体积较大,应采取多台电除尘器( )操作。

  A. 串联   B. 并联   C. 混合联   D. 以上都是

118. JBC013 国外催化裂化装置都采用( )方法,作为减少烟气粉尘的最后一道措施。

  A. 二级旋风分离器 B. 高效三级旋风分离器 C. 电除尘器 D. 高空排放

119. JBC014 国外催化裂化装置多采用( )方法,处理废催化剂。

  A. 代替白土精制油品使用

  B. 回收混进新鲜催化剂再使用

  C. 利用其中的 Al_2O_3 生产工业用水净化处理剂

  D. 深度掩埋方法

120. JBC014 用磁分离技术,可将受( )污染的催化剂回收利用。

  A. 钠、钙   B. 镍、钡   C. 铜、锑   D. 硅、铝

121. JBC015 ( )可减弱氮化物在催化剂上的吸附作用,使氮化物留在产品中,降低催化剂上携带的氮化物。

  A. 提高反应温度 B. 降低反应温度 C. 增加反应时间 D. 降低反应时间

122. JBC015 控制( )可降低再生烟气中 NO_x 的含量。

  A. 较高的焚烧炉温度   B. 较低的焚烧炉温度

  C. 较高的焚烧炉压力   D. 较低的焚烧炉压力

123. JBC016 气体吸收的原理是利用气体混合物中各组分在某一液体吸收剂中的( )不同,从而将气体进行分离的。

  A. 溶解度   B. 挥发度   C. 饱和度   D. 解析度

124. JBC016 吸收过程是气体混合物中各组分通过某液体吸收剂,将其中( )的组分分离出来。

  A. 溶解度小   B. 溶解度大   C. 挥发度大   D. 挥发度小

125. JBC017 催化裂化吸收过程,降低吸收温度,吸收效果( )。

  A. 变好   B. 不变   C. 变坏   D. 无法确定

126. JBC017 催化裂化吸收过程,提高吸收压力,吸收效果( )。

  A. 无法确定   B. 不变   C. 变坏   D. 变好

127. JBC018 催化裂化吸收过程,为提高吸收过程推动力,吸收剂温度应( )。

  A. 提高   B. 不变   C. 降低   D. 无法确定

128. JBC018 催化裂化吸收过程,选择对组分气体溶解度( )的吸收剂,有利于提高吸收过程推动力。

  A. 较小   B. 相近   C. 较大   D. 无法确定

129. JBC019 解吸塔顶气体采样分析,若其中乙烯与丙烷的比值大于( ),则可判断为吸收过度。

  A. 0.1   B. 0.5   C. 1   D. 2

130. JBC019 吸收过度的处理,应( )补充吸收剂量,( )补充吸收剂温度。

A. 降低,降低　　　　B. 降低,提高　　　　C. 提高,降低　　　　D. 提高,提高

131. JBC020　吸收塔中段回流的主要作用是(　　)。
　　A. 提供内回流　　B. 取走热量　　　　C. 调节产品质量　　D. 能量回收

132. JBC020　一般吸收塔中段回流有(　　)个。
　　A. 1　　　　　　　B. 2　　　　　　　　C. 3　　　　　　　　D. 4

133. JBC021　吸收过程只包括被吸收组分自(　　)进入吸收剂的传质过程。
　　A. 固体　　　　　B. 液相　　　　　　C. 气相　　　　　　D. 气液混合

134. JBC021　吸收是利用混合物中各组分在溶剂中的(　　)不同,而达到分离的目的。
　　A. 沸点　　　　　B. 饱和度　　　　　C. 挥发度　　　　　D. 溶解度

135. JBC022　解吸塔的理想操作条件是(　　)。
　　A. 低温,低压　　　B. 低温,高压　　　 C. 高温,低压　　　 D. 高温,高压

136. JBC022　单塔流程的主要缺点是(　　)。
　　A. 流程复杂　　　B. 冷凝冷却负荷较大　C. 操作难度大　　 D. 设备投资高

137. JBC023　减少汽油中(　　)馏分含量,有利于提高吸收率。
　　A. C_6　　　　　B. C_5　　　　　　C. C_4　　　　　　D. C_3

138. JBC023　吸收塔操作中加大液气比,可(　　)吸收率。
　　A. 降低　　　　　B. 保持　　　　　　C. 提高　　　　　　D. 不确定

139. JBC024　先进控制,简称(　　),是工业自动化软件的核心技术之一,是解决复杂工业过程控制问题最有效的手段。
　　A. ESD　　　　　B. DCS　　　　　　C. APC　　　　　　D. PID

140. JBC024　先进控制系统以模型为基础,通过调节多个相互耦合的控制回路,实现(　　)目标的控制。
　　A. 单个　　　　　B. 两个　　　　　　C. 三个　　　　　　D. 多个

141. JBC025　先进控制系统由(　　)部分组成。
　　A. 二　　　　　　B. 三　　　　　　　C. 四　　　　　　　D. 五

142. JBC025　先进控制系统的核心是(　　)。
　　A. 中间调节回路　　　　　　　　　　B. 工艺计算
　　C. 多变量模型预估控制器　　　　　　D. 常规 PID 控制

143. JBC026　先进控制系统的优化模块能量管理控制,不包括(　　)。
　　A. 塔底重沸器约束控制　　　　　　　B. 气压机反飞动保护
　　C. CO 锅炉控制　　　　　　　　　　D. 汽提蒸汽流量的调节

144. JBC026　下列选项中不是先进控制系统优化模块主分馏塔控制目的的是(　　)。
　　A. 调整产品质量,并使目的产品产率最大
　　B. 操作调整塔热平衡,达到最好的能量回收效果和最有效的产品分离
　　C. 工艺产生的热量最大限度地被利用
　　D. 保持分馏塔底温度被控制在约束范围内

145. JBC027　由前一个调节器的输出作为后一个调节器的设定值,后一个调节器的输出送到调节阀,这样的控制系统是(　　)系统。

A. 前馈控制　　　　B. 分程控制　　　　C. 串级控制　　　　D. 均匀控制

146. JBC027　串级控制系统属于定值控制系统,副回路是一个随动系统,主调节器根据负荷和条件的变化,不断调整副回路的(　　)值,使副回路适应不同的负荷和条件。

A. 上限　　　　　　B. 下限　　　　　　C. 输出　　　　　　D. 设定

147. JBC028　下列选项中不属于复杂控制系统分类的是(　　)。

A. 串级控制　　　　B. 分程控制　　　　C. 均匀控制　　　　D. 随动控制

148. JBC028　复杂控制系统的基础是灵活好用的 PID(　　)回路控制。

A. 单　　　　　　　B. 双　　　　　　　C. 多　　　　　　　D. 循环

149. JBC029　由于工艺过程的需要,控制阀由气开改为气关,或由气关改为气开时,只要改变(　　)的正反作用。

A. 子控制器　　　　B. 附属控制器　　　C. 主控制器　　　　D. 副控制器

150. JBC029　串级控制系统中主控制器作用方向的选择完全由(　　)确定。

A. 介质特性　　　　B. 工艺过程　　　　C. 保证产品质量　　D. 以上都是

151. JBD001　当烟机出口温度>650℃,且轮盘冷却蒸汽<(　　)时,烟机突然跳闸停机。

A. 0.25MPa　　　　B. 0.31MPa　　　　C. 0.33MPa　　　　D. 0.35MPa

152. JBD001　下列选项中,不会引起烟机突然跳闸停机的原因是(　　)。

A. 油压大降　　　　B. 烟机出口温度超高　C. 主风低流量　　　D. 烟机超速

153. JBD002　烟机突然跳闸停机自保阀门动作,错误的是(　　)。

A. 烟机旁路蝶阀打开　　　　　　　　　　B. 双动滑阀打开
C. 反喘振阀打开　　　　　　　　　　　　D. 烟机入口蝶阀关闭

154. JBD002　烟机突然跳闸停机后,主风流量控制器置于(　　)位置。

A. 手动　　　　　　B. 自动　　　　　　C. PLC　　　　　　D. DCS

155. JBD003　通常停烟机是在(　　)之后。

A. 切断进料　　　　　　　　　　　　　　B. 主风机安全运行
C. 再生器卸完催化剂　　　　　　　　　　D. 主风机停机

156. JBD003　通常停烟机前需将主风机流量(　　)。

A. 适当降低　　　　B. 适当增加　　　　C. 保持不变　　　　D. 无法确定

157. JBD004　主风机组安全运行,静叶应自动关至(　　)。

A. 0°　　　　　　　B. 14°　　　　　　　C. 22°　　　　　　　D. 30°

158. JBD004　主风机组安全运行,防喘振阀应(　　)。

A. 全开　　　　　　B. 微开　　　　　　C. 全关　　　　　　D. 关一半

159. JBD005　主风机组进入安全运行状态,系统会自动执行的动作中错误的一项是(　　)。

A. 烟机入口蝶阀关　　　　　　　　　　　B. 将静叶关至最小
C. 打开防喘振阀　　　　　　　　　　　　D. 打开出口单向阻尼阀

160. JBD005　通常,停主风机组是在(　　)。

A. 切断进料　　　　　　　　　　　　　　B. 再生器催化剂卸尽结束

C. 分馏系统退油结束　　　　　　　　D. 稳定退油结束

161. JBD006　分馏系统停工时,停循环油浆的条件是(　　)。
A. 分馏塔底液面低　　　　　　　　B. 分馏塔底液面高
C. 沉降器内无催化剂　　　　　　　D. 分馏塔底温度低

162. JBD006　分馏系统停工前应将(　　)扫通备用。
A. 产品油浆线　　B. 事故油浆退油线　　C. 回炼油浆线　　D. 不合格汽油线

163. JBD007　压缩富气中断后,关闭富气冷却器入口阀,维持稳定系统各部压力,保证汽油(　　)合格。
A. 闪点　　　　　B. 初馏点　　　　　C. 干点　　　　　D. 蒸气压

164. JBD007　压缩富气中断,稳定岗位用(　　)出装置阀控制再吸收塔压力。
A. 贫气　　　　　B. 干气　　　　　　C. 富气　　　　　D. 液化气

165. JBD008　吸收稳定系统停工时也应保证稳定塔底温度大于(　　)。否则应立即停送汽油出装置。
A. 60℃　　　　　B. 100℃　　　　　C. 160℃　　　　　D. 200℃

166. JBD008　压缩富气中断后,干气出装置阀门应(　　)以维持系统压力。
A. 全开　　　　　B. 全关　　　　　C. 维持正常阀位　　D. 投自动控制

167. JBD009　装置停工吹扫过程中,符合环保要求的是(　　)。
A. 污染物敞口排放　　　　　　　　B. 污染物密闭排放
C. 蒸塔蒸汽排放大气　　　　　　　D. 含硫污水直接排至排水厂

168. JBD009　停工过程中,系统安全的泄压方式是(　　)。
A. 缓慢由高压降至低压,不必担心造成负压
B. 快速由高压降至低压,最终压力降至零
C. 缓慢由高压降至低压,直至微正压
D. 快速由高压降至低压,直至微正压

169. JBD010　停工时对UPS应保持(　　)。
A. 电池供电状态　　B. 旁路状态　　C. 带电运行状态　　D. 以上都不对

170. JBD010　停用热工系统汽包前,必须控制好其液位,防止(　　),造成设备损坏。
A. 汽水共腾　　　B. 液面过低　　　C. 蒸汽带水　　　D. 汽包干锅

171. JBD011　停工卸催化剂时,反应压力要高于再生压力,卸剂温度不大于(　　)。
A. 450℃　　　　　B. 500℃　　　　　C. 550℃　　　　　D. 600℃

172. JBD011　停工时由(　　)负责加盲板工作,各盲板处和禁动阀门要挂好盲板或禁动标志。
A. 专人　　　　　B. 在班班长　　　C. 在班操作员　　D. 技术员

173. JBD012　直径小于或等于150mm管线的盲板厚度,按用火管理制度规定应不小于(　　)。
A. 1mm　　　　　B. 2mm　　　　　C. 3mm　　　　　D. 4mm

174. JBD012　直径250~300mm的管线盲板厚度,按用火管理制度规定应不小于(　　)。
A. 3mm　　　　　B. 5mm　　　　　C. 6mm　　　　　D. 7mm

175. JBD013　盲板是用来临时或永久(　　)管道内介质的管件。
　　A. 切断　　　　　B. 连接　　　　　C. 疏通　　　　　D. 分流

176. JBD013　打开连接法兰安装盲板前,必须首先核对需要安装盲板的(　　)。
　　A. 尺寸　　　　　B. 位置　　　　　C. 变形　　　　　D. 强度

177. JBE001　主风机必须连续运转,一旦主风机停机催化装置将(　　)生产。
　　A. 停止　　　　　B. 继续　　　　　C. 间断　　　　　D. 不影响

178. JBE001　主风机是把(　　)转化为空气的压力能和动能,并将空气输送出去的机械。
　　A. 静压能　　　　B. 化学能　　　　C. 电能　　　　　D. 机械能

179. JBE002　用于机组超速控制逻辑表决一般采用(　　)或者(　　)。
　　A. 二取二、三取一　　　　　　　　B. 二取二、三取二
　　C. 二取二、三取三　　　　　　　　D. 三取二、三取三

180. JBE002　主风机组的逻辑控制内容可由一台可编程序控制器完成,可编程序控制器简称(　　)。
　　A. DCS　　　　　B. PLC　　　　　C. PC　　　　　　D. ESD

181. JBE003　主风机组中发电机监控的项目不包括(　　)。
　　A. 电机定子绕组温度低　　　　　　B. 电机不跳闸
　　C. 发电功率超限　　　　　　　　　D. 电机事故跳闸

182. JBE003　主风机组的主要监控项目不包括(　　)。
　　A. 轴振动高　　　B. 轴位移大　　　C. 轴承温度高　　D. 轴承磨损大

183. JBE004　在切换机组润滑油过滤器时第一步骤是(　　)。
　　A. 转动切换手柄　　　　　　　　　B. 打开冲油阀
　　C. 打开备用过滤器顶放空　　　　　D. 检查备用过滤器阀门位置

184. JBE004　当机组润滑油过滤器压差大于(　　)时,需切换过滤器。
　　A. 0.5MPa　　　B. 1MPa　　　　C. 0.15MPa　　　D. 2MPa

185. JBE005　机组的轴向位移应保持在允许的范围内,一般为(　　)。
　　A. 0.6~0.8mm　　B. 1~1.2mm　　C. 0.8~1mm　　　D. 0.8~1.2mm

186. JBE005　为保证机组主推力块与推力盘接触时,副推力块与推力盘的间隙应该(　　)转子与定子之间的最小间隙。
　　A. 小于　　　　　B. 等于　　　　　C. 大于　　　　　D. 无法确定

187. JBE006　主风机组转速越低,如引起喘振,则喘振(　　)。
　　A. 越轻微　　　　B. 越剧烈　　　　C. 易消除　　　　D. 危害小

188. JBE006　对于大型轴流式风机来说,喘振是机组(　　)的前奏。
　　A. 飞动　　　　　B. 阻塞　　　　　C. 失速　　　　　D. 逆流

189. JBE007　主风机发生喘振,处理不当会造成(　　)。
　　A. 催化剂跑损　　B. 催化剂带油　　C. 催化剂倒流　　D. 催化剂热崩

190. JBE007　压缩机在发生喘振时,最易受损的部件为(　　)。
　　A. 转子　　　　　B. 叶片　　　　　C. 轴承　　　　　D. 密封

191. JBE008　防止主风机喘振最简便的方法是(　　)。

A. 降低再生压力 B. 增加主风流量
C. 打开主风机防喘振阀 D. 停主风机

192. JBE008 反喘振线一般设置在喘振线以下,留有( )的反喘振余量。
A. 0~5% B. 5%~10% C. 50%~80% D. 80%~90%

193. JBE009 当主风机转速大于5000r/min时,转速正常指示灯亮,静叶角度自动在( )内从启动角向最小工作角度释放。
A. 3s B. 4s C. 5s D. 6s

194. JBE009 轴流式主风机组运行状态检测的内容不包括( )。
A. 主风流量监控 B. 静叶角度监控
C. 轴位移监控 D. 反飞动流量监控

195. JBE010 如果烟气透平输出功率( )主风机耗功,汽轮机发出的功率补充烟气透平输出功率,维持轴系转速等于汽轮机调速器的整定值。
A. 小于 B. 等于 C. 大于 D. 接近

196. JBE010 如果烟气透平的输出功率( )主风机耗功,即使汽轮机调速汽门关至最小,机组仍然要超速,当机组转超过102%时,烟气透平调速器也会自动投入工作。
A. 小于 B. 等于 C. 大于 D. 接近

197. JBE011 ( )式压缩机特性曲线静叶最小角度与最小工作角度线之间的区域称旋转失速区。
A. 回转 B. 往复 C. 离心 D. 轴流

198. JBE011 为了防止轴流压缩机失速,要求熟悉特性线,机组启动过程中应( )失速区。
A. 缓慢通过 B. 快速通过 C. 平稳通过 D. 防止通过

199. JBE012 初级叶片的阻塞决定了压缩机的( )流量,此时叶片强度达到了最大值。
A. 最小 B. 额定 C. 规定 D. 最大

200. JBE012 轴流压缩机阻塞现象可能会导致( )损坏。
A. 叶片 B. 叶栅 C. 轴承 D. 轴瓦

201. JBE013 烟机运行时,应经常检查密封蒸汽差压控制在( )。
A. 0.0007MPa B. 0.007MPa C. 0.07MPa D. 0.1MPa

202. JBE013 烟机入口温度超过设计值,造成轮盘、叶片等部件的额外膨胀增加,材料的( )降低。
A. 机械性能 B. 烟机效率 C. 操作性能 D. 性能指标

203. JBE014 烟机正常运行时轮盘冷却蒸汽的耗汽量一般控制在( )。
A. 1800kJ/h B. 3000kJ/h C. 800kJ/h D. 2000kJ/h

204. JBE014 烟机轮盘冷却蒸汽的作用,是冷却轮盘的( )部分,以降低轮盘的应力,延长使用寿命。
A. 叶片 B. 叶根 C. 叶轮 D. 导向叶环

205. JBE015 烟机密封蒸汽,应始终控制蒸汽压力高于烟气压力( )。

A. 5kPa   B. 7kPa   C. 10kPa   D. 15kPa

206. JBE015 为了防止带有粉尘的高温烟气从(   )外漏、污染环境,固在轴伸出部位均装有迷宫式密封环,并向内圈注入蒸汽。
    A. 轴承外侧   B. 轴承内侧   C. 轴承间隙   D. 轴伸出端

207. JBF001 (   )是主风机最危险的工作状态。
    A. 失速   B. 飞动   C. 喘振   D. 逆流

208. JBF001 主风机逆流,会造成催化剂(   )。
    A. 跑损   B. 破碎   C. 失活   D. 倒流

209. JBF002 一旦逆流产生,逆流信号将通过逻辑控制系统使(   )关闭。
    A. 主风单向阻尼阀   B. 烟机入口闸阀
    C. 防喘振阀   D. 烟机旁路蝶阀

210. JBF002 一旦逆流产生,逆流信号将通过逻辑控制系统使(   )在1.5s内打开。
    A. 主风单向阻尼阀   B. 主风出口单向阀
    C. 防喘振阀   D. 烟机旁路蝶阀

211. JBF003 两器压力大幅度波动,压差超过极限值,会造成催化剂(   )。
    A. 失活   B. 跑损   C. 不流化   D. 倒流

212. JBF003 两器松动风(汽)、预提升蒸汽、流化蒸汽压力突然大幅度下降,会造成(   )。
    A. 反应压力上升   B. 再生压力上升   C. 催化剂中毒   D. 催化剂倒流

213. JBF004 再生线路催化剂架桥会造成再生器藏量(   )。
    A. 上升   B. 下降   C. 不变   D. 无法确定

214. JBF004 再生线路催化剂架桥会造成提升管出口温度(   )。
    A. 上升   B. 下降   C. 不变   D. 无法确定

215. JBF005 两器差(   )是造成再生斜管催化剂流动性不好的原因。
    A. 过大   B. 过小或负差压   C. 平稳   D. 超高

216. JBF005 再生滑阀(   ),是再生斜管催化剂流动性不好的原因。
    A. 自动控制   B. 报警   C. 锁定   D. 故障

217. JBF006 待生线路催化剂架桥会造成汽提段密度(   )。
    A. 上升   B. 下降   C. 不变   D. 无法确定

218. JBF006 待生线路催化剂架桥的现象是(   )。
    A. 汽提段藏量上升,再生器藏量上升   B. 汽提段藏量上升,再生器藏量下降
    C. 汽提段藏量下降,再生器藏量上升   D. 汽提段藏量下降,再生器藏量下降

219. JBF007 待生线路上催化剂松动介质使用的是(   )。
    A. 净化风   B. 非净化风   C. 蒸汽   D. 氮气

220. JBF007 催化剂(   ),是引起待生线路催化剂循环中断的原因。
    A. 结焦堵塞   B. 细粉过多   C. 活性过高   D. 活性过低

221. JBF008 再生线路催化剂中断的处理方法错误的是(   )。
    A. 适当降低处理量   B. 适当降低反应压力
    C. 适当开大再生滑阀   D. 适当降低主风量

222. JBF008 平衡催化剂中( )含量过高会影响催化剂的流化性能。
 A. 铁　　　　　B. 镍　　　　　C. 钒　　　　　D. 铜
223. JBF009 当主风机出口风量达到( )低于自保值时,主风自保自动启用。
 A. 二取二或三取一　　　　　　　B. 三取一或三取二
 C. 三取二或二取二　　　　　　　D. 三取三或二取二
224. JBF009 当出现( )情况时,立即投用主风自保。
 A. 提升管噎塞　　　　　　　　　B. 两器差压超限
 C. 两器料封有压空危险时　　　　D. 两器无法切断
225. JBF010 主风自保动作不会造成( )。
 A. 气压机停机　　B. 主风中断　　C. 进料切断　　D. 两器切断
226. JBF010 主风机故障停机或安全运行会造成( )。
 A. 气压机自动停机　B. 机组失速　　C. 机组喘振　　D. 主风中断
227. JBF011 催化裂化装置主风事故蒸汽,一般采用的是( )蒸汽。
 A. 0.3MPa　　　B. 1.0MPa　　　C. 3.5MPa　　　D. 10MPa
228. JBF011 下列选项中,一般不属于催化裂化装置自保事故蒸汽的是( )。
 A. 主风事故蒸汽　　　　　　　　B. 增压风事故蒸汽
 C. 进料事故蒸汽　　　　　　　　D. 分馏塔底事故蒸汽
229. JBF012 主风中断后,反应岗位应立即投用( )自保。
 A. 进料　　　　B. 两器切断　　　C. 主风　　　　D. 增压风
230. JBF012 对于同轴式催化裂化装置,主风中断后两器压力的调整方式是保证再生器压力( )。
 A. 低于沉降器压力　　　　　　　B. 高于沉降器压力
 C. 高于分馏塔压力　　　　　　　D. 低于分馏塔压力
231. JBF013 下列选项中,不是产生油膜涡动原因的是( )。
 A. 润滑油质量　B. 润滑油温度　C. 润滑油压力　D. 辅助油泵运行
232. JBF013 如果因烟气粉尘堆积使烟机振动过大,那么随烟气粉尘浓度的升高烟机振动将( )。
 A. 降低　　　　B. 增大　　　　C. 平稳　　　　D. 归零
233. JBF014 因油膜涡动造成烟机振值上升,机组运行时可调整( )。
 A. 润滑油温度、压力　　　　　　B. 轴瓦间隙
 C. 油楔间隙　　　　　　　　　　D. 轴承壳体间隙
234. JBF014 防止工艺参数大幅波动,保证再生器各旋分线速度和压降,尤其是平稳( )操作工况是防止烟机振值上升的方法。
 A. 粗旋　　　　B. 顶旋　　　　C. 三旋　　　　D. 四旋
235. JBF015 装置停除氧水,尽量减少油浆蒸汽发生器产汽量,保证( )温度不超温。
 A. 解吸塔底　B. 稳定塔底　C. 轻柴油汽提塔底　D. 分馏塔底
236. JBF015 装置停除氧水,反应岗位( )外取热器的取热量,汽包液位过低时应切出。
 A. 小幅度减少　B. 大幅度减少　C. 小幅度增加　D. 大幅度增加

237. JBF016　下面选项中,(　　)是循环水停的工艺现象。
　　A. 循环水来水温度上升　　　　　　　　B. 各塔顶系统温度下降
　　C. 各机泵轴承温度升高、停机　　　　　D. 循环水压力上升

238. JBF016　下列选项中,属于停循环水工艺现象的是(　　)。
　　A. 循环水温度下降　　　　　　　　　　B. 各塔顶系统温度升高
　　C. 各机泵轴承温度下降　　　　　　　　D. 循环水流量上升

239. JBF017　装置停循环水,下列叙述错误的是(　　)。
　　A. 各塔温度、压力升高　　　　　　　　B. 油品出装置温度升高
　　C. 反应温度升高　　　　　　　　　　　D. 机组润滑油温度升高

240. JBF017　装置停循环水,对于冷却水使用循环水的机泵可及时将进水改(　　),回水就地排放。
　　A. 软化水　　　B. 除氧水　　　C. 新鲜水　　　D. 凝结水

241. JBF018　停低压电,指的是停(　　)电源。
　　A. 24V　　　　B. 220V　　　　C. 380V　　　　D. 6000V

242. JBF018　由于停低压电,造成主风机润滑油泵全停,应立即启用(　　)。
　　A. 进料切断自保　　　　　　　　　　　B. 两器切断自保
　　C. 主风低流量自保　　　　　　　　　　D. 气压机停机自保

243. JBF019　反再两器只要有(　　),就要通入流化介质,并保持反吹风和松动蒸汽不中断。
　　A. 催化剂　　　B. 钝化剂　　　C. 助燃剂　　　D. 助辛剂

244. JBF019　装置停电反应岗位应控制好反再两器压力,防止相互压空两器藏量(　　)。
　　A. 迅速切断两器　　　　　　　　　　　B. 改单器流化
　　C. 尽可能维持两器催化剂循环　　　　　D. 再生器闷床

245. JBF020　催化分馏塔,只要反再系统维持催化循环,就要保持(　　)循环。
　　A. 塔顶　　　　B. 一中　　　　C. 二中　　　　D. 油浆

246. JBF020　装置停电分馏岗位用(　　)扫通油浆紧急放空线和原料进装置循环线。
　　A. 氮气　　　　B. 净化风　　　C. 非净化风　　D. 蒸汽

247. JBF021　装置长时间停电,稳定岗位关闭所有(　　)。
　　A. 备用泵入口阀　B. 备用泵出口阀　C. 运转泵入口阀　D. 运转泵出口阀

248. JBF021　装置停电,稳定岗位应关闭(　　)进稳定系统阀。
　　A. 粗汽油　　　B. 精制汽油　　C. 稳定汽油　　D. 回炼汽油

249. JBF022　装置停高压电时,下列设备中会停运的有(　　)。
　　A. 主(备)用风机　B. 原料油泵　　C. 油浆泵　　　D. 以上都会

250. JBF022　装置停高压电,下列机组会停机的有(　　)。
　　A. 处于发电工况的三机组　　　　　　　B. 处于用电工况的三机组
　　C. 汽轮机带动的气压机　　　　　　　　D. 四机组

251. JBF023　催化裂化装置停 3.5MPa 蒸汽是指装置(　　)系统出现故障,而管网(　　)不能及时补充进来的情况。

A. 中压蒸汽,低压蒸汽 B. 高压蒸汽,中压蒸汽
C. 中压蒸汽,高压蒸汽 D. 中压蒸汽,中压蒸汽

252. JBF023 3.5MPa 蒸汽在减温减压器中与( )混合,达到降温、降压的目的。
A. 冷凝水 B. 除氧水 C. 新鲜水 D. 以上都不是

253. JBF024 下列属于公用工程的单元是( )。
A. 原料处理 B. 产品净化 C. 供水、供电 D. 生产设备

254. JBF024 公用工程系统出现的故障不包括( )。
A. 停原料 B. 停蒸汽 C. 停水 D. 停电

255. JBF025 装置停非净化风时,对于使用非净化风的松动点,正确处理方法是( )。
A. 关正线,开副线 B. 正副线均关闭
C. 正副线都开 D. 改用备用介质松动

256. JBF025 如果因非净化风中断已造成催化剂( ),生产维持不住时,装置切断进料,按紧停工处理。
A. 失活 B. 中毒 C. 跑损 D. 流化失常

257. JBF026 下面选项中,不属于仪表风停的现象是( )。
A. 控制阀失灵 B. 风关阀全开 C. 风开阀全关 D. 风开阀全开

258. JBF026 装置停仪表风,风开控制阀将全( ),风关控制阀将全( )。
A. 开、开 B. 开、关 C. 关、开 D. 关、关

259. JBF027 装置停仪表风,应立即将风开控制阀改为( )控制。
A. 副线 B. 上游阀 C. 下游阀 D. 泵出口

260. JBF027 装置停仪表风,变频控制的原料油流量变化趋势是( )。
A. 不变 B. 变大
C. 变小 D. 先变大,再变小

261. JBG001 缩短反应时间可减少二次反应,使辛烷值( )。
A. 增加 B. 降低 C. 稳定 D. 波动

262. JBG001 提升管反应时间是反应过程的重要指标,反应时间太短单程转化率( )。
A. 升高 B. 降低 C. 不变 D. 不确定

263. JBG002 计算高低并列式催化裂化装置两器压力平衡时,下列是再生线路的推动力的为( )。
A. 沉降器顶压力 B. 提升管总压降 C. 再生滑阀压降 D. 再生斜管静压

264. JBG002 计算高低并列式催化裂化装置两器压力平衡时,下列是再生线路的阻力的为( )。
A. 再生器顶压力 B. 再生滑阀压降
C. 再生斜管静压 D. 再生器稀相静压

265. JBG003 某温度下 A 的饱和蒸气压为 100kPa,B 的饱和蒸气压 50kPa,某 A、B 溶液,达到平衡状态时其上方的蒸气压为 150kPa,则气相中 A 的体积分数为( )。
A. 50% B. 76%
C. 33% D. 条件不足,无法计算

266. JBG003 当气液两相达到平衡时,气液两相中的各组分不随( )发生变化。
　　A. 温度　　　　　B. 压力　　　　　C. 时间　　　　　D. 进料量
267. JBG004 拉乌尔定律是关于( )的定律。
　　A. 气液平衡关系　B. 能量守恒　　　C. 扩散系数　　　D. 热量传递
268. JBG004 拉乌尔定律指出,气液平衡时,组分的蒸气压与溶液中组分的摩尔分数( )。
　　A. 成反比　　　　B. 成正比　　　　C. 成比例　　　　D. 不相关
269. JBG005 根据道尔顿分压定律,理想溶液上方蒸气总压为各组分分压( )。
　　A. 之和　　　　　B. 相等　　　　　C. 相关　　　　　D. 无关
270. JBG005 理想状态下气液平衡时,物系气相服从( )。
　　A. 库仑定律　　　B. 亨利定律　　　C. 道尔顿定律　　D. 拉乌尔定律
271. JBG006 纯溶液的挥发度是( )。
　　A. 液体在一定温度下的蒸气压　　　B. 液体在一定温度下的饱和蒸气压
　　C. 液体刚刚汽化时的温度　　　　　D. 液体刚刚汽化时的压力
272. JBG006 溶液中各组分的挥发度是指( )。
　　A. 组分在蒸气中的分压和与之平衡的液相中的摩尔分数之比
　　B. 组分在蒸气中的分压和与之平衡的液相中的体积分数之比
　　C. 平衡的液相中的摩尔分数与组分在蒸气中的分压之比
　　D. 平衡的液相中的体积分数与组分在蒸气中的分压之比

二、多项选择题(每题有多个选项是正确的,将正确的选项填入括号内)

1. JAC001 减小流体阻力的途径有( )。
　　A. 管路尽可能短　　　　　　　　　B. 尽量走直线少拐弯
　　C. 采用不锈钢材质的管子　　　　　D. 适当放大管径
2. JAE001 合金结构钢可以制造( ),也常用于制造转动设备的承受载荷的零件,如齿轮、轴、连杆、曲轴、叶轮等。
　　A. 锅炉　　　　　B. 高压容器　　　C. 高压管道　　　D. 高温管道
3. JAE002 轴流式压缩机静子主要包括( )。
　　A. 进气室　　　　B. 收敛器　　　　C. 静叶　　　　　D. 扩压器
4. JAE003 与离心式压缩机相比,轴流式具有( )特点。
　　A. 效率高　　　　　　　　　　　　B. 流量大
　　C. 排气压力不高　　　　　　　　　D. 稳定工作范围更窄
5. JAE004 下列选项中,关于多管式旋风分离器结构说法错误的是( )。
　　A. 单管和排气管都焊在上隔板上
　　B. 焊在排气管上的旋翼叶片,不可在单管中自由滑动
　　C. 集合布置,气体分布均匀
　　D. 采用特殊的下卸气机构,保持一定的卸气量
6. JAF001 自动控制系统由( )组成。

A. 被控对象 B. 检测元件 C. 控制器 D. 调节器

7. JAF002 以下应选风关式调节阀的有（　　）。
   A. 原料进料调节阀 B. 锅炉供水调节阀
   C. 精馏塔回流量调节阀 D. 精馏塔进料的调节阀

8. JAF003 下列选项中，串级调节系统调节器选择的依据有（　　）。
   A. 工艺要求 B. 对象特性 C. 干扰性质 D. 安全要求

9. JAF004 分程控制的特点有（　　）。
   A. 是由一个调节器同时控制两个或两个以上的调节阀
   B. 每一个调节阀根据工艺的要求在调节器输出的一段信号范围内动作
   C. 扩大可调范围
   D. 可以克服干扰的影响

10. JAF005 PLC 的主要特点有（　　）。
    A. 构成控制系统简单 B. 改变控制功能容易
    C. 编程方法简单 D. 可靠性高，适用于工业环境使用

11. JAF006 联锁报警常与其他工艺变量共用信号报警系统，因此也能进行（　　）。
    A. 投入/解除 B. 消声 C. 确认 D. 试验

12. JAF007 机组报警项目包括（　　）。
    A. 冷却水压力低 B. 润滑油温超限 C. 轴承超温 D. 出口气体超温

13. JAF008 当两器压力超限时，自保系统会自动将（　　）关闭，切断两器。
    A. 再生滑阀 B. 待生滑阀 C. 双动滑阀 D. 外取热下滑阀

14. JAF009 ESD 系统的组成包括（　　）。
    A. 传感器部分 B. 逻辑运算部分 C. 最终执行部分 D. 无线通信部分

15. JAG001 以下属于特殊高处作业的有（　　）。
    A. 在受限空间内进行的高处作业
    B. 突发灾害时进行的高处作业
    C. 在排放有毒、有害气体和粉尘超出允许浓度场所进行的高处作业
    D. 异常温度设备设施附近的高处作业

16. JAG002 高处作业的主要安全措施包括（　　）。
    A. 应制定安全应急预案
    B. 使用与作业内容相适应的安全带
    C. 应设安全警戒区，并设专人监护
    D. 脚手架的搭设必须符合国家有关规程和标准

17. JAG003 受限空间是指生产区域内（　　）沟、坑、井、池、涵洞等封闭、半封闭的设施及场所。
    A. 炉 B. 塔 C. 罐 D. 管道

18. JAG004 下列情况，属于特殊受限空间的有（　　）。
    A. 受限空间内无法通过工艺吹扫、蒸煮、置换处理达到合格
    B. 与受限空间相连的管线、阀门无法断开或加盲板

C. 受限空间作业过程中无法保证作业空间内部的氧气浓度合格

D. 受限空间内的有毒有害物质高于国家标准中的最高容许浓度

19. JAG005　受限空间作业的主要安全措施包括(　　)。

　　A. 与其相连的管线、阀门应加盲板断开

　　B. 作业前进行工艺处理,并采样分析合格

　　C. 无监护人在场,不应进行任何作业

　　D. 作业期间应至少每隔2h取样复查一次

20. JAG006　危险化学品包括(　　)等。

　　A. 腐蚀品　　　　　B. 压缩气体和液化气体　　C. 氧化剂　　　　　D. 放射性物质

21. JAG007　防火防爆十大禁令包括(　　)。

　　A. 禁止在厂内吸烟及携带火种和易燃、易爆、有毒、易腐蚀物品入厂

　　B. 禁止未按规定办理"动火作业许可证"在厂区内进行动火作业

　　C. 禁止穿易产生静电的服装进入油气区工作

　　D. 严禁穿带铁钉的鞋进入油气区及易燃、易爆装置

22. JBA001　装置开工仪表风接收前应检查确认(　　)。

　　A. 装置内仪表风管线内无灰尘、铁锈及机械杂质

　　B. 装置内仪表风管线吹扫完毕

　　C. 检修中所拆卸的阀门、法兰、盲板已全部恢复

　　D. 装置边界仪表风总阀关闭

23. JBA002　开工前管道吹扫时,对于焊接连接的调节阀,应采取的保护措施为(　　)。

　　A. 与吹扫系统隔离　　B. 流经旁路　　　　C. 卸掉密封件　　　　D. 设置禁区

24. JBA003　反再系统开工前确认反再系统各(　　)畅通,并通风防止堵塞。

　　A. 测压点　　　　　B. 仪表引压点　　　　C. 松动点　　　　　D. 测温点

25. JBA004　下列选项中属于烘衬里结束后反再设备检查主要项目的有(　　)。

　　A. 两器衬里有无脱落、破裂、鼓包

　　B. 料腿、分布管、催化剂分配器、取热设备等内构件有无变形现象

　　C. 翼阀密合程度,是否灵活好用

　　D. 分布管是否有显著变形烧坏现象

26. JBA005　属于开工前翼阀检查项目的是(　　)。

　　A. 安装位置是否正确　　　　　　　　　　B. 安装角度、朝向是否正确

　　C. 阀板是否灵活　　　　　　　　　　　　D. 开度试验符合要求

27. JBA006　在旋风分离器中固体颗粒是在(　　)的作用下与气体进行分离的。

　　A. 离心力　　　　　B. 重力　　　　　　　C. 摩擦阻力　　　　　D. 向心力

28. JBA007　旋风分离器的分离效率是指各筛分组分的回收效率,分离效率指标包括(　　)。

　　A. 总效率　　　　　B. 组成效率　　　　　C. 粒级效率　　　　　D. 分离效率

29. JBA008　关于旋风分离器效率的说法正确的是(　　)。

　　A. 总效率指经旋风分离器回收的颗粒重量比进入系统的颗粒重量

B. 总效率指进入系统的颗粒重量比经旋风分离器回收的颗粒重量

C. 分级效率即组成效率

D. 总效率即重量效率

30. JBA009　影响旋风分离器效率的因素包括(　　)。

　　A. 入口线速　　　B. 催化剂入口浓度　　C. 催化剂颗粒密度　　D. 催化剂粒度

31. JBA010　三旋结构形式有(　　)。

　　A. 多管立式三旋　　B. 多管卧式三旋　　C. 布埃尔式三旋　　D. 旋流式三旋

32. JBA011　三级旋风分离器波纹管膨胀节在遇到操作时尾燃超温、喷水冷却等情况时易出现裂纹和穿孔大多是因为(　　)。

　　A. 选材不当　　　　　　　　　　　　B. 制造加工中的应力消除不当

　　C. 催化剂磨损　　　　　　　　　　　D. 表面腐蚀

33. JBA012　轴流式主风机由一个水平剖分的机壳和(　　)等组成。

　　A. 转子　　　　　B. 叶片承缸　　　　C. 静叶调节器　　　D. 密封套

34. JBA013　离心式主风机的缺点有(　　)。

　　A. 单级叶轮压缩比低　　　　　　　　B. 效率低

　　C. 稳定工况区较窄　　　　　　　　　D. 操作维护复杂

35. JBA014　轴流式主风机的优点有(　　)。

　　A. 流量大时,运行经济性高

　　B. 压缩比高时,重量比离心式要轻一半以上

　　C. 流量大时,造价较低

　　D. 单级叶轮压缩比大

36. JBA015　用于气体压缩及输送的设备称为压缩机,按出口压力的不同,一般分为(　　)。

　　A. 通风机　　　　B. 鼓风机　　　　　C. 压缩机　　　　　D. 往复机

37. JBA016　催化裂化的主要设备转子为软轴的是(　　)。

　　A. 鼓风机　　　　B. 增压机　　　　　C. 气压机　　　　　D. 主风机

38. JBB001　轴流主风机的调节特性中,大气温度变化对特性曲线的影响,说法正确的有(　　)。

　　A. 风机流量与大气绝对温度成反比例　　B. 风机流量与出口压力成反比例

　　C. 气温低,压力呈上升趋势　　　　　　D. 气温低,吸入质量流量少

39. JBB002　在机组新安装或检修以后,为将油管路中残留的(　　)等物清洗干净,应采用油循环冲洗的方法。

　　A. 少量棉纱头　　B. 金属屑　　　　　C. 泥沙　　　　　　D. 杂质

40. JBB003　烟机—主风机机组的启动程序所有条件满足后,程序系统发出如下指令:(　　)。

　　A. 解除对电机启动的联锁　　　　　　B. 当闭锁解除后,应该有相应指示灯亮

　　C. 主风机出口逆止阀关闭　　　　　　D. 盘车电机运转

41. JBB004　主风机可调静叶角度分为(　　)。

A. 启动角度　　　　B. 最大启动角度　　　C. 最小工作角度　　D. 最大工作角度

42. JBB005　轴流式主风机的启动步骤,下列说法正确的有(　　)。

　　A. 当主风机转速大于 5000r/min 时,转速正常指示灯亮,静叶角度自动在 5s 内从启动角向最小工作角度释放

　　B. 电机启动后,进入堵转保护程序,当电机转速≤450r/min,启动时间应>22s,否则电机断路器打开

　　C. 电机启动后,进入堵转保护程序,当电机转速<1200r/min 时,启动时间应>55s,否则电机断路器打开

　　D. 电机启动后,进入堵转保护程序,当电机转速<1200r/min 时,启动时间应>60s,否则电机断路器打开

43. JBB006　烟机在催化装置的作用,是将(　　)转化为机械能和电能的机械。

　　A. 势能　　　　　B. 化学能　　　　　C. 压力能　　　　　D. 热能

44. JBB007　单级烟机除无(　　),其他部位的组成同双级烟机相同。

　　A. 二级静叶　　　B. 二级动叶　　　　C. 出口过渡段　　　D. 梳齿密封

45. JBB008　烟机机组的四机配置机组(同轴机组)包括(　　)。

　　A. 烟机　　　　　B. 主风机　　　　　C. 气压机　　　　　D. 汽轮机

46. JBB009　对于烟气能量回收系统的特点,下列选项中关于烟气描述正确的是(　　)。

　　A. 流量大　　　　　　　　　　　　　B. 压力能高

　　C. 热能高　　　　　　　　　　　　　D. 催化剂细粉含量较高

47. JBC001　对于同轴式催化装置,属于再生线路阻力的选项是(　　)。

　　A. 旋分器压降　　B. 提升管压降　　　C. 再生器顶压力　　D. 再生滑阀压降

48. JBC002　催化裂化反应过程所需要的热量,包括(　　)等。

　　A. 进料升温汽化热　B. 蒸气升温热　　C. 裂化反应热　　　D. 散热损失

49. JBC003　物料平衡主要指进出反应再生系统的所有物料的平衡,包括(　　)等。

　　A. 单程转化率与回炼比的平衡

　　B. 反应生焦与再生烧焦、供氧和需氧的平衡

　　C. 催化剂损失与补充的平衡

　　D. 气体产量与气压机压缩能力的平衡

50. JBC004　再生部分的工艺特点有(　　)。

　　A. 设有辅助燃烧室,开工时加热主风,用于再生器升温

　　B. 再生器内设有主风分布器,用于再生器内合理布风,保证流化和再生效果

　　C. 再生器设有旋风分离器,用于气固分离,防止大量跑损催化剂

　　D. 设有内外取热器,用于移出烧焦过程的过剩热量,控制再生温度

51. JBC005　前置烧焦罐操作的方法有(　　)。

　　A. 高温完全再生　　　　　　　　　　B. 常规再生

　　C. 加助燃剂完全再生　　　　　　　　D. 加助燃剂部分再生

52. JBC006　关于催化剂的平衡活性,下列说法正确的是(　　)。

　　A. 当催化剂的水热稳定性和失活速度不变时,催化剂的平衡活性和新鲜剂的补充率或

置换率有关

B. 当催化剂单耗不变时,系统总藏量越大,置换率就越小,平衡活性也越低

C. 再生器藏量越大,平衡活性也越低

D. 只靠提高温度来增加烧焦强度不会加快催化剂的失活速度

53. JBC007　关于前置烧焦罐加助燃剂完全再生,下列说法正确的是(　　)。

　　A. 加阻燃剂后 CO 在烧焦罐及稀相管中可全部烧去

　　B. 再生器中稀相不发生二次燃烧

　　C. 稀密相温差经常在 15℃ 左右

　　D. 再生催化剂含炭量很难在 0.2% 以下

54. JBC008　降低烟气中 CO 含量的方法有(　　)。

　　A. 原料采用加氢处理　　　　　　B. 采用 CO 助燃剂
　　C. 使用 CO 焚烧炉　　　　　　　D. 提高烟囱高度

55. JBC009　在催化裂化原料中,硫的存在形式主要是(　　)等类型,它们的量决定了烟气中 SO_x 的量。

　　A. 硫醇　　　　B. 硫醚　　　　C. 噻吩　　　　D. 吡啶

56. JBC010　湿法脱硫因具有(　　)等优点被广泛采用。

　　A. 结构紧凑　　B. 占地少　　　C. 造价低　　　D. 脱硫效率高

57. JBC011　催化原料加氢预脱硫处理,可降低(　　)含量,从源头上减少催化烟气污染物的排放量。

　　A. 硫　　　　　B. 氮　　　　　C. 重金属　　　D. 粉尘

58. JBC012　SCR 法是目前应用最广泛的再生烟气脱硝技术。与其他技术相比,SCR 法的优点有(　　)。

　　A. 没有副产品　B. 不形成二次污染　C. 装置结构简单　D. 脱硝效率高

59. JBC013　再生烟气中粉尘的有效处理方法是(　　)。

　　A. 采用二级旋风分离器　　　　　B. 采用高效三级旋风分离器
　　C. 采用电除尘器　　　　　　　　D. 高空排放

60. JBC014　催化裂化废催化剂处理方法有(　　)。

　　A. 代替白土精制油品使用

　　B. 回收混进新鲜催化剂再使用

　　C. 利用其中的 Al_2O_3 生产工业用水净化处理剂

　　D. 采用深度掩埋方法

61. JBC015　再生烟气中 NO_x 排放的控制方法主要有(　　)。

　　A. 对原料油的预处理　　　　　　B. 应用烟气脱硝技术
　　C. 采用脱 NO 添加剂　　　　　　D. 改进再生器的设计

62. JBC016　吸收过程中各组分的称谓正确的有(　　)。

　　A. 被吸收的气体组分称为溶质或吸收质

　　B. 未被吸收的组分称为惰性气体

　　C. 所用的液体溶剂称为吸收剂

D. 吸收了溶质的吸收剂称为溶液或饱和吸收液

63. JBC017　影响吸收的主要操作因素有（　　）。
　　A. 吸收温度　　　　B. 吸收压力　　　　C. 补充吸收剂用量　D. 吸收塔液面

64. JBC018　提高吸收过程推动力的方法，以下选项正确的有（　　）。
　　A. 降低吸收剂温度　B. 提高吸收剂温差　C. 提高吸收压力　　D. 降低吸收压力

65. JBC019　吸收过度的处理方法中，正确的选项有（　　）。
　　A. 降低吸收塔吸收剂量　　　　　　　B. 提高吸收塔吸收剂量
　　C. 提高吸收塔补充吸收剂量　　　　　D. 降低吸收塔补充吸收剂量

66. JBC020　吸收塔中段回流的作用有（　　）。
　　A. 取走吸收过程所放出的吸收热　　　B. 保证吸收在较低的操作温度下进行
　　C. 提高吸收效果　　　　　　　　　　D. 降低解吸塔负荷

67. JBC021　蒸馏过程是（　　）的传质过程。
　　A. 气相中轻组分进入液相　　　　　　B. 气相中重组分进入液相
　　C. 液相中轻组分进入气相　　　　　　D. 液相中重组分进入气相

68. JBC022　吸收解吸采用双塔流程的好处有（　　）。
　　A. 减少内循环量　　　　　　　　　　B. 减少吸收解吸相互干扰
　　C. 提高 C_3 回收率　　　　　　　　　D. 提高 C_2 解吸率

69. JBC023　提高吸收效果的措施有（　　）。
　　A. 降低吸收温度　　　　　　　　　　B. 提高吸收操作压力
　　C. 提高解吸塔底温度　　　　　　　　D. 改善补充吸收剂质量

70. JBC024　先进控制的特点是（　　）。
　　A. 先进控制系统以模型为基础　　　　B. 通过调节多个相互耦合的控制回路
　　C. 实现多个目标的控制　　　　　　　D. 实现单个目标的控制

71. JBC025　以下为先进控制组成部分的是（　　）。
　　A. 多变量模型预估控制器　　　　　　B. 中间调节回路
　　C. 工艺计算　　　　　　　　　　　　D. 操控变量

72. JBC026　下列选项中，属于先进控制系统优化模块的是（　　）。
　　A. 能量管理控制　　B. 在线预测控制　　C. 压力平衡控制　　D. 裂化控制

73. JBC027　串级控制系统的特点有（　　）。
　　A. 在系统结构上组成两个闭合回路
　　B. 主、副调节器串联，主调节器的输出作为副调节器的给定值
　　C. 在系统特性上，由于副回路的作用，有效地克服了滞后，可大大提高调节质量
　　D. 主、副回路协同工作，克服干扰能力强，可用于不同负荷和操作条件变化的场合

74. JBC028　比值控制系统的类型有（　　）控制系统。
　　A. 开环比值　　　　B. 单闭环比值　　　C. 双闭环比值　　　D. 变比值

75. JBC029　关于串级控制系统中控制器正、反作用的选择，说法正确的是（　　）。
　　A. 根据工艺安全要求确定
　　B. 串级控制系统中主控制器作用方向与副控制器的作用方向完全无关

C. 副控制器的作用方向与副对象特性有关
D. 副控制器的作用方向的选择,可不考虑主控制器的作用方向

76. JBD001　下列选项中,引起烟机突然跳闸停机的原因是(　　)。
　　A. 烟机超速　　　　　　　　　　　B. 烟机轮盘冷却蒸汽压力低
　　C. 主油泵自停　　　　　　　　　　D. 烟机各轴承振动超高

77. JBD002　烟机突然跳闸停机自保阀门动作,正确的是(　　)。
　　A. 出口单向阀关闭　　　　　　　　B. 烟机入口闸阀关闭
　　C. 烟机入口蝶阀关闭　　　　　　　D. 静叶应关至最小工作角

78. JBD003　烟机停机后需确认的阀门有(　　)。
　　A. 主风机出口单向阀关闭　　　　　B. 防喘振阀打开
　　C. 烟机入口蝶阀关闭　　　　　　　D. 烟机入口闸阀关闭

79. JBD004　主风机组安全运行的原因有(　　)。
　　A. 逆流　　　　　　　　　　　　　B. 装置低流量自保动作
　　C. 手动"安全运行"(按钮)启动　　　D. 机组仪表发生程序故障

80. JBD005　主风机组停运后,下列阀门位置正确的有(　　)。
　　A. 主风管线单向阀开　　　　　　　B. 静叶全关
　　C. 防喘振阀全开　　　　　　　　　D. 防逆流阀全关

81. JBD006　分馏系统停工时应减少轻柴油出装置,用来保证(　　)供应正常。
　　A. 回炼油　　　B. 封油　　　C. 冲洗油　　　D. 燃烧油

82. JBD007　压缩富气中断稳定岗位处理方法有(　　)。
　　A. 关闭富气进稳定系统阀门　　　　B. 关闭富气注水阀
　　C. 平稳稳定系统各塔压力　　　　　D. 停贫吸收油及富吸收油,补充吸收剂

83. JBD008　吸收稳定系统停工的关键操作包括(　　)。
　　A. 停送干气出装置
　　B. 停用再吸收塔贫、富吸收油
　　C. 停止液态烃外送
　　D. 无法保证汽油蒸气压时停汽油出装置

84. JBD009　装置停工吹扫过程中,不符合环保要求的是(　　)。
　　A. 物料敞口排放
　　B. 蒸塔蒸汽直排大气
　　C. 污染物密闭排放
　　D. 含氨氮污水未经处理直接排至水厂

85. JBD010　停工时设备保护中机泵保护可采取的方式有(　　)。
　　A. 可随系统进行充氮气保护　　　　B. 可以进行解体保护
　　C. 可以进行充油保护　　　　　　　D. 盲板隔离

86. JBD011　停工扫线安全注意事项有(　　)。
　　A. 切断反应进料时,装置内各计量表改走副线
　　B. 全面给汽扫线时,要先扫主线,后扫副线,不留死角

C. 扫线发生水击要及时处理

D. 工艺设备和管线中的油品要吹扫干净

87. JBD012　按用火管理制度规定,停工安装盲板的要求正确的有(　　)。

　　A. 直径小于或等于150mm管线的盲板厚度,应不小于3mm

　　B. 直径250~300mm的管线盲板厚度,应不小于6mm

　　C. 直径大于400mm的管线盲板厚度,应不小于8mm

　　D. 直径大于400mm的管线盲板厚度,应不小于10mm

88. JBD013　盲板的使用,说法正确的是(　　)。

　　A. 停工检修的装置必须用盲板把与之相连的管线隔绝

　　B. 选用盲板时,盲板的公称压力应与之对应法兰的公称压力一致

　　C. 盲板应加在有物料来源的阀门前部法兰处

　　D. 根据不同的工况,选用盲板的厚度不同

89. JBE001　主风机的作用有(　　)。

　　A. 提供烧焦所需的氧气

　　B. 提供反应所需热量

　　C. 保证再生器内的催化剂处于流化状态

　　D. 保证沉降器内的催化剂处于流化状态

90. JBE002　主风机组的状态监控系统包括(　　)。

　　A. 轴承温度监测　　　　　　　　　B. 轴承振动监测

　　C. 轴承位移监测　　　　　　　　　D. 反飞动流量监测

91. JBE003　主风机运行监控项目包括(　　)。

　　A. 静叶故障　　B. 主风机喘振　　C. 手动安全运行　　D. 放空阀打不开

92. JBE004　机组润滑油过滤器切换的注意事项有(　　)。

　　A. 过滤器压差大于0.5MPa时,需切换过滤器

　　B. 稍开备用过滤器上放空,排尽空气

　　C. 滤器的切换杆应快速转动

　　D. 切换的过程中,应密切注意润滑油压的变化

93. JBE005　由于机组负荷的增加,使推力盘和推力瓦块后的(　　)因轴向力产生弹性变形,引起轴向位移。

　　A. 轴承座　　　　B. 垫片　　　　C. 瓦架　　　　D. 叶片

94. JBE006　主风机喘振的原因包括(　　)。

　　A. 高压缩比　　　B. 低压缩比　　　C. 低流量　　　D. 大流量

95. JBE007　由于机、网系统的气流循环,机组喘振后引起压缩机气流温度的急速上升导致(　　)的损坏。

　　A. 叶片　　　　B. 叶栅　　　　C. 轴承　　　　D. 内缸

96. JBE008　(　　)宜采用随动反喘振流量控制系统。

　　A. 恒速运行的离心式主风机　　　　B. 变速运行的离心式主风机

　　C. 大型轴流式主风机　　　　　　　D. 小型轴流式主风机

97. JBE009 轴流式主风机组运行状态检测的内容包括( )。
   A. 检查主风流量是否在指标范围内　　　　B. 检查主风入口压力是否在指标范围
   C. 检查振值、振幅是否正常　　　　　　　D. 检查轴位移是否正常

98. JBE010 烟机机组防止超速的方法有( )。
   A. 采用电子调速器　B. 采用磁涡流制动器　C. 采用防喘振阀　D. 采用联动装置

99. JBE011 轴流压缩机组旋转失速的危害有( )。
   A. 叶片背面气流产生脱离　　　　　　　B. 机内气流形成脉动流
   C. 叶片产生交变　　　　　　　　　　　D. 叶片疲劳破坏

100. JBE012 轴流压缩机的阻塞现象表现为( )。
   A. 气流相对速度增大
   B. 负冲角随流速增大
   C. 流量就达到临界值而不再继续增大
   D. 叶栅进口最小截面上平均气流将达到音速

101. JBE013 运行时烟机的检查项目包括( )。
   A. 润滑油系统检查　　　　　　　　　　B. 烟机进、出口情况确认
   C. 蝶阀运行状况确认　　　　　　　　　D. 烟机运行状况确认

102. JBE014 烟机轮盘冷却蒸汽的作用有( )。
   A. 提高烟机功率
   B. 降低轮盘的应力
   C. 延长使用寿命
   D. 防止催化剂细粉进到一、二级轮盘之间的死区

103. JBE015 下列关于烟机密封蒸汽,说法正确的是( )。
   A. 作用是防止带有粉尘的高温烟气从轴伸出端外漏
   B. 注入烟机的蒸汽是中压蒸汽
   C. 密封蒸汽压力永远比烟气压力高 0.007MPa
   D. 在轴伸出部分装有迷宫式密封环,并向内圈注入蒸汽

104. JBF001 主风机逆流会造成( )。
   A. 风机叶片膨胀　　B. 转子飞逸　　　　C. 叶片振动　　　D. 叶片熔化

105. JBF002 一旦发生主风逆流,主风机出口单向阀的作用是( )。
   A. 切断风路　　　　　　　　　　　　　B. 保证风机不发生喘振
   C. 制止主风倒流　　　　　　　　　　　D. 制止催化剂倒流

106. JBF003 催化剂倒流的原因,以下选项正确的有( )。
   A. 两器压力大幅度波动
   B. 汽提蒸汽、各松动蒸汽量、突然大幅度下降
   C. 反应进料突然剧烈变化
   D. 主风机停车

107. JBF004 再生线路催化剂架桥的现象有( )。
   A. 再生器藏量上升　　　　　　　　　　B. 提升管出口温度下降

C. 再生斜管压降大幅度波动 　　　　　　　D. 再生单动滑阀开度变大

108. JBF005　下列选项中,会引起再生线路催化剂流动性不好的原因是(　　)。
　　A. 松动点堵塞　　　B. 斜管衬里脱落　　　C. 松动介质中断　　　D. 松动蒸汽带水

109. JBF006　待生催化剂架桥的现象,以下说法错误的有(　　)。
　　A. 汽提段藏量下降　　　　　　　　　　B. 汽提段藏量上升
　　C. 再生器藏量上升　　　　　　　　　　D. 再生器藏量下降

110. JBF007　下列选项中,会引起待生线路催化剂循环中断的原因是(　　)。
　　A. 待生塞阀或滑阀故障　　　　　　　　B. 催化剂结焦堵塞
　　C. 松动介质中断　　　　　　　　　　　D. 松动风带水

111. JBF008　待生、再生线路引起催化剂中断的处理方法有(　　)。
　　A. 反应降量,维持生产,如不能维持则切断进料
　　B. 阀门故障,改手动或立即修理
　　C. 调节松动点并加强脱水
　　D. 可适当反复提高两器正、负差压

112. JBF009　当出现(　　)情况时,立即投用主风自保。
　　A. 主风机处于安全运行状态
　　B. 主风机紧急停机
　　C. 两器料封有压空危险
　　D. 两器无法切断或切断两器后系统仍严重超温、超压

113. JBF010　主风中断事故原因有(　　)。
　　A. 主风机安全运行　　　　　　　　　　B. 主风机出口管道调节阀全关
　　C. 主风机出口防喘振调节阀全关　　　　D. 主风自保动作

114. JBF011　下列选项中,属于催化裂化装置自保事故蒸汽的是(　　)。
　　A. 主风事故蒸汽　　　　　　　　　　　B. 增压风事故蒸汽
　　C. 进料事故蒸汽　　　　　　　　　　　D. 分馏塔底事故蒸汽

115. JBF012　启用主风自保后,下列阀门关闭的是(　　)。
　　A. 主风出口阀　　　B. 进料阀门　　　C. 事故蒸汽阀门　　　D. 分顶蝶阀

116. JBF013　烟机振动过大的原因包括(　　)。
　　A. 叶片磨损　　　B. 烟气粉尘堆积　　　C. 油膜涡动　　　D. 催化剂黏附

117. JBF014　操作中防止烟机振值上升的方法有(　　)。
　　A. 调整操作控制烟气催化剂粉尘含量　　B. 防止工艺参数大幅波动
　　C. 调整润滑油压力、温度　　　　　　　D. 适当范围内提高轮盘冷却蒸汽量

118. JBF015　除氧水主要用于(　　)等设备发生蒸汽补水。
　　A. 余热锅炉　　　B. 外取热器　　　C. 油浆蒸汽发生器　　　D. 重沸器

119. JBF016　装置停循环水,下列现象正确的是(　　)。
　　A. 循环水压力明显下降,来水流量减小
　　B. 主风机电机超温停车
　　C. 产品出装置温度降低

D. 压缩机组和泵需循环水冷部位温度升高

120. JBF017　装置停循环水,下列叙述正确的是(　　)。
A. 各塔温度、压力升高　　　　　　　　B. 油品出装置温度升高
C. 反应温度升高　　　　　　　　　　　D. 机组润滑油温度升高

121. JBF018　装置瞬间停低压电时,应立即检查(　　)。
A. 主风机润滑油压力及油泵运行情况
B. 气压机润滑油压力及油泵运行情况
C. 关键机泵运行情况,停用机泵马上启动备泵
D. 空冷风机运行情况,停用风机马上启动

122. JBF019　装置停电反应岗位的处理原则是(　　)。
A. 控制好反再两器压力,防止相互压空两器藏量
B. 尽可能维持两器催化剂循环,不能维持时将反应系统的催化剂转到再生器中,保持单器流化
C. 控制反应压力高于再生压力
D. 在电力恢复后,应根据情况尽快恢复正常生产

123. JBF020　装置停电,自产柴油停止出装置,必要时从装置外引柴油保证(　　)的供应。
A. 再生器喷燃烧油　　B. 泵用封油　　C. 仪表冲洗油　　D. 一中回流

124. JBF021　装置停电,稳定岗位的现象可能有(　　)。
A. 粗汽油来料中断
B. 各塔、罐液位迅速上升
C. 解吸塔及稳定塔塔底温度迅速下降
D. 气压机出口凝缩油罐入罐温度迅速上升

125. JBF022　装置停高压电,受影响停止运转的设备有(　　)。
A. 使用高压电驱动的机泵
B. 增压机
C. 处于用电工况的三机组
D. 处于发电工况的三机组

126. JBF023　催化裂化装置停3.5MPa蒸汽后,1.0MPa蒸汽(　　)。
A. 蒸汽品质可能会变差　　　　　　　　B. 无太大变化
C. 自身蒸汽充足,不需从系统补充　　　D. 需加强脱水

127. JBF024　下列属于公用工程系统出现故障引起的事故有(　　)。
A. 装置停电　　B. 汽轮机叶片结垢　　C. 循环水中断　　D. 催化剂跑剂

128. JBF025　装置停非净化风的处理方法,正确的有(　　)。
A. 迅速将非净化风切换为净化风作为松动风
B. 迅速将非净化风切换为蒸汽
C. 迅速关闭小型加料器壁阀门,防止高温催化剂倒流
D. 生产维持不住时,装置切断进料

129. JBF026　装置停仪表风,变频控制的原料油流量变化趋势错误的是(　　)。

A. 不变 B. 变大
C. 变小 D. 先变大,在变小

130. JBF027 装置停仪表风,应立即将风关控制阀改为( )控制。
A. 副线 B. 上游阀 C. 下游阀 D. 泵出口

131. JBG001 实验数据表明:增加提升管反应时间,( )产率提高。
A. 液化气 B. 汽油 C. 柴油 D. 回炼油

132. JBG002 两器压力平衡的计算应先按催化剂流动方向,确定或划分该线路的( )。
A. 推动力 B. 牵引力 C. 阻力 D. 合力

133. JBG003 气液两相平衡的条件有( )。
A. 液相中各组分的蒸气压等于气相中同组分的分压
B. 液相的温度等于气相的温度
C. 对气相来说代表泡点温度
D. 对液相来说代表露点温度

三、判断题(对的画"√",错的画"×")

( )1. JAC001 流体在管路中流动,由于流体的黏性作用,在壁面附近产生低速度区,这种流体内部的动量传递作用在壁面上即为流动的阻力。

( )2. JAE001 钢按强度韧性可分为碳素钢和合金钢。

( )3. JAE002 轴流式压缩机的基本结构分为转子和静子。

( )4. JAE003 轴流式压缩机的静叶在轴的带动下高速旋转,推动气体沿轴向流动,气体的压力和动能提高。

( )5. JAE004 多管式旋风分离器采用特殊的上泄气机构,保持一定的泄气量。

( )6. JAF001 炼油化工自动化系统一般包括自动检测、自动信号联锁、自动操作、自动调节系统。

( )7. JAF002 对于一个具体的控制系统来说,选风开阀还是选风关阀,要由具体的生产工艺来决定。

( )8. JAF003 由前一个调节器的输出作为后一个调节器的设定值,后一个调节器的输出送到调节阀,这样的控制系统是分程控制系统。

( )9. JAF004 从整个调节系统来看,分程调节系统属于单回路的调节系统,其调节过程和简单调节系统一样。

( )10. JAF005 PLC 的硬件系统由:中央处理单元、存储器、输入输出单元、输入输出扩展接口、外部设备接口以及电源等部分组成。

( )11. JAF006 联锁保护装置原则上不单独设置。

( )12. JAF007 机组的自保联锁就是出现问题时第一时间自动停机。

( )13. JAF008 主风低流量自保是反再系统最高级别的自保。

( )14. JAF009 ESD 主要包括三大部分:传感器部分、逻辑运算部分和最终执行部分。

( )15. JAG001 在作业基准面 2m 及以上进行的高处作业是特殊高处作业。

( )16. JAG002 高处作业人员应系用与作业内容相适应的安全带,安全带应系挂在施工作业处上方的牢固挂件上,不得系挂在有尖锐的棱角部位。

( ) 17. JAG003　密闭空间作业时可能发生的危害是缺氧、窒息、中毒,不会发生火灾、爆炸。

( ) 18. JAG004　受限空间内氧气浓度低于21%属于特殊受限空间。

( ) 19. JAG005　进入受限空间前应事先编制隔离核查清单,隔离相关能源和物料的外部来源,与其相连的附属管道应拆除一段管线或盲板隔离并挂牌。

( ) 20. JAG006　有毒品进入肌体后,积累达到一定的量会扰乱或破坏肌体的正常生理功能。

( ) 21. JAG007　可以用汽油擦洗机泵,但应做好相关防护。

( ) 22. JBA001　反再系统开工前需仔细检查仪表反吹风系统以保证开工时该系统的正常投用,如有个别仪表未能正常投用,可待开工后再处理。

( ) 23. JBA002　调节阀安装时,必须考虑到调节阀就地维修或按日常计划拆卸的可能性。

( ) 24. JBA003　反再系统开工准备阶段应确认反再系统各测压点、仪表引压点和松动点畅通,给上仪表引压点反吹风,各点松动风。

( ) 25. JBA004　反再烘衬里结束后,进行内部检查前可不必检查相关盲板。

( ) 26. JBA005　开工前逐个检查两器工艺吹扫、松动等接口位置、数量是否与设计相符;接口的设备外部、内部连接是否正确。逐个检查各测压点、热电偶口安装位置、数量是否正确。

( ) 27. JBA006　由于带入旋风分离器的催化剂量很大,对旋风分离器分离效率的要求很高,一般要求在99.99%以上。

( ) 28. JBA007　旋风分离器的总效率是指进入旋风分离器的全部颗粒的重量与旋风分离器回收的颗粒之比。

( ) 29. JBA008　旋风分离器的分级效率是指对某一粒径颗粒的分离效果。

( ) 30. JBA009　旋风分离器入口气体黏度增大,回收效率升高。

( ) 31. JBA010　三级旋分器设计的主要思路是采用小直径的多个旋风分离器并联运行。

( ) 32. JBA011　多管式三级旋分的各单管抗返混能力强,组合后压降分配的较均匀不易返混。

( ) 33. JBA012　压缩机轴承包括止推轴承和径向轴承。

( ) 34. JBA013　轴流式压缩机的启动特性包括功率—流量特性和旋转失速特性。

( ) 35. JBA014　轴流式风机与离心式风机相比,单级叶轮压缩比高。

( ) 36. JBA015　催化裂化装置的主风机一般采用离心式和轴流式两种,其与容积式压缩机相比的显著优点是排气无脉动。

( ) 37. JBA016　催化裂化的气压机、主风机的转子均为硬轴。

( ) 38. JBA016　对于软轴,机组在启动时可以在临界转速停留。

( ) 39. JBB001　轴流压缩机转速降低,特性曲线变陡。

( ) 40. JBB002　在机组新安装或检修以后,为将油管路中残留的少量棉纱头、金属屑及泥沙等物清洗干净,应采用油循环冲洗的方法。

( )41. JBB003　主风机机组的启动程序控制的要求一般分为启动联锁和停机联锁两部分。

( )42. JBB004　静叶在开机前设置在最小角度,主要是减少启动扭矩,降低原动机的输出功率。

( )43. JBB005　当主风机转速大于 5000r/min 时,若静叶开始释放时间大于 15s,静叶位置故障指示灯亮,停机自保。

( )44. JBB006　烟机可以回收小颗粒的催化剂细粉,降低催化剂排入大气的量。

( )45. JBB007　烟气轮机动叶片中部截面处的圆周速度与叶片厚度有关。

( )46. JBB008　催化裂化机组配置的类型分为同轴机组和分轴机组两大类。

( )47. JBB009　催化剂再生烧焦过程是放热反应,所以离开再生器的烟气温度很高。

( )48. JBC001　对于同轴式催化装置,待生立管静压属于待生线路推动力。

( )49. JBC002　如果装置热量过剩,可以采取提高回炼比措施,维持两器热平衡。

( )50. JBC003　物料平衡主要指进出反应再生系统的所有物料的平衡。

( )51. JBC004　再生器的主要作用是提供催化剂再生烧焦的场所,用主风(或氧气)烧掉催化剂的积炭恢复催化剂的活性和选择性。

( )52. JBC005　两段再生方式中的第二段床层,其烟气中的水汽分压较高。

( )53. JBC006　再生技术工艺评价的主要内容是考核有关的再生工艺能否达到使结焦的催化剂恢复到裂化反应要求的活性标准。

( )54. JBC007　前置烧焦罐高温完全再生是将烧焦罐温度控制在 625~675℃,使催化剂上的积炭大部分烧去,并在烧焦罐上部开始燃烧 CO。

( )55. JBC008　催化裂化装置烟气中的主要污染物有:硫氧化物、氮氧化物、CO、粉尘等。

( )56. JBC009　催化裂化烟气中的 SO_x 主要来源于催化原料。

( )57. JBC010　烟气脱硫技术分为干法脱硫和湿法脱硫两大类。

( )58. JBC011　催化原料加氢预脱硫处理工艺,可从源头上降低催化烟气污染物的排放量。

( )59. JBC012　催化裂化再生烟气脱硝技术主要采用汽提法和氧化法。

( )60. JBC013　国外催化裂化装置都采用电除尘器方法,作为减少烟气粉尘的最后一道措施。

( )61. JBC014　废催化剂几乎都是小于 20mm 的微粉,并含有重金属,也有轻微放射性,几乎无回收再利用价值。

( )62. JBC015　降低反应温度,减弱氮化物在催化剂上的吸附作用,使氮化物留在产品中,可降低催化剂上携带的氮化物。

( )63. JBC016　气体吸收的原理是利用气体混合物中各组分在某一液体吸收剂中的相对挥发度不同,从而进行分离的。

( )64. JBC017　对具体装置来讲,吸收剂、被吸收的气体以及设备情况等都已确定,吸收效果主要靠合适的操作条件来保证。

(   )65. JBC018　物理吸收改为化学吸收可以提高吸收推动力。
(   )66. JBC019　吸收过度主要表现为稳定塔的操作压力增加,液化气 C_2 超标。
(   )67. JBC020　吸收过程是一个吸热过程。
(   )68. JBC021　从质量交换过程看,吸收过程是双向传质,而蒸馏过程是单向传质。
(   )69. JBC022　吸收过程要求低温、高压,而解吸过程要求高温、低压,因此双塔流程更有利于吸收解吸效果的提高。
(   )70. JBC023　为保持合适的吸收温度,要充分发挥中间冷却器的作用。
(   )71. JBC024　先进控制(简称 APC)技术是工业自动化软件的核心技术之一,是解决复杂工业过程控制问题最有效的手段。
(   )72. JBC025　先进控制系统通常由多变量模型预估控制器、中间调节回路两部分组成。
(   )73. JBC026　先进控制系统的优化模块裂化产品质量控制,是应用进料特性和工艺参数,来预测产品质量的理论模型,和应用在线分析数据对模型修正,达到经济上优化目标。
(   )74. JBC027　串级控制系统属于定值控制系统,副回路是一个随动系统,主调节器根据负荷和条件的变化,不断调整副回路的设定值,使副回路适应不同的负荷和条件。
(   )75. JBC028　三冲量控制不属于复杂控制系统。
(   )76. JBC029　串级控制系统中,必须分别根据各种不同情况,选择主、副控制器的作用方向。
(   )77. JBD001　润滑油压力高是烟机突然跳闸停机的原因。
(   )78. JBD002　烟机突然跳闸停机后,反喘振阀将迅速打开。
(   )79. JBD003　停烟机时,关烟机入口蝶阀,关闭空转冷却蒸汽,投用轮盘冷却蒸汽。
(   )80. JBD004　主风机组安全运行,静叶应自动关至 14°。
(   )81. JBD005　在切断进料之后为降低能耗应立即将主风机组停运。
(   )82. JBD006　 分馏系统停工时,在反应降量前开始外甩油浆,控制退油温度在 70～90℃。
(   )83. JBD007　压缩富气中断,汽油蒸气压不可能合格。
(   )84. JBD008　吸收稳定系统正常停工前应将各塔、容器液位控制在靠近正常指标范围的上限。
(   )85. JBD009　用惰性气体作置换介质时,只要保证惰性气体用量和置换时间即可保证置换彻底。
(   )86. JBD010　停用热工系统汽包前,必须控制好其液位,防止汽包干锅或满水。
(   )87. JBD011　停工退油时,分馏控制油浆排放温度不大于 90℃,避免造成油浆罐突沸事故。
(   )88. JBD012　直径小于或等于 150mm 管线的盲板厚度,按用火管理制度规定应不小于 3mm。
(   )89. JBD013　系统在进行盲板安装时要由专人负责,并在安装后要绘制盲板图。

(   )90. JBE001   主风机在催化裂化装置中的作用十分重要,不但可以提供烧焦所需的氧气,而且保证再生器、烧焦罐内的催化剂处于流化状态。

(   )91. JBE002   烟机—主风机机组的逻辑控制功能可由一台可编程控制器完成,可编程控制器是利用计算机原理为顺序控制专门设计的工业控制装置。

(   )92. JBE003   当主风机组发出安全运行指令后,机组将停机进行自我保护。

(   )93. JBE004   检查备用润滑油过滤器是否充满时,正确的做法是打开备用过滤器底放空检查是否有油。

(   )94. JBE005   机组在运行中,因轴向推力过大,会造成油膜破坏,使瓦块上的乌金磨损或融化,造成轴向位移。

(   )95. JBE006   主风机组喘振是风机与管网彼此作用,发生温度与压力振荡循环而产生的。

(   )96. JBE007   压缩机喘振给生产操作带来很大的混乱。

(   )97. JBE008   催化裂化装置中最简便的反喘振方法是主风机出口放空。

(   )98. JBE009   若静叶开始释放时间大于1s,静叶位置故障指示灯亮,主风机停机自保动作。

(   )99. JBE010   烟气轮机直接带动发电机的机组,当电机甩负荷时,电子调速器将烟机进口闸阀快速关闭,防止机组超速。

(   )100. JBE011   轴流压缩机特性曲线静启动角度与最小工作角度线之间的区域称旋转失速区。

(   )101. JBE012   一台轴流压缩机当其叶型和叶栅参数确定后,其阻塞特性也就固定了。

(   )102. JBE013   烟机正常运行时入口烟气中含尘浓度不大于 $300mg/Nm^3$。

(   )103. JBE014   烟机轮盘冷却蒸汽的作用,是防止催化剂细粉进入轮盘死区形成的团块粘在轮盘上,影响动平衡。

(   )104. JBE015   烟机冷却蒸汽的作用,是防止带有粉尘的高温烟气从轴伸出端外漏,污染环境。

(   )105. JBF001   当再生器内含有催化剂粉末的高温气体倒流后,可使机内温度猛烈上升,对机组破坏十分严重。

(   )106. JBF002   催化裂化装置轴流式主风机系统必须设置逆流保护装置。

(   )107. JBF003   主风机逆流不会造成催化剂倒流。

(   )108. JBF004   再生线路催化剂架桥会造成再生斜管压降大幅度波动,并有回零趋势。

(   )109. JBF005   再生斜管松动蒸汽压力下降,因松动蒸汽用量少一般不会造成催化剂流动性不好。

(   )110. JBF006   待生线路催化剂架桥会使待生立管压降为零,再生斜管压降下降。

(   )111. JBF007   待生滑阀(塞阀)开度过小或关闭,会造成催化剂流化中断。

(   )112. JBF008   如催化剂颗粒太粗、细粉含量偏低引起催化剂架桥,应增加新鲜剂的补充并考虑更换催化剂。

( )113. JBF009　当再生线路可能压空时,应立即投用主风自保。
( )114. JBF010　主风机组安全运行后,主风不会中断。
( )115. JBF011　采用主风事故蒸汽,是为了保证主风停后,沉降器仍能处于流化状态。
( )116. JBF012　主风中断后,再生温度靠喷燃烧油来控制。
( )117. JBF013　催化剂黏附磨损造成不平衡,是烟机振值过高的原因。
( )118. JBF014　三旋的操作工况对烟机振值没有影响。
( )119. JBF015　除氧水供水中断后,应联系调度及时恢复除氧水来量。
( )120. JBF016　各机泵轴承温度升高造成机泵停机,是循环水停的工艺现象。
( )121. JBF017　装置停循环水,如果无备用冷却水,主风机做紧急停机处理。
( )122. JBF018　装置停低压电,一定会造成主风机组停机,做紧急停工处理。
( )123. JBF019　停电分为瞬间停电和长时间停电。岗位操作员应根据停电造成的不同影响正确选择处理方法。
( )124. JBF020　油浆排放温度过高会造成油品的油浆罐突沸。
( )125. JBF021　装置短时间停电,稳定岗位来电后迅速启动机泵及空冷器,调整操作。
( )126. JBF022　装置停高压电,锅炉给水泵停运,除氧器液位下降。
( )127. JBF023　重油催化裂化装置可自产 3.5MPa 蒸汽,不仅可以满足气压机和透平需要,而且还外输一部分 3.5MPa 蒸汽。
( )128. JBF024　一旦公用工程系统出现问题,要按事故处理预案准备,在具备条件的情况下要严格控制好三大平衡,优先保证设备的安全。
( )129. JBF025　装置停非净化风时,加料线上靠近再生器壁的阀门不应关闭。
( )130. JBF026　仪表风停,为安全起见,所有调节阀全关。
( )131. JBF027　装置停仪表风,应立即将风开控制阀改为副线控制。
( )132. JBG001　 提升管反应时间是反应过程的重要指标,反应时间太长则单程转化率低。
( )133. JBG002　反再系统操作中,保持各设备之间的物料平衡是安全生产的关键之一。
( )134. JBG003　当气液两相达到平衡时,气液两相中的各组分随时间发生变化。
( )135. JBG004　理想溶液的气液平衡关系服从拉乌尔定律。
( )136. JBG005　根据道尔顿分压定律,理想溶液上方蒸气总压为各组分分压之和。
( )137. JBG006　溶液中组分的挥发度是不随温度变化的。

四、简答题

1. JBA004　反再烘衬里结束后,对设备的主要检查内容有哪些?
2. JBA012　什么是轴流式主风机?
3. JBA012　轴流式主风机的主要组成部件包括哪些?
4. JBA013　简述主风机在催化装置的作用。
5. JBA014　如何选择主风机?
6. JBB003　请简述当机组所有启动条件满足后的程序指令。

7. JBB003　请简述机组启动条件。
8. JBB005　简述轴流式主风机工作原理。
9. JBC016　简述吸收过程的基本原理。
10. JBC020　吸收塔中段回流的作用是什么？
11. JBC024　请简述先进控制的概念。
12. JBC025　请简述先进控制系统的组成。
13. JBC027　请简述串级控制系统的特点。
14. JBD008　简述吸收稳定系统的停工方法。
15. JBE002　请简述主风机组的逻辑控制内容。
16. JBE006　主风机喘振的定义。
17. JBE011　什么是轴流压缩机的旋转失速区？
18. JBE014　请简述烟机轮盘冷却蒸汽系统。
19. JBE015　请简述烟机密封蒸汽流向。
20. JBF001　请简述主风机逆流的危害。
21. JBG002　简述对反再系统进行压力平衡核算的意义。

五、计算题

1. JBC003　已知回炼油仪表指示值为 $150m^3/h$，设计密度为 $0.63J/cm^3$，现在操作温度为 $360℃$，该温度下的密度为 $0.85J/cm^3$，试求该操作条件下体积流量和误差。
2. JBG001　已知某催化装置提升管底部至油气出口长度为 $46m$，提升管底部至原料油喷嘴高度为 $11m$，提升管无变径，截面积为 $1m^2$，提升管压力为 $1.967MPa$，提升管预提升及雾化、吹扫蒸汽总流量为 $9t/h$，提升管进入原料的总摩尔流量为 $3000kmol/h$，温度为 $227℃$，提升管出口总摩尔流量为 $4000kmol/h$，温度为 $507℃$，试求油气停留时间（保留小数点后两位）。
3. JBG002　已知某套高低并列式催化裂化装置标定的压力数据分布如下。试求再生线路的推动力和阻力。

位置	压力, MPa	位置	压力, MPa
再生器顶压力	0.1729	沉降器顶压力	0.1437
再生器稀相静压	0.0022	沉降器稀相静压	0.0003
再生密相静压	0.016	提升管总压降	0.0175
再生斜管静压	0.022	再生滑阀压降	0.0514
再生过渡段静压	0.0009	汽提段静压	0.0351
再生密相静压	0.016	待生斜管静压	0.033
待生滑阀压降	0.0308		

4. JBG002　已知某套高低并列式催化裂化装置标定的压力数据分布如下。试求待生线路的推动力和阻力。

位置	压力,MPa	位置	压力,MPa
再生器顶压力	0.1729	沉降器顶压力	0.1437
再生器稀相静压	0.0022	沉降器稀相静压	0.0003
再生密相静压	0.016	提升管总压降	0.0175
再生斜管静压	0.022	再生滑阀压降	0.0514
再生过渡段静压	0.0009	汽提段静压	0.0351
再生密相静压	0.016	待生斜管静压	0.033
待生滑阀压降	0.0308		

5. JBG007 已知苯、甲苯混合液 45℃ 平衡液相中苯有 84%,气相中苯有 94%。试求 45℃ 时候,苯、甲苯的相对挥发度 α。

6. JBG007 已知苯、甲苯混合液在 85℃ 的时候,相对挥发度 $\alpha = 2.54$,在 85℃ 的时候,平衡液相中苯有 78%,试求 85℃ 平衡气相中甲苯含量。

7. JBG007 已知精馏塔分离含丙烯 62.5%(摩尔分数)的丙烷、丙烯饱和溶液,塔顶产品丙烯与塔底产品质量要求在 87.5%(摩尔分数)以上。采用回流比 4,试用图解法求该塔理论塔板数。

8. JBG008 沉降器顶和气压机出口压力指示分别为 0.2MPa 和 1.2MPa,大油气管线压降 20kPa,分馏塔压降 20kPa,分馏塔顶至气压机入口压降 50kPa,求气压机压缩比。

9. JBG008 已知烟气中分析数据如下。试计算焦炭中的氢碳比。提示:氢碳比计算公式为氢碳比 = $[(8.93 - 0.425(\varphi_{CO_2} + \varphi_{O_2}) - 0.275\varphi_{CO}] / (\varphi_{CO_2} + \varphi_{CO})$。

CO 体积分数	O_2 体积分数	CO_2 体积分数
0.0725	5.938	12.629
0.1364	5.347	12.665
0.0871	5.724	11.811
0.0758	6.763	11.682
0.0701	6.109	12.029

10. JBG008 已知湿空气的总压 $p = 1\text{atm}$,相对湿度 $\varphi = 0.6$,干球温度 $t = 30℃$,已知 30℃ 时的蒸气压 $p_s = 4242\text{Pa}$,试求湿度 H。

11. JBG008 已知空气水汽分压为 17.54mmHg,$p_\text{总} = 760\text{mmHg}$,求湿度。

答 案

一、单项选择题

1. A	2. B	3. A	4. B	5. A	6. B	7. A	8. A	9. C	10. A
11. B	12. A	13. C	14. A	15. C	16. A	17. D	18. B	19. A	20. B
21. B	22. D	23. A	24. C	25. B	26. A	27. A	28. A	29. A	30. B
31. A	32. C	33. D	34. B	35. D	36. A	37. D	38. C	39. B	40. D
41. C	42. D	43. D	44. C	45. D	46. B	47. B	48. D	49. A	50. C
51. A	52. A	53. A	54. D	55. D	56. B	57. C	58. D	59. B	60. C
61. C	62. C	63. D	64. B	65. A	66. A	67. D	68. D	69. C	70. C
71. D	72. C	73. A	74. A	75. D	76. C	77. C	78. C	79. C	80. A
81. C	82. A	83. B	84. C	85. A	86. C	87. B	88. D	89. B	90. A
91. D	92. B	93. A	94. C	95. D	96. C	97. D	98. C	99. B	100. D
101. B	102. A	103. A	104. D	105. B	106. C	107. B	108. C	109. B	110. C
111. B	112. B	113. C	114. B	115. A	116. D	117. B	118. C	119. D	120. B
121. A	122. B	123. A	124. B	125. A	126. D	127. C	128. C	129. C	130. B
131. B	132. B	133. C	134. D	135. C	136. C	137. C	138. C	139. C	140. D
141. B	142. C	143. B	144. C	145. C	146. D	147. D	148. A	149. D	150. B
151. C	152. C	153. B	154. A	155. A	156. A	157. C	158. A	159. C	160. B
161. C	162. B	163. D	164. B	165. C	166. B	167. B	168. C	169. C	170. D
171. A	172. A	173. C	174. C	175. A	176. B	177. A	178. D	179. B	180. C
181. C	182. D	183. D	184. C	185. C	186. A	187. B	188. D	189. C	190. D
191. C	192. B	193. C	194. D	195. A	196. C	197. D	198. B	199. D	200. A
201. B	202. A	203. C	204. B	205. B	206. D	207. D	208. D	209. A	210. C
211. D	212. D	213. A	214. B	215. B	216. D	217. A	218. B	219. C	220. A
221. D	222. A	223. C	224. D	225. A	226. D	227. B	228. D	229. C	230. A
231. D	232. B	233. A	234. C	235. D	236. A	237. C	238. B	239. C	240. C
241. C	242. C	243. A	244. C	245. D	246. D	247. D	248. A	249. D	250. B
251. D	252. B	253. C	254. A	255. D	256. D	257. D	258. C	259. A	260. A
261. A	262. B	263. D	264. B	265. D	266. C	267. A	268. B	269. A	270. C
271. B	272. A								

二、多项选择题

1. ABD   2. ABCD   3. ABCD   4. ABCD   5. AB   6. ABCD   7. BC

8. ABC	9. ABC	10. ABCD	11. ABCD	12. ABCD	13. AB	14. ABC	
15. ABCD	16. ABCD	17. ABCD	18. ABCD	19. ABCD	20. ABCD	21. ABCD	
22. ABCD	23. BC	24. ABC	25. ABCD	26. ABCD	27. AB	28. AB	
29. ACD	30. ABCD	31. ABCD	32. AB	33. ABCD	34. BC	35. ABC	
36. ABC	37. CD	38. ACD	39. ABCD	40. AB	41. ACD	42. ABC	
43. CD	44. AB	45. ABD	46. ABCD	47. ABD	48. ABCD	49. ABCD	
50. ABCD	51. ABC	52. ABC	53. ABC	54. BC	55. ABC	56. ABCD	
57. ABC	58. ABCD	59. BC	60. ABCD	61. ABCD	62. ABCD	63. ABC	
64. AC	65. AD	66. ABC	67. BC	68. ABCD	69. ABCD	70. ABC	
71. ABC	72. ABCD	73. ABCD	74. BCD	75. ABCD	76. ABD	77. ABC	
78. ABCD	79. ABCD	80. CD	81. BCD	82. ABCD	83. ABCD	84. ABD	
85. ABCD	86. ABCD	87. ABD	88. ABD	89. AC	90. ABC	91. ABCD	
92. BD	93. ABC	94. AC	95. AD	96. BC	97. ACD	98. AB	
99. ABCD	100. ABCD	101. ABCD	102. BCD	103. ACD	104. ABD	105. ACD	
106. ABCD	107. ABCD	108. ABCD	109. AC	110. ABCD	111. ABCD	112. ABD	
113. ABD	114. ABC	115. AB	116. ABCD	117. ABCD	118. ABC	119. ABD	
120. ABD	121. ABCD	122. ABCD	123. ABC	124. ABCD	125. ABC	126. AD	
127. AC	128. ACD	129. BCD	130. BCD	131. AB	132. AC	133. AB	

三、判断题

1. √　2. ×　正确答案:钢按化学成分分为碳素钢、低合金钢与合金钢。　3. √　4. × 正确答案:动叶在轴的带动下高速旋转,推动气体沿轴向流动,气体的压力和动能提高。 5. ×　正确答案:多管式旋风分离器采用特殊的下卸气机构,保持一定的卸气量。　6. √ 7. √　8. ×　正确答案:由前一个调节器的输出作为后一个调节器的设定值,后一个调节器 的输出送到调节阀,这样的控制系统是串级控制系统。　9. √　10. √　11. ×　正确答案: 联锁保护装置原则上独立设置。　12. ×　正确答案:机组的自保联锁不仅包括自动停机还 包括报警和启动辅助油泵、机组安全运行等保护措施。　13. √　14. √　15. ×　正确答 案:在作业基准面30m及以上进行的高处作业是特殊高处作业。　16. √　17. ×　正确答 案:密闭空间作业时可能发生的危害是缺氧、窒息、中毒,也会发生火灾、爆炸。　18. ×　正 确答案:受限空间内氧气浓度低于19.5%属于特殊受限空间。　19. √　20. √　21. ×　正 确答案:严禁用汽油、易挥发溶剂擦洗设备、衣物、工具及地面等。　22. ×　正确答案:反再 系统开工前需仔细检查仪表反吹风系统以保证开工时该系统的正常投用,仪表如有问题应 在开工前处理好。　23. √　24. √　25. ×　正确答案:反再烘衬里结束后,进行内部检查 前必须确认相关盲板。　26. √　27. √　28. ×　正确答案:旋风分离器的总效率是指经旋 风分离器回收的颗粒的重量与进入旋风分离器的全部颗粒的重量之比。　29. √　30. ×　正 确答案:旋风分离器入口气体黏度增大,回收效率下降。　31. √　32. ×　正确答案:多管 式三级旋分的各单管抗返混差,组合后由于压降分配的不均匀造成部分单管不工作、失效 甚至返混。　33. √　34. √　35. ×　正确答案:轴流式风机与轴流式风机相比,单级叶轮压缩比低。　36. √　37. ×　正确答案:催化裂化用的气压机、主风机等,采用套装的叶轮,转速高,刚性小,均为软轴。　38. ×　正确答案:机组不允许在临界转速停留。　39. ×　正确答案:轴流压缩机转速升高,特性曲线变陡。　40. √　41. ×　正确答案:主风机机组的启动程序控制的要求一般分为启动联锁和启动程序控制两部分。　42. √　43. √　44. ×　正确答案:烟机是回收烟气的热能和压力能的设备。　45. ×　正确答案:烟气轮机动叶片中部截面处的圆周速度与叶片厚度无关。　46. √　47. √　48. √　49. ×　正确答案:如果装置热量过剩,可以采取降低回炼比措施,维持两器热平衡。　50. √　51. √　52. ×　正确答案:两段再生方式中的第二段床层,其烟气中水汽分压较低。　53. √　54. ×　正确答案:前置烧焦罐高温完全再生是将烧焦罐温度控制在675~700℃,使催化剂上的积炭大部分烧去,并在烧焦罐上部开始燃烧CO。　55. √　56. √　57. √　58. √　59. ×　正确答案:催化裂化再生烟气脱硝技术主要采用还原法和氧化法。　60. √　61. √　62. ×　正确答案:提高反应温度,减弱氮化物在催化剂上的吸附作用,使氮化物留在产品中,可降低催化剂上携带的氮化物。　63. ×　正确答案:气体吸收的原理是利用气体混合物中各组分在某一液体吸收剂中的溶解度不同,从而将其中溶解度大的组分分离出来。　64. √　65. √　66. √　67. ×　正确答案:吸收过程是一个放热过程。　68. ×　正确答案:从质量交换过程看,吸收过程是单向传质,蒸馏过程则为双向传质。　69. √　70. √　71. √　72. ×　正确答案:先进控制系统通常由三部分组成:多变量模型预估控制器、中间调节回路和工艺计算。　73. √　74. √　75. ×　正确答案:三冲量控制属于复杂控制系统。　76. √　77. ×　正确答案:润滑油压力降低到联锁值是烟机突然跳闸停机的原因。　78. √　79. ×　正确答案:停烟机时,关烟机入口蝶阀,投用空转冷却蒸汽,关闭轮盘冷却蒸汽。　80. ×　正确答案:主风机组安全运行后静叶角度关至最小工作角度。　81. ×　正确答案:两器催化剂卸尽后才可以将主风机组停运。　82. √　83. ×　正确答案:压缩富气中断后,关闭富气冷却器入口阀,保证稳定塔底热源,维持稳定系统各部压力,可以保证汽油蒸气压合格。　84. ×　正确答案:吸收稳定系统正常停工前应将各塔、容器液位控制在靠近正常指标范围的下限。　85. ×　正确答案:停工置换的效果需要采样分析合格来确定。　86. √　87. √　88. √　89. ×　正确答案:抽、加盲板工作应由专人负责,按盲板图进行作业,统一编号做好记录。　90. √　91. √　92. ×　正确答案:当主风机组发出安全运行指令后,机组将安全运行进行自我保护。　93. ×　正确答案:检查备用润滑油过滤器是否充满时,正确的做法是打开备用过滤器顶放空检查是否有油。　94. √　95. ×　正确答案:主风机组喘振是风机与管网彼此作用,发生流量与压力振荡循环而产生的。　96. √　97. √　98. ×　正确答案:若静叶开始释放时间大于15s,静叶位置故障指示灯亮,主风机停机自保动作。　99. ×　正确答案:烟气轮机直接带动发电机的机组,当电机甩负荷时,电子调速器将烟机进口蝶阀快速关闭,防止机组超速。　100. ×　正确答案:轴流主风机特性曲线静叶最小角度与最小工作角度线之间的区域称旋转失速区。　101. √　102. ×　正确答案:烟机正常运行时入口烟气中含尘浓度不大于200mg/Nm^3。　103. √　104. ×　正确答案:烟机密封蒸汽的作用,是防止带有粉尘的高温烟气从轴伸出端外漏,污染环境。　105. √　106. √　107. ×　正确答案:主风机逆流处理不当会造成催化剂倒流进主风机。　108. √　109. ×　正确答案:再生斜管松动蒸汽压力下降,会造成催化剂流动性不好。　110. ×　正确答案:待生线路催化剂架桥会使待生立管压降为零,待生斜管压降下降。　111. √　112. √　113. ×

正确答案:当再生线路可能压空时,应立即投用两器自保。 114.× 正确答案:主风机组安全运行,主风中断。 115.× 正确答案:采用主风事故蒸汽,是为了保证主风停进再生器后,再生器仍能处于流化状态。 116.× 正确答案:主风中断后,再生器禁止喷燃烧油。 117.√ 118.× 正确答案:三旋的操作工况对烟机振值有直接的影响。 119.√ 120.√ 121.√ 122.√ 123.√ 124.√ 125.√ 126.× 正确答案:装置停高压电,锅炉给水泵停运,除氧器液位上升。 127.√ 128.× 正确答案:对催化裂化操作人员来讲,一旦公用工程系统出现问题,要按事故处理预案准备,在具备条件的情况下要严格控制好三大平衡,优先人身安全。 129.× 正确答案:装置停非净化风应迅速关闭小型加料器壁阀门,防止高温催化剂倒流。 130.× 正确答案:仪表风中断,所有风开阀全关,风关阀全开。 131.√ 132.× 正确答案:提升管反应时间是反应过程的重要指标,反应时间太短单程转化率低,太长则出现过度裂化。 133.× 正确答案:反再系统操作中,保持各设备之间的压力平衡是安全生产的关键之一。 134.× 正确答案:当气液两相达到平衡时,气液两相中的各组分不再随时间发生变化。 135.√ 136.√ 137.× 正确答案:溶液中组分的挥发度是随温度而变化的。

四、简答题

1. 答:(1)两器衬里有无脱落、破裂、鼓包。如有超过规范要求,应按要求进行修补(0.2);(2)料腿、分布管、催化剂分配器、取热设备等内构件有无变形现象(0.2);(3)翼阀密合程度,是否灵活好用(0.1);(4)内部有无拉裂拉断现象,检查烟气管道的衬里情况(0.1);(5)取热器管束与器壁焊接处及弯头处有无异常现象(0.1);(6)分布管是否有显著变形烧坏现象(0.1);(7)检查各种导向支架是否有变形、烧坏、卡住现象(0.1);(8)检查各处膨胀节、油气大管道等热膨胀后的恢复情况(0.1)。

2. 答:气体在压缩机气缸中沿轴向流动(0.5)的主风机称为轴流式主风机(0.5)。

3. 答:机壳(0.1)、叶片承缸(0.1)、静叶调节缸(0.2)、转子(0.1)、密封套(0.1)、伺服马达(0.1)、轴承(0.1)、联轴器(0.1)、底座(0.1)等。

4. 答:主风机在催化裂化装置主要作用有:催化剂再生烧焦供氧(0.3);两器流化供风(0.3);烘干再生器和反应沉降器衬里(0.2);为增压机提供风源(0.2)。

5. 答:对于再生器所需主风量在1200Nm^3/min以上的动力回收机组,选用可靠性高的轴流主风机是可取的(0.5);对于1000Nm^3/min以下的装置,选用高效率的离心式主风机为宜(0.5)。

6. 答:当机组所有启动条件满足后,程序发出指令:(1)解除对电机启动的联锁,为用按钮启动电机做好准备(0.5);(2)当闭锁解除后,允许启动指示灯亮,表明机组具备启动条件,可以进行机组启动操作(0.5)。

7. 答:(1)润滑油压力正常(0.1);(2)调节油压力正常(0.1);(3)动力油压力正常(0.1);(4)润滑油温度正常(0.1);(5)入口静叶在启动角(0.1);(6)反喘振阀全开(0.1);(7)主风机出口逆止阀关闭(0.1);(8)烟机入口阀关闭(0.1);(9)盘车电机运转(0.1);(10)润滑油高位油箱正常(0.1)。

8. 答:轴流式主风机是由许多排扭曲形动、静相间的叶片组成(0.2)。轴流式主风机气体的运动是沿着轴向进行的(0.4)。由于转子旋转使气体产生很高的速度,而当气体流过依次串联排列着的动叶片和静叶栅时,速度就逐渐减慢而变成气体压力的提高,使气体得到压缩,达到输送气体的目的(0.4)。

9. 答:吸收是一种分离气体混合物的过程(0.2)。气体吸收是物质自气相转移到液相的传质过程(0.2);利用气体混合物中各组分在某一液体吸收剂中的溶解度不同,(0.2),从而将其中溶解度大的组分分离出来(0.4)。

10. 答:吸收过程是一个放热过程(0.2);吸收过程中发出的热量主要有:被吸收组分与吸收剂混合时产生的混合热(0.2)、气体溶解时转为液态而放出的冷凝热以及化学反应热(0.2)。为了取走吸收过程所放出的吸收热保证吸收在较低的操作温度下进行(0.2),提高吸收效果,吸收塔需有中段回流(0.2)。

11. 答:先进控制系统以模型为基础(0.4),通过调节多个相互耦合的控制回路(0.4),实现多个目标的控制(0.2)。

12. 答:通常由多变量模型预估控制器(0.4)、中间调节回路(0.3)和工艺计算(0.3)三部分组成。

13. 答:(1)在系统结构上组成两个闭合回路。主、副调节器串联,主调节器的输出作为副调节器的给定值(0.4)。(2)在系统特性上,由于副回路的作用,有效地克服了滞后,可大大提高调节质量(0.4)。(3)主、副回路协同工作,克服干扰能力强,可用于不同负荷和操作条件变化地场合(0.2)。

14. 答:停送干气出装置,维持系统压力(0.2);及时停用再吸收塔贫富吸收油(0.2);稳定塔顶回流罐液位降低至正常范围下限时,停止液态烃外送(0.2);若无法保证稳定塔底温度大于160℃时,应立即停送汽油出装置(0.2);各塔、容器液位可控制在靠近正常指标范围的下限(0.1);冬季应注意设备、管线防冻工作(0.1)。

15. 答:(1)机组的启动程序(0.2);(2)机组的停机联锁和程序(0.2);(3)轴流压缩机的工作状态监控(0.2);(4)逆流保护和放空阀打开监控(0.2);(5)润滑油系统的自动控制(0.1);(6)动力油系统的自动控制(0.1)。

16. 答:主风机喘振是当主风机在高压比、低流量下运行时(0.4),在叶片上产生气流脱离而形成脉动流(0.2),并与出口管网的气容间形成振荡(0.2),使机身强烈振动的现象(0.2)。

17. 答:轴流压缩机特性曲线静叶最小角度与最小工作角度线之间的区域称旋转失速区(1.0)。

18. 答:冷却蒸汽系统分两路进入机壳,一路进入一级轮盘中心,沿轮盘表面作径向流动(0.3),其中一部分冷却蒸汽通过平稳孔进入一、二级轮盘之间空腔,冷却一级轮盘的后、侧面和二轮盘的前侧面,并经汽封进入流道(0.3);另一路由机壳外面的环形管后分三路进入机壳,对一级轮盘的轮缘部分进行喷射冷却(0.2),然后汇同第一级轮盘前侧面的冷却蒸汽进入烟机流道(0.2)。

19. 答:烟机轴端密封蒸汽进入机壳,沿二级轮盘后侧面(0.5),做径向流动,冷却(0.3)后进入流道(0.2)。

20. 答:如果主风机仍由原动机拖动,则原动机功率在风机中变成逆流气流的摩擦热

(0.2),即风机的全部功率被用于加热气体(0.2),短时间内气体温度急剧上升(0.2),高温气体倒回风机(0.2),很快就可使风机叶片膨胀甚至熔化,转子飞逸(0.2)。

21. 答:(1)可以使技术人员掌握催化剂循环线路上每一台单体设备内催化剂流化输送状况;(0.2)。(2)掌握推动力、阻力的平衡情况(0.2)。(3)及时发现制约催化剂循环量提高的瓶颈(0.25)。(4)提出解决循环线路上流化输送问题的措施(0.2)。(5)为提高装置的稳定性和操作弹性创造条件(0.2)。

五、计算题

1. 解:$V_{实}=V_{设}(\rho_{设}/\rho_{实})0.5=150\times(0.63/0.574)0.5=157.0(m^3/h)$。

相对误差 = $(157-150)/157\times100\%=4.46\%$。

答:该操作条件下体积流量为 $157.0 m^3/h$,相对误差是 4.46%。

评分标准:公式正确占 0.3;过程正确占 0.3;答案正确占 0.3;答正确占 0.1。

2. 解:提升管入方总摩尔流量 = $9\times1000/18+3000=3500(kmol/h)$。

提升管下部线速 $u_{下}=V_{下}/F_{下}=3500\times22.4\times(273+227)/273\times1.033/(1.033+1.967)/3600/1=13.73(m/s)$。

提升管上部线速 $u_{上}=V_{上}/F_{上}=4000\times22.4\times(273+507)/273\times1.033/(1.033+1.967)/3600/1=18.21(m/s)$。

提升管内对数平均线速 $u_{平}=(u_{上}-u_{下})/\ln(u_{上}/u_{下})=(18.21-13.73)/\ln(18.21/13.73)=15.86(m/s)$。

提升管长度 $L=46-11=35(m)$。

油气停留时间 $\tau=L/u_{平}=35/15.86=2.21(s)$。

答:油气停留时间为 $2.21s$。

评分标准:公式正确占 0.3;计算正确占 0.3;答案正确占 0.3;答正确占 0.1。

3. 解:(1)再生线路推动力 = 再生器顶压力+再生器稀相静压+再生密相静压+再生斜管静压 = $0.1729+0.0022+0.016+0.022=0.2131(MPa)$。

(2)再生线路阻力 = 沉降器顶压力+沉降器稀相静压+提升管总压降+再生滑阀压降 = $0.1437+0.0003+0.0175+0.0514=0.2129(MPa)$。

答:该装置再生线路推动力为 $0.2131MPa$,阻力为 $0.2129MPa$。

评分标准:要点(1)正确占 0.3;要点(2)正确占 0.3;计算正确占 0.2;答正确占 0.2。

4. 解:(1)待生线路推动力 = 沉降器顶压力+沉降器稀相静压+汽提段静压+待生斜管静压 = $0.1437+0.0003+0.0351+0.033=0.2121(MPa)$。

(2)待生线路阻力 = 再生器顶压力+再生器稀相静压+再生过渡段静压+再生密相静压+待生滑阀压降 = $0.1729+0.0022+0.0009+0.016+0.0308=0.2228(MPa)$。

答:该装置待生线路推动力为 $0.2121MPa$,阻力为 $0.2228MPa$。

评分标准:要点(1)正确占 0.3;要点(2)正确占 0.3;计算正确占 0.2;答正确占 0.2。

5. 解:

(1) $\alpha=y_A x_B / y_B x_A$。

(2) $x_A=0.84$, $x_B=0.16$。

(3) $y_A = 0.94, y_B = 0.06$。

(4) 数据代入 $\alpha = 2.98$。

答:45℃时候,苯、甲苯的相对挥发度为2.98。

评分标准:要点(1)正确占0.4;要点(2)正确占0.2;要点(3)正确占0.2;要点(4)正确占0.1;答正确占0.1。

6. 解:(1) $y_A = \alpha x_A / [1+(\alpha-1)x_A]$。

(2) $x_A = 0.78, \alpha = 2.54$。

(3) 数据代入 $y_A = 0.90$。

(4) $y_B = 1 - y_A = 0.10$。

答:85℃时候,平衡气相中甲苯含量为10%。

评分标准:要点(1)正确占0.4;要点(2)正确占0.2;要点(3)正确占0.2;要点(4)正确占0.1;答正确占0.1。

7. 解:

(1) $x_W = 0.125, x_D = 0.875$。

(2) 截距 $y = x_D / (R+1) = 0.175$。

(3) 饱和溶液 δ 线为垂直线。

(4) 作提馏段操作线和精馏段操作线。

(5) 图解得到:

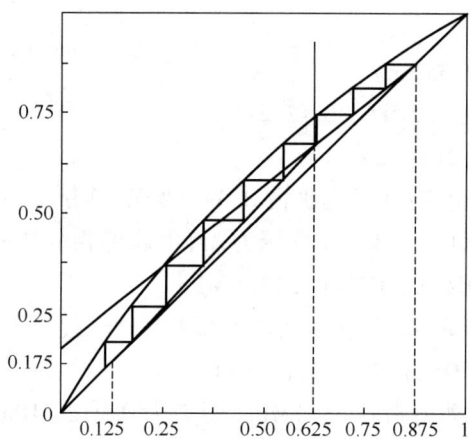

答:理论塔板数约为9块。

评分标准:要点(1)正确占0.2;要点(2)正确占0.2;要点(3)正确占0.1;要点(4)正确占0.3;要点(5)正确0.1;答正确占0.1。

8. 解:气压机入口压力(绝压)=(0.2+0.1)-(20+30+50)/1000=0.2(MPa)。

气压机出口压力(绝压)=1.2+0.1=1.3(MPa)。

气压机压缩比=1.3/0.2=6.5。

答:气压机压缩比为6.5。

评分标准:公式正确占0.3;计算正确占0.3;答案正确占0.3;答正确占0.1。

9. 解：$\varphi_{CO} = (0.0725+0.1364+0.871+0.758+0.701)/5 = 0.0884\%$。

$\varphi_{O_2} = (5.938+5.347+5.724+6.763+6.109)/5 = 5.9762\%$。

$\varphi_{CO_2} = (12.629+12.665+11.811+11.682+12.029) = 12.1632\%$。

氢碳比 $= [8.93-0.425(\varphi_{CO_2}+\varphi_{O_2})-0.275\varphi_{CO}]/(\varphi_{CO_2}+\varphi_{CO})$

$= [8.93-0.425(12.1632+5.9762)-0.275\times0.0884]/(12.1632+0.0884)$

$= 0.098$。

答：焦炭氢碳比为 0.098。

评分标准：CO 含量、O_2 含量、CO_2 含量正确占 0.6；氢碳比计算正确占 0.3；答正确占 0.1。

10. 解：$H = 0.622\varphi p_s/(p-\varphi p_s) = 0.622\times0.6\times4242/(1.013\times100000-0.6\times4242) = 0.0157$。

答：空气中湿度为 0.0157。

评分标准：公式正确占 0.6；计算正确占 0.3；答正确占 0.1。

11. 解：$H = 0.622 p_W/(p_总-p_W) = 0.622\times17.54/(760-17.54) = 0.0147$。

答：空气中湿度为 0.0147。

评分标准：公式正确占 0.6；计算正确占 0.3；答正确占 0.1。

高级技师理论知识练习题及答案

一、单项选择题(每题有4个选项,只有1个是正确的,将正确的选项填入括号内)

1. GJAC001　回流比大对精馏塔操作的影响,下列错误的是(　　)。
   A. 塔负荷高　　　　　　　　　　　　B. 分离效果变差
   C. 操作费用高　　　　　　　　　　　D. 传质推动力增加

2. GJAC001　液体充满每块塔板之间的空间阻碍了气体上升和液体下降,这种现象称为(　　)。
   A. 液沫(雾沫)夹带　　　　　　　　　B. 液泛
   C. 泡沫夹带　　　　　　　　　　　　D. 漏液

3. GJAG001　《安全生产法》将防止和减少生产安全事故,保障人民群众生命和财产安全,促进经济社会持续健康发展作为立法目的,确立了(　　)的工作方针。
   A. 安全第一、预防为主、综合治理　　　B. 以防为主、防消结合
   C. 预防为主、综合治理　　　　　　　　D. 以人为本,预防为主

4. GJAG001　《安全生产法》明确提出强化(　　)的安全生产主体责任。
   A. 各级政府　　　　　　　　　　　　B. 各级管理部门
   C. 生产经营单位　　　　　　　　　　D. 劳动者

5. GJAG002　《安全生产法》规定一般事故罚款(　　)。
   A. 20万~50万元　　　　　　　　　　B. 50万~100万元
   C. 100万~500万元　　　　　　　　　D. 500万~1000万元

6. GJAG002　《安全生产法》规定较大事故罚款(　　)。
   A. 20万~50万元　　　　　　　　　　B. 50万~100万元
   C. 100万~500万元　　　　　　　　　D. 500万~1000万元

7. GJAG003　出台《危险化学品安全管理条例》的目的是加强(　　),保障人民生命和财产安全,保护环境。
   A. 对危险化学品的安全管理　　　　　　B. 对违法经营者处罚
   C. 推动社会经济进步　　　　　　　　　D. 危化品常识普及

8. GJAG003　《中华人民共和国安全生产法》规定,安全生产监督检查(　　)被检查单位的正常生产经营活动。
   A. 可以影响　　　　　　　　　　　　B. 不得影响
   C. 可以指导　　　　　　　　　　　　D. 应当指挥

9. GJAG004　已经设置的生产、储存、装卸易燃易爆危险品的工厂、仓库和专用车站、码头,易燃易爆气体和液体的充装站、供应站、调压站,不再符合消防法规定的,(　　)应当组织、协调有关部门、单位限期解决,消除安全隐患。

A. 地方人民政府 B. 涉事企业
C. 相关方 D. 消防部门

10. GJAG004 按照国家工程建筑消防技术标准需要进行消防设计的建筑工程,建设单位应当将建筑工程的消防设计文件报( )备案。
A. 当地政府 B. 公安机关消防机构
C. 上级建筑部门 D. 委托建筑方

11. GJAG005 2015年实行的《环境保护法》增加公益诉讼的主体,明确了( )依法享有获取环境信息、参与和监督环境保护的权利。
A. 公众 B. 政府 C. 法人 D. 环保部门

12. GJAG005 2015年实行的《环境保护法》规定:对于没有环评、暗管排污、伪造瞒报排污数据、不配合监管等违法主体可( )。
A. 警告 B. 罚款 C. 拘留 D. 通告批评

13. GJAG006 2015年实行的《环境保护法》将环境保护作为基本国策,突出( )的监管职能。
A. 政府 B. 环保部门 C. 公众 D. 企业

14. GJAG006 2015年实行的《环境保护法》惩罚力度加大,对特别严重的,将处以( ),加大了环境问题的违法成本。
A. 罚款 B. 民事责任追究
C. 刑事责任追究 D. 停产处罚

15. GJAG007 HSE中的E(环境)是指与人类密切相关的、影响( )和生产活动的各种自然力量或作用的总和。
A. 生命 B. 疾病 C. 健康 D. 人类生活

16. GJAG007 HSE中的H(健康)是指人身体上没有( ),在心理上保持一种完好的状态。
A. 缺陷 B. 疾病 C. 健康 D. 安全

17. GJAG008 建立HSE管理体系可提高企业安全、环境和健康( )。
A. 管理水平 B. 操作水平 C. 使用水平 D. 能源水平

18. GJAG008 建立HSE管理体系可减少各类事故的发生、( )。
A. 提高效益 B. 节约能源 C. 降低风险 D. 减少成本

19. GJAG009 在HSE管理体系中,造成死亡、职业病、伤害、财产损失或环境破坏的事件称为( )。
A. 灾害 B. 毁坏 C. 事故 D. 不符合

20. GJAG009 在HSE管理体系中,造成环境破坏的事件称为( )。
A. 灾害 B. 毁坏 C. 事故 D. 不符合

21. GJAG010 保护妇女劳动者、未成年劳动者、残疾劳动者、少数民族劳动者、退役军人劳动者等的合法权益,体现了对劳动者权益( )的保护。
A. 最基本 B. 全面 C. 侧重 D. 平等

22. GJAG010 劳动法在对劳动关系当事人双方都给予保护的同时,偏重于保护在劳动关系中事实上处于相对弱者地位的劳动者,亦即向保护劳动者倾斜,这体现了对劳动者权益(　　)的保护。

  A. 最基本   B. 平等   C. 侧重   D. 全面

23. GJAG011 化学耗氧量的简称为(　　)。

  A. PIC   B. DOC   C. BOD   D. COD

24. GJAG011 油类含有的(　　)是致癌物质,可经水生生物富集后危害人体健康。

  A. 烷烃   B. 环烷烃   C. 芳香烃   D. 多环芳香烃

25. GJAH001 (　　)=原材料(燃料、动力)消耗总量/产品产量。

  A. 总耗   B. 单耗   C. 消耗   D. 均耗

26. GJAH001 (　　)主要是指生产过程中必须消耗的燃料、水蒸气、电力、水等所产生的能量消耗。

  A. 总耗   B. 单耗   C. 消耗   D. 能耗

27. GJBA001 (　　)对装置类型的确定和催化剂的选择,以及对反应器、再生器的设计都有重要的影响。

  A. 原料的残炭   B. 原料的性质

  C. 原料的重金属含量   D. 原料的馏程

28. GJBA001 对于汽油生产方案,反应苛刻度(　　),从而单程转化率(　　),回炼比很(　　)。

  A. 高,低,大   B. 高,高,大

  C. 高,高,小   D. 低,低,小

29. GJBA002 当反应温度逐渐提高时,如果转化率不变,则汽油产率(　　)。

  A. 升高   B. 降低   C. 不变   D. 无法确定

30. GJBA002 以下操作条件不会提高汽油收率的是(　　)。

  A. 高反应温度   B. 高汽油干点   C. 高蒸气压   D. 高回炼比

31. GJBA003 增产柴油的一项重要措施是降低(　　)。

  A. 回炼比   B. 剂油比   C. 空速   D. 单程转化率

32. GJBA003 柴油凝点高时,柴油收率(　　)。

  A. 高   B. 不变   C. 低   D. 无法确定

33. GJBA004 采用两段提升管催化裂化工艺技术,催化汽油辛烷值(　　)。

  A. 下降   B. 不变   C. 提高   D. 无法确定

34. GJBA004 两段提升管催化裂化工艺技术,(　　)剂油比,(　　)反应时间。

  A. 大,短   B. 小,短   C. 大,长   D. 小,长

35. GJBA005 MSCC是UOP公司开发的,在MSCC过程中,催化剂向下流动形成催化剂帘,原料油(　　)与催化剂垂直接触,实现毫秒催化裂化反应。

  A. 水平注入   B. 30°角注入   C. 45°角注入   D. 90°角注入

36. GJBA005 使用毫秒催化裂化MSCC技术,会使烯烃产率(　　),焦炭产率(　　)。

  A. 减少,减少   B. 减少,增加   C. 增加,减少   D. 增加,增加

37. GJBA006 采用MGG和ARGG工艺,焦炭和干气(　　)。

A. 明显增加　　　　B. 无明显减少　　　　C. 产率较高　　　　D. 产率较低

38. GJBA006　MGG 和 ARGG 工艺是最大量地生产富含低碳(　　)的液化气和高辛烷值汽油的新型催化转化工艺技术。

　　A. 烯烃　　　　B. 烷烃　　　　C. 异构烷烃　　　　D. 芳香烃

39. GJBA007　下列选项中,采用重油制取低碳烯烃工艺技术的是(　　)工艺。

　　A. MSCC　　　　B. MDP　　　　C. MGD　　　　D. DCC

40. GJBA007　采用催化裂解 DCC 工艺,主要是要提高(　　)的产率。

　　A. 甲烷　　　　B. 乙烷　　　　C. 丙烯　　　　D. 丙烷

41. GJBA008　MIO 工艺技术是在特定的工艺条件下,采用特定的反应工艺技术,以达到大量生产(　　)和高辛烷值汽油的技术。

　　A. 异构烷烃　　　　B. 异构烯烃　　　　C. 环烷烃　　　　D. 低碳烯烃

42. GJBA008　MIO 工艺技术采用的操作条件(　　)。

　　A. 较苛刻　　　　B. 较缓和　　　　C. 要求严格　　　　D. 不确定

43. GJBA009　MIO 工艺技术,其目的产物 93 号汽油产率可达到(　　)。

　　A. 30%(质量分数)　　　　B. 35%(质量分数)
　　C. 40%(质量分数)　　　　D. 45%(质量分数)

44. GJBA009　MIO 工艺技术的专利催化剂,不仅具有良好的异构烯烃选择性,同时具有良好的(　　)。

　　A. 活性　　　　B. 稳定性
　　C. 抗磨损性能　　　　D. 抗金属污染性能

45. GJBA010　催化剂重金属污染的明显特征是(　　)。

　　A. 焦炭产率增大　　　　B. 液体产品产率下降
　　C. 氢气产率增加　　　　D. 气体中 C_3、C_4 产率降低

46. GJBA010　重金属主要由(　　)中带来的。

　　A. 原料　　　　B. 催化剂　　　　C. 助燃剂　　　　D. 生产过程

47. GJBA011　钒的生成物不仅覆盖了催化剂表面,减少活性中心,而且松动了催化剂载体结构,降低了催化剂的(　　)。

　　A. 微反活性　　　　B. 选择性　　　　C. 热稳定性　　　　D. 磨损性

48. GJBA011　钒在氧环境下生成(　　),它的熔点低,在正常再生条件下熔融,破坏催化剂活性中心,使催化剂产生永久失活。

　　A. V_2O_3　　　　B. V_2O_4　　　　C. V_2O_5　　　　D. V_3O_5

49. GJBA012　下面关于再生器温度对催化剂钒中毒的影响描述正确的是(　　)。

　　A. 再生温度不需达到 650℃ 都会加剧催化剂钒中毒
　　B. 再生器温度超过了钒氧化物的熔点,会增强钒的流动性,加剧催化剂失活
　　C. 床层内催化剂颗粒之间的温度将超过 600℃ 时催化剂的钒中毒加剧
　　D. 以上都正确

50. GJBA012　下列选项中错误的是(　　)。

　　A. 贫氧的单段再生器可有效地降低钒酸的形成

B. 许多催化剂在设计时就考虑到了钒的危害,具有一定的抗钒性

C. 水蒸气与 V_2O_5 反应形成挥发性的钒酸

D. 选择单段 CO 完全燃烧操作方式,需把催化剂床层温度控制在 690℃ 以下,以抑制钒酸的形成

51. GJBA013 液体产品中回收氮的百分数总是(　　)。
    A. 随转化率的增加而增加　　　　　　B. 随转化率的增加而降低
    C. 随原料油氮含量的增加而增加　　　D. 随原料油氮含量的增加而降低

52. GJBA013 质谱分析表明液体产品中的氮化物,大部分集中在(　　)中。
    A. 柴油　　　　B. 汽油　　　　C. 柴油和澄清油　　　D. 汽油和澄清油

53. GJBA014 以重油为原料时,催化裂化装置的氮平衡与常规原料不同,生成的氨很少,一般可忽略;液体产品中的氮占原料氮的(　　)
    A. 5%~15%　　　B. 5%~25%　　　C. 15%~25%　　　D. 25%~35%

54. GJBA014 对于给定原料,转化率提高将导致液体产品中氮含量(　　)。
    A. 增加　　　　B. 减少　　　　C. 不变　　　　D. 无法确定

55. GJBA015 对于同一原料,焦炭产率增加,催化剂表面的炭氮比(　　)。
    A. 降低　　　　B. 不变　　　　C. 增加　　　　D. 无法确定

56. GJBA015 对于同一原料,焦炭产率增加,焦炭中极性氮含量(　　)。
    A. 降低　　　　B. 不变　　　　C. 增加　　　　D. 无法确定

57. GJBA016 下列选项中属于油品中的非碱性氮化物的是(　　)。
    A. 吡啶　　　　B. 喹啉　　　　C. 吡咯　　　　D. 苯胺

58. GJBA016 下列选项中属于油品中的碱性氮化物的是(　　)。
    A. 吡咯　　　　B. 吲哚　　　　C. 咔唑　　　　D. 苯胺

59. GJBA017 硫在原油馏分中的分布一般是随着馏分沸程的升高而增加,大部分硫集中在(　　)中。
    A. 轻馏分和蜡油　　　　　　B. 轻馏分和渣油
    C. 重馏分和蜡油　　　　　　D. 重馏分和渣油

60. GJBA017 原料油中硫含量增加,产品中(　　)产率增加。
    A. 干气　　　　B. 汽油　　　　C. 柴油　　　　D. 液化气

61. GJBA018 在相同的原料转化率和温度下,原料油中硫含量上升,将会引起汽油辛烷值(　　)。
    A. 下降　　　　B. 上升　　　　C. 不变　　　　D. 无法确定

62. GJBA018 原料中的硫会污染催化剂,使催化剂的活性和选择性变差,产品分布变坏,产品质量下降,(　　)产率增加。
    A. 气体　　　　B. 柴油　　　　C. 油浆　　　　D. 焦炭

63. GJBA019 在以直馏油品为原料的常规催化裂化反应过程中,硫在柴油中的分布大部分为(　　)。
    A. 2%~10%　　　B. 4%~7%　　　C. 15%~24%　　　D. 10%~20%

64. GJBA019 在直馏原料催化裂化过程中,约(　　)的硫进入焦炭中。

A. 2%~10% B. 4%~7% C. 15%~24% D. 10%~20%

65. GJBA020 在以非直馏油品为原料的常规催化裂化反应过程中,硫转化生成硫化氢比例为( )。
    A. 12%~19% B. 25%~31% C. 39%~51% D. 44%~52%

66. GJBA020 非直馏油中,噻吩类硫占总硫的比例为( )。
    A. 60% B. 70% C. 80% D. 80%以上

67. GJBA021 催化裂化汽油存在的主要问题,是硫含量( )。
    A. 低 B. 尚可 C. 高 D. 无法确定

68. GJBA021 原料油中硫含量增加,不仅干气产率增加,干气中( )含量也显著增加。
    A. 硫 B. 氮 C. 钒 D. 钠

69. GJBA022 装置停工和用蒸气吹扫过程中,FeS 与湿空气中的氧反应生成过多( ),从而腐蚀速度加快。
    A. 硫酸 B. 硫化氢 C. 硫酸盐 D. 盐酸

70. GJBA022 硫醇能直接与铁生成松散的( )。
    A. 硫化亚铁 B. 硫酸亚铁 C. 硫醇铁 D. 硫醚

71. GJBA023 解吸塔底一般采用( )重沸器。
    A. 强制循环式 B. 釜式 C. 板式 D. 热虹吸式

72. GJBA023 脱乙烷汽油进入稳定塔后,气、液两相经多级塔板的相间接触,逐渐进行扩散、传热、传质,使( )组分得以有效分离。
    A. C_2 B. C_3 C. C_4 D. C_3、C_4

73. GJBA024 板式塔返混的形式不包括( )。
    A. 漏液 B. 雾沫夹带 C. 气泡夹带 D. 板上液体返混

74. GJBA024 气泡夹带主要是由于塔板上的液体( )造成的。
    A. 流量过小 B. 流量过大 C. 黏度过小 D. 黏度过大

75. GJBA025 我国大多数吸收稳定系统的吸收塔的塔板数都在( )层左右。
    A. 25 B. 30 C. 35 D. 40

76. GJBA025 吸收塔塔板数以不多于( )层为宜,当超过之后,效益增加缓慢。
    A. 40 B. 46 C. 50 D. 54

77. GJBA026 目前国内大多数解吸塔塔板数都在( )层以下。
    A. 30 B. 40 C. 45 D. 50

78. GJBA026 当解吸塔塔板数增加后,塔顶气相中的 C_3 和 C_4 组分含量有( )。
    A. 较小幅度地下降 B. 较大幅度地下降
    C. 较小幅度地上升 D. 较大幅度地上升

79. GJBA027 目前我国大多数吸收稳定系统的稳定塔板数多在( )块左右,该板数是适宜的。
    A. 25 B. 30 C. 40 D. 50

80. GJBA027 稳定塔塔板数变化,回流比会有所变化,随着塔板数增加,回流比( )。
    A. 增加 B. 不变 C. 下降 D. 无法确定

81. GJBA028 "三查四定"是工程(　　)的过程中进行的。
    A. 开始立项　　　　B. 开始基建　　　　C. 施工安装　　　　D. 中间交接

82. GJBA028 "三查"是查(　　),查施工质量隐患,查未完工程。
    A. 设计规划　　　　B. 设计方案　　　　C. 设计图纸　　　　D. 设计漏项

83. GJBA029 工程中间交接标志着(　　)工作的结束。
    A. 工程安装　　　　B. 工程基建　　　　C. 单机试运　　　　D. 工程安装和单机试运

84. GJBA029 在甲乙双方办理过中间交接手续之后,即可以开始进行(　　)。
    A. 工程基建　　　　B. 工程安装　　　　C. 单机试运　　　　D. 联动试车

85. GJBB001 下列选项中,属于催化裂化特有的工艺组成部分的是(　　)。
    A. 冷换设备系统　　　　　　　　　　B. 取热系统
    C. 能量回收系统　　　　　　　　　　D. 计算机系统

86. GJBB001 下列选项中,不属于分馏系统设备的是(　　)。
    A. 分馏塔　　　　B. 轻柴油汽提塔　　　　C. 再吸收塔　　　　D. 回炼油罐

87. GJBB002 两器烘衬里结束,应(　　)再生和待生单动滑阀。
    A. 打开　　　　B. 关闭　　　　C. 全开　　　　D. 活动

88. GJBB002 反再系统开工前应准备好两器(　　)试验的用品。
    A. 温度　　　　B. 压力　　　　C. 藏量　　　　D. 气密

89. GJBB003 为防止反应油气管线结焦,分馏塔入口前弯头应使用(　　)。
    A. 小曲率半径　　　　B. 直角　　　　C. 大曲率半径　　　　D. 无法确定

90. GJBB003 防止反应油气管线结焦,沉降器出口应使用(　　)弯头。
    A. 小曲率直径　　　　B. 直角　　　　C. 大曲率半径　　　　D. 无法确定

91. GJBB004 切断进料后,蒸汽温度要保证,必须大于(　　),必要时可通过中压蒸汽补充。
    A. 100℃　　　　B. 150℃　　　　C. 200℃　　　　D. 250℃

92. GJBB004 切断进料后,要开大沉降器顶部的(　　)蒸汽。
    A. 汽提　　　　B. 雾化　　　　C. 提升　　　　D. 防焦

93. GJBB005 提升管增加蒸汽量,会导致反应生焦量(　　)。
    A. 降低　　　　B. 增加　　　　C. 不变　　　　D. 无法确定

94. GJBB005 下列选项中,不利于减少反应生焦的措施是(　　)。
    A. 采用干气预提升　　　　　　　　　　B. 进料位置下移
    C. 改进汽提效果　　　　　　　　　　　D. 实行排油浆操作

95. GJBC001 要生成正碳离子,必须具备如下条件:一是要有(　　),二要有给出质子的酸性催化剂。
    A. 环烷烃　　　　B. 烯烃　　　　C. 异构烷烃　　　　D. 芳香烃

96. GJBC001 所谓正碳离子是指表面(　　)一对价电子的碳原子形成的烃离子。
    A. 多　　　　B. 缺少　　　　C. 接受　　　　D. 给出

97. GJBC002 在催化裂化反应过程中,产品分子沿催化剂微孔到催化剂表面的过程,称为

（　　）过程。
A. 吸附　　　　　　B. 脱附　　　　　　C. 外扩散　　　　　　D. 反应

98. GJBC002　在催化裂化反应过程中,原料分子到催化剂内表面的过程,称为(　　)过程。
A. 吸附　　　　　　B. 脱附　　　　　　C. 外扩散　　　　　　D. 内扩散

99. GJBC003　异构烷烃和正构烷烃相比,分解反应速度(　　)。
A. 快　　　　　　　B. 慢　　　　　　　C. 相当　　　　　　　D. 无法确定

100. GJBC003　小分子烯烃的分解速度与大分子烯烃相比是(　　)。
A. 快　　　　　　　B. 慢　　　　　　　C. 相当　　　　　　　D. 无法确定

101. GJBC004　催化裂化焦炭的氢含量通常在(　　)内变化。
A. 1%～2%　　　　B. 3%～5%　　　　C. 6%～10%　　　　D. 10%～20%

102. GJBC004　在评价炼油工艺过程的氢效率时,(　　)是一个重要的手段。
A. 炭平衡　　　　　B. 氢平衡　　　　　C. 物料平衡　　　　　D. 压力平衡

103. GJBC005　根据热力学分析,下列反应最容易发生的是(　　)。
A. 烷烃裂化　　　　B. 烷烃异构化　　　C. 烯烃饱和　　　　　D. 烷基化

104. GJBC005　根据热力学分析,下列反应最不可能发生的是(　　)。
A. 烷烃裂化　　　　B. 烷烃异构化　　　C. 烯烃饱和　　　　　D. 烷基化

105. GJBC006　催化裂化反应中通常情况下,原料油转化为(　　)的反应速度常数最大。
A. 液化气　　　　　B. 汽油　　　　　　C. 焦炭　　　　　　　D. 干气

106. GJBC006　催化裂化反应过裂化情况下,汽油二次裂化明显(　　),汽油产率随转化率增加而(　　)。
A. 减弱,下降　　　　　　　　　　　　B. 加强,上升
C. 加强,下降　　　　　　　　　　　　D. 加强,变化不明显

107. GJBC007　异构烷烃的催化裂化反应速度比正构烷烃(　　),异构烷烃的热裂化反应速度比正构烷烃(　　)。
A. 快得多,慢得多　　　　　　　　　　B. 慢得多,快得多
C. 快得多,快得不多　　　　　　　　　D. 快得不多,快得多

108. GJBC007　带烷基的侧链芳香烃催化裂化反应速度比烷烃(　　),带烷基的侧链芳香烃热裂化反应速度比烷烃(　　)。
A. 快得多,低　　　　B. 相当,低　　　　C. 快得多,相当　　　D. 相当,还要高

109. GJBC008　在提升管反应器中发生热裂化反应将使干气和焦炭产率升高,液体产品收率(　　)质量变差。
A. 降低　　　　　　B. 增加　　　　　　C. 不变　　　　　　　D. 无法确定

110. GJBC008　反应温度(　　),热裂化倾向越大。
A. 越低　　　　　　B. 越高　　　　　　C. 平稳　　　　　　　D. 波动大

111. GJBC009　从能耗角度考虑,提高回炼比会造成能耗(　　)。
A. 上升　　　　　　B. 下降　　　　　　C. 不变　　　　　　　D. 无法确定

112. GJBC009　从温位考虑,以下最具热量回收价值的是(　　)。
A. 分馏塔顶油气　　B. 反应油气　　　　C. 再生烟气　　　　　D. 高温油浆

113. GJBC010 在保证产品质量和塔内流体流动的基础上,应(　　)塔顶循环回流取热量, 适当(　　)油浆及一中循环取热量,使分馏塔的效率提高。
    A. 增加,减少　　　B. 减少,增加　　　C. 增加,增加　　　D. 减少,减少

114. GJBC010 催化裂化装置可以利用的低温热有(　　)。
    A. 分馏塔顶油气显热　　　　　　　B. 分馏塔一中段显热
    C. 轻柴油带出热　　　　　　　　　D. 稳定汽油带出热

115. GJBC011 装置实际能耗与基准能耗的比值越大,表明(　　)。
    A. 装置能耗越高　　　　　　　　　B. 装置能耗越低
    C. 装置节能潜力越大　　　　　　　D. 装置节能潜力越小

116. GJBC011 下列不是基准能耗的项目为(　　)。
    A. 主风机能耗　　　　　　　　　　B. 气压机能耗
    C. 冷却介质能耗　　　　　　　　　D. 能量转换能耗

117. GJBC012 对于负荷变化(　　)的机泵可采用变频技术,合理用能、降低电耗。
    A. 较大　　　　B. 平稳　　　　C. 较小　　　　D. 无法确定

118. GJBC012 低温热是指温度(　　)130℃的热量,催化裂化装置的低温热能数量巨大。
    A. 高于　　　　B. 低于　　　　C. 等于　　　　D. 相当于

119. GJBC013 下列选项中,减少装置蒸汽消耗的正确方法是(　　)。
    A. 对柴油闪点进行先进控制　　　　B. 减少解吸塔底蒸汽量
    C. 减少原料油雾化蒸汽量　　　　　D. 停伴热蒸汽

120. GJBC013 下列选项中,减少装置蒸汽消耗的错误方法是(　　)。
    A. 合理减少解吸塔底蒸汽量　　　　B. 合理停伴热蒸汽
    C. 停防冻防凝蒸汽　　　　　　　　D. 合理使用汽提蒸汽

121. GJBC014 停工扫线过程中,采用分段吹扫方法,扫通后应(　　)吹扫蒸汽。
    A. 减少　　　　B. 及时停　　　C. 维持　　　　D. 增加

122. GJBC014 停工过程中,只要(　　)中没有催化剂,原料油雾化蒸汽就可以停。
    A. 提升管　　　B. 沉降器　　　C. 待生斜管　　D. 再生斜管

123. GJBC015 气压机中间罐的凝缩油,可以采用(　　)的方法,以节约电耗。
    A. 放空　　　　B. 自压　　　　C. 用泵压送　　D. 定时压送

124. GJBC015 在保证电动主风机不喘振的前提下,出口主风尽量(　　)。
    A. 少放空　　　B. 不放空　　　C. 提高　　　　D. 降低

125. GJBC016 对装置介质冷后温度进行监控,可通过对冷却器循环水(　　)进行调节。
    A. 温度　　　　B. 压力　　　　C. 进口阀　　　D. 出口阀

126. GJBC016 循环水进出口连通线,正常状态应该是(　　)。
    A. 全开　　　　B. 全关　　　　C. 开一半　　　D. 没有要求

127. GJBC017 优化的主要目标是固定产率分布,使加工量(　　)。
    A. 最大　　　　B. 最少　　　　C. 不变　　　　D. 无法确定

128. GJBC017 优化的主要目标是固定汽油产率,使进料量(　　)。
    A. 最大　　　　B. 最少　　　　C. 不变　　　　D. 无法确定

129. GJBC018　经加氢处理后的原料,可使芳香烃饱和,(　　)其裂化性能,并可(　　)原料中硫含量和重金属含量。
　　A. 提高,提高　　　B. 提高,降低　　　C. 降低,提高　　　D. 降低,降低

130. GJBC018　一般采用汽油生产方案时,反应温度要比柴油方案高10~20℃,转化率相应(　　)。
　　A. 降低　　　B. 提高　　　C. 不变　　　D. 无法确定

131. GJBC019　MIP工艺是为了降低催化裂化汽油的(　　)。
　　A. 硫含量　　　B. 烯烃含量　　　C. 辛烷值　　　D. 蒸气压

132. GJBC019　催化裂化汽油烯烃含量(　　),不能满足现阶段我国车用汽油的要求。
　　A. 低　　　B. 尚可　　　C. 高　　　D. 无法确定

133. GJBC020　MIP工艺第一反应区以一次裂化反应为主,采用较高的反应强度,即较高的反应温度和较大的剂油比,裂解较重质的原料油并生产较多的(　　)。
　　A. 烷烃　　　B. 烯烃　　　C. 环烷烃　　　D. 芳香烃

134. GJBC020　MIP工艺第二反应区采用比较合适的反应状态是(　　)形式。
　　A. 稀相输送　　　B. 鼓泡流化床　　　C. 湍动流化床　　　D. 快速流化床

135. GJBC021　装置进行MIP改造后,在其他因素相对不变的条件下,(　　)在一定范围内不影响提升管反应一区出口温度。
　　A. 待生催化剂循环量　　　B. 剂油比
　　C. 原料油预热温度　　　D. 回炼油浆

136. GJBC021　MIP反应二区藏量是通过调节(　　),控制待生催化剂循环量来实现的。
　　A. 再生单动滑阀　　　B. 待生塞阀　　　C. 循环待生滑阀　　　D. 双动滑阀

137. GJBC022　由石油化工科学研究院开发的多产液化气和柴油技术的是(　　)。
　　A. DCC工艺　　　B. MGD工艺　　　C. CPP工艺　　　D. ARGG工艺

138. GJBC022　MGD工艺技术轻质原料油采用(　　)进料。
　　A. 粗汽油　　　B. 轻柴油　　　C. 精制汽油　　　D. 石脑油

139. GJBC023　MGD工艺高价值产品柴油产率与常规催化裂化工艺相比(　　)。
　　A. 上升　　　B. 下降　　　C. 不变　　　D. 无法确定

140. GJBC023　MGD工艺技术的特点,是采用(　　)控制裂化工艺技术。
　　A. 粗汽油　　　B. 精制汽油　　　C. 稳定汽油　　　D. 石脑油

141. GJBC024　FDFCC又称为灵活多效催化裂化工艺,可降低催化裂化汽油的烯烃和硫含量,改善柴汽比,提高催化汽油的辛烷值,同时达到增产(　　)的目的。
　　A. 干气和甲烷　　　B. 液态烃和丙烯
　　C. 乙烯和丙烯　　　D. 汽油和丙烯

142. GJBC024　催化裂化工艺FDFCC通过(　　),实现工艺操作的可选择性,为汽油理想二次反应提供独立的改质空间和充分的反应空间。
　　A. 两段提升管　　　B. 双提升管　　　C. 延长提升管　　　D. 外提升管

143. GJBC025　灵活多效催化裂化工艺(FDFCC)原料适应性强,第二提升管反应器的原料油可以是(　　)。

A. 各种馏分油　　B. 催化裂化汽油　　C. 常压重油　　D. 减压渣油

144. GJBC025　灵活多效催化裂化工艺(FDFCC)的特点是产品方案调节灵活,装置操作弹性(　　)。
   A. 小　　B. 一般　　C. 大　　D. 无法确定

145. GJBC026　在催化裂化条件下,原料中的各种烃类分别发生的分解、异构化、氢转移、芳构化、烷基化、叠合等反应是复杂的(　　)。
   A. 对行反应　　B. 连串反应　　C. 复分解反应　　D. 平行顺序反应

146. GJBC026　随着催化裂化反应深度增加,烯烃和芳香烃等发生缩合反应,导致最终产物中焦炭数量(　　)。
   A. 增加　　B. 减少
   C. 不变　　D. 以上三项都不对

147. GJBC027　加大汽提段汽提蒸汽量,再生器生焦量(　　)。
   A. 不变　　B. 降低　　C. 增加　　D. 无法确定

148. GJBC027　提高原料进料汽化效果,可(　　)液态组分吸附在催化剂表面过程的结焦。
   A. 不变　　B. 降低　　C. 增加　　D. 无法确定

149. GJBC028　提升管进料处温度(　　),部分重油未汽化造成提升管喷嘴处结焦。
   A. 过高　　B. 不变　　C. 过低　　D. 无法确定

150. GJBC028　正常生产时,剂油比(　　)、进料性质(　　),会造成提升管喷嘴处结焦。
   A. 偏小,变轻　　B. 偏小,变重　　C. 偏大,变轻　　D. 偏大,变重

151. GJBC029　进料雾化蒸汽一般按总进料的(　　)控制,防止进料喷嘴处结焦。
   A. 1%~3%　　B. 3%~5%　　C. 5%~8%　　D. 8%~10%

152. GJBC029　提升管反应器采用抗滑落设计,减少催化剂的(　　),防止进料喷嘴处结焦。
   A. 热崩　　B. 混合　　C. 滑落　　D. 返混

153. GJBC030　采用高效汽提技术,降低催化剂含炭量,(　　)剂油比,达到减少结焦的目的。
   A. 降低　　B. 保持　　C. 提高　　D. 无法确定

154. GJBC030　提升管出口采用(　　)分离装置,可以有效减少旋分器的料腿结焦。
   A. 倒L型　　B. 伞帽　　C. 两级旋分器　　D. 粗旋加单旋

155. GJBC031　下列进料方式,能够减少催化剂失活,降低结焦的是(　　)。
   A. 新鲜进料与回炼油混合进料
   B. 新鲜进料进上喷嘴,回炼油进下喷嘴
   C. 新鲜进料进下喷嘴,回炼油进上喷嘴
   D. 以上选项都可以

156. GJBC031　减少催化裂化生焦的措施之一是(　　)催化剂的氢转移活性。
   A. 增加　　B. 保持　　C. 降低　　D. 无法确定

157. GJBC032　油浆系统中的结焦主要由(　　)组成。
   A. 烃类和胶质　　B. 胶质和沥青质

C. 烃类和催化剂　　　　　　　　　D. 沥青质和催化剂

158. GJBC032　在油浆系统结焦的过程中,油浆中的(　　)起着"床"的作用。
　　A. 胶质　　　　B. 沥青质　　　　C. 烃类　　　　D. 催化剂

159. GJBC033　油浆的(　　)容易导致结焦。
　　A. 密度小,固体含量低　　　　　　B. 密度小,固体含量高
　　C. 密度大,固体含量高　　　　　　D. 密度大,固体含量低

160. GJBC033　油浆中的烯烃、芳香烃在高温下主要会产生(　　)反应,造成油浆系统结焦。
　　A. 分解　　　　B. 芳构化　　　　C. 异构化　　　　D. 缩合

161. GJBC034　为防止油浆系统结焦,油浆在分馏塔底的停留时间控制在(　　)为宜。
　　A. 20~130s　　B. 3~5min　　C. 15~20min　　D. 1h以上

162. GJBC034　实际生产中,油浆三通阀尽量不走热流的原因是(　　)。
　　A. 增加回收能量
　　B. 防止热流管线磨损
　　C. 减少三通阀的磨损
　　D. 提高油浆在换热器管内的流速,防止结焦

163. GJBC035　油浆外甩,可以(　　)分馏塔底温度。
　　A. 保持　　　　B. 降低　　　　C. 提高　　　　D. 无法确定

164. GJBC035　减少油浆回炼,可减少生焦率,(　　)再生温度。
　　A. 保持　　　　B. 降低　　　　C. 提高　　　　D. 无法确定

165. GJBC036　与被氧化的烃自由基形成惰性分子,使链反应中止,不能形成大分子聚合物,减少有机垢的生成属于油浆阻垢剂的(　　)。
　　A. 抗氧化性　　　　　　　　　　B. 清净分散性
　　C. 阻聚合性　　　　　　　　　　D. 钝化金属表面性

166. GJBC036　在设备和管道表面形成保护膜,减少腐蚀产物的生成,保持设备和管道的内表面的光洁,属于油浆阻垢剂的(　　)。
　　A. 清净分散性　　　　　　　　　B. 抗腐蚀性和表面改性功能
　　C. 抗氧化性　　　　　　　　　　D. 钝化金属表面性

167. GJBC037　催化裂化装置通过(　　)控制塔底油浆温度不大于350℃,减少结焦。
　　A. 油浆上返塔流量　B. 油浆下返塔流量　C. 油浆循环量　D. 反应进料量

168. GJBC037　选用合适的油浆阻垢剂,从装置投用起(　　)注入,防止油浆中不溶物附着在换热器的管壁。
　　A. 定期　　　　B. 不定期　　　　C. 间断　　　　D. 连续

169. GJBC038　为了油浆循环系统的管道和设备不结焦,油浆在管道中的流速不低于(　　)。
　　A. 0.5m/s　　B. 0.8m/s　　C. 1.2m/s　　D. 1.5m/s

170. GJBC038　防止油浆系统结焦的方法之一有(　　)。
　　A. 分馏塔底低温度、高液面　　　　B. 分馏塔底高温度、高液面

C. 分馏塔底低温度、低液面　　　　　　　　D. 分馏塔底高温度、低液面

171. GJBC039　含油污水主要包括( )和地面冲洗水等。
　　　A. 塔顶油气分离器切水　　　　　　　　B. 富气洗涤水
　　　C. 机泵冷却水　　　　　　　　　　　　D. 液态烃水洗水

172. GJBC039　催化裂化装置以下位置中,不产生污水的是( )。
　　　A. 液态烃罐　　　　　　　　　　　　　B. 汽油碱洗
　　　C. 凝汽式汽轮机复水　　　　　　　　　D. 分馏塔顶油气分离器

173. GJBC040　目前处理含硫污水的工艺主要是( )。
　　　A. 精馏　　　　B. 吸收　　　　C. 汽提　　　　D. 反应

174. GJBC040　分馏塔顶油气分离器切水的pH值一般为( )。
　　　A. 6　　　　　B. 7　　　　　C. 8　　　　　D. 9

175. GJBC041　催化裂化装置含碱污水的主要来源为( )。
　　　A. 油气分离器切水　B. 汽油碱洗　　C. 扫线冷凝水　　D. 汽包排污

176. GJBC041　浓度较高的含碱污水一般考虑与( )一起处理。
　　　A. 油浆　　　　B. 碱渣　　　　C. 含油污水　　D. 含硫污水

177. GJBC042　隔油池是利用( )的方法分离油和水。
　　　A. 密度差　　　B. 溶解度　　　C. 离心力　　　D. 温度

178. GJBC042　催化裂化装置含油污水处理可以采用( )方法。
　　　A. 空气氧化　　B. 蒸汽汽提　　C. 活性炭吸附　D. 就地排放

179. GJBD001　反再系统在停工降量时原料油罐和回炼油罐保持( )。
　　　A. 低液位　　　B. 正常液位　　C. 高液位　　　D. 空液位

180. GJBD001　反再停工卸催化剂时应控制反应压力( )再生压力。
　　　A. 低于　　　　B. 高于　　　　C. 等于　　　　D. 接近

181. GJBD002　烟机轴向位移自保动作时( )。
　　　A. 气压机组自动停机　　　　　　　　　B. 烟机停,主风机不停
　　　C. 主风机组自动停机　　　　　　　　　D. 增压机自动停机

182. GJBD002　下列选项中,不会引起主风机突然跳闸停机的原因是( )。
　　　A. 油压大降　　　　　　　　　　　　　B. 主风低流量
　　　C. 单点轴承振动超自保值　　　　　　　D. 轴位移超自保值

183. GJBD003　从机组保护来讲,机组紧急停机项目应尽可能( )一些。
　　　A. 多　　　　　B. 少　　　　　C. 不确定　　　D. 以上都不对

184. GJBD003　下面关于主风机组紧急停机系统分级监控的说法错误的是( )。
　　　A. 需注意汽轮机的发电功率超驰调节
　　　B. 需注意烟机的转速超驰调节
　　　C. 当超驰调节无法将转速控制在最高限制值之内时才实施紧急停机
　　　D. 需注意气压机的转速超驰调节

185. GJBD004　停工过程中,应尽量避免放空,如果要放空,一定要选择有( )的放空。
　　　A. 音量控制功能　B. 降噪功能　　C. 报警功能　　D. 消音器

186. GJBD004　蒸塔时,为了减少塔顶噪声,可以(　　)人孔进行蒸塔。
　　A. 开塔顶部　　　　B. 开塔中部　　　　C. 开塔底部　　　　D. 不开
187. GJBE001　催化裂化再生器(　　)设有隔热耐磨衬里,绝大部分壁温降到200℃以下,
　　　　　　　可使用塑性好、可焊性好、价格低廉的碳钢。
　　A. 内壁　　　　　B. 外壁　　　　　　C. 内壁和外壁　　　D. 任意
188. GJBE001　催化裂化再生器壁壳温度通常为(　　)。
　　A. 低于200°　　　B. 低于150°　　　C. 高于150°　　　　D. 高于100°
189. GJBE002　焊接残余应力,是再生设备腐蚀开裂的主要原因,最彻底去除焊接残余应力
　　　　　　　的措施是(　　)。
　　A. 减薄衬里　　　B. 中间退火　　　　C. 高频振源　　　　D. 局部热处理
190. GJBE002　使用硫、氮转移催化剂或助剂,使原料油中的硫、氮元素更多地以H2S及
　　　　　　　NH3的形式进入(　　)。
　　A. 再生器　　　　B. 烟气　　　　　　C. 汽油　　　　　　D. 干气
191. GJBE003　主备机切换过程中将主风机出口压力调整至(　　)备用风机出口压力。
　　A. 略高于　　　　B. 略低于　　　　　C. 等于　　　　　　D. 无具体要求
192. GJBE003　主备机切换过程中要始终保证主风出口总流量保持(　　)。
　　A. 最低　　　　　B. 不变　　　　　　C. 最高　　　　　　D. 无具体要求
193. GJBE004　分馏塔严重结盐时,(　　)无法抽出。
　　A. 粗汽油　　　　B. 轻柴油　　　　　C. 回炼油　　　　　D. 油浆
194. GJBE004　分馏塔结盐时,(　　)与轻柴油重叠严重。
　　A. 回炼油　　　　B. 油浆　　　　　　C. 汽油　　　　　　D. 重柴油
195. GJBE005　分馏塔结盐导致柴油抽出口温度经常大幅度波动,分馏塔顶温度(　　)。
　　A. 极低　　　　　B. 变化不大　　　　C. 偏低　　　　　　D. 偏高
196. GJBE005　下列不是分馏塔结盐危害的是(　　)。
　　A. 汽油馏分变重　　　　　　　　　　B. 顶循环回流晃量
　　C. 顶循环回流抽空　　　　　　　　　D. 油浆泵抽空
197. GJBE006　分馏塔水洗,水样分析为(　　)一次,分别在粗汽油罐和顶循环回流泵入口
　　　　　　　采样监测水中Cl⁻含量,至Cl⁻含量基本不变时,停止水洗。
　　A. 10min　　　　B. 20min　　　　　C. 30min　　　　　　D. 1h
198. GJBE006　分馏塔水洗,用冷回流控制塔顶温度(　　),逐步停止塔顶循环回流,粗汽
　　　　　　　油改走轻污油罐。
　　A. 70~85℃　　　B. 80~95℃　　　　C. 90~95℃　　　　　D. 90~110℃
199. GJBF001　催化剂在储存和运输过程中,最重要的是(　　),严禁露天存放。
　　A. 防潮　　　　　B. 防污染　　　　　C. 防流失　　　　　D. 防风化
200. GJBF001　催化剂湿度大,催化剂加入系统易(　　)碎裂,增大其损耗量。
　　A. 碰撞　　　　　B. 滑落　　　　　　C. 中毒　　　　　　D. 热崩
201. GJBF002　再生器分布器能把进入床层的空气沿床截面均匀分配,力求(　　)密度大,
　　　　　　　以利于减少催化剂损耗。

A. 密相 B. 稀相 C. 过渡段 D. 分布器底部

202. GJBF002 提高旋风分离器回收效率,降低催化剂损耗,减少旋分器组数,可以采取堵的方法,但应注意防止发生(　　)。
A. 涡流 B. 沟流 C. 偏流 D. 湍流

203. GJBF003 开工时,装置加催化剂一般采用(　　)催化剂。
A. 新鲜 B. 平衡 C. 待生 D. 半待生

204. GJBF003 操作中启用燃烧油后会使催化剂损耗(　　)。
A. 降低 B. 增加 C. 无明显变化 D. 不确定

205. GJBF004 下列说法中错误的是(　　)。
A. 催化剂颗粒越小,越易流化,对其损耗影响不大
B. 催化剂湿度大,催化剂加入系统易热崩溃碎裂,增大其损耗量
C. 颗粒密度越低,催化剂带出量越大
D. 催化剂圆度差,使用时损耗会增大

206. GJBF004 新开工的装置加入平衡剂比加入新鲜剂的损耗量少,其原因在于(　　)。
A. 平衡剂质量比新鲜剂质量好
B. 平衡剂活性比新鲜剂高
C. 平衡剂颗粒密度比新鲜剂大,不易跑损
D. 平衡剂比新鲜剂流化性好

207. GJBF005 开工初期装催化剂时,为减少装置催化剂消耗,加剂速度应(　　)。
A. 慢 B. 中速 C. 快 D. 没有要求

208. GJBF005 开工装催化剂时,当床层高度封住料腿时,加剂速度应(　　)。
A. 慢 B. 中速 C. 快 D. 没有要求

209. GJBF006 管内固体质量速度越低或管径越大,噎塞速度就越(　　)。
A. 小 B. 不变 C. 大 D. 无法确定

210. GJBF006 管内密度太大,气流已不足以支持固体颗粒,因而出现腾涌的最大气体速度称为(　　)。
A. 流化速度 B. 起始气泡速度 C. 最大流化速度 D. 噎塞速度

211. GJBF007 下列选项中,与噎塞速度无关的因素是(　　)。
A. 催化剂的颗粒密度 B. 催化剂的筛分组成
C. 催化剂的磨损指数 D. 管道内固体质量速度

212. GJBF007 对于均匀颗粒,噎塞速度与沉积速度基本相等;对于粒度分布不均的混合固体颗粒,噎塞速度是其沉积速度的(　　)。
A. 1/6~1/10 B. 1/3~1/6 C. 1/2~2/3 D. 2~3

213. GJBF008 返混指连续过程中与主流方向(　　)的运动所造成的物料混合。
A. 相同 B. 相反 C. 交叉 D. 混合

214. GJBF008 返混是一个重要的工程因素,它不存在于(　　)类型反应器。
A. 间隙反应釜 B. 气液反应塔 C. 固定床反应器 D. 流化床反应器

215. GJBF009 下列选项中,造成固体颗粒和气体返混的主要原因是(　　)。

A. 固体颗粒速度的差异　　　　　　　　B. 气体速度的变化
C. 固体颗粒直径大小不一　　　　　　　D. 气泡在流化床中的运动

216. GJBF009　流化床中气泡的形状是(　　)。
   A. 无定形　　　　　　　　　　　　　B. 上半部呈半球型,下半部凹入
   C. 上半部呈半球型,下半部突入　　　　D. 上半部呈半球型,下半部呈菱形

217. GJBF010　提升管反应器内的返混情况(　　)。
   A. 很小　　　　B. 很大　　　　C. 不存在　　　　D. 无法确定

218. GJBF010　由于返混,造成物料在器内(　　)的不同,影响了反应的轻质油收率,进而影响催化裂化反应。
   A. 反应位置　　B. 停留位置　　C. 反应时间　　D. 停留时间

219. GJBF011　催化装置中立管上通常安装的阀门不包括(　　)。
   A. 孔板　　　　B. 滑阀　　　　C. 翼阀或塞阀　　D. 单向阀

220. GJBF011　催化装置中立管的一个作用是保持颗粒循环回路的(　　)。
   A. 物料平衡　　B. 压力平衡　　C. 热量平衡　　D. 以上都对

221. GJBF012　采用提升管反应器必须使用(　　)催化剂。
   A. 高活性的分子筛　　　　　　　　　B. 低活性的分子筛
   C. 全合成硅酸铝　　　　　　　　　　D. 半合成硅酸铝

222. GJBF012　提升管反应具有较好的操作弹性,处理量可以在(　　)范围内变化。
   A. 较小　　　　B. 较大　　　　C. 一定　　　　D. 无法确定

223. GJBF013　提升管反应器是采用稀相输送原理,在垂直管道中,用(　　)将催化剂输送上去。
   A. 油气及水蒸气　　B. 中压蒸汽　　C. 工业风　　　　D. 氮气

224. GJBF013　催化裂化装置中提升管反应器属于(　　)流化。
   A. 鼓泡床　　　B. 输送床　　　C. 快速床　　　D. 湍动床

225. GJBF014　分馏塔冲塔,会引起塔顶压力(　　)。
   A. 下降　　　　B. 不变　　　　C. 上升　　　　D. 无法确定

226. GJBF014　原料油(　　),易引起分馏塔冲塔。
   A. 增加　　　　B. 减少　　　　C. 中断　　　　D. 带水

227. GJBF015　为防止催化分馏塔塔板被冲,分馏塔本身的操作上应精心维持好(　　)段回流。
   A. 二　　　　　B. 三　　　　　C. 四　　　　　D. 五

228. GJBF015　为防止催化分馏塔塔板被冲,在切换汽封时,沉降器的蒸汽量控制在正常量的(　　)。
   A. 0~1/3　　　B. 1/3~1/2　　C. 1/2~全开　　D. 全开

229. GJBF016　舌形塔板的气相动能因数上限(　　)筛孔塔板和槽形塔板正常操作的气相动能因数上限,处理量大。
   A. 小于　　　　B. 等于　　　　C. 大于　　　　D. 无法确定

230. GJBF016　对于分馏系统,应尽量(　　)由反应器出口到气压机入口这段压降,因此选

用固舌形塔板。

  A. 提高   B. 保持不变   C. 降低   D. 无法确定

231. GJBF017 轴的转速为第一临界转速的（ ）倍时，便产生所谓"油膜振荡"。

  A. 1   B. 1.5   C. 2   D. 2.5

232. GJBF017 油膜振荡频率（ ）第一临界转速，转速增加振荡频率不改变，振幅也不改变。

  A. 大于   B. 约等于   C. 小于   D. 无法确定

233. GJBF018 防止油膜振荡应尽可能提高轴的临界转速，使轴的工作转速（ ）轴的临界转速。

  A. 小于   B. 等于   C. 大于   D. 无法确定

234. GJBF018 防止油膜振荡应（ ）润滑油黏性系数。

  A. 减少   B. 维持   C. 增加   D. 无法确定

235. GJBG001 不是企业管理的管理对象为（ ）。

  A. 环境管理   B. 质量管理   C. 生产管理   D. 物资管理

236. GJBG001 质量管理是指对企业的生产成果进行（ ）考查和检验。

  A. 验收   B. 监督   C. 平衡   D. 分配

237. GJBG002 安全管理的对象是生产中一切人、物、环境的状态，安全管理是一种（ ）。

  A. 动态管理   B. 静态管理   C. 综合管理   D. 全面管理

238. GJBG002 安全管理以为（ ）目的，是保证生产处于最佳安全状态的根本环节。

  A. 管理   B. 安全   C. 效益   D. 考核

239. GJBG003 安全管理必须建立健全事故（ ）工作，采用系统的安全管理方法。

  A. 预防   B. 总结   C. 演练   D. 管理

240. GJBG003 安全管理的重点在于事故（ ）工作。

  A. 预防   B. 总结   C. 演练   D. 管理

241. GJBG004 全面质量管理以（ ）为中心，以全员参与为基础。

  A. 质量   B. 效益   C. 管理   D. 安全

242. GJBG004 全面质量管理以保证和提高（ ）为目标。

  A. 经济效益   B. 产品质量   C. 安全生产   D. 市场占有

243. GJBG005 因果分析图又叫特性要因图，又称（ ），是寻找质量问题产生原因的一种有效工具。

  A. 鱼刺图   B. 排列图   C. 直方图   D. 控制图

244. GJBG005 分层法又叫（ ），是分析影响质量（或其他问题）原因的方法。

  A. 统计分析表法   B. 分类法   C. 排列图法   D. 因果分析图法

245. GJBG006 班组经济核算属于（ ）核算，班组经济核算进行的情况是以完成经济指标的情况衡量的。

  A. 生产一线   B. 辅助单位   C. 二线装置   D. 维护单位

246. GJBG006 建立健全原始记录和（ ）是搞好班组经济核算工作的基础。

  A. 总结   B. 统计台账   C. 会议纪要   D. 计划目标

247. GJBG007　开展班组经济核算既是(　　)的重要途径,也是企业生产经营活动的重要组成部分。
　　A. 降低成本　　　　B. 解决问题　　　　C. 安全生产　　　　D. 增加消耗
248. GJBG007　开展班组经济核算,并把经济核算的内容同班组成员的(　　)紧密联系在一起是非常重要的。
　　A. 职责　　　　　B. 切身利益　　　　C. 能力　　　　　D. 管理

二、多项选择题(每题有多个选项是正确的,将正确的选项填入括号内)

1. GJAC001　精馏操作的异常现象包括(　　)
　　A. 液泛　　　　　B. 液沫夹带　　　　C. 泡沫夹带　　　　D. 漏液
2. GJAG001　《安全生产法》的重点内容包括(　　)。
　　A. 提升安全生产工作的地位　　　　　B. 强化生产经营单位主体责任
　　C. 强化劳动者主体责任　　　　　　　D. 强化政府监管职责
3. GJAG002　《安全生产法》规定:生产经营单位主要负责人对(　　)负有责任的,终身不得担任本行业生产经营单位的主要负责人。
　　A. 一般事故　　　B. 较大事故　　　　C. 重大事故　　　　D. 特别重大事故
4. GJAG003　下列选项中,属于危险化学品的是(　　)。
　　A. 氧化剂和过氧化物　B. 毒害品　　　C. 腐蚀品　　　　　D. 放射性物品
5. GJAG004　《消防法》的相关规定内容包括(　　)。
　　A. 按照国家工程建筑消防技术标准需要进行消防设计的建筑工程,建设单位应当将建筑工程的消防设计文件报公安机关消防机构备案
　　B. 建筑工程竣工时,建设单位应当向公安机关消防机构申请消防验收
　　C. 进行电焊、气焊等具有火灾危险作业的人员必须持证上岗
　　D. 禁止在具有火灾、爆炸危险的场所吸烟、使用明火
6. GJAG005　2015年实行的《环境保护法》新增的环评,更为明确地规范了(　　)的责任。
　　A. 政府　　　　　B. 企业　　　　　　C. 环保部门　　　　D. 个人
7. GJAG005　2015年实行的《环境保护法》(　　)。
　　A. 提高了企业违法成本　　　　　　　B. 增加公益诉讼的主体
　　C. 体现了重视环境对人体健康的影响　D. 将生态保护红线纳入立法
8. GJAG007　HSE管理体系是指实施安全、环境与健康管理的组织机构(　　)和资源等而构成的整体。
　　A. 职责　　　　　B. 做法　　　　　　C. 程序　　　　　　D. 过程
9. GJAG008　HSE管理原则包括:(　　)。
　　A. 任何决策必须优先考虑健康安全环境
　　B. 安全是聘用的必要条件
　　C. 企业必须对员工进行健康安全环境培训
　　D. 各级管理者对业务范围内的健康安全环境工作负责
10. GJAG009　在HSE管理体系中,造成(　　)或环境破坏的事件称为事故。

A. 死亡　　　　　B. 职业病　　　　　C. 伤害　　　　　D. 财产损失

11. GJAG010　劳动保护是依靠科学技术和管理,采取技术措施和管理措施,消除生产过程中危及人身安全和健康的(　　)。

　　A. 不安全环境　　B. 不安全设备和设施　　C. 不安全行为　　D. 不安全思想

12. GJAG011　水体污染物主要为(　　)等。

　　A. 有机物　　　　B. 无机物　　　　C. 石油类　　　　D. 酸碱污染物

13. GJAH001　装置能耗主要包括生产过程中必须消耗的(　　)等所产生的能量消耗。

　　A. 燃料　　　　　B. 水蒸气　　　　C. 电力　　　　　D. 水

14. GJBA001　为了确定催化裂化装置合适的生产工艺方案而应考虑的主要问题有(　　)。

　　A. 掺渣率　　　　B. 操作方式　　　　C. 增产某种目的产品　　D. 汽油质量

15. GJBA002　以下操作条件会提高汽油收率的有(　　)。

　　A. 高蒸气压　　　B. 高回炼比　　　　C. 高反应温度　　D. 高汽油干点

16. GJBA003　柴油方案的操作要点是在低转化率条件下,采用(　　)的操作条件。

　　A. 低反应温度　　B. 高反应温度　　　C. 低回炼比　　　D. 高回炼比

17. GJBA004　下列选项中,属于两段提升管催化裂化工艺技术特点的是(　　)。

　　A. 提高装置处理量　　　　　　　　B. 轻油收率提高
　　C. 干气和焦炭产率降低　　　　　　D. 汽油烯烃降低

18. GJBA005　毫秒催化裂化(MSCC)的特点是(　　)。

　　A. 汽油和烯烃产率增加　　　　　　B. 焦炭产率减少
　　C. 能更好地加工重质原油　　　　　D. 投资费用较低

19. GJBA006　MGG和ARGG工艺的特点是油气兼顾,可大量生产(　　)。

　　A. 低碳烯烃的液化气　　　　　　　B. 高品质柴油
　　C. 高辛烷值汽油　　　　　　　　　D. 低烯烃汽油

20. GJBA007　关于DCC Ⅰ和DCC Ⅱ的区别,下面说法正确的是(　　)。

　　A. DCC Ⅰ以最大量生产丙烯为主要目的
　　B. DCC Ⅱ以最大量生产异丁烯和异戊烯、兼产丙烯和高辛烷值优质汽油为目的
　　C. 由于目的产品不同,DCC Ⅰ和DCC Ⅱ两者采用的反应器形式、催化剂类型和工艺操作条件都不相同
　　D. DCC Ⅰ和DCC Ⅱ中,只有DCC Ⅰ以重油为原料

21. GJBA008　MIO工艺技术是一项增产(　　)的技术。

　　A. 异构烷烃　　　　　　　　　　　B. 异构烯烃
　　C. 高辛烷值汽油　　　　　　　　　D. 高十六烷值柴油

22. GJBA009　MIO工艺技术的专利催化剂优化了孔尺寸分布,较好地抑制了二次反应深度,改变了产物中(　　)的比例。

　　A. C_2　　　　　B. C_3　　　　　C. C_4　　　　　D. C_5

23. GJBA010　催化剂重金属污染产生的后果是(　　)。

　　A. 催化剂选择性降低　　　　　　　B. 催化剂活性下降
　　C. 催化剂稳定性下降　　　　　　　D. 抗磨损性下降

24. GJBA011　下列元素中,(　　)对催化剂的破坏具有协同性,在催化剂表面形成低熔点氧化共熔物。
　　A. 铁　　　　　　B. 钠　　　　　　C. 镍　　　　　　D. 钒
25. GJBA012　关于钠对催化剂钒中毒的影响下面说法正确的是(　　)。
　　A. 当原料中的钠与铁结合起来时,会急剧加大对催化剂的危害
　　B. 当原料中的钠与钒结合起来时,会急剧加大对催化剂的危害
　　C. 钠和钒作用加大了钒的流动性,加剧了对催化剂的危害
　　D. 钠与钒结合,会加大对催化剂的危害,但钠本身不会危害催化剂
26. GJBA013　焦炭中的氮在催化剂再生过程中转化为(　　),混杂在烟气中。
　　A. 氨　　　　　　B. N_2　　　　　C. NO　　　　　　D. NO_2
27. GJBA014　催化汽油中的碱性含氮化合物主要由(　　)组成。
　　A. 苯胺类　　　　B. 吡啶类　　　　C. 喹啉类　　　　D. 吲哚类
28. GJBA015　从 SFE 可萃取的 FCC 焦炭分子中鉴定出的含氮化合物主要是(　　)。
　　A. 酰胺类　　　　B. 苯并吖啶类　　C. 二苯并吖啶类　D. 咔唑类
29. GJBA016　油品中的碱性含氮化合物中含有(　　)。
　　A. 吡咯　　　　　B. 吡啶　　　　　C. 喹啉　　　　　D. 苯胺
30. GJBA017　采用硫平衡的方法可以预估(　　)。
　　A. 烟气中的 SO_x 排放量
　　B. 硫化氢的产率和液体产品的硫含量
　　C. 为了满足产品规格要求所需的精制深度
　　D. 为了满足环保要求所需采取的相应措施
31. GJBA018　原料中硫含量上升,会导致(　　)。
　　A. 产品质量变差　　　　　　　　　B. 气体产率增加
　　C. 产品分布变坏　　　　　　　　　D. 主风耗量减少
32. GJBA019　直馏轻组分中的有机含硫化合物有(　　)。
　　A. 硫醇　　　　　B. 硫醚　　　　　C. 少量二硫化物　D. 少量噻吩
33. GJBA020　当原料油中非噻吩类硫化物比例增加时,硫分布规律的变化有(　　)。
　　A. 硫化氢的产率增大　　　　　　　B. 汽油中的硫分率增大
　　C. 进入焦炭的硫变多　　　　　　　D. 进入焦炭的硫变少
34. GJBA021　原料中的硫对柴油产品质量的影响有(　　)。
　　A. 硫氮等非烃类杂质增多　　　　　B. 芳香烃含量增加
　　C. 十六烷值降低　　　　　　　　　D. 油品安定性更差
35. GJBA022　下列选项中能够对设备造成腐蚀的物质有(　　)。
　　A. FeS　　　　　B. 硫醇　　　　　C. 二硫化物　　　D. 噻吩
36. GJBA023　关于解吸塔说法正确的是(　　)。
　　A. 解吸塔也称脱乙烷塔,就其过程特点看,实质上相当于精馏塔的提馏段
　　B. 解吸塔的特点是液相负荷大,气体负荷较小,多数采用双溢流塔板
　　C. 解吸塔底一般采用热虹吸式重沸器,多使用分馏塔顶循环回流或蒸汽作热源

D. 解吸塔的作用是经过逐级传热传质,使液相中的 C2 组分逐渐解吸出来,得到合格的脱乙烷汽油

37. GJBA024 液体返混形式有( )。
    A. 板上液体返混   B. 漏液   C. 雾沫夹带   D. 气泡夹带

38. GJBA025 影响吸收效果的因素有( )。
    A. 操作温度   B. 操作压力   C. 吸收塔塔板数   D. 吸收剂组成

39. GJBA026 增加解吸塔塔板数,可使塔顶气相中的( )组分含量有较大幅度的下降。
    A. C_2 B. C_3 C. C_4 D. C_5

40. GJBA027 稳定塔塔板数增加,相对效益主要来自( )。
    A. 干气量的减少   B. 干气量的增加
    C. 冷凝器热负荷下降   D. 冷凝器热负荷增加

41. GJBA028 "四定"的内容是,对检查出的问题( )限期整改。
    A. 定任务   B. 定人员   C. 定措施   D. 定时间

42. GJBA029 工程中间交接标志着( )工作的结束。
    A. 工程安装   B. 开工生产   C. 单机试运   D. 联动试车

43. GJBB001 吸收稳定系统包括( )和油气分离器及相应的冷换设备。
    A. 气压机   B. 吸收塔和再吸收塔   C. 解吸塔   D. 稳定塔

44. GJBB002 反再系统开工前反再系统各( )应通风确认畅通。
    A. 测压点   B. 仪表引压点   C. 松动点   D. 测温点

45. GJBB003 采用( )措施,可以达到降低反应油气管线结焦的目的。
    A. 延长油气管线长度   B. 缩短油气管线长度
    C. 提高大油气管线速   D. 降低大油气管线速

46. GJBB004 切断进料后防结焦的措施有( )。
    A. 切断进料后,要及时切断进提升管的所有物料(除蒸汽)根部阀
    B. 开大汽提蒸汽
    C. 开大防结焦蒸汽
    D. 蒸汽温度要保证,必须大于 250℃

47. GJBB005 下列选项中,有利于减少反应生焦的措施是( )。
    A. 适当提高反应压力   B. 适当提高再生温度
    C. 适当提高反应温度   D. 选用新型高效雾化喷嘴

48. GJBC001 要生成正碳离子,必须具备的条件有( )。
    A. 要有烯烃   B. 要有给出质子的酸性催化剂
    C. 要有芳香烃   D. 要有给出质子的碱性催化剂

49. GJBC002 催化裂化反应过程包括( )。
    A. 吸附过程   B. 脱附过程   C. 外扩散过程   D. 内扩散过程

50. GJBC003 在催化裂化中,烯烃主要发生( )反应。
    A. 分解   B. 异构化   C. 氢转移   D. 芳构化

51. GJBC004 从氢平衡的角度看,希望原料中的氢尽量转向( )这些目的产品中,追求

好的氢分布。

A. 液态烃　　　　　B. 汽油　　　　　　C. 柴油　　　　　　D. 焦炭

52. GJBC005　根据热力学分析,下列反应在平衡时基本上进行完全的有(　　)。

A. 烷烃裂化　　　　B. 烯烃环化　　　　C. 烯烃氢转移　　　D. 芳香烃加氢

53. GJBC006　在过裂化情况下,汽油二次裂化明显加强,生成大量的(　　)。

A. 液化气　　　　　B. 柴油　　　　　　C. 干气　　　　　　D. 焦炭

54. GJBC007　热裂化反应可以归纳为以下(　　)几种类型。

A. 裂解　　　　　　B. 缩合　　　　　　C. 环化　　　　　　D. 烷基化

55. GJBC008　裂化油气在从提升管出口进入分馏塔之前(　　),热裂化倾向越大。

A. 停留时间越长　　B. 停留时间越短　　C. 温降越大　　　　D. 温降越小

56. GJBC009　催化裂化装置的用能特点有(　　)。

A. 输入能多,且需要高能级的输入能

B. 能量自给率高,一般烧焦能量大于装置能耗

C. 可回收利用能数量大、质量高

D. 低温热多,是构成能耗的主要原因之一

57. GJBC010　重油催化裂化与馏分油催化裂化装置相比,能耗的特点有(　　)。

A. 重油催化裂化由于焦炭的能量利用率较高,其能耗的增长率低于焦炭产率的增长率

B. 重油催化裂化由于液收较低,带走的低温热也较低,故分馏部分能耗较低

C. 重油催化裂化由于干气产率高,吸收稳定部分能耗较高

D. 重油催化裂化由于雾化蒸汽、汽提蒸汽等工艺用汽量高,该部分能耗也高

58. GJBC011　装置综合能耗与(　　)以及能量的有效利用情况等有关。

A. 装置负荷率　　　　　　　　　　　B. 原料性质

C. 催化剂类型　　　　　　　　　　　D. 所采用的生产工艺

59. GJBC012　催化裂化装置合理用能,降低电耗方法有(　　)。

A. 在保证主风机不喘振的前提下,出口主风尽量不放空

B. 有湿空冷的装置,夏天可多用空冷喷水而少开空冷风机

C. 对于负荷变化较大的机泵,可采用变频技术

D. 加强装置内照明灯和空调的管理

60. GJBC013　减少装置蒸汽消耗,可以采用(　　)方法。

A. 柴油闪点卡边控制　　　　　　　　B. 停用分馏塔底搅拌蒸汽

C. 循环热水停用蒸汽加热　　　　　　D. 减少跑、冒、滴、漏

61. GJBC014　停工过程中减少蒸汽消耗的方法有(　　)。

A. 蒸塔时,最好在退油结束尚有余温时

B. 分段停工,分段吹扫

C. 管线排凝不易开太大,应勤调节

D. 对重油等介质吹扫前应增加轻介质置换或热水洗

62. GJBC015　下列选项中,减少装置电耗的方法是(　　)。

A. 尽量使用变频泵　　　　　　　　　B. 合理使用空调和照明设施

C. 保持烟机经常处于发电工况　　　　　D. 汽轮机尽量多用汽

63. GJBC016　可能造成循环水消耗增加的原因有(　　)。
   A. 循环水外排
   B. 循环水水质下降,大量置换
   C. 冷却器冷换效果下降,增大循环水用量
   D. 循环水冷却器内漏

64. GJBC017　装置优化的目的一是使装置效益最大化,二是使装置长周期平稳运行,可分为(　　)等。
   A. 原料优化　　　　　　　　　　　　B. 产品方案优化
   C. 操作条件优化　　　　　　　　　　D. 催化剂和助剂选用优化

65. GJBC018　催化原料预处理可视为原料优化的手段,一般可分为(　　)等。
   A. 加氢处理　　B. 回炼油芳香烃抽提　　C. 溶剂脱沥青　　D. 汽油精制

66. GJBC019　降低催化裂化汽油中的硫含量,可采用的方法有(　　)。
   A. 原料加氢处理　B. 使用硫转移助剂　　C. 提高剂油比　　D. 产品精制

67. GJBC020　MIP 的设计思想,是既保留提升管反应器具有高反应强度的特点,同时又能够进行某些二次反应,以多产(　　)。
   A. 烯烃　　　　B. 环烷烃　　　　　　C. 异构烷烃　　　　D. 芳香烃

68. GJBC021　在剂油比不变的情况下,MIP 装置提升管反应二区的温度控制可采用(　　)来控制。
   A. 循环待生滑阀　　　　　　　　　　B. 再生单动滑阀
   C. 急冷水流量单回路　　　　　　　　D. 急冷油流量单回路

69. GJBC022　MGD 工艺技术是一项增产(　　)的工艺。
   A. 汽油　　　　B. 柴油　　　　　　　C. 液化气　　　　　D. 丙烯

70. GJBC023　MGD 工艺技术的特点,以下说法正确的有(　　)。
   A. 重质原料油在高苛刻度下反应　　　B. 重质原料油在低苛刻度下反应
   C. 轻质原料在低苛刻度下反应　　　　D. 轻质原料在高苛刻度下反应

71. GJBC024　灵活多效的催化裂化工艺(FDFCC)可降低催化汽油中的(　　)。
   A. 胶质　　　　B. 烯烃　　　　　　　C. 硫含量　　　　　D. 蒸气压

72. GJBC025　灵活多效的催化裂化工艺(FDFCC)的特点是(　　)。
   A. 原料适应性强　　　　　　　　　　B. 产品方案调节灵活
   C. 装置操作弹性大　　　　　　　　　D. 催化剂适应能力强

73. GJBC026　在催化裂化条件下,原料中的(　　)分别发生分解、异构化、氢转移、芳构化、烷基化、叠合等反应。
   A. 烷烃　　　　B. 烯烃　　　　　　　C. 环烷烃　　　　　D. 芳香烃

74. GJBC027　生焦量的控制方法有(　　)。
   A. 适当降低掺渣比例　　　　　　　　B. 调整预热温度
   C. 保证适合的剂油比　　　　　　　　D. 选择适宜的反应深度

75. GJBC028　提升管进料段剂油接触效果差的原因有(　　)。

A. 正常生产时,剂油比偏小,进料性质变重或进料量远低于设计值

B. 进料处温度过低,部分重油未汽化

C. 进料段,催化剂密度偏大或偏小

D. 再生催化剂破损严重

76. GJBC029　防止进料喷嘴处结焦的方法,正确的有(　　)。

A. 选择新型的雾化喷嘴,增加雾化蒸汽,改善雾化效果

B. 尽量提高进料段温度,使再生剂与进料的混合温度高于进料的假临界温度

C. 提高剂油比,使更多重质烃转化,提高转化率

D. 开工过程中,或切断进料后,要对称开启喷嘴防止进料偏流

77. GJBC030　采用(　　)措施,可以降低沉降器旋分器入口处结焦。

A. 缩短催化剂与油气分离时间　　　　B. 延长催化剂与油气分离时间

C. 减少油气停留时间　　　　　　　　D. 增加油气停留时间

78. GJBC031　下列选项中,属于防止提升管部分结焦措施的是(　　)。

A. 采用新型雾化喷嘴　　　　　　　　B. 提高进料段温度

C. 降低进料段温度　　　　　　　　　D. 采用终止剂技术

79. GJBC032　油浆中的一些稠环化合物发生热缩合反应后会导致的结果有(　　)。

A. 油浆物系相溶性变差　　　　　　　B. 油浆中离析出缩合产物

C. 缩合产物富集于特定区域　　　　　D. 缩合产物进一步反应生成"软焦"

80. GJBC033　随着分馏塔底温度的升高,轻馏分逐渐蒸发,油浆浓缩,生焦性能增强,使油浆中的(　　)易发生缩合反应。

A. 烷烃　　　　B. 环烷烃　　　　C. 烯烃　　　　D. 多环芳香烃

81. GJBC034　下列选项中,关于防止油浆系统结焦,措施正确的是(　　)。

A. 控制分馏塔底部温度不小于375℃

B. 为防止油浆泵不上量而引起催化剂堆积在分馏塔底,可以选用汽蚀余量较大的泵

C. 保持油浆在管道内的流速不小于1.5~2.0m/s

D. 保持油浆在换热器管程中流速控制在1.2~2.0m/s

82. GJBC035　油浆外甩的优点有(　　)。

A. 可以减少生焦量

B. 可以降低分馏塔底油浆的固体含量,防止堵塞油浆泵及管线

C. 降低分馏塔底温度

D. 提高收率

83. GJBC036　阻垢剂的清净分散特性能阻止油浆中(　　)的聚集沉积,减少无机垢的生成。

A. 腐蚀产物　　　B. 盐类　　　　C. 杂质颗粒　　　D. 氧化物

84. GJBC037　防止重油催化油浆系统结焦的方法有(　　)。

A. 缩短分馏塔底油浆停留时间　　　　B. 控制适当的塔底油浆温度

C. 在油浆泵入口注入阻垢剂　　　　　D. 选用汽蚀余量较大的机泵

85. GJBC038　防止油浆系统结焦的方法有(　　)。

A. 在分馏塔底保持较短的停留时间

B. 维持较低的分馏塔液面

C. 加大油浆返塔下部入口量

D. 选用合适的油浆阻垢剂,从装置投用起连续注入

86. GJBC039 含硫污水主要来源于(　　)等。
   A. 分馏塔顶油气分离器切水　　　　B. 富气洗涤水
   C. 富气冷凝水　　　　　　　　　　D. 液态烃水洗水

87. GJBC040 催化裂化装置污水中主要含有(　　)等污染物。
   A. 烃类　　　B. 硫化物　　　C. 挥发酚　　　D. 氰化物

88. GJBC041 活性炭吸附,主要是去除污水中经二级处理后残余的(　　)。
   A. 酚　　　　B. 氰　　　　C. BOD　　　　D. COD

89. GJBC042 斜板隔油池是一种高效率的油水分离设施,具有(　　)等优点。
   A. 负荷小　　B. 负荷大　　C. 湿周小　　D. 湿周大

90. GJBD001 反再系统停工主要步骤包括(　　)。
   A. 反应系统降低处理量,切断提升管进料,停气压机
   B. 反应卸催化剂,分馏继续退油
   C. 加油气线大盲板,两器吹扫降温
   D. 加装置内盲板;分馏稳定系统进行水洗

91. GJBD002 烟机—主风机机组应紧急停机的情况有(　　)。
   A. 烟机轴位移超极限　　　　　　　B. 主风机轴位移超极限
   C. 机组转速超极限　　　　　　　　D. 润滑油压过低

92. GJBD003 对于主风机组来说,下列需要高准确度的检测元件的有(　　)。
   A. 轴位移探头　　B. 轴振动探头　　C. 转速探头　　D. 电流表

93. GJBD004 降低主风机噪声的措施有(　　)。
   A. 在风机进出口安装消声器　　　　B. 隔声和吸声
   C. 隔振　　　　　　　　　　　　　D. 阻尼

94. GJBE001 催化裂化装置的再生器类型包括(　　)。
   A. 单段逆流再生器　B. 烧焦罐高效再生器　C. 两段逆流再生器　D. 组合式再生器

95. GJBE002 预防再生设备腐蚀开裂的措施有(　　)。
   A. 提高设备壁温　B. 应用硫转移剂　C. 热处理消除应力　D. 设备内部喷铝

96. GJBE003 主备机切换过程中需要调整的阀门包括(　　)。
   A. 主风机组出口放空阀　　　　　　B. 主风机出口防喘振阀
   C. 主风机组出口阀　　　　　　　　D. 气压机入口放火炬阀

97. GJBE004 分馏塔结盐的现象有(　　)。
   A. 汽油、轻柴油重叠严重
   B. 轻柴油闪点不合格,用塔底汽提蒸汽也无法调整
   C. 当用回流调整时,又会出现汽油干点不合格的情况
   D. 油浆泵抽空

98. GJBE005 下面关于由 NH_4Cl 造成的顶循环系统结盐的说法正确的有(　　)。

A. 混溶于液相中的 NH_4Cl 在顶回流泵入口处时会因温度的下降而析出

B. 顶回流泵入口结盐会改变泵的固有频率,引起泵体振动

C. NH_4Cl 在水中的溶解度明显随温度的降低而下降是结盐的成因

D. 顶循泵结盐严重时可能出现盘车困难现象

99. GJBE006　分馏塔水洗,以下操作正确的有(　　)。

　　A. 水样分析为 0.5h 一次,至 Cl^- 含量基本不变时,停止水洗

　　B. 水样分析为 1h 一次,至 Cl^- 含量基本不变时,停止水洗

　　C. 洗塔时间一般为 2~5h

　　D. 洗塔时间一般为 1~2h

100. GJBF001　由于操作变化造成催化剂损耗的原因有(　　)。

　　A. 操作压力波动　　　　　　　　　B. 主风量波动

　　C. 水蒸气量波动　　　　　　　　　D. 原料油性质变化

101. GJBF002　下列选项中(　　)合理配合,对催化剂的回收,有决定性的影响。

　　A. 滑阀　　　　B. 料腿　　　　C. 翼阀　　　　D. 床层

102. GJBF003　正常生产中,减少催化剂跑损的方法有(　　)。

　　A. 在正常操作中应保持两器差压及再生器压力平衡

　　B. 尽量减少主风量及各种蒸汽和松动风量

　　C. 尽量不用燃烧油

　　D. 选择适宜的床层线速和催化剂藏量,以减少旋风分离器入口浓度

103. GJBF004　催化剂湿度大的原因可能是(　　)。

　　A. 制造过程中含水分大　　　　　　B. 储备过程中受潮

　　C. 原料油带水　　　　　　　　　　D. 运输过程中受潮

104. GJBF005　下列选项中,从操作上减少装置催化剂消耗的是(　　)。

　　A. 保持操作压力稳定　　　　　　　B. 减少装置停工次数

　　C. 控制好料位　　　　　　　　　　D. 喷燃烧油

105. GJBF006　关于噎塞速度,以下说法错误的有(　　)。

　　A. 管内固体质量速度或管径和噎塞速度无关

　　B. 管内固体质量速度或管径越小,噎塞速度也越高

　　C. 管内固体质量速度或管径越大,噎塞速度也越低

　　D. 管内固体质量速度或管径越大,噎塞速度也越高

106. GJBF007　下列选项中,与噎塞速度相关因素是(　　)。

　　A. 催化剂的筛分组成　　　　　　　B. 催化剂的颗粒密度

　　C. 催化剂的磨损指数　　　　　　　D. 管道内固体质量速度

107. GJBF008　返混是一个重要的工程因素,它存在于(　　)类型反应器。

　　A. 气液反应塔　　B. 固定床反应器　　C. 间隙反应釜　　D. 流化床反应器

108. GJBF009　流化床中气泡初始生成时的大小与(　　)有关。

　　A. 气速大小　　　　　　　　　　　B. 分布器孔径

　　C. 固体颗粒直径　　　　　　　　　D. 流化床直径大小

109. GJBF010　返混的存在会引起气体流化床出现(　　)。
　　　A.混合均匀　　　　B.不稳定　　　　C.床面的剧烈波动　　D.床层不存在
110. GJBF011　影响立管流态的因素较多,如(　　)参数等。
　　　A.颗粒粒径分布　　　　　　　　　　B.滑阀开度
　　　C.立管两端的压力变化　　　　　　　D.松动风和松动点
111. GJBF012　提升管反应的特点有(　　)。
　　　A.产品分布改善　　B.操作弹性好　　C.灵活性较好　　　D.处理量大
112. GJBF013　提升管反应灵活性好的特点,体现在可以通过改变(　　)等条件,实现不同的生产方案。
　　　A.反应温度　　　　B.催化剂活性　　C.反应压力　　　　D.不同催化剂
113. GJBF014　下列选项中,造成分馏塔冲塔的原因有(　　)。
　　　A.原料带水,反应操作波动
　　　B.反应深度增大,造成分馏塔气相负荷增大
　　　C.分馏塔循环回流机泵抽空
　　　D.分馏塔回流调节不及时,造成分馏塔温度升高
114. GJBF015　下列选项中,会引起分馏塔塔板被冲的有(　　)。
　　　A.开工时沉降器的蒸汽量过大
　　　B.装置切断进料
　　　C.操作波动,分馏塔气相负荷突然增大
　　　D.塔板安装不规范
115. GJBF016　分馏塔选用舌形塔板的原因的有(　　)。
　　　A.舌形塔板压降小　　　　　　　　　B.分馏精确度容易满足
　　　C.分馏塔液相负荷变化大　　　　　　D.易洗去油气携带的催化剂
116. GJBF017　油膜振荡的特点有(　　)。
　　　A.在近于、等于或大于两倍第一临界转速时发生振荡
　　　B.振荡频率约等于第一临界转速,转速增加振荡频率不改变,振幅也不改变
　　　C.振荡频率约等于第二临界转速,转速增加振荡频率不改变,振幅也不改变
　　　D.发生油膜振荡时,转子涡动相位与转子转动同相位,且两轴承振荡相位基本相同
117. GJBF018　防止油膜振荡的措施有(　　)。
　　　A.尽可能提高轴的临界转速　　　　　B.提高轴承平均单位面积载荷
　　　C.减少润滑油黏性系数　　　　　　　D.改变轴承内孔形状
118. GJBG001　企业管理的管理对象包括(　　)。
　　　A.计划管理　　　　B.生产管理　　　C.物资管理　　　　D.质量管理
119. GJBG002　安全管理的对象是生产中一切(　　)的状态,安全管理是一种动态管理。
　　　A.人　　　　　　　B.物　　　　　　C.环境　　　　　　D.思想
120. GJBG003　安全管理的目的是(　　)。
　　　A.预防事故　　　　B.实现安全生产　　C.挖潜增效　　　　D.监督考核
121. GJBG004　产品质量波动的原因主要来自(　　)和环境等方面的因素变化。

A. 人　　　　　　B. 机器　　　　　　C. 材料　　　　　　D. 方法

122. GJBG005　调查表是一种统计图表,利用这种统计图表可以进行(　　)。
    A. 数据的搜集　　B. 数据的整理　　C. 原因调查　　D. 简单的分析

123. GJBG006　班组经济核算是(　　)。
    A. 一种管理方法　　　　　　　　　　B. 生产现场管理的基础
    C. 现场成本控制的重要环节　　　　　D. 解决质量问题的最佳手段

124. GJBG007　班组经济核算的目的有(　　)。
    A. 强化增收节资　　　　　　　　　　B. 推动基础工作
    C. 提升专业管理　　　　　　　　　　D. 调动员工生产积极性

三、判断题(对的画"√",错的画"×")

(　)1. GJAC001　回流比大,分离效果好,因此回流比越大越好。

(　)2. GJAG001　特殊性的生产经营活动可以不符合法定安全生产条件。

(　)3. GJAG002　《安全生产法》规定了"双罚制",对生产经营单位、生产经营单位的主要负责人及相关人员都要予以行政处罚。

(　)4. GJAG003　依法设立的危险化学品生产企业,必须向国务院质检部门申请领取危险化学品生产许可证。

(　)5. GJAG004　《消防法》是为了预防火灾和减少火灾危害,加强应急救援工作,保护人身、财产安全,维护公共安全所制定的规章制度。

(　)6. GJAG005　2015年实行的《环境保护法》,首次明确了环保监察部门的法律地位。

(　)7. GJAG006　2015年实行的《环境保护法》规定每年1月1日为环境日。

(　)8. GJAG007　HSE管理体系的认证除符合标准外,也必须符合我国的法律法规及其他要求(或行业标准)。

(　)9. GJAG008　建立HSE管理体系不能控制HSE风险和环境影响。

(　)10. GJAG009　HSE管理体系规定中,事故的报告、事故的分类、事故的等级、事故的调查、责任划分、处理等程序应按企业规定执行。

(　)11. GJAG010　《劳动法》规定,对劳动者基本利益的保护是最基本的保护,不应由于用人单位所有制的不同或组织形式不同而有所差异。

(　)12. GJAG011　石油化工行业废水中的有机物种类繁多,它们在水中一般不能继续氧化分解。

(　)13. GJAH001　物耗是物资消耗的简称,装置物耗指在一定的生产和技术条件下,制造单位产品或完成某种生产任务,消耗的物资数量。

(　)14. GJBA001　对于汽油生产方案,反应苛刻度低,从而单程转化率低,回炼比小。

(　)15. GJBA002　生产汽油方案应采用高反应温度、高回炼比的操作方法。

(　)16. GJBA003　柴油凝点高时,柴油收率高。

(　)17. GJBA004　采用两段提升管催化裂化工艺技术,单程转化率大幅提高。

(　)18. GJBA005　在MSCC过程中,反应产物和待生催化剂垂直移动,依靠重力作用实现油气与催化剂的快速分离。

( )19. GJBA006　MGG 和 ARGG 工艺采用稳定性好,活性低的 RMG、RAG 系列催化剂。

( )20. GJBA007　DCC 技术新进展有两个方面,一个是开发系列催化剂,另一个是改进工艺,以进一步提高轻烯烃、特别是丙烯的产率。

( )21. GJBA008　MIO 工艺技术的专利催化剂,具有良好的异构烯烃选择性和抑制氢转移的能力,可减少中间裂化产物烯烃进行氢转移的程度。

( )22. GJBA009　MIO 工艺技术的专利催化剂优化了孔尺寸分布,较好地抑制了二次反应深度,改变了产物中 C_2 的比例。

( )23. GJBA010　催化剂易被重金属污染,主要是 Fe、Ni、V、Cu。

( )24. GJBA011　钒酸侵入沸石晶体发生水解反应,使晶胞体积扩大,会导致沸石晶体结构破坏。

( )25. GJBA012　为了缓解因燃烧方式造成的钒流动性增大这一影响,当处理高钒、高残炭催化裂化原料时,应选择 CO 完全燃烧方式。

( )26. GJBA013　催化裂化焦炭中的氮化物是再生烟气中 NO_x 的主要来源。

( )27. GJBA014　对于给定原料,转化率提高将导致液体产品中氮含量增加。

( )28. GJBA015　大多数含氮分子在裂化的初级阶段就转化为焦炭。

( )29. GJBA016　油品中的碱性含氮化合物多为吡咯类、吲哚类及咔唑类。

( )30. GJBA017　原料油中的硫化物以不同的形式转化并分布到裂化产物中,对产品质量和环境造成一定的影响。

( )31. GJBA018　再生器内随焦炭和吸附在催化剂上带入的硫氧化生成 SO_x,使主风耗量增加,能耗增大。

( )32. GJBA019　在以直馏油品为原料的常规催化裂化反应过程中,随着掺渣油量的增加,进入焦炭的硫数量也显著增加。

( )33. GJBA020　在非直馏油的催化裂化过程中,进入重油和焦炭中的硫分布率明显降低。

( )34. GJBA021　干气中硫化氢超标,将严重影响产品使用质量。

( )35. GJBA022　二硫化物、噻吩与金属直接作用,对设备造成腐蚀。

( )36. GJBA023　吸收稳定操作压力相对较高,对塔板压降无严格要求,一般选用操作弹性较大的浮阀塔板。

( )37. GJBA024　最常见的液相返混是液沫夹带,气相返混是气泡夹带,它们均会影响塔板的效率。

( )38. GJBA025　为提高吸收效果,吸收塔板数越多越好。

( )39. GJBA026　解吸塔塔板数若较少,大量的 C_3 和 C_4 等轻组分被解吸到塔顶解吸气中,又返回吸收系统中循环,影响吸收效果。

( )40. GJBA027　增加稳定塔塔板数,可使干气中丙烯含量有较大幅度的下降。

( )41. GJBA028　"三查四定"是我国基建管理工作多年来总结出来并行之有效的一种工作方法。

( )42. GJBA029　"中交"是指国内工程建设的甲乙方(或工程发包方与承包方)之间的阶段交接工作。

( )43. GJBB001　余热锅炉、外取热器、高温取热炉等发汽设备属于能量回收系统。

( )44. GJBB002　开工时在向沉降器转催化剂前,应控制再生压力高于反应压力。

( )45. GJBB003　为了防止反应油气管线结焦,应使油气管线弯头与分馏塔入口之间距离最长。

( )46. GJBB004　切断进料后,蒸汽温度要保证必须大于250℃,必要时可通过中压蒸汽补充。

( )47. GJBB005　开工选用汽化率较低的、裂化性能较好的直馏原料。

( )48. GJBC001　催化裂化反应是平行顺序反应。

( )49. GJBC002　在催化裂化反应过程中,产品分子沿催化剂微孔到催化剂表面的过程,称为吸附过程。

( )50. GJBC003　在催化裂化中,烷烃主要发生缩合反应。

( )51. GJBC004　催化裂化属于脱碳过程,轻质产品的高氢含量必须由重质产品的低氢含量予以补偿,因而轻质产品不能无限增加。

( )52. GJBC005　主要的裂化反应是可逆反应。

( )53. GJBC006　由剂油比增加引起的催化裂化过裂化反应属于过度热反应。

( )54. GJBC007　催化裂化的反应机理是正碳离子反应,热裂化的反应机理是自由基反应。

( )55. GJBC008　在提升管反应器中发生热裂化反应将使干气和焦炭产率升高,液体产品收率降低、质量变差。

( )56. GJBC009　重油催化裂化装置,能量自给率可达100%以上,甚至仅焦炭燃烧能量就大于装置能耗。

( )57. GJBC010　能量转换环节的排烟损失能在总损失能中占有的比重相对较少。

( )58. GJBC011　装置综合能耗与装置负荷率、原料性质、催化剂类型、所采用的生产工艺以及能量的有效利用情况等有关。

( )59. GJBC012　在保证主风机不喘振的前提下,出口主风尽量不放空,降低电耗。

( )60. GJBC013　当原料加工量提高时,应适当降低进料雾化蒸汽量和汽提蒸汽量,以减少蒸汽消耗。

( )61. GJBC014　停工吹扫前尽量拿净物料,以减少吹扫蒸汽的使用。

( )62. GJBC015　为降低电耗,应尽量使用变频机泵,并将泵出口阀、控制阀上下游阀全开。

( )63. GJBC016　除氧水用于大机组的冷油器、凝汽式气压机复水器、运行机泵等冷却设备。

( )64. GJBC017　装置优化的目的一是使装置效益最大化,二是使装置长周期平稳运行。

( )65. GJBC018　催化裂化装置产品种类一般是不变化的,干气、液态烃、汽油、柴油、油浆是它的主要产品。

( )66. GJBC019　催化裂化汽油的辛烷值低,不能满足高标号汽油的要求。

( )67. GJBC020　MIP工艺第一反应区以一次裂化反应为主,采用较低的反应强度。

( )68. GJBC021　MIP 的设计思想是既保留提升管反应器具有高反应强度的特点，同时又能够进行某些二次反应以多产烯烃和芳香烃。

( )69. GJBC022　MGD 工艺技术，通过粗汽油在密相床上行床的二次反应，一方面使其裂化成低碳烯烃，另一方面通过调节新鲜裂化原料的反应环境和苛刻度，增加柴油馏分的生成率。

( )70. GJBC023　MGD 工艺技术专用催化剂，具有优良的重油转化能力和抗金属污染能力，产品选择性特别是干气和焦炭选择性优异。

( )71. GJBC024　FDFCC 催化裂化工艺，是采用一套设有两根提升管反应器和两个再生器的催化裂化装置。

( )72. GJBC025　FDFCC 工艺对催化剂的反应活性、选择性、抗金属性能以及流化、磨损和水热稳定性都有特殊要求。

( )73. GJBC026　催化裂化条件下，原料中的各种烃类随着反应深度的增加，环烷烃和烷烃等能够缩合甚至产生焦炭。

( )74. GJBC027　提升管出口安装快速分离设施，减少反应生成油气与催化剂的接触时间，终止反应，降低生焦率。

( )75. GJBC028　在进料段，催化剂密度偏小，不易造成提升管喷嘴处结焦。

( )76. GJBC029　开工过程中，要对称开启喷嘴防止进料偏流。

( )77. GJBC030　防焦蒸汽采用二级孔喷嘴，使喷嘴指向顶部所有静空间，避免沉降器顶出现死角。

( )78. GJBC031　降低剂油比，使更多重质烃转化，提高转化率，可以减少结焦。

( )79. GJBC032　催化剂对油浆中大分子非极性烃类的吸附对油浆系统中的结焦过程起到了重要作用。

( )80. GJBC033　分馏塔底温度是导致油浆系统结焦的间接原因。

( )81. GJBC034　为防止油浆泵不上量而引起催化剂堆积在分馏塔底，可以选用汽蚀余量较大的泵。

( )82. GJBC035　分馏系统油浆外甩可以减少生焦量。

( )83. GJBC036　油浆阻垢剂能阻止油料中的腐蚀产物、盐类和杂质颗粒聚集沉积，减少无机垢的生成。

( )84. GJBC037　油浆结焦主要受操作温度和停留时间 2 个基本因素影响。

( )85. GJBC038　防止油浆系统结焦，应不外排油浆尽量回炼。

( )86. GJBC039　催化裂化装置污水中主要含有烃类、硫化物、挥发酚、氰化物等污染物。

( )87. GJBC040　目前，国内多采用空气氧化法预处理含硫污水。

( )88. GJBC041　浓度较高的含碱污水一般考虑与碱渣一起处理。

( )89. GJBC042　隔油池是利用溶解度的不同使油和水分离的。

( )90. GJBD001　反再系统在停工降量前应适当提高两器催化剂藏量。

( )91. GJBD002　催化裂化装置轴流式主风机系统必须设置逆流保护装置。

( )92. GJBD003　应正确、慎重选择紧急停机项目，既起到保护机组的作用，又最大限度地压缩停机项目,减小对工艺生产造成的危害和经济损失。

( ) 93. GJBD004　为了减少停工过程中噪声产生,在切断进料后,应马上停主风机。
( ) 94. GJBE001　催化裂化再生器外壁壁温通常为200℃以下。
( ) 95. GJBE002　通过降低烟气中SO_3气体的含量,进而降低烟气露点温度,可以预防再生设备腐蚀开裂。
( ) 96. GJBE003　主备机切换过程中将主风机出口压力降至略高于备用风机出口压力。
( ) 97. GJBE004　分馏塔结盐,油浆泵的抽空次数显著增加。
( ) 98. GJBE005　塔板浮阀结盐阻塞会造成液层高度过大,致使塔顶压力降增大,反应器顶部压力不会因此升高。
( ) 99. GJBE006　分馏塔水洗时,降低新鲜进料及油浆进料。新鲜进料以能维持操作为准,由油浆外甩量来控制分馏塔底的液位。
( ) 100. GJBF001　日常小型加料时,采用细水长流的补充原则,可以降低催化剂损耗。
( ) 101. GJBF002　再生器锥体段会形成死区,不少装置用珍珠岩填平死区,可以减少开工催化剂损失。
( ) 102. GJBF003　使用CO助燃剂会使催化剂损耗增加。
( ) 103. GJBF004　催化剂颗粒密度越低,催化剂带出量越大,但到一定程度恒定不变。
( ) 104. GJBF005　造成催化剂跑损的原因是再生温度低。
( ) 105. GJBF006　气、固悬浮物在管道中垂直向上流动时,管道中密度太大,气流已不足以支持固体颗粒,因而出现腾涌的最低气体速度称为噎塞速度。
( ) 106. GJBF007　在相同的管道内,催化剂密度、颗粒越大,噎塞速度越大。
( ) 107. GJBF008　返混是一个重要的工程因素,它存在于固定床反应器类型反应器。
( ) 108. GJBF009　反应器内物料的流速分布不均匀是产生返混的唯一原因。
( ) 109. GJBF010　实际生产中,床层操作线速要小于最大流化速度。
( ) 110. GJBF011　立管有两个作用,一个是将颗粒从高处的低压端输送至低处的高压端,另一个是保持颗粒循环回路的压力平衡。
( ) 111. GJBF012　提升管反应器可以处理重质原料。
( ) 112. GJBF013　在理想的提升管中,催化剂和油气同速同向流动,容易出现催化剂的返混。
( ) 113. GJBF014　当反应深度过大时,中段回流会建立不起来,容易造成分馏塔冲塔。
( ) 114. GJBF015　装置切断进料不会引起分馏塔塔板被冲翻。
( ) 115. GJBF016　舌形塔板的气相动能因数较小。
( ) 116. GJBF017　产生"油膜振荡"后,振荡频率为轴的第一临界转速,振幅急剧增大。转速升高后会振荡自动消失。
( ) 117. GJBF018　改变轴承内孔形状,其目的在于加大轴承各段圆弧相对轴的偏心率,同时将油膜分割成不连续多段,以减少轴上、下压差,以提高油膜稳定性,延缓油膜振荡发生。
( ) 118. GJBG001　安全管理是对生产过程中事故的管理。
( ) 119. GJBG002　安全管理是管理科学的一个重要分支,它是为实现安全目标而进行

(   ) 120. GJBG003　安全管理是提高企业安全水平,预防事故的基本方法。

(   ) 121. GJBG004　全面质量管理工作的基本核心是强调提高人的工资待遇。

(   ) 122. GJBG005　质量改进的基本方法是坚持计划、执行、检查、总结这一工作循环。

(   ) 123. GJBG006　班组经济核算进行的情况是以完成经济指标的情况衡量的。

(   ) 124. GJBG007　班组不但是财富的直接创造者,也是物料的间接消耗者。

四、简答题

1. GJAG008　简述 HSE 管理原则。

2. GJBA002　简述汽油方案的操作要点。

3. GJBA010　什么是催化剂的重金属污染?

4. GJBA011　请简述钒对催化剂的破坏机理。

5. GJBA012　催化剂钒中毒的主要影响因素有哪些?

6. GJBC023　试述 MGD 工艺技术的特点。

7. GJBC035　简述油浆外甩的优点。

8. GJBC041　请简述催化裂化装置含碱污水的处理方法。

9. GJBC042　请简述催化裂化装置含油污水处理方法。

10. GJBE002　如何降低烟气中 SO_3 含量?

11. GJBF005　请简述开工期间如何减少催化剂跑损。

12. GJBF006　什么叫噎塞速度?

13. GJBF008　什么是返混?

14. GJBF010　试叙述提升管反应器内的返混状况。

15. GJBF012　简述提升管反应器的特点。

16. GJBF018　简述防止油膜振荡的措施。

答　案

一、单项选择题

1. B	2. B	3. A	4. C	5. A	6. B	7. A	8. B	9. A	10. B
11. A	12. C	13. A	14. C	15. D	16. B	17. A	18. C	19. C	20. C
21. D	22. C	23. D	24. D	25. B	26. D	27. B	28. C	29. B	30. D
31. D	32. A	33. C	34. A	35. A	36. C	37. D	38. A	39. D	40. C
41. B	42. B	43. C	44. D	45. C	46. A	47. C	48. C	49. B	50. D
51. A	52. C	53. B	54. B	55. A	56. C	57. C	58. D	59. D	60. A
61. A	62. A	63. C	64. D	65. B	66. D	67. C	68. A	69. A	70. C
71. D	72. D	73. A	74. B	75. B	76. B	77. A	78. B	79. C	80. C
81. D	82. D	83. D	84. D	85. C	86. C	87. B	88. D	89. A	90. C
91. D	92. D	93. A	94. B	95. B	96. B	97. C	98. A	99. A	100. C
101. C	102. B	103. A	104. D	105. B	106. C	107. C	108. A	109. A	110. B
111. A	112. C	113. B	114. A	115. C	116. D	117. A	118. B	119. A	120. C
121. C	122. A	123. B	124. B	125. D	126. B	127. A	128. B	129. B	130. B
131. B	132. C	133. C	134. D	135. C	136. B	137. B	138. A	139. A	140. A
141. B	142. B	143. B	144. C	145. D	146. A	147. B	148. B	149. C	150. B
151. C	152. D	153. C	154. D	155. B	156. C	157. C	158. D	159. D	160. D
161. B	162. D	163. B	164. B	165. A	166. B	167. B	168. D	169. D	170. C
171. C	172. C	173. C	174. C	175. B	176. B	177. A	178. C	179. A	180. B
181. C	182. C	183. A	184. D	185. D	186. A	187. A	188. A	189. B	190. C
191. B	192. B	193. B	194. C	195. D	196. D	197. C	198. C	199. A	200. D
201. A	202. C	203. B	204. B	205. A	206. C	207. C	208. A	209. C	210. D
211. C	212. B	213. B	214. C	215. D	216. A	217. A	218. D	219. D	220. B
221. A	222. B	223. B	224. B	225. C	226. D	227. C	228. B	229. C	230. C
231. C	232. B	233. A	234. A	235. A	236. B	237. C	238. B	239. A	240. A
241. A	242. B	243. A	244. B	245. A	246. B	247. A	248. B		

二、多项选择题

1. ABCD	2. ABD	3. CD	4. ABCD	5. ABCD	6. AB	7. ABCD
8. ABCD	9. ABCD	10. ABCD	11. ABC	12. ACD	13. ABCD	14. ABCD
15. ACD	16. AD	17. ABCD	18. ABCD	19. AC	20. ABC	21. BC
22. BCD	23. AB	24. BD	25. BC	26. BCD	27. ABC	28. ABCD

29. BCD	30. ABCD	31. ABC	32. ACD	33. ABD	34. ABCD	35. ABCD
36. ABD	37. AC	38. ABCD	39. BC	40. AC	41. ABCD	42. AC
43. ABCD	44. ABC	45. BC	46. ABCD	47. BD	48. AB	49. ABCD
50. ABCD	51. ABC	52. AC	53. ACD	54. AB	55. AC	56. ABCD
57. ABCD	58. ABCD	59. ABCD	60. ABD	61. ABCD	62. ABCD	63. ABCD
64. ABCD	65. ABC	66. ABD	67. CD	68. CD	69. BC	70. AC
71. BC	72. ABCD	73. ABCD	74. ABCD	75. ABC	76. ABCD	77. AC
78. ABD	79. ABCD	80. CD	81. BCD	82. ABC	83. ABC	84. ABCD
85. ABCD	86. ABCD	87. ABCD	88. ABCD	89. AD	90. ABCD	91. ABCD
92. ABC	93. ABCD	94. ABCD	95. ABCD	96. ABC	97. ABC	98. ABCD
99. AC	100. ABCD	101. BCD	102. ABCD	103. ABD	104. ABC	105. ABC
106. ABD	107. ACD	108. AB	109. BC	110. ABCD	111. ABCD	112. ABD
113. ABCD	114. ABCD	115. ABC	116. ABD	117. ABCD	118. ABCD	119. ABC
120. AB	121. ABCD	122. ABCD	123. ABC	124. ABCD		

三、判断题

1. ×　正确答案:回流比大,分离效果好,但不是回流比越大越好。　2. ×　正确答案:生产经营活动必须符合法定安全生产条件。　3. √　4. √　5. ×　正确答案:《消防法》是为了预防火灾和减少火灾危害,加强应急救援工作,保护人身、财产安全,维护公共安全所制定的法律。　6. √　7. ×　正确答案:2015年实行的《环境保护法》规定每年6月5日为环境日。　8. √　9. ×　正确答案:建立HSE管理体系能有效控制HSE风险和环境影响。　10. ×　正确答案:HSE管理体系规定中,事故的报告、事故的分类、事故的等级、事故的调查、责任划分、处理等程序应按国家的有关规定执行。　11. √　12. ×　正确答案:石油化工行业废水中的有机物种类繁多,它们在水中能继续氧化分解,大量消耗水中的溶解氧。　13. √　14. ×　正确答案:对于汽油生产方案,反应苛刻度高,从而单程转化率高,回炼比很小。　15. ×　正确答案:生产汽油方案应采用高反应温度、低回炼比的操作方法。　16. √　17. √　18. ×　正确答案:在MSCC过程中,反应产物和待生催化剂水平移动,依靠重力作用实现油气与催化剂的快速分离。　19. ×　正确答案:MGG和ARGG工艺采的催化剂多为活性高、选择性好、抗金属能力强的具有特殊反应性能的RMG、RAG系列催化剂。　20. √　21. √　22. ×　正确答案:MIO工艺技术的专利催化剂优化了孔尺寸分布,较好地抑制了二次反应深度,改变了产物中碳三、碳四、碳五烯烃的比例。　23. √　24. √　25. ×　正确答案:催化剂再生时,采用CO完全燃烧方式会增大钒的流动性,使钒在整个催化剂床层上重新分布,从而使再生后的催化剂一起受到污染,活性降低。　26. √　27. ×　正确答案:对于给定原料,转化率提高将导致液体产品中氮含量减少。　28. √　29. ×　正确答案:油品中的碱性含氮化合物多为吡啶类、喹啉类及苯胺类。　30. √　31. √　32. √　33. ×　正确答案:在非直馏油的催化裂化过程中,进入重油和焦炭中的硫分布率显著提高。　34. √　35. ×　正确答案:二硫化物、噻吩与金属不直接作用,但受热分解生成的硫化氢同样对设备造成腐蚀。　36. √　37. √　38. ×　正确答案:要根据装置数据做具体的板数和效益的分析之后,方能确定吸收塔塔板的数量,并不是越多越好。 39. √ 40. × 正确答案:增加吸收塔塔板数,可使干气中丙烯含量有较大幅度的下降。 41. √ 42. √ 43. √ 44. × 正确答案:开工时在向沉降器转催化剂前,应控制反应压力高于再生压力。 45. × 正确答案:为了防止反应油气管线结焦,应使油气管线弯头与分馏塔入口之间距离最短。 46. √ 47. × 正确答案:开工选用汽化率较高的、裂化性能较好的直馏原料。 48. √ 49. × 正确答案:在催化裂化反应过程中,产品分子沿催化剂微孔到催化剂表面的过程,为向外扩散的过程。 50. × 正确答案:在催化裂化中,烷烃主要发生分解反应。 51. √ 52. × 正确答案:主要的裂化反应是不可逆反应。 53. × 正确答案:由剂油比增加引起的催化裂化过裂化反应属于过度催化反应。 54. √ 55. √ 56. √ 57. × 正确答案:能量转换环节的排烟损失能在总损失能中占有很大比重。 58. √ 59. √ 60. × 正确答案:当原料加工量提高时,应适当提高进料雾化蒸汽量和汽提蒸汽量。 61. √ 62. √ 63. × 正确答案:循环水用于大机组的冷油器、凝汽式气压机复水器、运行机泵等冷却设备。 64. √ 65. × 正确答案:催化裂化装置产品种类一般是不变化的,液态烃、汽油、柴油是它的主要产品。 66. √ 67. × 正确答案:MIP 工艺第一反应区采用较高的反应强度,即较高的反应温度和剂油比。 68. × 正确答案:MIP 的设计思想是既保留提升管反应器具有高反应强度的特点,同时又能够进行某些二次反应以多产异构烷烃和芳香烃。 69. √ 70. √ 71. × 正确答案:FDFCC 催化裂化工艺,是采用一套设有两根提升管反应器的催化裂化装置。 72. × 正确答案:FDFCC 工艺对催化剂的要求和常规催化裂化工艺一样,没有特殊要求。 73. × 正确答案:催化裂化条件下,随着反应深度增加,烯烃和芳香烃等能够缩合甚至产生焦炭。 74. √ 75. × 正确答案:在进料段,催化剂密度偏大或偏小,都会造成提升管喷嘴处结焦。 76. √ 77. √ 78. × 正确答案:提高剂油比,使更多重质烃转化,提高转化率,减少结焦。 79. × 正确答案:油浆系统中所结的焦主要由烃类和催化剂组成,其中催化剂具有吸附油浆中大分子极性烃类的能力。 80. × 正确答案:分馏塔底温度是导致油浆系统结焦的直接原因。 81. √ 82. √ 83. √ 84. × 正确答案:油浆结焦主要受操作温度、停留时间和油浆质量 3 个基本因素影响。 85. × 正确答案:外排油浆可减少油浆系统结焦。 86. √ 87. × 正确答案:含硫污水预处理方法有空气氧化法和蒸汽汽提法,目前国内多采用蒸汽汽提法。 88. √ 89. × 正确答案:隔油池是利用密度差的方法分离油和水。 90. × 正确答案:反再系统在停工降量前应适当降低两器催化剂藏量。 91. √ 92. √ 93. × 正确答案:停工时主风机要在再生器催化剂卸净后方可停机。 94. √ 95. √ 96. × 正确答案:主备机切换过程中应将主机出口压力降至略低于备用风机出口压力(约 0.01MPa)。 97. × 正确答案:分馏塔结盐,塔顶循环回流泵的抽空次数显著增加。 98. × 正确答案:由于塔板浮阀结盐阻塞及淹塔造成液层高度过大,致使塔顶压力降增大,反应器顶部压力可能有所升高。 99. √ 100. √ 101. √ 102. × 正确答案:使用 CO 助燃剂对降低催化剂损耗具有很好的作用。 103. × 正确答案:催化剂颗粒密度越低,催化剂带出量越大。 104. × 正确答案:再生温度过高易造成催化剂热崩,是催化剂跑损的主要原因。 105. × 正确答案:气、固悬浮物在管道中垂直向上流动时,管道中密度太大,气流已不足以支持固体颗粒,因而出现腾涌的最大气体速度称为噎塞速度。 106. √ 107. × 正确答案:返混是一个重要的工程因素,它不存在于固定床反应器类型反应器。 108.× 正确答案:反应器内的环流运动和流速分布不均匀是反应器内返混的起因。 109.× 正确答案:实际生产中,床层操作线速要远大于最大流化速度。 110.√ 111.√ 112.× 正确答案:在理想的提升管中,催化剂和油气同速同向流动,不会出现催化剂的返混。 113.√ 114.× 正确答案:装置切断进料容易引起分馏塔塔板被冲翻。 115.× 正确答案:舌形塔板的气相动能因数较大。 116.× 正确答案:产生所谓"油膜振荡"(自激振动),振荡频率为轴的第一临界转速,振幅急剧增大。转速再升高也不消失,振荡频率也保持不变。 117.√ 118.× 正确答案:安全管理是对生产过程中事故和防止事故发生的管理。 119.√ 120.√ 121.× 正确答案:全面质量管理工作的基本核心是强调提高人的工作质量。 122.√ 123.√ 124.× 正确答案:班组不但是财富的直接创造者,也是物料的直接消耗者。

四、简答题

1. 答:(1)任何决策必须优先考虑健康安全环境(0.2);(2)安全是聘用的必要条件(0.1);(3)企业必须对员工进行健康安全环境培训(0.1);(4)各级管理者对业务范围内的健康安全环境工作负责(0.1);(5)各级管理者必须亲自参加健康安全环境审核(0.1);(6)员工必须参与岗位危害识别及风险控制(0.1);(7)事故隐患必须及时整改(0.1);(8)所有事故事件必须及时报告、分析和处理(0.1);(9)承包商管理执行统一的健康安全环境标准(0.1)。

2. 答:(1)优化催化剂配方,选用增产汽油的催化剂,以增产汽油和提高重油转化能力(0.2);(2)增强催化剂的抗重金属污染能力,选好用好金属钝化剂,保持平衡剂较好的活性(0.2);(3)多甩油浆,多掺渣,低回炼比的单程操作方案(0.2);(4)提高提升管出口温度,提高单程转化率(0.2);(5)调整催化裂化分馏塔操作,在保证汽油干点合格的情况下尽可能提高汽油干点(0.2)。

3. 答:重金属如 Fe、Ni、Cu、V 等沉积在催化裂化催化剂表面上(0.2),降低催化剂的选择性(0.2),使焦炭产率增大,液体产品产率下降(0.2)、产品的不饱和度增加、气体中的 C_3 和 C_4 的产率降低(0.2),特别明显的是使氢气产率增加,这就是催化剂的重金属污染(0.2)。

4. 答:在水蒸气作用下,钒首先氧化形成 V_2O_5(0.2),然后 V_2O_5 与水蒸气发生化学反应,形成一种挥发性强酸 $VO(OH)_3$(0.2),钒酸侵入沸石晶体发生水解反应(0.4),使晶胞体积扩大(0.2),从而导致框架四面体氧化铝的失去和沸石晶体结构破坏。

5. 答:(1)平衡催化剂上钒的浓度(0.2);(2)再生器燃烧方式(0.1);(3)再生器温度(0.1);(4)催化剂类型(0.1);(5)钠(0.1);(6)水蒸气(0.1);(7)催化剂上的炭(0.1);(8)催化剂的补充速率(0.2)。

6. 答:重质原料油在高苛刻度条件下反应(0.2),轻质原料油在低苛刻度条件下反应(0.2),新鲜裂化原料的轻重组分采用不同的进料方式进行选择性裂化(0.2),可增加重质原料油的一次裂化深度(0.2)和柴油馏分的生成与保有率(0.2)。

7. 答:(1)外甩油浆可减少生焦量。因为油浆的稠环芳香烃含量较高,生焦率很高,部分油浆外甩,可减少生焦率,降低再生温度(0.3)。(2)外甩的油浆经过分离催化剂粉末后,可以作生产针状焦的优质原料,也可作加氢脱硫、加氢裂化等装置的原料(0.4)。(3)外甩油浆可降低油浆中固体含量,保障油浆系统安全运行(0.3)。

8. 答:浓度较低的含碱污水中,主要含有游离状态的碱、油及少量酚和硫化物(0.3)。其处理方法是先经中和池中和后(0.2),再汇入含油或含盐污水,经隔油、浮选、生物氧化等处理(0.5)。

9. 答:催化裂化含油污水一般送到污水处理场与其他装置的污水一起处理(0.3),处理过程大多采用隔油、浮选、生化曝气、砂滤的二级处理工艺(0.4)。有的采用活性炭吸附或臭氧氧化等三级深度处理工艺(0.3)。

10. 答:降低烟气中的过剩氧含量(0.3),保证烟气中有一定量的NH_3(0.2);进行原料油的预处理(0.2),降低原料中硫、氮及钒的含量(0.3)。

11. 答:在一级料腿封住之前,采用大型加料快速加剂(0.2),并适当提主风量(0.2),尽快封住料腿;在一级料腿封住之前,加剂使用平衡催化剂(0.2);两器流化升温时,主风量不宜过大(0.2),升温时间不宜过长,在达到喷油条件时及早喷油(0.2)。

12. 答:气固悬浮物在管道中垂直向上流动时(0.4),管道中密度太大,气流已不足以支持固体颗粒(0.2),因而出现腾涌的最大气体速度称为噎塞速度(0.4)。

13. 答:返混,又称逆向混合,是一种混合现象(0.1)。狭义地理解,它指连续过程中与主流方向相反的运动所造成的物料混合(0.2)。这种混合的存在,影响了沿主流方向上的浓度分布和温度分布,使浓度趋向于出口浓度(0.2)。对于传质过程,这样的浓度变化使浓度推动力减小,从而减小了传递速度(0.2)。对于反应过程,这样的浓度变化使反应物浓度降低,产物浓度增加,从而使主反应速度降低和副反应速度增加,反应选择性下降(0.3)。

14. 答:在提升管反应器中,油气与催化剂并流,近乎以平推流向上运动(0.2),反应油气在提升管内的平均停留时间趋于均一(0.3),返混很小(0.3),有利于催化裂化主反应(0.2)。

15. 答:(1)产品分布改善(0.2);(2)操作弹性好(0.2);(3)灵活性较好(0.1);(4)处理量大(0.1);(5)产品质量好(0.1);(6)较易控制(0.1);(7)再生催化剂含量低(0.1);(8)可以处理重质原料(0.1)。

16. 答:(1)通过增加轴承静载荷,来增加轴承平均单位面积载荷(0.2);(2)使轴的工作转速小于轴的临界转速(0.2);(3)减少润滑油黏性系数(0.2);(4)通过减少轴承宽度,来提高轴承平均单位面积载荷,从而防止油膜振荡(0.2);(5)通过减少油上、下压差,提高油膜稳定性,延缓油膜振荡发生(0.2)。

附 录

附录1 职业技能等级标准

1. 工种概述

1.1 工种名称
催化裂化装置操作工。

1.2 工种定义
以石油馏分中的蜡油、渣油等为原料,通过催化裂化(或裂解)反应以及分馏、吸收稳定(或中冷分离)等加工步骤,生产出液化石油气(或低碳烯烃)、汽油、柴油等中间产品的人员。

1.3 工种等级
本工种共设五个等级,分别为:初级(国家职业资格五级)、中级(国家职业资格四级)、高级(国家职业资格三级)、技师(国家职业资格二级)、高级技师(国家职业资格一级)。

1.4 工种环境
室内、外及高处作业,大部分时间在常温下工作,工作场所中会存在一定的油品蒸气、化学试剂、烟尘、有害气体和噪声,有些场所会存在射线源。

1.5 工种能力特征
身体健康,具有一定的学习理解和表达能力,四肢灵活,动作协调,听、嗅觉较灵敏,视力良好,具有分辨颜色的能力。

1.6 基本文化程度
高中毕业(或同等学力)。

1.7 培训要求

1.7.1 培训期限
全日制职业学校教育,根据其培养目标和教学计划确定期限。晋级培训:初级不少于300标准学时;中级不少于360标准学时;高级不少于240标准学时;技师不少于240标准学时;高级技师不少于240标准学时。

1.7.2 培训教师
培训初、中级的教师应具有本职业高级以上职业资格证书或本专业中级以上专业技术职务任职资格;培训高级的教师应具有本职业技师以上职业资格证书或本专业中级以上专业技术职务任职资格;培训技师的教师应具有本职业高级技师职业资格证书或本专业高级专业技术职务任职资格;培训高级技师的教师应取得本职业高级技师职业资格2年以上或本专业高级专业技术职务任职资格。

1.7.3 培训场地设备

理论培训应有可容纳30名以上学员的教室。技能操作培训应有相应的设备、安全设施完善的场地。

1.8 鉴定要求

1.8.1 适用对象

催化裂化、重油催化各岗位的人员。

1.8.2 申报条件

——初级(具备以下条件之一者)

(1)经本职业初级正规培训达到规定标准学时数,并取得结业证书。

(2)在本职业连续见习或随岗工作2年以上。

——中级(具备以下条件之一者)

(1)取得本职业初级职业资格证书后,连续从事本职业工作3年以上,经本职业中级正规培训达到规定标准学时数,并取得结业证书。

(2)取得本职业初级职业资格证书后,连续从事本职业工作5年以上。

(3)连续从事本职业工作7年以上。

(4)取得经劳动保障行政部门审核认定的、以中级技能为培养目标的中等以上职业学校本职业(专业)毕业证书,从事本职业工作1年以上。

(5)大专以上本专业或相关专业毕业生,从事本职业工作1年以上。

——高级(具备以下条件之一者)

(1)取得本职业中级职业资格证书后,连续从事本职业工作4年以上,经本职业高级正规培训达到规定标准学时数,并取得结业证书。

(2)取得本职业中级职业资格证书后,连续从事本职业工作7年以上。

(3)取得高级技工学校或经劳动保障行政部门审核认定的、以高级技能为培养目标的高等职业学校本职业(专业)毕业证书,连续从事本职业工作2年以上。

(4)大专以上本专业或相关专业毕业生,取得本职业中级职业资格证书后,连续从事本职业工作2年以上。

——技师(具备以下条件之一者)

(1)取得本职业高级职业资格证书后,连续从事本职业工作3年以上,经本职业技师正规培训达到规定标准学时数,并取得结业证书。

(2)取得本职业高级职业资格证书后,连续从事本职业工作5年以上。

(3)大专以上本专业或相关专业毕业生,取得本职业高级职业资格证书后,连续从事本职业工作4年以上。

——高级技师(具备以下条件之一者)

(1)取得本职业技师职业资格证书后,连续从事本职业工作3年以上,经本职业高级技师正规培训达到规定标准学时数,并取得结业证书。

(2)取得本职业技师职业资格证书后,连续从事本职业工作5年以上。

1.9 工作内容概述

(1)操作主风机、增压机组、催化裂化反应器、再生器及相关设备,裂化原料、再生催化剂,添加与回收催化剂。

(2)操作分馏塔、气压机、吸收塔、解吸塔、稳定塔及相关设备,切割分离出产品。

(3)操作烟气轮机、余热锅炉(或CO锅炉)、专用蒸汽发生器(或取热器)、低温热回收及相关设备,平衡(回收)热量。

(4)操作仪表及自动控制系统,进行必要的开工、停工和事故判断及应急处理,保持安全、环保、连续生产。

2. 基本要求

2.1 职业道德

(1)遵规守纪,按章操作;
(2)爱岗敬业,忠于职守;
(3)认真负责,确保安全;
(4)刻苦学习,不断进取;
(5)团结协作,尊师爱徒;
(6)谦虚谨慎,文明生产;
(7)勤奋踏实,诚实守信;
(8)厉行节约,降本增效。

2.2 基础知识

2.2.1 原油及产品基础知识
(1)原油基础知识。
(2)催化裂化的原料。
(3)催化裂化的产品。
(4)催化裂化催化剂。

2.2.2 化学基础知识
(1)无机化学基础知识。
(2)有机化学基础知识。

2.2.3 化工原理基础知识
(1)流体流动与输送。
(2)传热。
(3)传质。

2.2.4 识图与制图

(1)投影的基本原理。

(2)机械制图基础知识。

(3)工艺流程图基础知识。

(4)PID 图的绘制。

2.2.5 炼油设备基础知识

(1)常用材料。

(2)常用设备。

(3)设备的润滑与维护。

2.2.6 仪表及自动控制基础知识

(1)仪表分类和控制的概念。

(2)常规仪表、DCS 的基础知识。

(3)联锁和机组控制仪表的基础知识。

2.2.7 安全、环保基础知识

(1)法律法规。

(2)HSE 管理基础知识。

(3)危险作业管理。

(4)防火防爆及危险化学品基础知识。

(5)职业卫生与劳动保护。

(6)环境保护。

2.2.8 计算

(1)计量单位及其换算。

(2)催化裂化的相关计算。

(3)装置成本、物耗与能耗计算。

2.2.9 电工基础知识

(1)电路知识。

(2)电路计算。

3. 工作要求

本标准对初级、中级、高级、技师、高级技师的要求依次递进,高级别包括低级别的要求。

3.1 初级

工作内容	技能要求	相关知识
(一)开车准备	1.能使用装置配备的各类安全防护器材; 2.能投用蒸汽伴热线; 3.能完成催化剂罐的检尺操作	1.安技装备的使用; 2.现场急救知识; 3.消防、气防知识; 4.消防、气防报警程序; 5.硫化氢、可燃气体报警仪操作说明; 6.催化剂罐检尺

续表

工作内容	技能要求	相关知识
(二)开车操作	1. 能操作抽真空设施和充压设施; 2. 能按要求加入各类助剂; 3. 能协助完成催化剂大型装、卸操作; 4. 能完成简单的开工引油操作; 5. 能完成设备安全附件的投用工作; 6. 能完成简单设备的投用工作; 7. 能完成热工系统汽包的收水操作	1. 催化剂罐充压、抽真空步骤; 2. 助剂加入要求; 3. 催化剂采样注意事项; 4. 分馏、稳定系统循环流程; 5. 液位计、安全阀、压力表等的使用知识; 6. 液位计、界位计测量原理; 7. 开工引油、充瓦斯的方法; 8. 换热器的投用方法; 9. 汽包给水流程; 10. 除氧原理
(三)正常操作	1. 能规范填写相关记录; 2. 能完成日常的巡回检查; 3. 能改控制阀副线; 4. 能完成排污、脱水等操作; 5. 能完成催化剂的采样操作; 6. 能完成各类助剂的加入工作; 7. 能完成锅炉系统的日常工作; 8. 能完成动火监护	1. 不同型号阀门结构、性能、特点; 2. 助燃剂、钝化剂、阻垢剂的性质与作用; 3. 催化剂采样方法; 4. 锅炉炉水质量控制知识
(四)停车操作	1. 能完成卸剂工作; 2. 能停运简单动、静设备; 3. 能按指令停运伴热系统	1. 催化剂卸剂方法; 2. 换热器的使用方法
(五)设备使用与维护	1. 能完成设备的维护检查; 2. 能按指令投用简单的设备; 3. 能开、停、切换离心泵往复泵等简单动设备; 4. 能完成机、泵的盘车操作; 5. 能完成热油泵的预热	1. 单向阀、安全阀的知识; 2. 膨胀节、水封罐的使用; 3. 压力容器的使用方法; 4. 泵的类型结构、原理、性能; 5. 机泵的操作方法; 6. 机泵预热要点; 7. 往复泵的操作方法
(六)事故判断与处理	1. 能发现主要运行设备超温、超压、等异常现象; 2. 能处理简单的设备故障; 3. 能判断、处理汽包满水、缺水; 4. 能对机泵故障做出判断和处理; 5. 能对换热设备的泄漏作出判断和处理	1. 设备运行参数; 2. 巡检内容及制度; 3. 汽包满水、缺水处理; 4. 锅炉腐蚀预防; 5. 机泵常见故障判断方法

3.2 中级

工作内容	技能要求	相关知识
(一)开车准备	1. 能引水、汽、风等介质进装置; 2. 能看懂化验单内容	1. 装置工艺流程; 2. 引蒸汽操作; 3. 质量分析单内容
(二)开车操作	1. 能完成气密吹扫工作; 2. 能完成辅助燃烧室点火及调节辅助燃烧室炉温工作; 3. 能完成装卸催化剂和转剂操作; 4. 能按指令完成开工阶段的流程改动; 5. 能开启增压机	1. 反再主要设备的作用; 2. 反再试密的方法; 3. 辅助燃烧室的操作; 4. 燃烧油的使用; 5. 催化剂转剂操作方法; 6. 装置开车吹扫、气密方案; 7. 分馏、稳定系统循环流程; 8. 稳定系统各参数的影响; 9. 增压机的操作

续表

工作内容	技能要求	相关知识
（三）正常操作	1. 能完成投用急冷介质操作； 2. 能操作取热设施； 3. 会调节控制塔、容器液位、压力； 4. 能调节主要产品质量； 5. 能完成外送油品出装置操作	1. 终止剂的使用； 2. 取热器的使用； 3. 分馏塔底液位的控制； 4. 回流的作用； 5. 主要产品的质量控制； 6. 工艺指标； 7. 外送油品的注意事项
（四）停车操作	1. 能完成降温降量操作； 2. 能停用大型转动设备； 3. 能置换、退净设备、管道内的物料并完成吹扫工作	1. 反应降温降量的原则及相关调整； 2. 增压机停用； 3. 设备吹扫方法
（五）设备使用与维护	1. 能使用特殊阀门； 2. 了解主要设备的维护； 3. 能添加和更换润滑油、润滑脂	1. 特殊阀门操作法； 2. 分馏塔的特点； 3. 润滑油管理制度； 4. 机泵的润滑知识
（六）事故判断与处理	1. 能判断和处理原料带水事故； 2. 能判断和处理二次燃烧事故事故； 3. 能判断和处理取热设备的故障； 4. 能判断和处理冲塔事故； 5. 能按指令处理油浆系统泄漏、着火等事故； 6. 能判断和处理油气分离器液位过高事故； 7. 能按指令处理液态烃泄漏、着火等事故； 8. 能判断和处理干气带液事故； 9. 会增压机停机后的处置； 10. 会滑阀故障的判断和相关处理的操作； 11. 会处理主要机泵抽空事故	1. 原料带水和二次燃烧处理； 2. 取热设施的故障处理； 3. 精馏的条件； 4. 油气分离器的操作； 5. 油浆、液态烃泄漏的处理； 6. 干气带液处理； 7. 增压风中断处理； 8. 特殊阀门故障处理； 9. 主要机泵抽空后操作调整
（七）绘图	1. 能识阅标准化零部件； 2. 会阅读管道轴测图； 3. 能绘制装置工艺流程图	标准化零部件

3.3 高级

工作内容	技能要求	相关知识
（一）开车准备	1. 能完成装置开车吹扫、打靶等操作； 2. 能完成汽轮机启动前的准备工作	1. 吹扫打靶操作； 2. 汽轮机的作用及原理； 3. 汽轮机调速系统原理； 4. 汽轮机的静、动态试验； 5. 推力轴承及径向轴承
（二）开车操作	1. 能完成拆装大盲板和切换汽封； 2. 能完成提升管喷油操作； 3. 能完成锅炉系统的启用和并汽工作； 4. 能完成气压机组油运及开机操作	1. 切换汽封要求； 2. 喷油操作； 3. 余热炉操作法； 4. 机组润滑知识； 5. 汽轮机水击； 6. 气压机组开机步骤
（三）正常操作	1. 能完成反再系统的控制操作； 2. 能调节 P、I、D 参数； 3. 能完成汽轮机带负荷清洗操作	1. 反应压力、藏量的控制； 2. 各类催化裂化装置的特点； 3. 再生温度、压力、氧含量的控制； 4. DCS 操作知识； 5. 汽轮机带负荷清洗

续表

工作内容	技能要求	相关知识
（四）停车操作	1.能完成切断进料后的处理操作； 2.能完成分馏塔水洗操作； 3.能完成停工后分馏系统的检查工作； 4.能完成气压机组正常停机操作； 5.能完成防硫化亚铁自燃的钝化操作	1.反应切断进料操作； 2.分馏、稳定系统顶水、水洗操作； 3.分馏系统主要设备的作用； 4.气压机停机步骤及注意事项； 5.硫化亚铁钝化原理
（五）设备使用与维护	1.能操作气压机组； 2.能配合验收检修后动、静设备	1.再生分布器的作用； 2.换热设备故障处理； 3.设备密封知识； 4.气压机、构造及操作说明
（六）事故判断与处理	1.能判断及处理各类仪表故障； 2.能处理反再温度、压力大幅波动事故； 3.能处理原料中断事故； 4.能处理催化剂带油及炭堆事故； 5.能处理油浆循环中断事故； 6.能分析及处理油浆固体含量高事故； 7.能判断及处理气压机组故障	1.DCS故障处理； 2.反应温度、压力波动处理； 3.催化剂带油、炭堆处理； 4.装置事故处理预案； 5.油浆循环故障处理； 6.气压机机组故障产生原因及处理
（七）计算	1.掌握机泵的相关计算； 2.掌握传质、传热的相关计算	1.机泵的计算； 2.传质、传热的计算； 3.平均沸点的计算

3.4 技师

工作内容	技能要求	相关知识
（一）开车准备	1.能完成开车前的准备工作； 2.能完成开车前的主要设备检查； 3.能完成主风机开机前的检查确认工作； 4.能参与装置开车条件的确认工作	1.装置开工前准备工作； 2.开工前仪表、调节阀的检查； 3.开工前的设备检查； 4.旋分器的结构、工作原理及效率； 5.主风机的组成； 6.临界转速； 7.安全环保的有关制度
（二）开车操作	能组织开启主风机、烟机	1.大型机组开机操作法； 2.烟机的作用
（三）正常操作	1.能掌握反再系统三大平衡的控制方法； 2.掌握催化剂烧焦的方法； 3.掌握再生烟气主要污染物的控制方法； 4.掌握提高吸收效果的控制方法； 5.掌握先进控制系统的控制； 6.能投用复杂控制系统	1.反再系统的三大平衡； 2.催化剂的再生技术； 3.大气污染物； 4.气体吸收； 5.APC（先进过程控制）基本知识； 6.复杂控制回路及投用方法
（四）停车操作	1.能组织停运烟机、主风机； 2.能组织紧急切断进料后的操作； 3.能组织停工后的安全防护工作； 4.能按进度组织完成停车盲板的拆装工作	1.烟机停机原因； 2.主风机组停机方法； 3.装置紧急停车方案； 4.系统隔离注意事项； 5.停工安全及设备保护注意事项
（五）设备使用与维护	1.能对大型机组的重要参数进行监控分析并优化运行； 2.能根据设备运行中存在的问题提出大、中修项目及改进措施，并参与编制设备大修计划； 3.能参与制定设备维护保养制度	1.大型机组结构及维护； 2.主风机组喘振、阻塞、旋转失速； 3.烟气轮机的运行检查； 4.烟气轮机轮盘冷却蒸汽和密封蒸汽

续表

工作内容	技能要求	相关知识
（六）事故判断与处理	1. 能判断复杂事故； 2. 能在紧急情况下采取果断措施，防止事故扩大； 3. 能指挥处理严重超温、超压、催化剂倒窜等复杂事故； 4. 能组织处理装置停水、电、气、风等事故	1. 催化裂化联锁逻辑； 2. 主风逆流； 3. 催化剂倒流及"架桥"； 4. 主风联锁动作事故预案； 5. 公用工程系统故障
（七）计算	1. 掌握装置生产数据的计算； 2. 掌握三大平衡计算； 3. 会理论塔板数的计算； 4. 掌握催化机组的相关计算	1. 提升管计算方法； 2. 两器压力平衡计算方法； 3. 理论塔板数和板效率计算方法； 4. 气液平衡计算方法； 5. 精馏计算方法； 6. 机组计算方法

3.5 高级技师

工作内容	技能要求	相关知识
（一）开车准备	1. 能参与建设装置工艺方案的选择； 2. 能提出装置优化方案； 3. 能组织"三查四定"工作	1. 催化裂化工艺方案类型； 2. 催化剂重金属污染的原理； 3. 氮化物、硫化物的影响； 4. 吸收稳定系统塔盘数的选择； 5. "三查四定"及"中交"； 6. 设备验收知识
（二）开车操作	1. 能指挥装置开车操作； 2. 能制定装置开工过程中防止结焦的措施	1. 装置试车、开车方案； 2. 开工过程中结焦的预防
（三）正常操作	1. 能对生产工况进行指导优化； 2. 能优化操作工况，降低装置物耗、能耗； 3. 能独立处理和解决技术难题	1. 催化裂化反应及热裂化反应； 2. 装置操作优化及合理用能； 3. 新型催化工艺的定义及特点； 4. 正常生产中结焦的预防； 5. 装置污水处理； 6. 安全环保的有关制度
（四）停车操作	1. 能组织装置的停车工作； 2. 能组织主风机组的紧急停机工作； 3. 能控制并降低停车过程中的噪声	1. 停车方案； 2. 主风机组紧急停机； 3. 紧急停车系统原理及操作法； 4. 噪声的防治
（五）设备使用与维护	1. 能根据原料和工艺条件的变化提出装置防腐措施； 2. 能组织主风机组的切换工作； 3. 能分析各类设备的使用情况并提出操作改进意见	1. 各类设备腐蚀机理及防腐措施设备验收标准； 2. 主风机组切换步骤； 3. 分馏塔结盐及水洗
（六）事故判断与处理	1. 能判断并处理工艺、设备等疑难故障； 2. 能对国内外同类装置的事故原因进行分析； 3. 能指挥处理分馏塔板结盐、提升管噎塞等各类事故； 4. 能组织事故应急预案的演练； 5. 能针对装置发生的各类事故，分析原因，提出预防措施	1. 催化剂跑损； 2. 提升管噎塞； 3. 返混； 4. 提升管反应的特点； 5. 冲塔； 6. 油膜振荡

续表

工作内容	技能要求	相关知识
(七)管理	1. 掌握安全管理内容； 2. 掌握质量管理内容； 3. 能组织班组经济核算	1. 安全管理知识； 2. 质量管理知识； 3. 经济核算知识

4. 比重表

4.1 理论知识

	项目	初级(%)	中级(%)	高级(%)	技师(%)	高级技师(%)
基本要求	基础知识	25	22	12	15	10
相关知识	开车准备	8	3	10	12	23
	开车操作	11	14	19	7	4
	正常操作	20	22	18	21	34
	停车操作	4	6	11	9	3
	设备使用与维护	20	7	4	11	5
	事故判断与处理	12	25	24	19	15
	绘图	0	1	0	0	0
	计算	0	0	2	6	0
	管理	0	0	0	0	6
	合计	100	100	100	100	100

4.2 技能操作

	项目	初级(%)	中级(%)	高级(%)	技师(%)	高级技师(%)
技能要求	开车准备	15	5	5	10	20
	开车操作	20	20	20	5	10
	正常操作	20	15	20	20	30
	停车操作	10	5	10	20	10
	设备使用与维护	20	10	10	15	10
	事故判断与处理	15	40	30	25	20
	绘图	0	5	0	0	0
	计算	0	0	5	5	0
	合计	100	100	100	100	100

附录2　初级工理论知识鉴定要素细目表

行为领域	代码	鉴定范围	鉴定比重(%)	代码	鉴定点	重要程度	备注
基础知识 A 24%	A	原油及产品基础知识	2	001	原油的元素组成	X	
				002	原油的化合物组成	X	
				003	原油的分类	X	
				004	原油的物理性质	X	
	B	化学基础知识	3	001	物理性质的概念	X	
				002	化学性质的概念	Y	
				003	元素化合价的概念	X	
				004	理想气体状态方程	Y	
				005	分子的概念	Y	
				006	氧化剂的概念	X	
				007	还原剂的概念	X	
	C	炼油化工基础知识	3	001	流体密度的概念	Y	
				002	流量的概念	Y	
				003	流速的概念	Y	
				004	传热的基本形式	Y	
				005	传质的概念	Y	
				006	蒸馏的概念	X	
	D	制图与识图	1	001	投影方法的分类	Y	
				002	三视图的表达方法	Y	
				003	三视图的投影规律	Y	
	E	炼油设备基础知识	5	001	阀门的分类	X	
				002	阀门操作的注意事项	X	上岗要求
				003	换热器的种类	X	
				004	压力管道的概念	Z	
				005	压力容器的分类	Y	
				006	泵的分类	X	上岗要求
				007	离心泵的工作原理	X	
				008	往复泵的结构	Y	
				009	润滑的作用	Y	
				010	润滑油的"三级过滤"	X	上岗要求
	F	仪表及自动控制基础知识	1	001	常用控制阀的分类	X	
	G	安全环保基础知识	4	001	入厂三级安全教育的内容	X	上岗要求
				002	禁止动火的情况	X	上岗要求

续表

行为领域	代码	鉴定范围	鉴定比重(%)	代码	鉴定点	重要程度	备注
基础知识 A 24%	G	安全环保基础知识	4	003	燃烧的基本条件	X	
				004	预防 H_2S 中毒的措施	X	上岗要求
				005	灭火的基本原理	X	
				006	气体防护设施和器材	X	上岗要求
				007	劳动防护用品的分类	X	
				008	职业病的概念	Y	
				009	职业病的种类	X	
	H	计算	3	001	质量的相关计算	Y	
				002	压力的定义及特点	X	
				003	流量的计算	Y	
				004	平均相对分子质量的计算	Z	
				005	质量分数的计算	Y	
				006	摩尔分数的计算	Y	
				007	质量分数与摩尔分数的换算	Z	
	I	电工基础知识	2	001	直流电的概念	X	
				002	交流电的概念	Y	
				003	电压的概念	Y	
				004	电阻的概念	Y	
工艺操作 B 76%	A	开车准备	8	001	灭火器的类型	Y	
				002	灭火器的选用	X	上岗要求
				003	拨打火警电话要点	X	
				004	手提式干粉灭火器的使用方法	X	上岗要求
				005	过滤式防毒面具的使用方法	X	上岗要求
				006	正压式空气呼吸器的使用方法	X	上岗要求
				007	可燃气体报警仪的使用方法	X	上岗要求
				008	接点温度计的使用方法	Z	
				009	热电偶测温度的原理	Y	
				010	硫化氢报警仪的使用方法	X	上岗要求
				011	现场急救处置方法	Y	上岗要求
				012	心肺复苏的操作步骤	X	上岗要求
				013	安全电压的定义	X	
				014	触电的急救方法	X	
				015	疏水器的作用	X	
				016	蒸汽伴热线投用	X	
				017	催化剂罐检尺操作方法	X	上岗要求

续表

行为领域	代码	鉴定范围	鉴定比重(%)	代码	鉴定点	重要程度	备注
工艺操作 B 76%	B	开车操作	10	001	催化剂大型加剂的方法	X	上岗要求
				002	催化剂大型加剂的注意事项	X	
				003	汽包收水的操作方法	Y	上岗要求
				004	汽包收水的注意事项	Y	
				005	开工时分馏顶循环回流充汽油的目的	X	
				006	顶循环回流充汽油的注意事项	Y	
				007	分馏一中段充柴油的注意事项	X	
				008	吸收稳定系统充瓦斯的方法	X	
				009	吸收稳定系统充瓦斯的注意事项	X	
				010	吸收稳定系统开工前引油的注意事项	Y	
				011	判断液位计失灵的方法	X	
				012	液位计的使用方法	X	上岗要求
				013	选用压力表的要求	X	
				014	压力表的安装要求	X	
				015	压力表的投用方法	X	上岗要求
				016	压力表的更换方法	X	上岗要求
				017	装置常用换热器的种类	X	
				018	换热器投用操作	X	
				019	换热器投用的注意事项	X	
				020	重沸器的类型及优缺点	Y	
				021	重沸器投用方法	X	
				022	除氧器的工作原理	X	
	C	正常操作	21	001	交接班的"十交、五不接"	Y	
				002	差压式流量计的原理	Z	
				003	压力表的巡检内容	X	
				004	控制阀改副线操作要点	X	上岗要求
				005	截止阀的结构	X	
				006	截止阀的特点	Y	
				007	截止阀的型号	Z	
				008	调节的正反作用	X	
				009	角阀的特点	X	
				010	调节阀门开度的注意事项	X	
				011	分液罐脱水的操作方法	X	
				012	催化剂采样的注意事项	X	上岗要求
				013	CO 助燃剂的反应机理	Y	
				014	CO 助燃剂的使用效果	X	

续表

行为领域	代码	鉴定范围	鉴定比重(%)	代码	鉴定点	重要程度	备注
工艺操作 B 76%	C	正常操作	21	015	CO助燃剂的分类	X	
				016	CO助燃剂的使用方法	X	上岗要求
				017	催化剂重金属污染的原理	X	
				018	金属钝化剂的作用	X	
				019	金属钝化剂的种类	X	
				020	金属钝化剂的技术要求	X	
				021	影响金属钝化剂效果的因素	X	
				022	金属钝化剂的使用方法	Y	
				023	金属钝化剂注入点的确定方法	Z	
				024	金属钝化剂的加注方法	X	上岗要求
				025	金属钝化剂使用的注意事项	X	
				026	油浆防垢剂的作用	X	
				027	油浆防垢剂的配置方法	X	
				028	油浆防垢剂的使用方法	X	上岗要求
				029	余热锅炉加药目的	X	
				030	磷酸三钠的作用	X	
				031	含盐量对锅炉运行的影响	X	
				032	给水碱度对锅炉运行的影响	Y	
				033	pH值对锅炉运行的影响	X	
				034	暂时硬度和永久硬度的区别	Y	
				035	给水硬度对锅炉运行的影响	Y	
				036	锅炉腐蚀的原因	X	
				037	汽水共沸的现象	X	
				038	汽水共沸的危害	Y	
				039	汽水共沸的处理方法	X	上岗要求
				040	锅炉加药的操作方法	X	上岗要求
				041	余热锅炉蒸汽除灰的方法	X	
				042	动火监护检查内容	X	上岗要求
	D	停车操作	4	001	催化剂罐抽真空系统的工作原理	Y	
				002	生产过程中再生器卸剂操作	X	上岗要求
				003	停工卸催化剂的操作	X	
				004	油浆蒸汽发生器的停用步骤	X	
				005	换热器的巡检内容	X	
				006	换热器的停用方法	X	
				007	换热器停用的注意事项	X	
				008	重沸器的停用步骤	X	

续表

行为领域	代码	鉴定范围	鉴定比重(%)	代码	鉴定点	重要程度	备注
工艺操作 B 76%	E	设备使用与维护	21	001	主风机出口单向阀的作用	X	
				002	单向阀的检查内容	Y	
				003	安全阀的原理	Z	
				004	安全阀的作用	Y	
				005	安全阀的分类	X	
				006	安全阀的投用方法	Y	上岗要求
				007	安全阀的巡检内容	X	
				008	安全阀泄漏的判断方法	X	
				009	安全阀起跳的判断方法	Y	
				010	膨胀节的分类	X	
				011	水封罐的作用	X	
				012	压力容器的定义	Y	
				013	压力容器的破坏形式	Z	
				014	压力容器的安全泄压装置	X	
				015	气压机中间冷却器的作用	X	
				016	机泵的巡检内容	X	上岗要求
				017	润滑油质量对泵轴承的影响	X	
				018	机泵密封的类型	X	
				019	离心泵机械密封泄漏的原因	Y	
				020	泵盘不动车的原因及处理	X	
				021	离心泵的流量	X	
				022	离心泵的扬程	X	
				023	离心泵的功率	X	
				024	离心泵的效率	Y	
				025	离心泵特性曲线的含义	X	
				026	离心泵主要性能参数之间的关系	X	
				027	离心泵启动前的准备工作	X	上岗要求
				028	离心泵的启动方法	X	上岗要求
				029	离心泵启动操作的注意事项	X	上岗要求
				030	变频调速的优缺点	X	
				031	变频机泵的切换方法	X	
				032	离心泵的切换方法	X	上岗要求
				033	机泵电动机温度偏高的原因	Y	
				034	机泵轴承温度偏高的原因	X	
				035	机泵轴承温度偏高的处理方法	X	
				036	热油泵预热的原因	X	

续表

行为领域	代码	鉴定范围	鉴定比重(%)	代码	鉴定点	重要程度	备注
工艺操作 B 76%	E	设备使用与维护	21	037	热油泵密封泄漏的原因	X	
				038	封油的作用	X	
				039	蒸汽往复泵的分类	Y	
				040	蒸汽往复泵的特性	Y	
				041	蒸汽往复泵的使用方法	Y	
	F	事故判断与处理	12	001	设备现场温度压力检查	X	上岗要求
				002	容器的巡检内容	X	上岗要求
				003	塔器的巡检内容	X	上岗要求
				004	反再系统超温超压的处理方法	X	
				005	催化剂小型加料不畅处理方法	X	上岗要求
				006	停工业风的影响	X	
				007	汽包液面校对方法	X	
				008	蒸汽管道内水冲击的预防措施	Y	
				009	锅炉汽包满水的现象	X	
				010	锅炉汽包满水的处理方法	X	
				011	锅炉汽包缺水的危害	X	
				012	锅炉汽包缺水的现象	X	
				013	锅炉汽包缺水的处理方法	X	
				014	锅炉露点腐蚀产生的原因	X	
				015	锅炉露点腐蚀的预防措施	X	
				016	减少省煤器腐蚀的方法	X	
				017	机泵电流超高的原因	X	
				018	机泵耗功大的原因	X	
				019	机泵振动大的现象	X	
				020	机泵振动大的原因	X	
				021	离心泵的汽蚀现象	X	
				022	离心泵的汽蚀危害	X	
				023	机泵抽空的处理方法	X	上岗要求
				024	管壳式换热器的特点	Z	

附录3　初级工操作技能鉴定要素细目表

行为领域	代码	鉴定范围	鉴定比重	代码	鉴定点	重要程度
操作技能 A 100%	A	开车准备	15%	001	过滤式防毒面具的使用	Y
				002	正压式空气呼吸器使用	X
				003	烧烫伤及中毒现场处置	X
	B	开车操作	20%	001	催化剂大型加料操作	X
				002	吸收稳定系统引瓦斯充压操作	X
				003	压力表投用操作	Y
				004	换热器投用操作	X
	C	正常操作	20%	001	调节阀改副线操作	X
				002	锅炉加药操作	X
				003	余热锅炉蒸汽除灰的操作	X
				004	动火监护检查	X
	D	停车操作	10%	001	换热器的停用操作	X
				002	停用蒸汽伴热线操作	Z
	E	设备使用与维护	20%	001	安全阀的投用	X
				002	膨胀节的检查	X
				003	水封罐的投用	Z
				004	离心泵切换操作	X
	F	事故判断与处理	15%	001	再生系统超温、超压处理	X
				002	调节阀失灵判断	X
				003	锅炉汽包缺水处理	X

附录4　中级工理论知识鉴定要素细目表

行为领域	代码	鉴定范围	鉴定比重(%)	代码	鉴定点	重要程度
基础知识 A 20%	A	原油及产品基础知识	3	001	恩氏蒸馏的概念	Y
				002	油品的自燃点	Y
				003	油品的黏度	Y
				004	催化裂化的原料来源	X
				005	干气的组成	Y
				006	辛烷值的表示方法	X
				007	C_4对汽油蒸气压的影响	X
				008	催化裂化轻柴油的特点	X
	B	化学基础知识	4	001	化学反应类型	Y
				002	压力对化学反应速率的影响	Z
				003	化学平衡移动的影响因素	Y
				004	化学平衡常数的概念	Z
				005	溶解度的概念	Z
				006	硫化氢的性质	X
				007	一氧化碳的性质	X
				008	氢气的性质	X
				009	有机化合物的分类	Z
				010	烯烃的性质	X
	C	炼油化工基础知识	3	001	流体静力学方程式	Y
				002	伯努利方程式	Y
				003	雷诺数的应用	Y
				004	实现精馏的必要条件	Y
				005	温度对精馏操作的影响	X
				006	气体吸收的概念	Y
				007	吸收过程的气液相平衡	Z
	D	制图与识图	7	001	标题栏的概念	Z
				002	制图时尺寸标注的注意事项	Z
				003	零件图的内容	Z
				004	化工设备图的内容	Y
				005	化工设备图的绘制	Y
				006	管道布置图的内容	Z
				007	工艺流程图的概念	Y
				008	工艺流程图的表示方法	Y
				009	工艺流程图中仪表位号的表示方法	Y
				010	仪表控制点的符号	Y

续表

行为领域	代码	鉴定范围	鉴定比重(%)	代码	鉴定点	重要程度
基础知识 A 20%	D	制图与识图	7	011	工艺流程图的绘制	X
				012	PID图的内容	Y
				013	PID图的标注画法	Y
				014	PID图管道图例	Y
	E	炼油设备基础知识	1	001	板式塔的工作原理	Y
				002	填料塔的工作原理	X
				003	反应器再生器内构件及其作用	X
	H	计算	1	001	回炼比大小对催化裂化操作的影响	X
				002	回流比、最小回流比的计算	Y
	I	电工基础知识	1	001	交流电的相关参数	Z
工艺操作 B 80%	A	开车准备	3	001	引循环水的操作方法	X
				002	引循环水的注意事项	X
				003	水蒸气的特性	Y
				004	蒸汽三阀组的使用方法	Y
				005	引蒸汽的注意事项	X
				006	汽油分析单内容	X
				007	柴油分析单内容	X
	B	开车操作	14	001	料腿的作用	Y
				002	提升管出口快速分离器的作用	X
				003	临界喷嘴的作用	X
				004	降压孔板的作用	X
				005	反再系统气密吹扫的方法	X
				006	反再系统气密试验	X
				007	辅助燃烧室一次风、二次风的作用	X
				008	辅助燃烧室炉温调节的方法	X
				009	辅助燃烧室点火的操作方法	X
				010	再生器衬里的作用	X
				011	再生器衬里烘干的目的	X
				012	再生器喷燃烧油的作用	X
				013	再生器喷燃烧油的操作方法	X
				014	再生器喷燃烧油的注意事项	X
				015	催化剂转剂的操作方法	X
				016	催化剂转剂的注意事项	X
				017	分馏系统气密吹扫操作的方法	Y
				018	稳定蒸汽吹扫贯通试压	Y
				019	开工时建立开路大循环的目的	X

续表

行为领域	代码	鉴定范围	鉴定比重(%)	代码	鉴定点	重要程度
工艺操作 B 80%	B	开车操作	14	020	分馏建立三路循环操作方法	X
				021	建立稳定三塔循环操作方法	X
				022	轻柴油质量的调整	X
				023	开工过程中分馏系统的操作	X
				024	吸收塔温度的影响因素	Y
				025	解吸塔温度的影响因素	Y
				026	吸收塔和解吸塔气、液相负荷的影响因素	Y
				027	开工过程中稳定系统的操作	X
				028	增压机开机前准备工作	X
				029	增压机开机步骤	X
	C	正常操作	23	001	反应器喷汽油降温的原因	X
				002	提升管底部喷汽油的利弊	X
				003	终止剂的使用	Y
				004	提升管喷汽油的操作方法	X
				005	喷汽油操作的注意事项	X
				006	外取热器正常操作	Y
				007	外取热器操作的注意事项	X
				008	分馏塔底液面波动的危害	X
				009	分馏塔底液面影响因素	X
				010	分馏塔底液面猛涨的处理	X
				011	分馏塔底液位控制的方法	X
				012	冷回流的定义	X
				013	冷回流的作用	X
				014	分馏塔回流的作用	X
				015	冷回流带水的处理	X
				016	启用分馏塔顶冷回流的注意事项	X
				017	初馏点和终馏点	X
				018	汽油的使用性能	X
				019	汽油蒸气压对辛烷值的影响	X
				020	控制汽油蒸气压的目的	X
				021	汽油蒸气压的影响因素	X
				022	汽油收率控制的方法	X
				023	汽油干点的控制方法	X
				024	汽油蒸气压的控制方法	X
				025	柴油的使用性能指标	Y
				026	柴油使用性能与组成的关系	X
				027	优化分馏塔操作,提高柴油收率的方法	X
				028	柴油质量的影响因素	X

续表

行为领域	代码	鉴定范围	鉴定比重(%)	代码	鉴定点	重要程度
工艺操作 B 80%	C	正常操作	23	029	轻柴油凝点的控制方法	X
				030	柴油闪点的控制方法	X
				031	催化气体产品的特点	X
				032	液态烃含 C_5 的危害	X
				033	稳定塔回流比对液态烃质量的影响	X
				034	液态烃 C_5 组分含量的影响因素	X
				035	液态烃中 C_2 组分含量的影响因素	X
				036	液态烃中 C_2 组分的控制方法	X
				037	影响干气中 C_3 组分的因素	X
				038	吸收剂选择的原则	X
				039	吸收与解吸的关系	X
				040	吸收解吸高压条件下操作的原因	X
				041	干气中 C_3 组分的控制方法	X
				042	稳定塔顶压力控制方案	X
				043	稳定塔采用高压操作的原因	X
				044	影响稳定塔压力调节的因素	X
				045	稳定塔压力的调节方法	X
				046	油品突沸的定义及危害	X
				047	外送油品出装置的注意事项	X
	D	停车操作	6	001	降量操作的原则	X
				002	反应降量的步骤	X
				003	反应降量的注意事项	X
				004	分馏系统对反应系统的影响	X
				005	反应降量稳定系统相关操作	Y
				006	反应降量分馏系统相关操作	Y
				007	反应降量时分馏系统操作注意事项	Y
				008	增压机停机条件	X
				009	增压机正常停机的方法	X
				010	设备吹扫注意事项	Y
				011	泵的吹扫方法	Y
				012	管线吹扫方法	Y
				013	分馏塔吹扫方法	X
	E	设备使用与维护	7	001	特殊阀门的种类	Y
				002	塞阀的结构	Y
				003	电液执行机构与气动执行机构的比较	Y
				004	电液滑阀故障处理	X

续表

行为领域	代码	鉴定范围	鉴定比重(%)	代码	鉴定点	重要程度
	E	设备使用与维护	7	005	蝶阀的工作原理	Y
				006	填料塔的特点	X
				007	板式塔的常用塔型及特点	X
				008	催化裂化分馏塔的特点	X
				009	催化裂化分馏塔与其他分馏塔的区别	X
				010	汽提塔与分馏塔的区别	Y
				011	润滑油的作用	X
				012	润滑油的加油"五定"	Y
				013	油品的黏温性能	Y
				014	润滑油的选用原则	Y
				015	润滑油更换的操作方法	Y
工艺操作 B 80%	F	事故判断与处理	26	001	原料油带水的现象	Y
				002	原料油带水的处理方法	X
				003	完全再生二次燃烧的现象	X
				004	完全再生二次燃烧的原因	X
				005	内、外取热器的定义	X
				006	内取热器的优缺点	X
				007	内取热管破坏的特点	X
				008	防止内取热管束破坏的方法	X
				009	取热器漏水的现象	X
				010	外取热器的优缺点	X
				011	取热器设置的原因	X
				012	取热方式的选择	X
				013	再生器取热设施的特点	Y
				014	取热器漏水的原因	X
				015	外取热器管束内漏的判断及处理方法	X
				016	外取热汽包干锅的处理	X
				017	中段回流的作用	X
				018	催化裂化分馏塔采用较多循环回流的原因	X
				019	精馏过程的基本条件	Y
				020	分馏塔冲塔现象及危害	X
				021	分馏塔冲塔的原因	X
				022	油浆管线泄漏的处理	X
				023	分馏塔顶油气分离器的界面控制	X
				024	分馏塔顶油气分离器油气液面的影响因素	X
				025	分馏塔顶油气分离器液面暴涨的原因	X
				026	分馏塔顶油气分离器液面暴涨的处理方法	X

续表

行为领域	代码	鉴定范围	鉴定比重(%)	代码	鉴定点	重要程度
工艺操作 B 80%	F	事故判断与处理	26	027	粗汽油中断的处理	X
				028	液态烃泵泄漏的处理方法	X
				029	液态烃管线泄漏的处理方法	X
				030	干气带凝缩油的危害	X
				031	干气带凝缩油的处理方法	X
				032	增压机低油压停机的处理方法	X
				033	增压风中断事故现象	X
				034	滑阀工作突然失灵的原因	X
				035	滑阀失灵的处理方法	X
				036	冷壁滑阀的结构	Y
				037	双动滑阀的作用	X
				038	分程控制系统的特点	Y
				039	原料油泵抽空的原因	X
				040	原料油泵抽空的处理方法	X
				041	开工时使油浆泵尽快上量的方法	X
				042	油浆泵抽空的原因	X
				043	油浆泵抽空的处理方法	X
				044	回炼油罐液面影响因素	X
				045	回炼油泵抽空的原因	X
				046	回炼油泵抽空的处理方法	X
				047	分馏一中回流的作用	X
				048	一中泵抽空的原因	X
				049	一中泵抽空的处理方法	X
				050	轻柴油泵抽空的原因	X
				051	轻柴油泵抽空的处理方法	X
				052	顶循回流泵抽空的原因	X
				053	顶循回流泵抽空的处理方法	X
	G	绘图	1	001	炼化设备图的标准化零部件	X

附录 5　中级工操作技能鉴定要素细目表

行为领域	代码	鉴定范围	鉴定比重	代码	鉴定点	重要程度
操作技能 A 100%	A	开车准备	5%	001	装置引循环水操作	Y
	B	开车操作	20%	001	两器气密吹扫操作	X
				002	辅助燃烧室点火操作	X
				003	催化剂转剂的操作	X
				004	分馏系统开工操作	X
	C	正常操作	15%	001	提升管喷汽油的操作	X
				002	外取热器正常操作	X
				003	稳定塔的压力控制	X
	D	停车操作	5%	001	反应降量操作	X
	E	设备使用与维护	10%	001	烟气轮机入口蝶阀的使用操作	X
				002	润滑油更换操作	X
	F	事故判断与处理	40%	001	外取热汽包干锅处理操作	X
				002	分馏塔中段回流中断处理	X
				003	油浆管线泄漏处理	X
				004	干气带凝缩油的处理	Y
				005	增压机低油压停机处理	X
				006	再生滑阀故障处理	X
				007	烟气轮机入口蝶阀故障处理	X
				008	顶循回流泵抽空的处理	X
	G	绘图与计算	5%	001	炼化设备图标准化零部件的阅读	X

附录6　高级工理论知识鉴定要素细目表

行为领域	代码	鉴定范围	鉴定比重(%)	代码	鉴定点	重要程度	备注
基础知识 A 12%	A	原油及产品基础知识	9	001	催化剂的物理组成	Y	
				002	新鲜催化剂的化学组成分析	Y	
				003	平衡催化剂的化学组成分析	Y	
				004	催化剂的活性	X	
				005	催化剂的选择性	X	
				006	催化剂的比表面积	Y	
				007	催化剂的污染指数	Y	JS
				008	催化剂的磨损指数	Y	
				009	催化剂的水热稳定性	Y	JD
				010	催化剂活性过高的危害	X	
				011	催化剂活性对汽油辛烷值的影响	X	
				012	催化剂活性对汽油烯烃含量的影响	X	
				013	催化剂的水热失活	Y	
				014	催化剂的再生	X	
	E	炼油设备基础知识	2	001	离心式压缩机的结构	X	
				002	离心式压缩机的工作原理	X	
				003	汽轮机的分类	Y	
				004	汽轮机的结构	Y	
	F	仪表及自动控制基础知识	1	001	常规仪表的分类	Y	
				002	集散控制系统的含义	Z	
工艺操作 B 88%	A	开车准备	10	001	吹扫打靶的验收标准	X	
				002	吹扫打靶的注意事项	Y	
				003	背压式汽轮机本体的主要结构	Y	
				004	汽轮机的工作原理	Y	
				005	汽轮机的主要特点	X	
				006	汽轮机几种功率的含义	Z	
				007	推力轴承的定义	Y	JD
				008	径向轴承的作用	Y	
				009	汽轮机的保护装置	Y	
				010	汽轮机速关阀的原理	Y	
				011	汽轮机调速系统的作用	X	
				012	汽轮机调速系统的要求	X	
				013	调速系统在空负荷下不能维持额定转速的原因	Y	
				014	汽轮机负荷小时调速汽门跳动、转速变化大的原因	Y	JD

续表

行为领域	代码	鉴定范围	鉴定比重(%)	代码	鉴定点	重要程度	备注
工艺操作 B 88%	A	开车准备	10	015	汽轮机静态试验项目	Y	
	B	开车操作	19	001	反应系统切换汽封操作	X	
				002	切换汽封时分馏的注意事项	X	
				003	装大盲板操作	X	
				004	大盲板拆卸的注意事项	X	
				005	喉管式进料喷嘴的工作原理	X	
				006	原料雾化蒸汽的作用	X	
				007	提升管喷油操作的注意事项	X	
				008	余热锅炉的作用	X	
				009	余热锅炉的结构	X	
				010	煮炉的步骤	Y	
				011	余热锅炉并汽操作	X	
				012	透平油的作用和质量要求	X	
				013	劣质透平油对机组运行的危害	X	
				014	机组润滑油温度的控制方法	X	
				015	油箱的容量及循环倍率的选取依据	Y	
				016	润滑油箱透油管的作用	X	
				017	高位油箱的作用	X	
				018	机组油路蓄能器的作用	X	
				019	汽轮机启动前暖机的原因	X	
				020	汽轮机启动前疏水的原因	X	JD
				021	汽轮机水冲击的危害	X	JD
				022	汽轮机水冲击的应急处理方法	X	
				023	机组盘车的目的	X	JD
				024	进汽温度过高或过低对汽轮机运行的影响	Y	
				025	进汽压力过高或过低对汽轮机运行的影响	Y	
				026	凝汽式汽轮机组开机条件	X	
				027	凝汽式汽轮机组开机注意事项	X	
				028	凝汽式汽轮机正常运行中主要监视的项目	X	
				029	汽轮机速暖升速时的注意事项	X	
				030	离心式气压机各部件的作用	Y	
				031	离心式气压机的保护装置	Y	
	C	正常操作	18	001	反应温度对催化裂化反应的影响	X	
				002	反应温度对汽油辛烷值的影响	X	JD
				003	反应温度对汽油烯烃含量的影响	X	

续表

行为领域	代码	鉴定范围	鉴定比重(%)	代码	鉴定点	重要程度	备注
工艺操作 B 88%	C	正常操作	18	004	反应温度控制的途径	X	
				005	反应压力的影响因素	X	
				006	装置不同的生产阶段反应压力的控制方法	X	
				007	同高并列式催化裂化装置的特点	Y	
				008	高低并列式催化裂化装置的特点	Y	
				009	同轴式催化裂化装置的特点	Y	JD
				010	反应压力的控制手段	X	
				011	汽提段藏量大幅度变化的原因	X	
				012	汽提段藏量大幅度变化的处理	X	
				013	反应藏量的控制方法	X	
				014	再生温度的影响因素	X	
				015	再生温度大幅度变化原因	X	
				016	再生温度大幅度变化的处理	X	
				017	再生温度的控制方法	X	
				018	再生器压力的影响因素	X	
				019	再生器压力大幅度波动的原因	X	
				020	再生器压力大幅度波动的处理方法	X	
				021	再生器压力控制的方法	X	
				022	再生烟气氧含量的意义	X	
				023	再生烟气氧含量突然回零原因	X	
				024	再生烟气氧含的影响因素	X	
				025	再生烟气氧含的控制方法	X	
				026	凑试法整定PID参数的步骤	Z	
				027	汽轮机流通部分结垢的危害	Y	
				028	汽轮机超负荷运行产生的危害	Y	
				029	汽轮机带负荷清洗的注意事项	Z	
	D	停车操作	10	001	反应进料自保投用的条件	X	
				002	反应切断进料分馏操作的注意事项	X	
				003	反应切断进料后的处理	X	
				004	顶回流系统顶水的注意事项	Y	
				005	顶循环系统顶水注意事项	X	
				006	稳定空冷器顶水注意事项	X	
				007	停工时分馏系统水洗的方法	X	
				008	停工分馏系统水洗的注意事项	X	
				009	油气分离器中破沫网的作用	X	
				010	油气分离器中防涡器的作用	X	
				011	分馏塔人字挡板的作用	X	

续表

行为领域	代码	鉴定范围	鉴定比重(%)	代码	鉴定点	重要程度	备注
工艺操作 B 88%	D	停车操作	10	012	停机后润滑油泵尚需运行一段时间的原因	X	JD
				013	气压机氮气置换的方法	Y	
				014	气压机组正常停机操作方法	X	
				015	气压机组停机过程中应注意的问题	X	
				016	防止硫化亚铁自燃的方法	Y	
				017	停工过程中防止硫化亚铁自燃的注意事项	Y	
	E	设备使用与维护	4	001	再生分布器的作用	X	
				002	再生器分布器的要求和类型	X	
				003	换热设备结垢的后果	X	JD
				004	换热设备内漏的处理方法	X	
				005	气压机密封的类型	Y	
				006	干气密封的原理	Z	JD
	F	事故判断与处理	24	001	DCS 的工作原理	Z	
				002	DCS 黑屏的处理方法	Y	JD
				003	DCS 模块故障的现象	Y	
				004	DCS 模块故障的处理方法	Y	
				005	反应温度大幅度波动的原因	X	
				006	提升管温度大幅波动处理方法	X	
				007	催化裂化反应事故处理的原则	Y	
				008	反再压力大幅波动的原因	Y	
				009	反应压力大幅波动的处理	X	
				010	原料中断处理操作	X	
				011	催化剂汽提的作用	X	JD
				012	汽提效率的影响因素	X	JD
				013	催化剂带油的现象	X	
				014	催化剂带油的原因	X	
				015	催化剂带油的处理	X	
				016	催化剂炭堆积的现象	X	
				017	催化剂炭堆积的原因	X	
				018	催化剂炭堆积的处理	X	
				019	分馏油浆回流的作用	X	
				020	油浆上返塔的作用	X	
				021	油浆下返塔的作用	X	JD
				022	油浆循环中断反应处理操作	X	
				023	分析油浆固体含量的目的	X	
				024	油浆固体含量的控制方法	X	
				025	油浆固体含量高的原因	X	

续表

行为领域	代码	鉴定范围	鉴定比重(%)	代码	鉴定点	重要程度	备注
工艺操作 B 88%	F	事故判断与处理	24	026	油浆固体含量高的处理方法	X	
				027	气压机飞动的原理	X	
				028	压缩机飞动的影响因素	X	
				029	压缩机飞动的危害	X	
				030	气压机发生飞动的原因	X	
				031	气压机飞动处理	X	
				032	反应压力高而气压机入口压力低的原因	X	
				033	气压机抽负压的原因	Y	
				034	气压机抽负压的处理	Y	
				035	气压机紧急停机的条件	X	
				036	气压机组超速的原因及危害	X	
				037	气压机故障停机的原因	X	
				038	气压机故障停机的处理	X	
	G	计算	3	001	精馏计算相关公式	Y	JS
				002	机泵安装高度的计算	X	JS
				003	装置传热的计算	Z	JS
				004	平均沸点的计算	Z	JS

附录7 高级工操作技能鉴定要素细目表

行为领域	代码	鉴定范围	鉴定比重	代码	鉴定点	重要程度
操作技能 A 100%	A	开车准备	5%	001	背压式汽轮机保安系统静态试验	X
	B	开车操作	20%	001	反应系统切换汽封操作	X
				002	提升管喷油操作	X
				003	余热锅炉蒸汽并管网操作	X
				004	背压式汽轮机暖机操作	X
	C	正常操作	20%	001	反应温度的控制	X
				002	反应压力控制	X
				003	再生温度控制	X
				004	再生烟气氧含量的控制	X
	D	停车操作	10%	001	装置停工分馏塔水洗操作	X
				002	气压机组正常停机操作	X
	E	设备使用与维护	10%	001	再生器分布器的检查	X
				002	气压机正常维护	X
	F	事故判断与处理	30%	001	反应温度大幅波动的原因及处理	X
				002	原料中断的判断及处理	X
				003	催化剂带油的判断与处理	X
				004	炭堆积处理操作	X
				005	油浆循环中断反应岗位处理操作	X
				006	气压机组故障停机事故处理	X
	G	绘图与计算	5%	001	离心泵安装高度的计算	X

附录8　技师理论知识鉴定要素细目表

行为领域	代码	鉴定范围	鉴定比重(%)	代码	鉴定点	重要程度	备注
基础知识 A 15%	C	炼油化工基础知识	1	001	流体阻力的计算	Z	
	E	炼油设备基础知识	3	001	合金钢的分类及用途	Z	
				002	轴流式压缩机的结构	Y	
				003	轴流式压缩机的工作原理	X	
				004	多管式旋风分离器的特点	Y	
	F	仪表及自动控制基础知识	6	001	自动控制系统的组成	X	
				002	控制阀风开风关的原则	X	
				003	串级控制的概念	X	
				004	分程控制的概念	X	
				005	PLC系统的组成	Y	
				006	联锁的基本概念	Y	
				007	主风机组和气压机组自保联锁内容	X	
				008	反再系统自保联锁内容	X	
				009	ESD系统的基本概念	Y	
	G	安全、环保基础知识	5	001	特殊高处作业的规定	X	
				002	高处作业的主要安全措施	X	
				003	受限空间作业的概念	X	
				004	特殊受限空间的规定	X	
				005	受限空间作业的主要安全措施	X	
				006	危险化学品的分类	Y	
				007	防火防爆十大禁令内容	Z	
工艺操作 B 85%	A	开车准备	12	001	装置开工前仪表检查项目	X	
				002	装置开工前调节阀检查项目	Y	
				003	反再系统开工前准备	X	
				004	反再烘衬里结束后的设备检查内容	X	JD
				005	开工前两器设备检查内容	X	
				006	旋风分离器的工作原理	Y	
				007	旋风分离器效率定义	Y	
				008	旋风分离器效率的计算	Y	
				009	影响旋风分离器效率的因素	X	
				010	三级旋风分离器的作用	X	
				011	多管式三级旋风分离器可能出现的问题	Y	
				012	轴流式主风机组的组成	Y	JD

续表

行为领域	代码	鉴定范围	鉴定比重(%)	代码	鉴定点	重要程度	备注
工艺操作 B 85%	A	开车准备	12	013	主风机的主要类型	X	JD
				014	轴流式风机与离心式风机的比较	X	JD
				015	压缩机的分类	Y	
				016	临界转速的定义	X	
	B	开车操作	6	001	轴流主风机的调节特性	Y	
				002	机组启动前拆卸润滑油临时过滤网的原因	X	
				003	主风机组启动的条件	Y	JD
				004	主风机启动时静叶置于最小角度的原因	Y	
				005	轴流式主风机的启动步骤	X	JD
				006	烟气轮机在催化装置的作用	X	
				007	烟气轮机基本结构	Y	
				008	烟气轮机机组的配置类型	Y	
				009	烟气能量回收系统的作用	X	
	C	正常操作	21	001	反再系统的压力平衡	X	
				002	反再系统的热量平衡	X	
				003	控制物料平衡的方法	X	JS
				004	催化剂再生工艺	X	
				005	催化剂再生烧焦的形式	Y	
				006	再生技术的工艺评价	X	
				007	烧焦罐的操作	Y	
				008	催化裂化装置大气污染物的来源及防治	X	
				009	再生烟气中 SO_x 的来源	X	
				010	烟气脱硫技术的分类及优缺点	X	
				011	再生烟气中 SO_x 的控制	X	
				012	烟气脱硝技术的分类及优缺点	Y	
				013	再生烟气中粉尘的控制	X	
				014	废催化剂的处理方法	Y	
				015	再生烟气中 NO_x 的控制	X	
				016	吸收过程的基本原理	Y	JD
				017	影响吸收效果的因素	X	
				018	提高吸收推动力的方法	X	
				019	吸收过度的处理方法	X	
				020	吸收塔中段回流的作用	X	JD
				021	吸收过程与蒸馏过程的比较	Y	
				022	吸收稳定系统两种流程的比较	Z	
				023	提高吸收效果的措施	X	
				024	先进控制的概念	Y	JD

续表

行为领域	代码	鉴定范围	鉴定比重(%)	代码	鉴定点	重要程度	备注
工艺操作 B 85%	C	正常操作	21	025	先进控制系统的组成	Y	JD
				026	先进控制系统的优化模块	Y	
				027	串级控制系统的特点	Y	JD
				028	复杂控制系统的分类	Y	
				029	串级控制系统中控制器正、反作用的选择	X	
	D	停车操作	10	001	烟气轮机突然跳闸停机的原因	X	
				002	烟气轮机突然跳闸停机的处理方法	X	
				003	烟气轮机的停机步骤	X	
				004	主风机组安全运行后的检查内容	X	
				005	主风机组的停机操作方法	X	
				006	分馏系统停工的方法	X	
				007	压缩富气中断稳定岗位处理方法	X	
				008	吸收稳定系统停工的方法	X	JD
				009	停工后置换过程的注意事项	Y	
				010	停工时设备保护方面的注意事项	X	
				011	停工时安全注意事项	X	
				012	选用盲板的原则	X	
				013	抽加盲板工作的注意事项	X	
	E	设备使用与维护	11	001	主风机的作用	X	
				002	主风机组的逻辑控制内容	X	JD
				003	主风机组的主要监控项目	X	
				004	机组润滑油过滤器切换的方法	X	
				005	轴向位移产生的原因	X	
				006	主风机喘振的定义	Y	JD
				007	主风机喘振的危害	X	
				008	主风机组喘振的处理方法	X	
				009	轴流式主风机组运行状态监测的内容	X	
				010	烟气轮机机组防止超速的方法	X	
				011	轴流压缩机旋转失速区的定义	Y	JD
				012	轴流压缩机阻塞现象的定义	Y	
				013	运行时烟气轮机的检查项目	X	
				014	烟气轮机轮盘冷却蒸汽的作用	X	JD
				015	烟气轮机密封蒸汽的作用	X	JD
	F	事故判断	19	001	主风机逆流的危害	X	JD
				002	轴流式主风机逆流的处理方法	X	
				003	催化剂倒流的原因	X	
				004	再生斜管催化剂"架桥"的现象	X	

续表

行为领域	代码	鉴定范围	鉴定比重(%)	代码	鉴定点	重要程度	备注
工艺操作 B 85%	F	事故判断	19	005	再生斜管催化剂"架桥"的原因	X	
				006	待生斜管催化剂"架桥"的现象	X	
				007	待生斜管催化剂"架桥"的原因	X	
				008	催化剂"架桥"的处理方法	X	
				009	主风自保投用的条件	X	
				010	防喘振系统的作用	X	
				011	采用主风事故蒸汽的作用	X	
				012	主风中断的处理方法	X	
				013	烟气轮机振动故障原因	X	
				014	烟气轮机振动故障处理	X	
				015	装置停除氧水的处理方法	X	
				016	停循环水的工艺现象	X	
				017	装置停循环水的处理方法	X	
				018	装置停低压电的处理方法	X	
				019	装置停电反应岗位的处理方法	X	
				020	装置停电分馏岗位的处理方法	X	
				021	装置停电稳定岗位的处理方法	X	
				022	装置停高压电的处理方法	X	
				023	停3.5MPa蒸汽的处理方法	X	
				024	公用工程系统事故处理原则	X	
				025	装置停非净化风的处理方法	X	
				026	停净化风的现象	X	
				027	停净化风的处理方法	X	
	G	计算	6	001	提升管相关计算	X	JS
				002	两器压力平衡的计算	X	JD JS
				003	气液两相平衡的条件	Y	
				004	拉乌尔定律	Z	
				005	道尔顿定律	Z	
				006	相对挥发度	Z	
				007	装置精馏的计算	X	JS
				008	催化机组的计算	Y	JS

附录9　技师操作技能鉴定要素细目表

行为领域	代码	鉴定范围	鉴定比重	代码	鉴定点	重要程度
操作技能 A 100%	A	开车准备	10%	001	反再系统开工前准备	X
				002	开工前旋风分离器的检查	X
	B	开车操作	5%	001	开启烟气轮机操作	X
	C	正常操作	20%	001	反再系统物料平衡的控制	X
				002	再生烟气中 SO_x 的控制	X
				003	再生烟气中 NO_x 的控制	X
				004	提高吸收效果的措施	X
	D	停车操作	20%	001	烟气轮机停用操作	X
				002	主风机停用操作	X
				003	紧急切断进料后分馏岗位处理操作	X
				004	停工的安全防护	X
	E	设备使用与维护	15%	001	轴流式主风机组运行状态的监测	X
				002	运行时烟气轮机检查	X
				003	烟气轮机轮盘冷却蒸汽的调节	X
	F	事故判断与处理	25%	001	主风中断事故处理操作	X
				002	烟气轮机振值过高的处理	X
				003	装置停循环水处理操作	X
				004	装置停高压电处理操作	X
				005	装置停净化风处理操作	X
	G	绘图和计算	5%	001	装置两器压力平衡的计算	X

附录 10　高级技师理论知识鉴定要素细目表

行为领域	代码	鉴定范围	鉴定比重(%)	代码	鉴定点	重要程度	备注
基础知识 A 11%	C	炼油化工基础知识	1	001	精馏操作的异常现象	X	
	G	安全环保基础知识	9	001	《安全生产法》的重点内容	Y	
				002	《安全生产法》对事故责任单位的处罚标准	X	
				003	危险化学品的相关规定	X	
				004	《消防法》的重点内容	X	
				005	《环境保护法》的重点内容	Y	
				006	《环境保护法》的特点	X	
				007	HSE 管理体系概念	Y	
				008	HSE 管理原则	X	JD
				009	HSE 事故的定义	Y	
				010	《劳动法》关于劳动者权益的规定	X	
				011	石油化工行业水体污染物的种类	X	
	I	计算	1	001	装置物耗的概念	X	
工艺操作 B 89%	A	开车准备	23	001	影响催化裂化工艺方案确定的因素	X	
				002	多产汽油方案的操作要点	X	JD
				003	多产柴油方案的操作要点	X	
				004	两段提升管催化裂化工艺的特点	Y	
				005	毫秒催化裂化(MSCC)的特点	Y	
				006	MGG 和 ARGG 工艺的特点	Y	
				007	催化裂解(DCC)的特点	Y	
				008	MIO 工艺的特点	Y	
				009	MIO 工艺催化剂的技术特点	Y	
				010	重金属污染催化剂的原理	X	JD
				011	钒对催化剂的破坏机理	X	JD
				012	催化剂钒中毒的主要影响因素	X	JD
				013	原料中的氮在催化裂化产物中的分布	X	
				014	液体产品中的含氮化合物类型	X	
				015	焦炭中的含氮化合物类型	X	
				016	汽油中的氮化物	X	
				017	硫平衡及硫分布的影响因素	X	
				018	原料中硫对催化裂化加工过程的影响	X	
				019	直馏油品硫分布规律	Y	
				020	非直馏油品硫分布规律	Y	
				021	原料中的硫对产品质量的影响	Y	

续表

行为领域	代码	鉴定范围	鉴定比重(%)	代码	鉴定点	重要程度	备注
	A	开车准备	23	022	原料中的硫对设备的腐蚀的影响	Y	
				023	吸收稳定系统各塔结构的确定	Y	
				024	板式塔返混的形式	X	
				025	吸收塔塔板数的选择	X	
				026	解析塔塔板数的选择	X	
				027	稳定塔塔板数的选择	X	
				028	"三查四定"的定义	Y	
				029	"中交"的定义	Z	
	B	开车操作	4	001	催化裂化工艺系统组成	X	
				002	反再系统开工操作步骤	X	
				003	大油气管线结焦的预防措施	X	
				004	切断进料后防结焦的措施	X	
				005	开工过程的防结焦措施	X	
工艺操作 B 89%	C	正常操作	34	001	正碳离子理论	X	
				002	催化裂化的反应过程	X	
				003	各类单体烃的催化裂化反应	Y	
				004	催化裂化的氢平衡	X	
				005	催化裂化热力学的分析	Y	
				006	催化裂化过裂化反应的特点	Y	
				007	热裂化反应的反应机理及类型	Y	
				008	热裂化反应的影响因素	Y	
				009	催化裂化装置的用能特点	X	
				010	催化裂化装置的用能分析	X	
				011	影响催化裂化装置能耗的因素	X	
				012	催化裂化装置合理用能的基本途径	X	
				013	正常生产时减少蒸汽消耗的方法	X	
				014	停工过程中减少蒸汽消耗的方法	X	
				015	减少电耗的方法	X	
				016	减少循环水消耗的方法	X	
				017	装置优化的主要目标	X	
				018	装置优化的内容	X	
				019	催化裂化汽油质量存在的主要问题	X	
				020	MIP工艺技术的特点	Y	
				021	MIP技术的工程实现方法	Y	
				022	MGD工艺技术的定义	Y	
				023	MGD工艺技术的特点	Y	JD

续表

行为领域	代码	鉴定范围	鉴定比重(%)	代码	鉴定点	重要程度	备注
工艺操作 B 89%	C	正常操作	34	024	灵活多效催化裂化工艺(FDFCC)的定义	Y	
				025	灵活多效催化裂化工艺(FDFCC)的特点	Y	
				026	催化裂化的生焦原理和生焦类型	X	
				027	降低生焦量的措施	X	
				028	提升管喷嘴处结焦的原因	X	
				029	防止进料喷嘴处结焦的方法	X	
				030	沉降器结焦的预防措施	X	
				031	提升管结焦的预防措施	X	
				032	油浆系统的结焦机理	X	
				033	油浆系统结焦的原因	X	
				034	油浆系统结焦的预防措施	X	
				035	油浆外甩的作用	X	JD
				036	油浆阻垢剂的性能特点	X	
				037	防止重油催化油浆系统结焦的方法	X	
				038	防止油浆系统结焦的方法	X	
				039	催化裂化装置污水的种类及其中的污染物	X	
				040	装置含硫污水的处理方法	X	
				041	装置含碱污水的处理方法	X	JD
				042	装置含油污水的处理方法	X	JD
	D	停车操作	3	001	反再系统停工步骤	X	
				002	烟气轮机—主风机机组紧急停机的条件	X	
				003	主风机组紧急停机系统设置的原则	X	
				004	催化裂化装置噪声防治的方法	X	
	E	设备使用与维护	5	001	再生器筒体的工程特点	X	
				002	再生设备腐蚀开裂的预防措施	X	JD
				003	主风机切换步骤	X	
				004	分馏塔结盐的现象	Y	
				005	分馏塔出现结盐的危害	X	
				006	分馏塔结盐水洗步骤	Y	
	F	事故判断与处理	15	001	催化剂跑损耗的主要原因	X	
				002	两器内部构件对催化剂跑损的影响	X	
				003	操作变化对催化剂损耗的影响	X	
				004	催化剂质量对催化剂损耗的影响	X	
				005	装置开停工减少催化剂损耗的方法	X	JD
				006	噎塞速度的含义	Y	JD
				007	噎塞速度的影响因素	Y	
				008	返混的定义	X	JD

续表

行为领域	代码	鉴定范围	鉴定比重(%)	代码	鉴定点	重要程度	备注
工艺操作 B 89%	F	事故判断与处理	15	009	反应器内返混的起因	X	
				010	反应器内返混造成的后果	X	JD
				011	催化裂化装置的立管输送	X	
				012	提升管反应的特点	X	JD
				013	提升管反应器催化剂流化的特点	X	
				014	分馏塔冲塔的原因	X	
				015	预防分馏塔塔板吹翻的措施	X	
				016	分馏塔选用固舌形塔板的优点	X	
				017	油膜振荡的定义及影响	X	
				018	防止油膜振荡的措施	X	JD
	G	企业管理	5	001	企业各分项管理的相关概念	Z	
				002	安全管理的性质	Z	
				003	安全管理的目的	Z	
				004	全面质量管理的概念及基础工作	Z	
				005	全面质量管理的常用方法	Z	
				006	班组经济核算的概念	X	
				007	班组经济核算的目的	Y	

附录11 高级技师操作技能鉴定要素细目表

行为领域	代码	鉴定范围	鉴定比重	代码	鉴定点	重要程度
操作技能 A 100%	A	开车准备	20%	001	催化裂化工艺方案的选择	X
				002	催化剂重金属污染的预防与控制	X
				003	减少氮化物对装置影响的优化操作	X
				004	减少硫化物对装置影响的优化操作	X
	B	开车操作	10%	001	反再系统开工操作	X
				002	开工过程中防结焦的措施	X
	C	正常操作	30%	001	减少热裂化反应的操作	X
				002	降低催化汽油烯烃含量的操作	X
				003	降低生焦量措施	X
				004	提升管结焦的预防措施	X
				005	减少油浆系统结焦的操作	X
				006	减少含硫污水的措施	X
	D	停车操作	10%	001	反再系统停工操作	X
				002	主风机组紧急停机操作	X
	E	设备使用与维护	10%	001	再生设备腐蚀开裂预防操作	X
				002	主风机组主备机切换操作	X
	F	事故判断与处理	20%	001	催化剂跑损的分析及处理	X
				002	提升管喳塞的现象及处理	X
				003	预防分馏塔塔板吹翻的措施	X
				004	油膜振荡引起的压缩机振动的预防与控制	X

附录12 操作技能考核内容层次结构表

内容 项目	操作技能							时间合计
	开车准备	开车操作	正常操作	停车操作	设备使用与维护	事故判断与处理	绘图与计算	
初级	15分 10~12min	20分 10~12min	20分 10~12min	10分 10~12min	20分 10~12min	15分 10~12min		100分 60~72min
中级	5分 10~12min	20分 10~12min	15分 10~12min	5分 10~12min	10分 10~12min	40分 10~12min	5分 10~12min	100分 70~84min
高级	5分 10~12min	20分 10~12min	20分 10~12min	15分 10~12min	5分 10~12min	30分 10~12min	5分 10~12min	100分 70~84min
技师	12分 10~15min	5分 10~15min	20分 10~15min	20分 10~15min	15分 10~15min	25分 10~15min	5分 10~15min	100分 70~105min
高级技师	20分 10~15min	10分 10~15min	30分 10~15min	10分 10~15min	10分 10~15min	20分 10~15min		100分 60~90min

参 考 文 献

[1] 马伯文. 催化裂化装置技术问答. 2版. 北京：中国石化出版社, 2015.
[2] 梁凤印. 流化催化裂化. 北京：中国石化出版社, 2005.
[3] 陈俊武, 徐友好. 催化裂化工艺与工程. 3版. 北京：中国石化出版社, 2015.
[4] 中国石油化工集团公司人事部, 中国石油天然气集团公司人事服务中心. 炼油基础知识. 北京. 中国石化出版社, 2013.
[5] 徐春明, 杨朝合. 石油炼制工程. 4版. 北京：石油工业出版社, 2009.
[6] 张扬. 催化裂化装置应急知识问答. 北京：中国石化出版社, 2012.
[7] 中国石油化工集团公司人事部, 中国石油天然气集团公司人事服务中心. 催化裂化装置操作工. 北京：中国石化出版社, 2012.
[8] 中国石油化工集团公司职业技能鉴定指导中心. 催化裂化装置操作工. 北京：中国石化出版社, 2015.